Veröffentlichungen
der Europäischen Märchengesellschaft
Band 14

Im Auftrag der Europäischen Märchengesellschaft
herausgegeben
von Charlotte Oberfeld

Wie alt sind unsere Märchen

Im Erich Röth Verlag Regensburg

Das Buch wurde mit Unterstützung
des Herrn Landrates des Kreises
Marburg-Biedenkopf gedruckt

CIP-Titelaufnahme der Deutschen Bibliothek

Wie alt sind unsere Märchen / im Auftr. der Europäischen Märchengesellschaft
hrsg. von Charlotte Oberfeld. –
Regensburg : Röth, 1990
(Veröffentlichungen der Europäischen Märchengesellschaft ; Bd. 14)
ISBN 3-87680-355-1
NE: Oberfeld, Charlotte; Europäische Märchengesellschaft:
Veröffentlichungen der Europäischen ...

Gesamtherstellung Jonas Verlag, Marburg

ISBN 3-87680-355-1

Charlotte Oberfeld

EINFÜHRUNG

Als die Europäische Märchengesellschaft 1989 ihr Wilhelmsbader Symposion unter die Reizfrage stellte »Wie alt sind unsere Märchen?«, wurde gleichzeitig verdeutlicht, daß es im Grunde um Fragen der oralen und der literalen Tradierung sowie deren Wechselwirkung ging, also um ein Problem, das nur interdisziplinär behandelt werden kann, denn »Engstirnigkeit ist niemals entschuldbar gewesen« (Albert B. Lord). Deshalb enthält unser Band Beiträge von Volkskundlern, Germanisten, Völkerkundlern, Indologen, Ethnosoziologen, und im Literaturverzeichnis wird auf thematisch wichtige Arbeiten aus weiteren Disziplinen hingewiesen.

Um nicht gleich in unserer Einführung an der »Reizfrage« zu scheitern, gehen wir das Problem mit einer Untersuchungsmethode an, für die sich insbesondere die orale oder mündliche Literatur als fruchtbar erweist, denn zum Begriff des Volksmärchens gehört bekanntlich, daß es längere Zeit in mündlicher Tradition gelebt hat und durch sie mitgeformt worden ist. »Unter oraler Literatur ist zu verstehen, was dem des Lesens unkundigen Volk die literarische Produktion ersetzt«. (Paul Sébillot 1913 in einem Aufsatz für die Pariser Zeitschrift »Le Folklore«). Die grundsätzliche Gemeinschaftsbezogenheit der Volkserzählung, der mündlich überlieferten Folklore wird 1929 von Peter Bogatyrev und Roman Jakobson als entscheidendes Wesensmerkmal hervorgehoben: »Die Existenz eines Folkloregebildes als solches beginnt erst, nachdem es von einer bestimmten Gemeinschaft angenommen wurde.« Bogatyrev/Jakobson sprechen von der »Präventivzensur der Gemeinschaft« (eine einflußreiche Formel, die später von vielen paraphrasiert wurde) und rehabilitieren, wenn auch mit Einschränkungen, die romantische Konzeption des kollektiven Schaffens: »Reproduktion bedeutet keine passive Übernahme«, »das Milieu stutzt sich ... das geschaffene Werk zurecht«; »Umbildung ... ist ebenfalls ein Akt des Schaffens«.

Bereits die Brüder Grimm hatten eine Theorie der »Sage« entwickelt. Gunhild Ginschel betont in ihrem grundlegenden Werk über den jungen Jacob Grimm, daß es namentlich Jacob war, der auf den Wert der epischen Traditionen aus der Erkenntnis umfassender stoff- und entwicklungsgeschichtlicher Zusammenhänge heraus hinwies. Von zentraler Bedeutung ist »Sage« – in der Grimmschen Terminologie ein sehr weitgefaßter Begriff. Der Sache nach verstehen die Brüder darunter epische und mythische Motive, die ihnen in der gesamten Weltliteratur immer wieder begegnen. Nach Ginschel erscheint der Begriff »Sage« in doppelter Bedeutung, denn er bezeichnet:

a) die traditionelle Substanz aller Volksdichtung, das heißt nach Grimmscher Vorstellung, die Summe der – latenten poetischen – Grundanschauungen im Gemüt des Volkes;

b) die konkrete Erscheinungsform der überlieferten Sage, das heißt nach Grimmscher Vorstellung, die Aktualisierung oder »Wiedergeburt« der traditionellen poetischen Substanz entsprechend den nationalen Besonderheiten und spezifischen historischen Gegebenheiten jedes einzelnen Volkes, Volksstammes usw.

Ist aber »Gemüt« nicht ein verschwommener Ausdruck? Man kann es jedoch definieren als zusammenfassenden Begriff für die emotionale Seite des Seelenlebens (Gefühl, Leidenschaft, Stimmung, Affekt) im Gegensatz zu den intellektuellen Funktionen.

Als Jacob Grimm 1835 seine »Deutsche Mythologie« dem Historiker Friedrich Christoph Dahlmann widmete, schrieb er einleitend: »Sage und Geschichte sind jedwedes eine eigene Macht, deren Gebiete auf der Grenze in einander sich verlaufen, aber auch ihren gesonderten, unberührten Grund haben. Aller Sage Grund ist nun Mythus, d.h. Götterglaube, wie er von Volk zu Volk in unendlicher Abstufung wurzelt: ein viel allgemeineres, unstäteres Element als das Historische, aber an Umfang gewinnend, was ihm an Festigkeit abgeht. Ohne solche mythische Unterlage läßt sich die Sage nicht fassen, so wenig als ohne geschehene Dinge die Geschichte. ...«

Schon 1811 schrieb Wilhelm Grimm: »Man wird durchgehend eine Neigung finden, aus den poetischen Denkmälern aller Völker, so weit es möglich ist, zusammen zu stellen, was eine gewisse Ähnlichkeit hat. Manchmal wird sie überraschend sein, manchmal wird sie erzwungen scheinen; ... Das Göttliche, der Geist der Poesie ist bei allen Völkern derselbe und kennt nur eine Quelle; darum zeigt sich überall ein Gleiches, eine innerliche Übereinstimmung, eine gemeine Verwandtschaft, deren Stammbaum verloren gegangen, die aber auf ein gemeinsames Haupt hindeutet; endlich eine analoge Entwicklung; verschieden aber sind die äußeren Bedingungen und Einwirkungen. Darum finden wir neben jenem Einklang auch wieder eine Verschiedenheit in der äußeren Gestaltung, abhängig von dem Himmel, worunter die Pflanze gestanden, und die in großen Massen nachzuweisen ist, wie im Einzelnen bis ins Unend-

liche. Wir können kein besseres Ebenbild geben als Gottes, den Menschen, dem überall dasselbe Herz in der Brust schlägt, dessen Gestalt, Farbe, Sprache und Lebenslust aber der Natur untertan ist und gehorcht, wie sie verschieden in den Weltgegenden herrscht; so wie auch bei der Familienähnlichkeit der Nationen in jedem einzelnen eine eigne Individualität hervortritt. Das ist der eine Satz, der andere scheint ihm fast entgegen zu stehen. Bei dieser freien unabhängigen und geistigen Verwandtschaft der Poesie der Völker existiert noch eine andere, die man die weltliche oder bürgerliche nennen könnte. Es ist nämlich nicht zu leugnen, daß die Dichtungen schon in bestimmter Gestalt einem Volk von dem andern hinüber gereicht worden und auf diese Art oft auf weitem Weg hergekommen sind; sie haben sich zwar meist dem Gesetz des neuen Reichs gefügt, aber immer noch deutlich die Spuren ihrer Herkunft an sich getragen. Soll das vorhin gegebene Bild fortgesetzt werden, so sind es im ganzen die Völkerwanderungen, im einzelnen aber Ehen, von den Individuen verschiedener Nationen geschlossen. Die Ausführung beider Behauptungen ist die Aufgabe der Geschichte der Poesie, wenn sie etwas Ganzes und Würdiges sein soll: die hier gelieferten Zusammenstellungen sind eine einzelne kleine Vorarbeit dazu.
Gegen den, welchem der Grund, warum manches in Verbindung gebracht worden, bei leichter Ansicht zu gering oder gar nichtig vorkommt, will ich nur bemerken, daß wir durch eine größere Übersicht erst den rechten Takt gewinnen und auf manches Gewicht legen müssen, was sonst unbedeutend erscheint.« (Altdänische Heldenlieder, Balladen und Märchen).

Kinder- und Hausmärchen (nicht *deutsche*) nennen die Brüder ihre Sammlung der Märchen, deren »werth ... für mythologie ›Jacob‹ gleich erkannt« hat (an Pfeiffer, 19.2.1860), die ein Teil ihrer großen Stoffsammlung für die beabsichtigte »Geschichte der altdeutschen Poesie« sind. Wenn auch jene, schon von Ludwig Tieck »unerreichbar« genannte Geschichte, die eine Motiv- und Gedankengeschichte sein sollte, nie geschrieben wurde, so stehen doch Arbeiten und Veröffentlichungen der frühen Jahre anders als bei Vorgängern in diesem weitschauenden Zusammenhang.

Im dritten Bande (Anmerkungen) wird in der Vorrede u.a. gesagt: »Die Übereinstimmung mit fremden, durch Zeit und Ort oft weit getrennten Überlieferungen ist sorgfältig angezeigt, indem wir auf diesen Umstand, eben weil er nicht leicht zu erklären ist, wohl mit Recht Gewicht legen. Man wird hier und da eine unmittelbare Mittheilung vermuthen, viel-

leicht wahrscheinlich machen können, in den meisten Fällen jedoch nicht, und dann bleibt die Erscheinug unerklärt und nicht minder auffallend.
Die Hinweisungen und Winke über innern Gehalt und mythische Bedeutung darf niemand so verstehen, als gienge daraus jedesmal eine sichere, zweifellose Wahrheit hervor: manches ist nur angeführt, weil sich in der Folge der vermuthete Zusammenhang deutlicher ergeben könnte. Die Einleitung zum ersten Bande zeigt wie wir wünschen daß davon möge Gebrauch gemacht werden.
Die zusammengestellten Zeugnisse bestätigen das Dasein der Märchen in verschiedenen Zeiten und bei verschiedenen Völkern, oder sie enthalten Urtheile über ihren Werth, die um so mehr Gewicht haben als sie ohne Vorliebe, parteilos und gelegentlich, von Männern sind geäußert worden, welche sich einen freien und unbefangenen Blick bewahrt hatten.«
Wenn der schwedische Märchenforscher Jan-Öjvind Swahn (1984) feststellt, daß *die* Märchenforschung, die bei historischen Konstruktionen die außereuropäische Tradition nicht beachtet, »einäugig« ist, dann kann man den Brüdern Grimm nur bestätigen, daß sie im Rahmen der zu ihrer Zeit gegebenen Möglichkeiten der Forschung »zweiäugig« waren, daß in bildhaft andeutender Sprache die »Einheit des Menschengeistes« angesprochen wurde, wie sie auch der Sanskrit-Sprachforscher Theodor Benfey empfand, den Jacob Grimm (am 28.11.1859) zum korrespondierenden Mitglied der Berliner Akademie vorschlug mit der Begründung: »die oft verschmähte erforschung der märchenwelt ... wird nun durch Benfeys umfassende und tiefgreifende erörterungen [in der Ausgabe des Pantschatantra] gerechtfertigt ...« Noch zu Jacobs letzten Plänen gehörte die Absicht, eine Einleitung zu den Märchen zu schreiben.
Es muß jedoch auch auf eine der relativ wenigen folkloristischen Theorien des 20. Jahrhunderts hingewiesen werden, eine allgemeine Theorie der mündlichen Überlieferung, die »Oral-Formulaic Theory« (Milman Parry und Albert B. Lord). Die Pionierleistung von Parry und Lord hatte Wirkungen auf interdisziplinärem Feld, sie beeinflußte Methoden von Literaturwissenschaft, Linguistik, Folkloristik und Anthropologie. Über Geschichte und Methodologie dieser Theorie gibt John M. Foley einen fundierten Überblick (1988). In Hinweisen für künftige Arbeiten nennt er drei Grundsätze, von denen er wünscht, daß sie beachtet würden: Tradition-dependence, genre-dependence, text-dependence.
Volksmärchen und Volkssage sind zwei Grundformen erzählender Dichtung, von denen mit Max Lüthi anzunehmen ist, daß sie Grundbe-

dürfnissen der menschlichen Seele entsprechen, womit sie sich jedem vergröbernden und simplifizierenden Zugriff entziehen.
Märchen (nicht ihre »Requisiten«) sind im Grunde zeitlos, sie sind *alt und jung zugleich* – wie Lüthi am Ende seines Werkes „Das Volksmärchen als Dichtung“ formuliert:
»Wenn das Volksmärchen viele Jahrhunderte in mündlicher Tradition überdauert hat und nun auch schon wieder seit mehr als hundertfünfzig Jahren als Buchmärchen kräftig weiterlebt, so liegt das, will mir scheinen, nicht zum geringsten Teil an der Freiheit, die es Hörern, Lesern und Erzählern läßt und gibt. Das Böse, von dem wir zuletzt gesprochen haben, ist nur im Umriß bestimmt, nicht viel anders als das Schöne, von dem zuerst die Rede war. Die nähere Bestimmung, sie kann von Mensch zu Mensch und von Epoche zu Epoche wechseln, bleibt dem Hörer, dem Leser überlassen. Dem Erzähler aber bleibt die Freiheit, neue Variations-, Entwicklungs- und Zielmöglichkeiten zu entdecken und zu verwirklichen. Er ist Nacherzähler und Vor-Erzähler, Erbe und Wegbahner zugleich, so wie ja auch der Mensch Traditionsträger und zukunftsbezogen, Bewahrer und Neuerer in einem ist und wie das Märchen selber in Form von Imitationen und Antizipationen, von Nachahmungen und Vorahmungen diese Grundangelegtheit des Menschen dartut. Das Menschenbild, das uns im Märchen entgegentritt, ist nicht bloß inhaltlich bestimmt, schon die innere Form, die Wesens- und Lebensart des Volksmärchens entspricht der des Menschen: Bindung und Freiheit, Einpassung ins Ganze und Eigenwert des Einzelelements, Festigkeit und Dynamik, Klarheit und Geheimnis, Gedächtnis und Vorwegnahme, Realität und Utopie sind in seiner Erzählgestalt und in der Geschichte seiner Tradierung ebenso verbunden wie im Dasein des Menschen selbst.«
Vielleicht könnte auch für unseren Band, von dem wir hoffen, daß er anregend und diskussionsfördernd wirken möge, gelten, was Vladimir Propp in seinem Standardwerk »Die historischen Wurzeln des Zaubermärchens«, Ende des 1. Kapitels (Voraussetzungen – Perspektiven), schrieb: »Ihrem Wesen nach läßt sich eine derartige Arbeit niemals als abgeschlossen betrachten, und die vorliegende Arbeit führt eher in das Gebiet des genetischen Studiums des Märchens ein, als daß sie den Anspruch auf abschließende Lösungen erhebt. ... Eine weitere Etappe kann die detailliertere Bearbeitung einzelner Motive und Sujets darstellen, aber ohne Isolierung vom Ganzen.«
Auf die »Reizfrage«: »Wie alt sind unsere Märchen?« kann eine Antwort

nur in dem Hinweis enthalten sein, daß man, statt auf vordergründige Lösungen zu setzen, das Problem lediglich im methodischen Bereich sehen, beschreiben und angehen kann.
Diether Röth und Wolfdietrich Siegmund sei gedankt für wertvolle Hinweise.

Rainer Wehse

URALT? THEORIEN ZUM ALTER DES MÄRCHENS

Besonders die Presse und populäre, sich wissenschaftlich gebende Veröffentlichungen[1], jedoch auch Forscher der Vergangenheit und Gegenwart apostrophieren des Märchen als ›uralt‹. Seine Wurzeln werden in geschichtlich weit zurückliegenden Phasen der Menschheitsentwicklung vermutet. Fadenscheinige Hypothesen gerieren sich dabei z.T. arrogant als letzte Weisheiten. Glaube ersetzt in vielen Fällen ein zweifellos mühevolleres Quellenstudium und penible logische Beweisführungen.
Eine literarhistorisch orientierte Volkskunde und Philologie dagegen stellt – weit weniger aufregend und damit längst nicht so publikumswirksam – nüchtern fest: Märchen sind erst seit dem späten Mittelalter allgemein verbreitet!
Wie lassen sich dieses Paradoxon, diese divergierenden Aussagen harmonisieren? Jeder Märchenkenner spürt doch schließlich das ›Raunen der Vergangenheit‹ in den Märchen. Sie geben sogar selbst Hinweise auf eine frühere Zeit, wenn sie beginnen: »Es war einmal...« Die Annahme eines hohen Alters scheint einfach als charakteristisches Gefühlsambiente dieser Gattung dazuzugehören, und das Gefühl sträubt sich dagegen, nun mit einem Mal darauf verzichten zu müssen. Das Märchen nur wenige hundert Jahre alt? Dies kann doch einfach nicht wahr sein!
Drei Überlegungen sollen zur Lösung des Knotens beitragen: Durch die Sammlung der Brüder Grimm ist besonders das Märchenbild der Deutschsprachigen nachhaltig geprägt. Grimmsche Texte sind im Bewußtsein eingegraben als *die Märchen* par excellence, an denen alle ande-

ren gemessen werden. Nun muß man sich jedoch vergegenwärtigen, daß die uns bekannte Textgestalt schon nahezu 200 Jahre alt ist, daß es sich hier also längst nicht mehr um aktuelles Märchengut handelt, sondern um historisches Material. Und nicht nur das. Die Grimms haben ihre Erzählungen beträchtlich überarbeitet. Man vergleiche die ›Urtexte‹ von 1810 mit den heute allgemein verbreiteten Fassungen der Ausgabe letzter Hand von 1857.[2] Eines ihrer Prinzipien dabei war die Archaisierung des vorgefundenen Materials durch vielfältige sprachliche Mittel. Wenn wir also ein Grimmsches Märchen lesen, begegnen wir einem Text, der uns etwa 300 Jahre oder sogar weiter zurückversetzt. Ein völlig anderes Bild ergeben dagegen Märchen, die am Ende des 20. Jahrhunderts, also heute, erzählt werden: In ihnen benutzen die Helden selbstverständlich Bahn oder Jets – genauso wie sie früher das modernste Fortbewegungsmittel ihrer Epoche benutzt haben, nämlich Pferd und Wagen. Oder Hexen und Geister wetten um Kaugummi und Coca Cola als attraktive Genußmittel der Zeit, in welcher die Geschichte erzählt wird. Das Märchen ist im Laufe seines Lebens nie ein erratischer Block aus der Vergangenheit gewesen – es hat sich schon immer der Zeit und Umgebung angepaßt.

Fazit der ersten Überlegung: Unser Märchenbild ist durch Grimm-Prägung historisch eingeengt. Das Märchen aus der mündlichen Überlieferung heute sieht wesentlich moderner aus, wenn auch – und darauf werde ich später eingehen – gewisse archaische Elemente spezifisch für die Gattung sind.

Die zweite Überlegung: Was meinen wir eigentlich, wenn wir ›Märchen‹ sagen? Viele Mißverständnisse entstehen daraus, daß der Begriff uneinheitlich umgrenzt wird. Schon die ›Kinder- und Hausmärchen‹ verwenden eine liberale Definition. Die Sammlung enthält ja nicht nur Märchen, sondern auch Schwänke, Sagen, Legenden, Fabeln und andere Volkserzählungen. Heute werden z.B. auch die Bücher Michael Endes als ›Märchen‹ bezeichnet oder Helden der Comicliteratur mit jenen des Märchens gleichgesetzt. Gegenüber diesem sehr weitgespannten und damit wegen mangelnder Genauigkeit nahezu unbrauchbaren Begriff grenzt Max Lüthi das ›eigentliche‹ oder ›Zaubermärchen‹ wie folgt ab:

»Ausgliederung in mehrere Episoden, die das Märchen bloßen Kurzphantasien [...] voraushat, klarer Bau, der es von der unbeschränkten Freiheit des Kunstmärchens abhebt, der Charakter des Künstlich-Fiktiven, der das Märchen von Berichten über Gesehenes, Gehörtes, Erlebtes und Geglaubtes trennt, die Leichtigkeit, das Spielerische, das ihm im Ge-

gensatz zu den verwandten Gattungen Sage, Legende, Mythus eignet, die im Vergleich mit Fabeln und Exempeln unbedeutende Rolle des belehrenden Elements, und das Miteinander von Wirklichkeit und Nichtwirklichkeit, welches das Märchen von erfundenen Erzählungen mit realistischem oder pseudorealistischem Anspruch wie Novellen, Romanen, science fictions [...] unterscheidet.«[3]
Nur in diesem Sinne sollte man ›Märchen‹ gebrauchen – für alle anderen Gattungen der Volkserzählung und Literatur stehen weitere Begriffe zur Verfügung. Bei diesem Zugang wird auch im folgenden deutlich, daß es bei vielen Theorien zur Altersbestimmung gar nicht mehr um Märchen geht, sondern um verschiedene andere Arten der Volkserzählung.
Dritte Überlegung: Der Hauptfehler bei der Altersbestimmung des Märchens besteht darin, daß die Begriffe ›Element‹, ›Motiv‹, ›Gattung‹ und ›Stoff‹ vermischt werden. ›Märchen‹ ist ein *Gattungsname*. Unangreifbar steht die Tatsache, daß diese *Gattung* erst seit dem Mittelalter verbreitet ist. Das Märchen ist also jung. Älter dagegen können Stoff, Motive oder einzelne Elemente sein. Viele der Stoffe, Motive und Elemente, die später vom Märchen übernommen worden sind, kennen wir z.B. als Mythen aus der Bibel, etwa das sich teilende Rote Meer beim Durchzug der Kinder Israels, die Flutsage mit Noah oder die Aussetzung von Moses. Fazit der dritten Überlegung: Das Märchen, eine literarische Gattung, ist ein Produkt des Mittelalters – unbestreitbar. Stoffe oder einzelne Versatzstücke, die sich das Märchen aus einer bereits bestehenden Überlieferung angeeignet und charakteristisch umgeformt oder eingebettet hat, mögen jedoch wesentlich älter sein.
Damit ist das Paradoxon gelöst: Das Märchen ist eine jüngere Erscheinung, seine Wurzeln jedoch *können* über die Zeit der Gattungsentstehung hinausreichen in eine bestimmbare oder unbestimmbare Vorvergangenheit – sie müssen und tun es in den meisten Fällen jedoch nicht. Altersnachweise, die man für jeden einzelnen Text getrennt durchzuführen hat, sind Aufgabe exakter wissenschaftlicher Analysen. Pauschale Vermutungen helfen dabei wenig, können im günstigsten Fall stimulierend auf weitere Forschungen wirken. In jedem Fall müssen sie unbedingt als *Hypothesen* gekennzeichnet werden.
Das Gefühl ›alt‹ und der wissenschaftliche Drang ad fontes haben die Diskussion um die Altersbestimmung der Wurzeln des Märchens zu einem der interessantesten Gebiete der Erzählforschung gemacht – aber auch zu einem der abstrusesten.[4]
Grundsätzliche Schwierigkeiten der Altersbestimmung liegen darin, daß

die Gattung Elemente sehr verschiedenen Alters ›aufhebt‹ und sublimiert, so daß sie nicht ohne weiteres als solche erkennbar sind.
»Dies gilt einmal für überwiegend formale Elemente wie etwa musikalische oder rhythmisierte Bestandteile, für Alliterationen und ähnliche Stilfiguren, die für frühe poetische Formen charakteristisch waren.[5] Zum andern gilt es auch für inhaltliche Elemente, deren Archaik fremdartig wirkt und so zum vertrauten Ton und zur Sicherheit gebenden Struktur des Märchens in einer eigentümlichen, faszinierenden Spannung steht. Gerade in bewußter gestalteten, jüngeren Märchen wird diese Spannung als wesentliches Formelement verwendet, so daß oft nicht nur die konstitutiven Handlungselemente einen archaischen Anstrich zeigen, sondern auch die Requisiten ausdrücklich nicht der jeweiligen Gegenwart angenähert, sondern ›archaisierend‹ festgestellt, zur Erstarrung gebracht werden.«[6]
Nach Lutz Röhrich[7] heißt das zentrale Problem: »In welcher geschichtlichen Epoche sind die uns heute unwirklich erscheinenden Motive historische Tatsache oder wenigstens geglaubte Wirklichkeit gewesen?« Das betrifft einmal das Märchen als kulturhistorische Quelle für Realien, alltägliche Lebensgewohnheiten, Sitten, aber besonders auch Glaubensvorstellungen. »Das gerade ist ja das Erregende am Märchen, daß uns in ihm mitten in der modernen und rationalisierten Welt eine Denkweise entgegentritt, die eine geistige Verbindungslinie von der Gegenwart bis zu einer archaisch-magischen Vorstufe unseres Weltbildes herzustellen scheint, wie sie kaum ein anderes Quellenzeugnis in ähnlicher Weise zu geben vermag: Das Märchen gehört zu unseren ältesten geistigen Altertümern, und über Länder und Völker hinweg zeigt es noch Vorstellungen einer Frühzeit auf.«[8]
Dabei muß man sich jedoch vergegenwärtigen, daß die Gattung keine geistesgeschichtliche Einheit, sondern der Entstehung und Herkunft nach etwas äußerst Komplexes darstellt. Bei aller noch so erstaunlichen Konstanz einiger Märchenmotive durch Jahrhunderte und bisweilen Jahrtausende zeigt sich doch ein beträchtlicher Wandel der Auffassungen. Selbst wo wir anscheinend ein magisches Weltbild im Märchen zu sehen glauben, macht doch vielfach gerade die ›Entwirklichung des Magischen‹ (Max Lüthi) erst das Charakteristische das Märchens aus. Bei der Gestaltung unserer Märchen zur novellenmäßigen Erzählung scheint der ursprüngliche Glaube an die Wirklichkeit der Zaubermotive schon erloschen gewesen zu sein. Datierungen können deshalb nur sehr vorsichtig vorgenommen werden. Außerdem stammen die uns vorlie-

genden Quellen fast ausschließlich aus dem 19. und 20. Jahrhundert, und dieses Material verrät zunächst kaum etwas über die historische Entwicklung.

Im folgenden sollen einzelne Ansätze zur Altersbestimmung in – soweit möglich – chronologischer Reihenfolge knapp wiedergegeben werden. Ich beginne mit einer Äußerung Wilhelm Grimms:

»Gemeinsam allen Märchen sind die Überreste eines in die älteste Zeit hinaufreichenden Glaubens, der sich in bildlicher Auffassung übersinnlicher Dinge ausspricht. Dies Mythische gleicht kleinen Stücken eines zersprungenen Edelsteins, die auf dem von Gras und Blumen überwachsenen Boden zerstreut liegen und nur von dem schärfer blickenden Auge entdeckt werden. Die Bedeutung davon ist längst verloren, aber sie wird noch empfunden, und gibt dem Märchen seinen Gehalt, während es zugleich die natürliche Lust an dem Wunderbaren befriedigt; Niemals sind sie bloßes Farbenspiel gehaltloser Phantasie. Das Mythische dehnt sich aus, je weiter wir zurückgehen, ja es scheint den einzigen Inhalt der älteren Dichtung ausgemacht zu haben. Wir sehen, wie diese, getragen von der Erhabenheit ihres Gegenstandes und unbesorgt um Einklang mit der Wirklichkeit, wenn sie die geheimnisreichen und furchtbaren Naturkräfte schildert, auch das Unglaubliche, das Greuelhafte und Entsetzliche nicht abweist. Sie wird erst milder, wenn die Beobachtung einfacher Zustände in dem Leben des Hirten, des Jägers, des Ackerbauenden und der Einfluß gereinigter Sitte hinzutritt.«[9]

Wilhelm Grimm faßt Märchen demnach als Mosaiksteinchen eines früher zusammenhängenden Mythus vorvergangener Zeiten auf, als Überreste, ›survivals‹, ohne jedoch eine genauere Datierung vorzunehmen. Aus derselben Idee heraus z.B. schafft Elias Lönnrot 1835 das finnische Nationalepos ›Kalevala‹, in dem er aus ›Fragmenten‹, wie er die damals bestehenden Volksüberlieferungen sah, einen einheitlichen Mythos klitterte. Die Vorstellung derartiger Urmythen ist nicht erst, wie man gemeinhin anzunehmen pflegt, das Eigentum Herders oder der Romantik. Sie geht auf die Wiedererweckung des Neuplatonismus durch die italienischen Humanisten des 16. Jahrhundert zurück, in deren Lehre die Uroffenbarung und als deren Träger die großen Religionsstifter Hermes, Trismegistos, Zoroaster und Moses eine wichtige Rolle spielen.[10] Die Romantik mit ihren Mythologen Friedrich Creuzer, Joseph Görres und Johann Arnold Kanne ist letztlich Erbin dieses Neuplatonismus, und die Brüder Grimm beziehen sich ausdrücklich auf deren Schriften.[11] Neu ist allerdings bei ihnen, daß sie die *Märchen* in den Schatz von

Nachklängen dieser Urtradition einordnen und damit eine völlig andere Bedeutung verleihen als die Aufklärung des 18. Jahrhunderts sie gewöhnt gewesen war.

Ein Beispiel soll die Rückführung des Märches auf den Mythus verdeutlichen: ›Dornröschen‹ erinnert an den Zauberschlaf, in den Brünhild versank, nachdem Odin sie mit dem Schlafdorn gestochen hatte, und an die Waberlohe, hinter der sie schlief, bis endlich Siegfried hindurchritt. Wie Dornröschen von den Feen, wird der nordische Nornagest bei seiner Geburt von den Nornen bewünscht, von zwei gütigen freundlich, von einer gekränkten feindlich. Und wie Dornröschen sich an einer übersehenen Spindel sticht, so wird dem Gott Balder eine übersehene Pflanze, die Mistel, zum Todesgeschoß.

Die in den geistigen Strömungen des späten 18. und 19. Jahrhunderts begründete alleinige Rückführung des Märchens auf frühere, besonders nordische, Mythen war in ihrer Monokausalität schon bald nicht mehr zu halten. Frappierende Motivparallelen zwischen den beiden Gattungen jedoch regen auch heute noch die Forschung an.[12]

Die Mythologische Theorie wurde in der Mitte des 19. Jahrhunderts abgelöst durch die Indische Theorie. Der berühmte Göttinger Sanskritforscher Theodor Benfey erklärte in seiner Übersetzung des indischen Fabel- und ›Märchen‹buchs ›Pantschatantra‹ von 1859, die Heimat des Märchens sei Indien. Von dort seien sie über die ganze Welt gezogen. Die Wanderung nach dem Abendland wäre zur Zeit der Kreuzzüge und in den folgenden Jahrhunderten immer von neuem geschehen. In Indien selbst habe der Buddhismus die Märchen geschaffen, um Beispiele für seine Lehren und Predigten zu gewinnen. Benfey verteidigte diese Thesen mit einem fast unbegreiflichen Aufwand an Gelehrsamkeit, Scharfsinn und Kombinationsgabe. Entdeckungen der folgenden Jahre schienen in endloser Reihe immer wieder neue Bestätigungen zu bringen.

Der Fehler der Indischen Theorie lag in folgendem: Östliche Länder kennen seit viel längerer Zeit schriftliche Quellen als weite Teile Europas. Man schloß aus dem ersten Auftauchen eines Stoffs in der Literatur, daß dort auch sein Ursprung liegen müsse, und vergaß dabei die undokumentierte mündliche Überlieferung, die zur schriftlichen Aufzeichnung parallel laufen oder ihr vorausgegangen sein kann. Moderne Forschungsergebnisse beweisen dagegen sowohl eine Wanderung östlicher Stoffe in den Westen als auch in umgekehrte Richtung. Die letztendliche Herkunft der einzelnen Märchentypen ist jedoch – eben wegen ihrer

nichtdokumentierten oralen Tradierung – nur in ganz seltenen Fällen nachzuweisen.
Im weiteren Forschungsverlauf kommt es dann noch einmal zu einem Rückfall in die mythologische Richtung durch die ›Natursymbolisten‹ (Solar-, Lunar-, Astral-Mythologie)[13], auf die ich hier nicht eingehe.
Weitaus einflußreicher als die Versuche natursymbolischer Ausdeutung des Märchens sind jedoch die Bemühungen der Völkerkundler, es zu Sitten, Träumen und Denkgewohnheiten der Naturvölker in Beziehung zu setzen. Nach dieser ›Anthropological School‹[14] – häufig fälschlich als ›Anthropologische Schule‹ ins Deutsche übersetzt (richtig wäre ›Ethnologische Schule‹) – ist es die Auseinandersetzung mit den Phänomenen des Lebens und Sterbens, die das Empfinden, Denken, Glauben, wirkliches und symbolisches Handeln und auch das Erzählen der Naturvölker bestimmt.[15] Als Hauptvertreter der Richtung sind zu nennen der Vater der britischen Völkerkunde Edward B. Tylor[16] und der Schotte Andrew Lang.[17]
Tylor untersuchte die Anfänge der menschlichen Sprache, Sitte und des Glaubens auf der ganzen Welt. Dabei stieß er auf das überraschende, immer wieder neu bestätigte Ergebnis, daß sehr alte Vorstellungen bei vielen Völkern dieselben sind: über Geister und Zauberei, Gesundheit und Krankheit, Schlaf und Traum, über die Natur und das Weiterleben nach dem Tod. Auch bei den Völkern, die kulturgeschichtlich nie miteinander in Beziehung gestanden haben, fanden sich derartige sogenannte ›Universalien‹ oder ›Elementargedanken‹ (ein von dem Ethnologen Adolf Bastian 1860 geprägter Begriff). Das Erstaunen an diesen Entdeckungen wuchs, als man feststellte, daß eine Menge davon, verhüllt oder unverhüllt, noch im Volksglauben der Gegenwart auch bei uns lebt, bis in die allerhöchsten Schichten hinein.
Aufgrund dieser überraschenden Ergebnisse stellte Tylor die Theorie der eingleisigen Kulturentwicklung auf, die These, daß alle menschlichen Kulturen dieselben Stadien der Entwicklung durchmachen müssen. Das Studium der ›primitiven‹ Kulturen könne uns also dabei helfen, unsere eigene, in Teilen immer noch archaische Kultur besser zu interpretieren und ihre Wurzeln zu erkennen. Tylor definierte ›primitive‹ Züge der gegenwärtigen europäischen Kultur als ›survivals‹ (Überbleibsel, Bruchstücke) früherer kultureller Stadien. Die Volkserzählung z.B. wurde als ein solches survival betrachtet. Dabei ging es allerdings weniger um Märchen, weil diese sich, als hochentwickelte literarische Form, nur selten oder gar nicht bei Naturvölkern finden.

Es ist das Verdienst Bengt Holbeks[18], in diesem Zusammenhang auf die Theorie des deutschen Biologen Ernst Haeckel und ihre weitreichenden Nachwirkungen hingewiesen zu haben, nach der die Ontogenese (Entwicklung des Individuums) die Phylogenese (Entwicklung der Art) wiederhole. Die Untersuchung der Entwicklung des menschlichen Embryos zeigt, daß es verschiedene Entwicklungsstadien durchmacht, die sich ganz ähnlich wie jene darstellen, die die menschliche Art in ihrer Evolution vom primitiven Tier zum heutigen hochspezialisierten Lebewesen durchgemacht hat. Eine Parallele konnte bei der postnatalen geistigen Entwicklung festgestellt werden. Diese Theorie wurde von Siegmund Freud und seinen Anhängern übernommen und gewann so Einfluß auf die Interpretationen von Volkserzählungen. Erzählforschern ist im allgemeinen von Haeckels These nichts bekannt, aber sie wurden indirekt von ihr beeinflußt. So spielen sie mit der Idee einer unilinearen Kulturevolution. Deshalb sind viele Interpretationen auf eine Reihe von Analogien gegründet, nicht expressis verbis erwähnt, aber doch bis heute in schweigender Übereinstimmung, und zwar die Analogien
ursprünglich = wild = primitiv (im Sinne von unterentwickelt) = kindisch/-lich.

Das 4. Element dieser Gleichung hat eine lange Geschichte. Seit der Antike sind Volkserzählungen als ›Ammen‹- bzw. Märchen für Kinder betrachtet worden. Perraults Erzählungen sind zuerst unter dem Namen seines Sohnes erschienen. Die Märchensammlung der Grimms ist ausdrücklich als ›*Kinder*- und Hausmärchen‹ deklariert. Die Praxis, Volkserzählungen speziell für Kinder umzuschreiben, hat wiederum eine lange Vorgeschichte und dominiert heutzutage – ein endloser Strom von Büchern und Büchlein, Comics, Radio- und Fernsehprogramme wie Filme sorgen dafür. Vergessen wurde darüber, daß Volksmärchen eine ernsthafte Kunstform sind, die auch und gerade von Erwachsenen gepflegt wurde.

Die vielleicht typischste Aussage über den Zugang der Victorianischen vergleichenden Völkerkunde zur Volkserzählung findet sich bei J. A. MacCulloch:[19]

»Alle Rassen, ganz gleich wie zivilisiert sie sind, haben auf ihrem Weg nach oben ein solches primitives Stadium durchlaufen – ein Stadium, in dem der Medizinmann allgewaltig war und Zauberei alltäglich, in der die Gesellschaft anders organisiert war als heute, in der Männer ihre Frauen raubten oder sie durch Heldentaten errangen, in der der jüngste Sohn der Nachfolger seines Vaters war [...], in welcher der Häuptling (der König

der späteren Geschichten) mit seinen eigenen Händen arbeitete, in der alle Arten außerordentlicher Vorstellungen für wahr gehalten wurden – z.B. daß Tote wiedererweckt werden können, daß man die Seele verstekken kann, um sie keiner Gefahr auszusetzen, daß sich ein Mensch mit einem Tier verbinden kann, das sich entweder in einen Menschen verwandelt oder auch nicht. Die Welt unserer Volkserzählung existierte vor langer Zeit; sie existiert *noch* in modernen primitiven Gesellschaften.
In der Welt der Volkserzählung sprechen und handeln Tiere genau wie Menschen. Am besten kann man das am Zyklus des ›Gestiefelten Katers‹ demonstrieren. Das ist nicht eine façon de parler, sondern es wird von Kindern als ganz natürlich angesehen. Die Bauern glauben, daß es sich vielleicht einmal wirklich zugetragen habe. Primitive glauben grundsätzlich daran. Und wir werden wieder einmal zu dem Schluß kommen müssen, daß die sprechenden Tiere aller Volkserzählungen aus einem Zeitalter stammen, in dem es ein Gemeinplatz des Denkens und Glaubens war, daß Tiere sprechen konnten und es auch taten und eigentlich nichts anderes waren als Männer und Frauen in der Gestalt von Tieren.«[20]

Der Naturmensch erzählt also einfach anderen, was er gesehen oder gehört hat. Er ist nicht imstande, Wahrheit von Glaube zu unterscheiden und vermischt so Tatsächliches mit magischer und animistischer Interpretation. Mit der Zeit verliert seine Geschichte die Verwurzelung im Glauben oder wandert in eine Gegend, in der diese Basis nicht existiert. Die Geschichte wird so zum Märchen, durchsetzt mit Elementen, die seine primitive Herkunft verraten.

Dieser Ansatz einer neuen Forschung zur Rückdatierung von Märchen und Volkerzählung in eine selten genau benennbare, letztendlich aber bis zu den Anfängen der Menschheit zurückreichende Frühzeit, wurde von der Völkerkunde nur bis zum Beginn des 20. Jahrhunderts verfolgt und dann überlagert z.B. durch die Kulturkreislehre oder verschiedene funktonalistische Theorien. Sie hatte jedoch Einfluß auf bestimmte volkskundliche Erzählforscher und Psychoanalytiker.

James Frazer[21] und andere hatten besonders die enge Verwandtschaft zwischen Mythus und Brauch (›ritual‹) herausgestellt. Frazer bezeichnet Mythen als das sprachliche Gegenstück zum Brauch, und dieser Gesichtspunkt hielt sich bis in die Gegenwart, hauptsächlich bei Gelehrten, die am Rande der Erzählforschung arbeiten.

1923 zog ein französischer Forscher, der unter dem nom de plume Paul Saintyves schrieb, die seiner Meinung nach logische Konsequenz aus den vorhergegangenen Untersuchungen: Eine vernünftige Erklärung des Märchens müsse den unterliegenden Bräuchen Rechnung tragen. Seine Forschungsbasis waren Perraults Sammlung, erweitert um ein Materialkorpus aus der ganzen Welt. Nach Saintyves' Meinung enthält die Sammlung Perrault drei Gruppen von Erzählungen:

1. Contes d'origine saisonnière
2. Contes d'origine initiatique
3. Fabliaux ou apologues[22]

Bei der ersten Kategorie handelt es sich um Kalenderbräuche, bei der zweiten um Initiationsriten oder ›rites des passage‹ (Bräuche, die Lebensabschnitte markieren, z.B. Geburt, Taufe, Hochzeit, Tod; ein von A. van Gennep geprägter Begriff), die dritte Gruppe ist für die Märchenforschung irrelevant.

Saintyves ist mit Recht von verschiedenen Autoren kritisiert worden, so z.B. von Albert Wesselski[24], Paul Delarue[25] und Jan de Vries.[26] Man wirft ihm Eklektizismus vor und Nichtbeachtung des Zusammenhangs seiner Quellen, die er für seine Konstruktion heranzieht. Das ist auch die Kritik, die man an den vorher besprochenen vergleichenden frühen Völkerkundlern übt. Immerhin räumt aber de Vries ein, »dass wir im Märchen Motive und sogar Motivreihen antreffen, die an uralte und im Volke bis zum heutigen Tag noch geübte Riten erinnern«.[27]

Diese Ähnlichkeiten haben auch viele spätere Wissenschaftler angezogen, so z.B. Alfred Winterstein.[28] Er konzentriert sich auf die Pubertätsriten für Mädchen. Sie werden nach dem Einsetzen der ersten Menstruation ausgeführt und folgen bei den Naturvölkern praktisch der ganzen Welt mehr oder weniger demselben Schema: das Mädchen wird von seiner Familie getrennt, besonders von ihrem Vater und anderen männlichen Verwandten, und sie wird oft in einer Hütte gefangengehalten, dem sogenannten Pubertätsexil. Sie darf nicht die Erde berühren oder sich der Sonne aussetzen. Sie steht unter der Obhut einer alten Frau. Sie wird eingewiesen in die Fragen der Sexualität und beschäftigt mit Weben, Spinnen und ähnlichen Frauenarbeiten. Sie muß sich Mut- und Ausdauerproben unterziehen. Sie ist bestimmten Bräuchen unterworfen, die Wiedergeburt symbolisieren, und wird am Ende in die Liebe initiiert. Winterstein ist der Meinung, daß viele Märchenmotive auf solche Bräuche zurückgehen. Tatsächlich sind die Parallelen zu Märchen wie ›Dornröschen‹ oder ›Rapunzel‹ stringent. Eine Untersuchung des Schneewittchenmärchens durch N. J. Girardot[29] folgt gleichfalls diesem Interpretationsschema und unterteilt die Initiationsriten in drei Phasen:

1. Trennung
2. Liminale Phase
3. Wiederverkörperung und Wiedergeburt.

Ebenfalls ein Verfechter der ritualistischen Theorie ist Mircea Eliade. Den Zeitpunkt, zu dem das Märchen vom erzählten Initiationsvorgang zur einfachen und unverbindlichen Zaubergeschichte übergegangen ist, läßt er offen, weil er sich als allgemeine Erscheinung nicht nachweisen läßt. Er vermutet jedoch, daß der Punkt dann erreicht war, als die überlieferte Ideologie und die traditionellen Einweihungsriten außer Gebrauch gekommen sind und man ungestraft erzählen konnte, was früher tabu gewesen war. Daneben werden bei manchen Naturvölkern jedoch schon seit längerer Zeit Geschichten mit Initiationsstruktur erzählt, obwohl die Bräuche selbst noch praktiziert werden. Eliade sublimiert und abstrahiert dann die Theorie und hebt sie somit auf eine höhere Gültigkeitsebene als seine Vorgänger:[30]

»Man könnte fast sagen, daß das Märchen auf einer anderen Ebene und mit neuen Ausdrucksmitteln das exemplarische Initiationsschema wiederholt. Es überträgt die Initiation auf die Ebene des Imaginären. Nur einem verflachten Bewußtsein, und vor allem dem Bewußtsein des modernen Menschen, ist das Märchen Unterhaltung und Flucht aus der Wirklichkeit. In den Tiefen des Unbewußten behalten die im Märchen aufgezeichneten Initiationsvorgänge ihre Bedeutung, dort bewirken sie wie eh und je Veränderungen. Während sich der moderne Mensch bei der Lektüre des Märchens zu unterhalten oder der Wirklichkeit zu entrinnen glaubt, unterliegt er unbewußt dem Einfluß, den die Initiation im Gewande des Märchens auf ihn ausübt. Man könnte annehmen, daß das Zaubermärchen sehr bald eine leichtere Nachahmung der genannten Mythen und Riten geworden ist und daß es einfach die Aufgabe hat, die Initiationsprüfungen auf der Ebene des Traumes und der Phantasie zu reaktualisieren. Dieser Standpunkt wird nur diejenigen überraschen, die in der Initiation ausschließlich eine Verhaltensweise des Menschen der traditionellen Gesellschaften sehen. Allmählich wird man sich aber heute dessen bewußt, daß die sogenannte ›Initiation‹ eine ans menschliche Dasein gebundene Grundsituation ist und daß sich jedes Menschenleben aus einer Folge von Prüfungen, von Sterben und Auferstehen zusammensetzt, welche Ausdrücke auch immer die moderne Sprache benützt, um diese (ursprünglich religiösen) Erfahrungen klarzumachen.«

Während Winterstein, Girardot und Eliade sich mit weiblichen Pubertätsriten beschäftigen, hat Lord Raglan[31] ihr männliches Gegenstück untersucht, das ›Heldenschema‹, das er im Rahmen der mythischen bzw. rituellen Theorie etabliert hat. Raglan zeigt, wie die sich wiederholenden Elemente des Heldenschemas sich um drei Schlüsselszenen herum gruppieren: Die Geburt des Helden, Besteigung des Throns, Sturz und Tod. Mit anderen Worten: Sie beschreiben die drei fundamentalen rites de passage. Nach der mythischen/rituellen Theorie wurden Heldensagen ursprünglich bei Bräuchen rezitiert. Wenn dieser Kontext nicht mehr bestand, entwickelten die Erzählungen sich zu eigenständigen Formen, z.B. zur Saga oder zu dem Märchen. Raglan versucht nicht, Alter und Herkunft des Heldenschemas zu ermitteln; er hält es für grundsätzlich ahistorisch, d.h. nicht an einem bestimmten Zeitalter festzumachen und hält nichts davon, von einem heroischen Zeitalter zu sprechen.[32]

Anders dagegen Will-Erich Peuckert:[33] Seiner Meinung nach zeigt die Welt des Märchens Gemeinsamkeiten mit dem Mutterrecht, der Pubertätsweihe und Initiation und Heiratssitte der Pflanzer. Die Kultur der Pflanzer war matriarchal. Die Männer gingen jagen, die Frauen blieben daheim und kultivierten kleinere Landstücke auf primitive Weise. Dieses Kulturstadium gab es nicht überall; z.B. ist es in Nordeuropa unbekannt, was bedeutet, daß Märchen dort nicht entstanden sein können. Peuckert glaubt, daß man als Wiege der Märchenüberlieferung die Kultur des Neolithikums im östlichen Mittelmeerraum voraussetzen muß. Er nimmt z.B. an, Rudimente mutterrechtlicher Familienstrukturen im Märchenzug von der Vererbung des Reichs über die Königstochter sehen zu können: »Sie ist der Preis jeden Heldenlebens und mit ihr erringt der Held ihr Reich«.[34] Derselbe Forscher führt die merkwürdigen Aufgaben, die dem Helden im Märchentyp von der ›Magischen Flucht‹ (AaTh 313) gestellt werden, nämlich in einer Nacht ein Schloß zu bauen oder einen Wald zu roden oder ein Feld zu bestellen, auf die Kulturwelt hackbauender Pflanzer zurück, bei denen es zu den Kenntnissen eines Freiers gehörte, ein Haus bauen und eine Pflanzung anlegen zu können.[35]

Glänzend widerlegt wird diese These von Jan de Vries[36], der bemerkt, »daß diese Prüfungen des Bräutigams auch im Epos (z. B. im Râmâyana) und in der Heldensage belegt sind. Nun fällt es aber schwer, die Heldensage, eine vorwiegend aristokratische Dichtungsform, in den bäuerlichen Kulturkreis einzuordnen. Der genetische Bezug vom bäuerlichen Hochzeitsbrauch zum Märchen läßt sich also nicht beweisen. Peuckert setzt andererseits die Entstehung der Märchen in einem protohistorischen Vorderen Orient an, wegen seines außerordentlichen wirtschaftlichen Reichtums und auf Grund der beispiellosen Entfaltung der Fruchtbarkeitskulte und des Sexualsymbolismus in diesem Raum. Lüthis Analysen haben hingegen gezeigt, daß das Erotische im Märchen keine Rolle spielt.«

Reste von Initiationsriten älterer Kulturstufen sehen Lutz Röhrich und andere[37] in zahlreichen Märchenmotiven, so in dem von der Jungfrau im Turm (AaTh 310), von den drei Quälnächten (AaTh 400), von den Furchtlosigkeitsproben (AaTh 326), vom Geschlechtswechsel (AaTh 514), von der Erziehung durch einen Waldgeist (AaTh 502) usw. Die Erzählung von der Altentötung (AaTh 981) scheint einen unmittelbaren Realitätsbezug zu urtümlichen Gepflogenheiten wandernder oder nomadisierender Völker, aber generell auch zu allen Notsituationen zu haben, in denen es ratsam war, die Alten zu beseitigen, um selber überleben zu können. Das Motiv, daß ein König seine Tochter zur Frau begehrt (AaTh 510 B, AaTh 706), mag seine frühe und weitverbreitete Entsprechung in legitimierten Inzestbeziehungen zwischen königlichem Vater und seiner Tochter haben, nachweisbar etwa bei den Inkas, Persern, Ägyptern, Griechen, Iren, Chinesen usw.[38] Daß verschuldete Tote nicht begraben werden dürfen, ist ein originaler Zug des Märchens vom ›Dankbaren Toten‹ (AaTh 506) und findet seine juristische Analogie in altägyptischen, altgriechischen und altrömischen Gesetzen.[39] Im römischen Zwölftafelgesetz soll das Motiv vom Fleischpfand (AaTh 890, Shylock) seinen Ursprung haben.[40]

Umfangreicher noch als der Komplex archaischer sozialer Gegebenheiten ist der Bereich alter Glaubensvorstellungen. Reste prätotemistischer Mentalität sieht Röhrich im Motiv von der Selbstverwandlung.[41] In vielen Varianten des Märchen von der Magischen Flucht (AaTh 313) verwandeln sich die Liebenden nacheinander in Rose und Dornbusch, in Priester und Kirche und schließlich in Ente und See. Der Zauberlehrling in AaTh 325 kann sich wie der Meister in verschiedene Tiere und Gegenstände verwandeln. In alten Mythologien wie in Naturvölkermärchen wird diese Fähigkeit noch als selbstverständliche Potenz hingenommen, in der Spätform Märchen ist sie nur noch Motiv. Weiterhin gehören dazu etwa die schon in der griechischen Pelops-Erzählung, der ›Edda‹ sowie vielen Naturvölkererzählungen belegte Wiederbelebung von toten Tieren oder Menschen aus ihren Knochen oder die Vorstellung vom geborgenen Leben (AaTh 302, AaTh 318: ›Altägyptisches Brüdermärchen‹). Archaisch-magische oder naturvölkische Wirklichkeitsauffassungen spiegeln zahlreiche Motive wieder, in denen das Sympathieprinzip vom pars pro toto gestaltet ist: Blut, Speichel, Haar, der Name und anderes können als Teil des Menschen diesen vertreten, d.h. sie sind der Mensch selbst.[42]

Der Strukturanalytiker Vladimir Propp[43] wiederum nahm den Faden von Saintyves auf. Er kam ebenfalls zu dem Schluß, daß Märchen ihre Wurzeln in einem matriarchalischen Kulturstadium haben müßten und daß sie totemistische Initiationsriten einer solchen Kultur wiederspiegelten. Seiner Meinung nach folgt im zeitlichen Verlauf das Märchen dem Mythos. Derselben Ansicht ist auch Eleasar Meletinskij.[44]

Der Glaube, daß das Märchen sehr alt sei, wenigstens 4000 Jahre, ist bei den Vertretern der rituellen Theorie fest verankert. Er wird unterstützt durch Spekulationen wie die von Peuckert und Carl Wilhelm von Sydow[45], nach dem bestimmte Märchen ein Verbreitungsschema aufweisen, das mit denen von Megalithkulturkonstruktionen übereinstimmt (das führte ihn dazu, eine alte, weitverbreitete Megalithkultur zu propagieren). Otto Huth[46] machte Gebrauch von von Sydows Argument, um seine eigene Theorie zu unterstützen, nach der Märchen eine gnostische Religion wiederspiegeln, die mit der Megalithkultur eng verwoben sei. Die Grundidee des Märchens ist die einer Reise in die Anderwelt, gefolgt von einer königlichen Hochzeit, einer hieros gamos. Die Anderweltreise wird geschildert als die Ersteigung eines Berges, oft in drei Abschnitten, durch die die fortschreitende Initiation des Helden vergegenständlicht wird, z.B. in der ›Prinzessin auf dem Glasberg‹ (AaTh 530). Huth lenkt die Aufmerksamkeit auf das Vorhandensein von megalithischen Bauten wie stufenförmige Grabhügel und steinerne Stufenpyramiden und wertet sie als Beweis für die Annahme, daß Märchen die Produkte einer vorindoeuropäischen Megalithkultur seien, die vielleicht ihr aktivstes Zentrum in der syrisch-palästinensischen Gegend hatte.

Lassen wir jedoch als Kritiker Eliade zu Wort kommen:[47] »Nach übereinstimmender Ansicht der heutigen Forscher sind Spanien und das westliche Nordafrika als Zentren der megalithischen Kultur anzusehen. Von da strahlte sie bis nach Indonesien und Polynesien aus. Diese Verbreitung über drei Erdteile erklärt nach Huth die ungeheure und vielfältige Wanderung der Märchen. Leider vermag auch seine These nicht zu überzeugen, da man so gut wie gar nichts über die ›Megalithreligion‹ weiß.«

Es scheint typisch für derartige, gar nicht so seltene Rückdatierungsversuche zu sein, daß sie das Märchen in einer Phase der Menschheitsentwicklung ansiedeln, über die nahezu nichts bekannt ist. Die Hypothese

ist damit schon bei ihrer Entstehung zur Nichtbeweisbarkeit verdammt, ist fast reine Spekulation und somit unwissenschaftlich.
Ein Kommentar zu AaTH 530 durch Otto Kahn[48] stimmt mit Huth in der Auffassung überein, daß das Märchen 5000 Jahre alt oder älter ist, aber damit endet auch die Ähnlichkeit. Nach Kahns Meinung ist der wirklich erstaunliche Zug der Erzählung das Ende, bei dem die Prinzessin den Helden ohne Zögern unter all den Freiern herausfindet, welche die Spitze des Glasbergs bezwungen oder andere außerordentliche Heldentaten geleistet haben. Sie hat ihn auf die eine oder andere Weise gekennzeichnet, ihm einen goldenen Apfel oder Ähnliches gegeben, und sie erwählt sich ihn trotz des väterlichen Einspruchs zum Bräutigam. Das jedoch habe nur in einer matriarchalischen Gesellschaft vorkommen können. Solche Gesellschaftsformen seien längst verschwunden, aber die einfachen Menschen erinnerten sich noch immer daran. Kahn erklärt dies dadurch, daß Märchenerzähler normalerweise zu den untersten Sozialschichten zählten, die in Räumen lebten, die noch unversehrt von den Umwälzungen und Revolutionen der Geschichte geblieben seien. Auf eine bestimmte Weise haben sie sich seit Jahrtausenden außerhalb der geschichtlichen Vorgänge befunden, so daß es eigentlich nicht überrascht, daß sie Elemente ihrer ursprünglichen Kultur bewahrt haben.[49]
Die bei weitem kühnste aller Theorien zum Alter der Märchenüberlieferung ist die von August Nitschke.[50] Er bezieht sich auf eine Untersuchung zum ›Europäischen Brüdermärchen‹ (AaTh 304), nach dem die Beziehung zwischen zwei angenommenen Brüdern rituellen Charakter habe. Wenn wir nun herausfinden können, in welcher Gesellschaft dieses Ritual üblich war, können wir auch feststellen, in welcher Epoche das Märchen entstanden ist. Dieser Zugang ist wichtig, sagt Nitschke, aber er ist nicht allgemein anwendbar, weil nicht alle Volkserzählungen Riten wiederspiegeln. Wir können jedoch die Perspektive erweitern, wenn wir den Begriff des Ritus' und Brauchs erweitern zu dem des ›Verhaltens‹. Neuere Untersuchungen haben ergeben, daß bestimmte Verhaltensmuster typisch für einen bestimmten geschichtlichen Abschnitt sind. Jede Epoche hat eine bestimmte Vorliebe für Bewegungsabläufe und Konfigurationen, Vorlieben, die aufscheinen in der Literatur, Kunst, Rechtssprechung und Wissenschaft einer Epoche. Dieselben Vorlieben sind in Volkserzählungen erkennbar. Eine Klassifikation nach diesen Prinzipien wird sich von den üblichen Klassifikationen abheben, die nach Inhalten kategorisieren. Aber das sollte uns nicht anfechten. Schließlich würden wir auch nicht Goethes ›Faust‹ in denselben Topf werfen mit

Volksbüchern des gleichen Stoffs. Ihr erzählerischer Inhalt mag ähnlich sein, aber die Unterschiede im Hinblick auf die Verhaltensformen sind gravierend. Nitschke charakterisiert die Verhaltensmuster verschiedener Epochen der europäischen Geschichte und Vorgeschichte, indem er mit dem Paläolithikum beginnt. Man gewinnt einen Eindruck seines Vorgehens durch einige seiner Bemerkungen zu Erzählungen, die er den nacheiszeitlichen Kulturen zuordnet, z.B. ›Aschenputtel‹ (AaTh 510 A), ›Einäuglein, Zweiäuglein, Dreiäuglein‹ (AaTh 511), ›Das Mädchen auf der Suche nach seinen verlorenen Brüdern‹ (AaTh 541) und einigen anderen Märchen. In dieser Gruppe von Erzählungen spielen Tiere eine nicht so beherrschende Rolle wie in Erzählungen aus der Eiszeit, in denen sie sehr dominant sind und das Leben der Menschen von ihnen abhängt. Tiere sind jedoch immer noch die Geber von Gaben. Das Erdkühlein in AaTh 511 gibt dem kleinen Mädchen Kleider. Als es geschlachtet wird, begräbt das Mädchen seine Innereien, aus denen ein Apfelbaum wächst, der ihr Früchte schenkt. Dieses spiegelt die folgende Epoche wieder, als es zu warm wurde, um Tierhäute als Kleidung zu tragen und Obstbäume sich über Europa ausbreiteten. Anstelle der jägerischen Stämme, die völlig von der Tierjagd abhängig waren, entstehen jetzt Gemeinschaften, in denen auch Pflanzen für die Ernährung verwendet werden. Dazu kommt die Domestikation von Tieren.
»Es ist unmöglich, sich nach diesem Blick über die rituellen Theorien eine endgültige Meinung zu bilden. Es gibt fast so viele Zugänge wie Autoren. Die wichtigste Beobachtung ist vielleicht jene von weiblichen und männlichen Initiationsriten. Derartige Zeremonien sind für den größten Teil der Erde gut belegt, einschließlich unseres eigenen Bereichs, und sie wurden auf verschiedene Arten fast bis in die Gegenwart hinein praktiziert. Spekulationen wie jene von Huth, Kahn und Nitschke dagegen führen uns in solch entfernte Zeitalter, daß sich im Hinblick auf Märchen fast keine Beweise führen lassen.«[51]
Die Frage nach dem Alter des Märchens oder dem Märchen als Träger und Vermittler archaischer Vorstellungen wirft auch die Frage nach der (tiefen-)psychologischen Verankerung derartiger Züge auf. »Die Tatsache, daß archaische Inhaltselemente des Märchens noch in historischen Epochen und unter sozialen Bedingungen fortdauern, in denen sie fremd und oft auch unwirklich im weitesten Sinne erscheinen müssen, läßt sich möglicherweise nicht allein mit der strukturellen Sinngebung der einzelnen Geschichten begründen. Es ist vielmehr auch damit zu rechnen, daß sich in derartigen archetypischen Zügen archetypisch bestimmte Vor-

stellungen verkörpern, daß demnach also der Ursprung des Archaischen nicht nur weitentfernte Vergangenheit, sondern auch Wiederspiegelung im kollektiven Gedächtnis des Psychischen wäre.«[52]

Im Grunde stehen sich bei der Frage nach der Altersbestimmung des Märchens nur zwei Hauptrichtungen gegenüber. Die eine versucht, das Märchen auf frühe oder prähistorische Zeiten zurückzuführen und an bestimmten Kulturbereichen festzumachen (Indogermanen[53], Indien, kretisch-mykenischer oder keltischer Kulturbereich) oder erwägt, wie die Anthropological School, Polygenese, also die Entstehung der Märchen an verschiedenen Orten unabhängig voneinander. Die andere Richtung betrachtet Märchen als eine Spätform der Dichtung.

Kurt Ranke[54] spricht alle Versuche, Alter und Entstehung des Märchens einer begrenzten ethnischen Regionalität oder einer bestimmten Kulturepoche zuzuweisen, als noch zu verfrüht an. Und mit der versöhnlichen, abgeklärten, weitgespannten Haltung Rankes zur anderswo heiß umstrittenen Problematik der Altersbestimmung des Märchens möchte ich den Aufsatz beschließen, indem ich ihn sprechen lasse:

»Wir wissen noch zu wenig von diesen Dingen. Wir wissen nur, daß das Märchen in seinen Einzeltypen den verschiedensten zeitlichen, räumlichen und kulturellen Bereichen angehören kann (wenn sich natürlich auch Schwerpunkte herausgebildet haben) und daß dementsprechend auch die variabelsten mentalen, emotionalen und formalen Elemente in ihm erscheinen können: magische und mythische, animistische und totemistische, prälogische und rationale, naive und virtuose. Der Weg der Kulturanalyse, wie ihn etwa Peuckert (und weitaus weniger zuverlässig vor ihm Saintyves) beschreitet, führt sicher zu eminent wichtigen Erkenntnissen für die Geschichte dieser Dichtungsgattung, aber er scheint mir noch nicht die letzten Aufschlüsse geben zu können. Denn daß ein Motiv etwa der Pflanzerkultur angehört, besagt nichts für das komplexe Märchen, in dem es auftritt, sobald wir uns eben die ungeheure Lebenskraft längst überholter und sinnentleerter Vorstellungsgehalte zum Bewußtsein führen, die sich jahrtausendelang durch die verschiedensten menschlichen Kulturstufen schleppen, ohne von der Vitalität ihrer Form etwas einzubüßen. Es würde das selbst dann nichts besagen, wenn ihr Sinn und ihr Wesen sich noch bewußt erhalten hätten, denn wir wissen wiederum um die Ur- wie Unzeitlichkeit dieser Denk- und Vorstellungsinhalte. Wir stecken ja alle noch voll von Steinzeitlichem.

So wie auch die einfachen Formen des Märchens gemeinmenschliche sind, die etwa aus Träumen und Affekten und Denkprozessen erwachsen sind. Das Wünschen hat das Märchen geboren, die Sehnsucht nach dem Wunderbaren, den unbegrenzten Möglichkeiten, der Wille, diese Weltschwere zu überwinden. Das aber sind Urgegebenheiten unserer Existenz. Sie sind nicht indoeuropäisch oder malaisch oder araukanisch, sondern gemeinmenschlich. Und so erwachsen aus ihnen und aus der bildenden Kraft des menschlichen Geistes allüberall die gleichen primitiven Erzählformen. Es gibt eine Ethnologie des einfachen Märchens. Immer wieder aber sind wir überrascht, Erzählgebilde auch komplizierterer Art, gleichgültig wo, zu finden, die in Struktur und Gehalt der dichterischen Endform Märchen verblüffend nahe kommen, ja häufig genug in den Grundgefügen unseren bekannten Typen entsprechen, ohne daß an kausale Zusammenhänge irgendwelcher Art zu denken wäre. Diese Ubiquität ist es, die mich zu der Ansicht zwingt, die Entstehung der *einfachen* Form Märchen nicht bestimmten ethischen oder kulturellen oder konjunkturellen Gegebenheiten zuzuweisen.«

Heino Gehrts

DAS ZAUBERMÄRCHEN UND DIE PRÄHISTORISCHE THEMATIK · SIUTS – SAINTYVES – PROPP

Unmittelbare Zeugnisse für das Altertum einzelner Märchen sind spärlich. Für das Märchen vom dankbaren Toten, AT 507, zeugt die Tobialegende der Bibel.[1] Für zwei Märchen liefert das Pañcatantra die ersten Belege: für das aus Holz gezimmerte fliegende Reittier, AT 575, die Flügel des Königssohnes benannt, – und für den Mann, der seiner ungetreuen Frau das halbe Leben schenkt, AT 612 A.[2] Der Goldene Esel des Apuleius trägt das Märchen von Amor und Psyche bei, das heißt, das von der Suchwanderung des Weibes, AT 425.[3] Diese Belege erlauben, für die genannten Typen ein Alter von mindestens zweitausend Jahren anzunehmen. Ein weit höheres Alter, von über viertausend Jahren, ist für das Zweibrüdermärchen, AT 303, bezeugt.[4] Doch für die Fülle der übrigen Märchen setzen die Zeugnisse zumeist erst weit später ein. Daher läßt sich ihr Alter nur unter allgemeinen Gesichtspunkten bestimmen, durch den Nachweis nämlich, daß ihre Motive und der sie zusammenfassende Sinn kulturgeschichtlich einer älteren Epoche zuzuweisen sind, so daß für diese Typen – oder Motive – wenigstens ein Terminus ante quem auszumachen ist.

Es sind in diesem Jahrhundert zumal drei Arbeiten, die zur Annäherung an dieses Ziel beigetragen haben. Die erste ist 1911 erschienen; es sind die ›Jenseitsmotive im deutschen Volksmärchen‹ von Hans Siuts[5], eine Untersuchung, die den Nachweis führt, daß zahlreiche Motive der *Märchen überhaupt* – denn in den Typen reichen ja die deutschen Märchen weit über den vom Verfasser betrachteten Bereich hinaus – Bestandteile von Jenseitswanderungen sind. Dabei weisen weder die Beschaffenheit des Jenseits noch die Art der geschilderten Wesen Verwandtschaft mit christlichen Legendenmotiven auf. Mithin muß der Ursprung der Zaubermärchen in vor- oder außerchristlichen Kulturen oder Zeitläufen gesucht werden.

Das zweite Werk, das in der bezeichneten Richtung aufklärt, ist 1923 erschienen: ›Les contes de Perrault et les récits parallèles – Leurs origines‹ von Pierre Saintyves, und es spricht im Titel schon das Ergebnis aus: ›coutumes primitives et liturgies populaires‹. Saintyves findet den Ursprung der untersuchten Märchen also in ›urvölkerlichen Bräuchen und volkstümlichen Begehungen‹.[6] Dementsprechend nennt er die Märchen ›volkstümliche Mythen‹ und meint, daß sie als solche aufs engste mit den Riten verbunden gewesen seien, und wenn gewisse erzählerische Zusammenhänge sich oftmals erneuert hätten, dies auf rituelle Assoziationen zurückzuführen sei (47f.). So weist er auf lange in Frankreich noch nachlebende Brauchtümer hin, auf Feendienste bis ins 19. Jahrhundert (12), und im Zusammenhang mit dem Dornröschenmärchen bringt er Nachweise für Feenladungen bei Geburt und Taufe (72-75), ebenso wie für Spinnverbote in Entscheidungszeiten, also zum Beispiel zur Zeit der Jahreswende (79-83). Den Dornröschenwald stellt er mit der Initiationshütte zusammen (93). Zum Aschenbrödel und zu der Auffindung der Braut durch das Schuhemessen weist er hin auf Schuhbräuche im Zusammenhang von Liebes- und Ehesitten (156ff.) und meint, daß »am Anfang nicht ein literarischer Archetypus stände, sondern Riten vergleichbaren Typs, und aus ihnen könnten nicht einmal, sondern zwei- oder dreimal Geschichten vom Typus Aschenbrödel entsprungen sein.« (164)

Das Märchen von Allerleirauh, die Wandlung der häßlich verkleideten Schönen, bringt er zusammen mit Riten des Jahreswechsels, wo sich das

alte Jahr (l'année = weiblich) allmählich als das neue enthüllt habe und es zu einer Hochzeit mit der neuen Sonne (le soleil nouveau = männlich) gekommen sei. »Allerleirauh (Peau d'Ane), das berühmteste aller Märchen, ist am Anfang nichts anderes gewesen als der Kommentar eines volkstümlichen Rituales – zu einer Zeit, da der Kult der Feen und der Naturwesen eine echte Religion war, zu einer Zeit, da der Frühling in gleicher Weise von den Gestirnen wie von den Feen abhing.« (208) Mit dem Ausdruck ›Kommentar eines Rituales‹ bezeichnet Saintyves also die ursprüngliche Funktion des Märchens, und er beruft sich dazu auch auf Marcel Mauss, der für den Mythos die These verfochten habe, daß er »nur die Auslegung oder der Kommentar eines Rituales« sei. Ebenso könne »die Mehrzahl der Zaubermärchen wie die Mythen die mehr oder weniger allegorischen Kommentare eines Rituals dargestellt haben.« (395) »Die Ahnen der Völker Europas haben ohne Zweifel in ihren vorgeschichtlichen Wanderungen ihre initiatischen Rituale mitgeführt und ebenso die Erzählungen, die jene kommentierten.« (391) – Die Schrift von Saintyves hat kaum Anerkennung gefunden, was seine Erklärung zum Teil im Desinteresse seiner Forschergeneration findet, zum anderen Teil aber auch in der ausgewählten Märchensammlung. Die Erzählweise Perraults, die moralische Tendenz seiner Darstellung ist prähistorischen Assoziationen nicht ohne weiteres offen.
Quellenmäßig weit sicherer gegründet war das dritte Werk dieses Jahrhunderts, das in die Ursprünge der Märchen hineinleuchtet: ›Istoričeskie korni volšebnoj skazki‹ Leningrad 1946 – ›Die geschichtlichen Wurzeln des Zaubermärchens‹ von Vladimir Jakovlevič Propp. Auch für diesen Autor liegen die Wurzeln im prähistorischen initiatischen Ritual. Die Italiener haben sich das Buch schon frühzeitig zu eigen gemacht, ihre Übertragung erschien bereits 1949. Auf deutsch ist es erst seit 1987 zugänglich[7], entsprechend spärlich war sein Widerhall. Propp hat seine Belege nicht aus einer einzelnen Sammlung entnommen, sondern aus dem russischen Märchenschatz insgesamt – in der Überzeugung, daß sich dieser sogar gegenüber dem griechischen Mythos als archaischer herausstellen könne (30). Das Buch von Siuts kennt er nicht; die Gedankengänge von Saintyves hält er nicht für beweisend, obwohl er ihm zubilligt, die entscheidende Frage, die auch seine eigene ist, gestellt zu haben, nämlich die nach dem initiatisch-rituellen Inhalt der Märchen (61f.). Dies ist wohl ein etwas zu ungünstiges Urteil über einen Vorläufer; denn *beweisen* im eigentlichen, strengen Sinne läßt sich angesichts einer Fülle lebendiger Bilder und bildhafter Geschehnisse im Grunde nichts. Immer ist

der Autor genötigt, an das lebensvolle Bildverständnis des Lesers zu appellieren.
Bemerkenswert ist in diesem Zusammenhang das geringe Verständnis, das Propp selbst für den *Sinn* von Initiation und Ritual bekundet. »Daß Ritus und Mythos durch wirtschaftliche Interessen bedingt sind, ist klar.« (31) Entweder ist er in diesem Bereich wirklich abhängig von der materialistischen Theorie, oder er benutzt die Zitate aus dieser Literatur, wie es unter den damaligen Verhältnissen verständlich wäre, nur als Rückendeckung. Im voraus stellt er fest, »daß auch der Ritus ... als Mittel des Kampfes mit der Natur entstanden ist« (24) und beruft sich für die Unmöglichkeit, jedes der rituellen Details auf eine ökonomische Ursache zurückzuführen, auf Friedrich Engels. Nach diesem ist »das ökonomische Bedürfnis die Haupttriebfeder der fortschreitenden Naturerkenntnis«, aber es wäre »doch pedantisch, wollte man für all diesen urzuständlichen Blödsinn ökonomische Ursachen suchen.« (24) Propp setzt hinzu: »Diese Worte sind deutlich genug«, und man mag annehmen, daß er sich mit dem Engels-Zitat von dem Zwang befreien wollte, statt die Archaismen untereinander zu vergleichen, ihrer ökonomisch-theoretischen Ursache nachzuforschen. Sprechen wir, um in einer wesentlichen Richtung Propps Gedankengänge zu ergänzen, hier die Überzeugung aus, daß Ritual und Initiation nicht im Kampf gegen die Natur entstanden sind, sondern in ihrem Dienst und vereint mit ihr im Ringen um den Sinn des menschlichen In-der-Welt-Seins, um die Bewahrung dieses Sinnes und um seine Weitergabe an die kommenden Geschlechter.
Zu Propps Methode ist vorauszuschicken, daß er im allgemeinen nicht vom vollständigen Märchen ausging, wie Saintyves verfuhr, sondern vom Motiv. Doch handelt er nicht etwa jeweils nur von diesem, sondern von dem Zusammenhang, in dem es steht. »Ein Motiv läßt sich nur im System eines Märchentyps untersuchen, und Märchentypen lassen sich nur in ihrem wechselseitigen Zusammenhang studieren.« (16) In diesem Satz hat die Übertragung statt *Märchentypus* das Wort *Sujet,* nach dem russischen sjužet, ein Begriff, der vieldeutiger ist als Typus, der aber hier und an vielen anderen Stellen des Buches nichts anderes bedeutet als *Typus* – durchaus im Sinne des Registers von Aarne-Thompson, das Propp jedoch nicht benutzt hat.
Von Propp her gesehen, erscheint nun auch das Ergebnis von Siuts in seiner eigentlichen Bedeutung. Der Ort der Initiation ist das Jenseits, die daran teilnehmen, sind die Toten und die Sterbenden, und zwar sind dies sowohl die Initiationshelfer wie die Initianden selbst. Der Initiand starb,

um wiedergeboren zu werden. In der rituellen Wirklichkeit geschah dies nicht innerhalb der Ortschaft, etwa in einem Heiligtum, sondern meistens draußen, außerhalb der Wohngegend, in der Wildnis, im Busch, im Walde. Darum führt auch im späterzählten Märchen den Knaben eingangs oft sein Weg in den Wald, und hier hat er die Begegnungen mit den Wesen, die ihn dorthin weisen, wo die angebahnte Einweihung sich vollendet, – im Märchen, im spätzeitlichen Anschein, eine Schicksalsvollendung. Propp hat dem ›geheimnisvollen Walde‹ ein umfangreiches Kapitel gewidmet; aber schon bei Saintyves findet sich die Formel: la forêt initiatique (313).

Im russischen Märchen ist die Wegweisende oft die Hexe, die Baba-Jaga, die auch den Beinamen Knochenbein führt, ein Name, der auf ihre Totennatur hinweist. Manchmal wird sie auch blind genannt, womit nicht einfach eine menschliche Blindheit gemeint wäre, sondern die Unfähigkeit einer Toten, den lebenden Helden zu erblicken, ganz so, wie für die Lebenden die Toten unsichtbar sind. Der *russische Geruch*, durch den sie den Ankömmling wahrnimmt, hat gar keine besondere russische Bedeutung, sondern meint den im Totenlande seltenen Geruch eines Lebenden. Das Hüttchen, das sie bewohnt, dem der Leser oft im russischen Märchen begegnet, steht auf Hühnerbeinen; es ist die bewegliche Station des Übergangs von der einen Welt in die andere. Stets ist der Hütteneingang dem Helden abgewandt, und nur auf einen beschwörenden Zuruf wendet er sich ihm zu. Die Hexe gebärdet sich brutal, menschenfresserisch, aber der Held weiß ihr zu antworten, und dann offenbart sie sich als Helferin. Die Entwicklung der Märchen im Kulturwandel hat es mit sich gebracht, daß die ursprüngliche Funktion der Grenzwächterin am Totenlande in Vergessenheit geriet, so daß die natürlich toddrohende Wesensart sich in einen mörderisch-bösartigen Charakter verkehrt hat (134f.). Aber auch im deutschen Märchen ist, selten zwar, noch die hilfreiche Hexe bewahrt, so in einem Märchen aus Schleswig-Holstein, wo der Held auf dem Dachboden des Hexenhauses übernachtet und am Morgen in dessen drei Fenstern drei zukunftweisende Visionen schaut. Als die Hexe das vernimmt, leiht sie ihm ohne weiteres ihr Pferd zur Verwirklichung seiner Gesichte.[8] Ganz dementsprechend rüstet auch die Baba-Jaga den Helden mit ihrem Pferde für seine Aufgabe aus.

Für die Initiation charakteristisch sind sowohl das große Haus im Walde wie die kleine Hütte. In zahlreichen Märchen stößt der junge Wanderer auf das Haus, in dem er dann die lebenwandelnde Begegnung hat. In den russischen Beispielen ist es oftmals sehr groß, ist mit einem Zaun umge-

ben und fast unzugänglich. Auf den Zaunspfählen stecken Totenschädel. In unseren Märchen ist es oft ein ummauertes Schloß, meist menschenleer, nur von geheimnisvollen, erscheinenden, ›verzauberten‹ Wesen bewohnt. Die Beschreibungen solcher Häuser in den russischen Märchen ähneln in erstaunlicher Weise den Behausungen, die aus der Völkerkunde bekannt sind: Als Männerhäuser, als Festhäuser, die zugleich der Initiation dienen. (138ff.)
In diese Häuser werden die Jugendlichen oft von den Leitern der Einweihung gebracht. Da diese Gesandte der Gottheit sind, in deren Bereich die Weihe vorgenommen wird, nehmen sie selbst an deren Wesen teil. Die Märchen lassen oft solche Abholwesen auftreten, denen die Eltern schon vor der Geburt das Kind verpfändet haben, und wenn das Kind reif geworden ist, tritt das Pfandrecht in Kraft. (102f.) Oder die Eltern bringen oder schicken selbst das Kind in den Wald, wo es dann zu der Hütte gelangt, in der sich das Reifungsgeschehen anspinnt. Andererseits versuchen die Eltern oftmals, das Kind vor der Entrückung zu bewahren, stets aber vergeblich; der Aufbruch, das Hingerissensein sind notwendige Ereignisse, und sie spiegeln nur das, was ehedem als die unumgängliche Initiation in das Erwachsensein oder, darüber hinaus, in eine bestimmte Stammesfunktion gefordert wurde. Was heute spontanes, gemußtes Geschehen ist, die Lösung aus dem Kindsein, ohne herkömmliche geordnete Form, das lief in den Urkulturen zur rechten Zeit in einer tradierten Folge von Ereignissen ab. Die Märchen bieten davon das archaische Spiegelbild.
Zu den Wesen, mit deren Hilfe sich die Reifung vollzog, gehört auch der Drache, der eine ähnliche Wandlung durchgemacht hat wie die Hexe. Verschlungen zu werden, um, ausgespien, ein neues Wesen zu sein, gehört zu den Wesenszügen der Reifung. Gemußte Wandlung ist immer bedrohlich, erscheint erst hinterdrein als wohltätig. Eine ähnliche Ambivalenz kennzeichnete ehedem den Verschlinger. In vielen Urkulturen mußte der Initiand in den Rachen des künstlich geflochtenen oder geschnitzten Ungeheuers eingehen und wurde als neuer Mensch, als Initiierter, wieder ausgestoßen. In einzelnen Fassungen vom Märchentyp 560, Zauberring, wird das so erzählt, daß der Schlangenkönig den Burschen verschlingt und verschönert, kraftvoll und weise wieder ausspeit – Wesenszüge des Märchenhelden, die nicht pragmatisch zu verstehen sind, sondern als Ausweis der Initiation. (Vgl. 406a) Propp meint, daß der wohltätige Drache, wie er in Ostasien noch immer erscheint, ursprünglich auch europäisch gewesen sei und daß der Drachenkampf eine

späte Entwicklung ins Gegenteil darstelle. (288) Freilich, können wir hinzusetzen, erscheint die Wohltat noch immer in Gestalt des freigekämpften Gewinnes, als Quelle, Goldschatz oder erlöste Prinzessin.

Von den archaischen Zügen des Märchens, die Propp in aller Ausführlichkeit entwickelt, seien hier noch die Gaben der Jenseitigen und die Hilfsgeister erwähnt. Die Gaben sind von Macht erfüllt; sie ermöglichen dem Helden ein Wirken, das mit dem nur menschlichen Vermögen nicht ins Werk zu setzen wäre. Das kann beispielsweise ein Zauberring sein, der wunderbare Wirkungen zeitigt, oftmals nicht unmittelbar, sondern über ein Wesen, das mit dem Ring herbeigerufen werden kann. Wenn dergleichen Wunderdinge zum Teil schon im Phantastischen wurzeln, gibt es doch viele andere, die für ein unmittelbares Erbe aus den Urkulturen zeugen. Das sind die Haare, die Fischschuppen, die Beinchen oder Fühler, die der Held von den Tieren, vom Löwen, vom Hecht, von der Ameise empfängt, oft von deren Königen, und mit denen er sie herbeirufen kann. Diese Teilchen entsprechen ganz und gar den Amuletten, die der Initiand in den Urkulturen unter den Weihen zu eigen gewinnt und die ihm zeitlebens den Beistand der Mächte, von denen sie stammen, sichern, seien es nun Teile von Tieren, Pflanzen oder Felsen. Wenn im Märchen gelegentlich verlangt wird, daß der Held, um das Haar-Amulett wirksam zu machen, es ansengt, so gibt es auch dazu die genaueste urvölkerliche Parallele, – ja, was die Ethnologie nur als Faktum nennt: daß der Schamane ein Büschel Pferdehaare ins Feuer wirft, um sich ›die Geister gewogen‹ zu machen, dafür liefert das Märchen den klaren Zusammenhang. (223)

Besonders bemerkenswert ist der helfende Gegenstand, wenn er in Gestalt eines Püppchens erscheint, womöglich gar als Gabe der sterbenden Mutter an die Tochter wie in Afanasjevs Märchen von der wunderschönen Vassilissa.[9] Hier wird die Puppe sogar gespeist, wie es sonst auch im Totenkult vorkommt, wo die Figur, die als Seelenträger den Verstorbenen darstellt, an den Mahlzeiten der Lebenden teilhat. (248f.) Im Märchen hilft die Puppe dem Mädchen, die unmöglichen Aufgaben der Hexe zu bestehen, so daß es am Ende mit der Gabe der Hexe heimkehren kann. Solche Puppen wären nicht zu den Amuletten zu zählen, sondern als Fetische zu bezeichnen.

Schließlich erwähnen wir noch die Hilfsgeister, die oft in Tiergestalt dem Helden dienen, die auch Tote sein können, und kaum eine Märchenhandlung verläuft ohne einen solchen Gehilfen. In den Urkulturen erwirbt sie der Jungmann im Verlaufe der Initiation. Das helfende Pferd als eine Gabe der Baba-Jaga haben wir schon erwähnt. Doch gibt es in den Märchen noch vielerlei andere Weisen, durch die der Held in den Besitz eines Zauberpferdes gelangt. Merkwürdig ist, daß viele dieser Pferde, aber auch die helfenden Löwen und Bären fliegen können, ein Zeichen für ihre Herkunft aus der Geisterwelt. Der Adler als Flughelfer wird in einem russischen Märchen, AT 537, durch große Opfer gewonnen, und die Reise mit ihm entschädigt den Helden mit gewaltigen Reichtümern, die er am Ziel, in der Heimat des Adlers, gewinnt. Hier sehen wir unmittelbar in den Sinn alter Adlerkulte hinein, in denen der Vogel gehegt und dann in einem Opfer entlassen wurde – mit einer Botschaft an die Mächte seines Ursprungs, einem Gebet um deren Gegengabe. (208f.) Aber der helfende, den Helden tragende Adler kommt auch im westeuropäischen Märchen vor, bei der Suchwanderung des Mannes, At 400, oder wenn der Held, der die in die Unterwelt entrückten Prinzessinnen schon befreit hat, selber dort festhängt und zum Entkommen des fliegenden Helfers bedarf, AT 301.

Die Helfer haben im Märchen, außer dem Beistand, den sie bieten, auch noch eine etwas andere Funktion. Für ein Amt ist in den Urkulturen nur geeignet, wer über einen dämonischen Helfer, über mehrere solcher Helfer verfügt. Wer die Königstochter zum Weibe begehrt, muß diesen Nachweis erbringen. Besonders deutlich wird dies in dem Märchentyp 513A, die sechs Diener. Der burleske Ablauf täuscht meist über den bedeutenden Sinn, und dieser liegt eben darin, daß der Held elementarische Macht ausübt. Er beherrscht den Wind, Hitze und Kälte, vermag fernzuwirken mit dem Schützen, fernzusein mit dem Langen und hat mit Speisen und Getränken, so viel es immer sein mag, keine Not; materielle Mengen zählen nicht für den Helfer. Es ist wohl ein richtiger Gedanke Propps, wenn er vermutet, daß der Schnelle, der im Wettlauf nach der fernen Quelle ausgesandt wird, ursprünglich das Wasser des Lebens aus dem Jenseits holen mußte. (406) Auch der fernhin treffende Schütze, der ja bei diesem Lauf ebenfalls eine Rolle spielt, würde seine Waffe nicht auf ein diesseitiges Ziel richten, sondern müßte ein jenseitiges erreichen. (407)

Für die Berechtigung zur Thronfolge sind auch diese Fähigkeiten nicht immer ausreichend. Es gibt noch die Forderung an den Freier, nachzuweisen, daß er selbst drüben gewesen ist in der anderen Welt. Im Goldvogelmärchen, AT 551, verlangt die Königstochter von den verräterischen Brüdern, die den jüngeren um Braut und Thron prellen wollen, Gegenstände, einen Ring, ein Kleid, einen Schuh, die kein Handwerker dieser Welt anfertigen kann: »Ich brauche ein solches Kleid, wie ich es auf dem Glasberg getragen habe«, ist eine exemplarische Forderung dieser Art. (395) Der Jüngste allein, der in jenem Reiche gewesen ist, vermag ihrem Verlangen gerecht zu werden.

Fragen wir zum Abschluß dieser kurzen Übersicht nach dem Verhältnis, in dem Propp Märchen, Mythos und Ritus sieht. Unter ihnen wäre der Ritus das älteste Gebilde, nach Propp unmittelbar aus den ökonomischen Notwendigkeiten und den Naturanschauungen der Vorzeit hervorgegangen. Märchen und Mythos wären später als jener. Daß das Kind zur Initiation den Eltern entrissen wird, mußte verurteilt werden, als der initiatische Gewinn im Laufe der Kulturentwicklung unverständlich wurde. ›Dies war der Moment, in dem das Sujet (hier gleich der erzählerisch distanzierten Fabel) aufkam. Solange der Ritus lebendig war, waren Märchen über ihn nicht möglich.‹ (98f.) Diese These stände im entschiedensten Gegensatz zu der Meinung von Saintyves, daß die rituelle Erzählung gleichzeitig war mit dem Ritus. Das ethnologische Material scheint mir ebenfalls diese Ansicht zu stützen. Nur wäre es notwendig, diese Begleiterzählung des Rituals auch terminologisch zu unterscheiden von dem losgelösten, für sich bestehenden Märchen. Die rituell gebundene Erzählung muß vom ersten, vorbildlich durchgeführten Vollzug des Rituales erzählt haben – es war einmal – als Vorbereitung auf das und zur Unterstützung für das sinnerfüllte Durchleben des Rituales. Adolf E. Jensen hat von den Marind-anim in Neu-Guinea für die Urschöpfer des Rituales den Namen Dema-Gottheit übernommen und für die zugehörige Erzählung die Bezeichnung Dema-Mythe.[10] Ein solcher Terminus scheint mir notwendig, wenn man das Märchen im Sinne von rituellem Kommentar unterscheiden will vom frei erzählten Märchen.

Mythen und Märchen haben sich in verschiedener Weise aus dem ursprünglichen Erzählschatz gelöst. Das Kennzeichen des Mythos ist, daß er von göttlichen Personen erzählt, die für existierend gehalten werden (26), das Märchen enthält nichts Vergleichbares. Daß sie aufeinander eingewirkt haben, ist gewiß, doch weist Propp entschieden darauf hin, »daß der Mythos nicht die causa efficiens des Märchens ist. Das Märchen kann aus der Religion auch unmittelbar, ohne den Umweg über den Mythos hervorgehen.« (332)

Unter dem ritualistischen Gesichtspunkt erscheint das einzelne Märchen wie seine Gesamtheit als ein sinnvolles Ganzes. Die Introduktion durch die Hexe, die Zaubergaben, die Helfer, der Wald bezeugen eine geschlossene Sinnhaftigkeit. (251) Dabei mögen die einzelnen Elemente zuweilen verschiedenen Kulturschichten entstammen, können jägerzeitlich, früh- und spätagrarisch bedingt sein. (376) Darum bewahren sie im Einzelfalle auch die gesamte vorgeschichtliche Entwicklung eines Gebildes, so im Falle des Drachen. Das Märchen erweist sich damit als eine »wertvolle Quelle, als Hort längst aus dem Bewußtsein verschwundener Kulturerscheinungen.« (354) Es ist darum nicht etwa allein erklärungsbedürftig; vielmehr hat es »die Vergangenheit so vollständig, so treu und gut bewahrt ..., daß der Ritus oder eine andere Erscheinung der Vergangenheit nur durch das Märchen wirkliche Erhellung erfahren.« (25)

Jan-Övind Swahn

TRADIERUNGSKONSTANTEN

Wie weit reicht unsere mündliche Tradition zurück?

Eine Antwort auf die Frage zu finden: »Wie alt sind unsere Märchen?« bedeutet eine schwere Verantwortung zu tragen, denn wir können sie heute nicht beantworten, und wahrscheinlich wird sie auch niemals beantwortet werden können. Nach Überwindung eines gewissen inneren Widerstands wollen wir sogleich bis zum Boden des Ententeichs der folkloristischen Wissenschaftsgeschichte hinabtauchen!

Die erste Schulbildung in der Märchenforschung war jene, die von den Brüdern Grimm und deren ziemlich vorsichtigem Suchen nach heidnischem, mythischem Stoff in den Märchen ausging. Die Reihe mythologisch orientierter Forscher, die in deren Gefolge (oftmals am Rande der unfreiwilligen Parodie) den Gedanken an Märchen als eine Art profaner Survivals vorchristlicher Mythen pflegte, die in einer neuen Funktion weiterlebten, sollte schon ziemlich bald völlig scheitern, besonders mit ihren in unseren Augen lächerlichen Versuchen, hinter den Motiven der Märchen und Mythen kosmische oder meteorologische oder wer weiß was für verborgene Inhalte subtiler Symbolik zu ahnen.

Märchenanalyse und nicht zuletzt die Datierung der Märchentypen mit Hilfe mythologischer Dichtung ist nicht nur auf den engen Kirchhöfen veralteter Theorien der Märchenforschung zu Hause. Sehen wir uns doch das in großen Teilen Nordeuropas in der Tradition des 19. Jahr-

hunderts sehr beliebte Märchen der Zaubermühle an, die auf Befehl das mahlte, was ihr Besitzer wollte, und die immer weitermahlte, bis ihr befohlen wurde aufzuhören – d.h. ein verwandtes Märchen zu dem »Vom süßen Brei« der Brüder Grimm. Den Märchentypus, zu dem es gehört, AaTh 565, gibt es meines Wissens nicht in einer einzigen Aufzeichnung, die älter als aus dem 19. Jahrhundert ist, und ihm würde sicherlich von den Märchenforschern kaum ein höherer Grad Altertümlichkeit zugemessen worden sein – wenn es nicht so gewesen wäre, daß es zur poetischen Edda in Form ihres »Grotte-Liedes« gehörte. Das bedeutet, daß es diese Erzählung nachweislich auf westnordischem Gebiet Anfang des 13. Jahrhunderts gegeben hat, als die betreffende Edda-Handschrift entstand, und mit Rücksicht auf Versmaß und Sprachformen des Grotte-Liedes spricht Vieles dafür, daß es bei der Niederschrift nicht mehr ganz jung gewesen ist. Daß ich den Zusammenhang zwischen Mythen und Märchen ausgerechnet mit Hilfe dieses Märchentypus und dessen Entsprechung in der Edda illustriert habe, liegt daran, daß es in diesem Fall ganz offenbar ist, daß es einen Traditionszusammenhang zumindest zwischen dem frühmittelalterlichen Gedicht und dem in unserer Zeit aufgezeichneten Volksmärchen gibt.
Aber ist es dann nicht die Edda, die diesen Märchentypus entstehen ließ? Nein, dann würden im Märchentypus Motive nicht regelmäßig wiederkehren, die in der mutmaßlichen Quelle fehlen. Gerade dieser Umstand ist ein äußerst schwerwiegender Grund, wenn es darum geht, den Gedanken an den literarischen Ursprung eines gewissen Märchentypus abzuweisen. Das Märchen von der Mühle auf dem Grunde des Meeres kann doch nicht älter sein als die Handmühle, und *diese* wird indes in Nordeuropa schon seit der vorrömischen Eisenzeit benutzt. Und beachten Sie: dies ist eigentlich der einzige altnordische Text von Wundermärchencharakter, den man direkt und ohne zu zögern als Variante eines Märchentypus einordnen kann, der in der Tradition des 19. Jahrhunderts üblich war. Dies sei in erster Linie als einleitendes Beispiel dafür genannt, daß auch wirklich alte, moosbewachsene Theorien immer noch zumindest in gewissem Umfang anwendbar sein können.
Wenn es dagegen zum Beispiel »Schwanenjungfrauen« in der Prosaeinleitung zur Version der Edda des Wielantliedes gibt, dann bedeutet dies keineswegs, daß dieses Lied unter dem »Schwanenjungfrauenmärchen« einzuordnen ist, das die Brüder Grimm in mehreren Varianten haben, u.a. »Der Trommler«. Das Verhältnis zwischen Typus und Motiv gehört zu den komplizierteren Problemen der Märchenforschung, eine allge-

meingültige und nur von wenigen bestrittene Regel ist indes, daß man nicht aus der Existenz eines Märchen*typus* zu einem bestimmten Zeitpunkt oder an einem bestimmten Ort schließen kann, daß ein in dem Typus immer wiederkehrendes *Motiv* dort vorkommt. Die meisten Folkloristen setzen voraus, daß die Motive älter als die Motivkombinationen sind, aber das ist selbstverständlich kein Naturgesetz. Ein Motiv, das einzigartig ist und den Grundstein in einer Märchenintrige darstellt, sollte indes vernünftigerweise im Zusammenhang mit der Entstehung des Typus gedichtet worden sein. Das Vogeljungfrauenmotiv ist ein allgemeinmenschliches und zeitloses Motiv im Volksglauben und in der Sage, aus dem in verschiedenen Kulturen sozusagen Fortsetzungen geschaffen worden sind, die nur das gemeinsam haben, daß man sich verschiedenenorts nicht mit dem unglücklichen Ende der Sage oder des Mythos begnügen wollte – also daß die übernatürliche Frau für immer verschwindet. Vielleicht wollte man wagen zu sagen, daß es sich – um den alten Evolutionsethnographen Bastian zu zitieren – mutatis mutandis um eine Art Elementargedanken kontra etwas im Stil seiner Völkergedanken handelt.
Alle Kulturen, die es verdienen, menschlich genannt zu werden, haben den Glauben an das Vorhandensein übernatürlicher oder mythischer Wesen oder haben diesen Glauben zumindest gehabt. Eine ziemlich selbstverständliche Idee ist natürlich, darüber zu phantasieren, wie es wohl für einen Menschen wäre, eine sexuelle Beziehung zu einem solchen Wesen zu haben. Daß ein solches Verhältnis mit besonderen Bestimmungen verbunden sein muß, liegt in der Natur der Sache, und schon haben wir unter anderem das Motiv der »Tabuehe«, von dem die internationale Volkskunde und Mythologie wimmelt. Ich nenne diese allgemeinmenschlichen Motive der Dichtung »epische Schablonen« und bin der Ansicht, daß sie völlig unabhängig voneinander an verschiedenen Orten und zu verschiedenen Zeitpunkten entstehen können. Aber aus diesen Sagen oder Mythen, die oft damit enden, daß sich der menschliche Teil »blamiert«, können *Märchen* geschaffen werden, in denen man den handelnden Menschen zumindest versuchen läßt, das Ganze zu einem glücklichen Ende zu führen. Hierhin gehören sowohl das eben genannte Schwanenjungfauenmärchen als auch – mit umgekehrten Geschlechterrollen – der Amor-und-Psyche-Typus, die also beide nicht Gegenstand einer überlieferungsgeschichtlichen Analyse sein können, ohne daß dabei sowohl die dahinterliegenden Sagen und Mythen berücksichtigt werden, und auch der mit ihnen verbundene Glaube, sowie auch die vielen

parallelen Märchentypenbildungen in anderen Kulturen als unserer eigenen, westlichen. Diese Umstände bedeuten, daß die Altersbestimmung solcher westlichen Märchentypen noch komplizierter wird, da sich ihr Ursprung in eine Zeit verschiebt, die weit hinter jeder schriftlichen Dokumentation liegt. Europäische Volkskunde und nicht zuletzt deren Märchenforschung sind während der bald zweihundert Jahre ihrer Existenz sehr stark auf das Abendland zentriert gewesen und sind, wenn sie bei ihren Untersuchungen außereuropäische Überlieferung einbezogen haben, meist geneigt gewesen, diese als Spiegelungen oder Ausläufer der westlichen zu sehen, was oft zu völlig falschen Ergebnissen geführt hat. Die Sonderformen der im Westen üblichen Wundermärchen, die wir z.B. in Südostasien und bei den Bantuvölkern finden, sind in erster Linie und bis das Gegenteil bewiesen ist, als Parallelen und nicht als Ableger der europäischen Märchen zu verstehen, die sich aus einem gemeinsamen, ziemlich allgemeinmenschlichen Schatz an Phantasieprodukten entwickelt haben.
Die Märchenforschung muß den »Eurozentrismus«, an dem sie leidet, abschütteln und in Fällen wie den genannten die Märchen anderer Kulturen als gleichwertige Kulturprodukte betrachten und nicht als »schlechte« oder »mißverstandene« Kopien europäischer Volksdichtung. Man kann nicht ohne weiteres einen »Hoch-Kultur«-Stempel auf unsere westlichen Volksmärchen setzen, was durchaus nicht so wenige unserer gegenwärtigen Kollegen unter den Märchenforschern geneigt sind zu tun. Sicherlich kann eine wörtliche, nach dem Erzähler wiedergegebene Version aus Indonesien, sagen wir des Drachentötermärchens, im Vergleich mit einer durch die Feder eines europäischen Märchenbuchherausgebers des 19. Jahrhunderts bearbeiteten Entsprechung aus Deutschland »primitiv« erscheinen, wenn man statt dessen einen Vergleich mit einem unbearbeiteten Märchentext von europäischem Durchschnittsstandard macht, dann ist der Unterschied nicht mehr so auffallend. Wir dürfen nicht vergessen, daß praktisch alle Volksmärchen, die wir in Buchform lesen, Versionen der höheren Stände sind, die damit der Elite-Kultur angepaßt sind. Das sollten nicht zuletzt die Literaturforscher beachten, die vielleicht nie mit der ursprünglichen, volkstümlichen Erzählkunst konfrontiert worden sind, so wie sie dort erscheint, wo sie sich in unseren Archiven verbirgt.
Als ich im vergangen Frühjahr gerade meine Vorlesungen über Volksmärchen abgeschlossen hatte, verlangte eine junge Studentin das Wort und berichtete, daß sie vorher Archäologie studiert habe, d.h. ein Fach,

in dem, wie sie meinte, Ordnung herrsche, besonders wenn man es mit der Volksdichtungsforschung vergleiche, zumindest so, wie ich sie meinen Studenten dargeboten habe. Zwar könnten sich Archäologen darüber streiten, wie das eine oder andere Artefakt zeitlich genau plaziert werden solle, aber dabei ginge es nur selten um mehr als ein Jahrhundert früher oder später. »Die Volkskundler«, fuhr sie fort, »scheinen ja wirklich nichts auch nur annähernd mit der gleichen Sicherheit über das Alter ihrer Volksmärchen zu wissen oder woher sie kommen.« Ich hatte gerade das Märchen »Das singende, springende Löweneckerchen« als Probe für die Theorien der verschiedenen Märchenforscherschulen benutzt und gezeigt, wie dessen Entstehung mit Hilfe anscheinend gleich guter oder schlechter Argumente in eine ferne Steinzeit, in die hellenistische oder römische Antike, ins Mittelalter oder in das 18. Jahrhundert verlegt werden könne – eigentlich hinge alles davon ab, welche vorgefaßte Meinung über die Märchen der Forscher habe. Ich antwortete ihr, daß es natürlich auch Märchenforscher gebe, die in die Chronologie der Märchen Ordnung gebracht haben, gab ihr deren Namen und die betreffenden Buchtitel und forderte sie auf, sich zunächst mit deren Methodik und Ergebnissen zu beschäftigen. Sie möge dann zurückkommen und mir sagen, ob sie mit deren Hilfe glücklicher geworden sei als mit meiner. Das tat sie auch, und dabei zeigte es sich, daß sie meinem vielleicht etwas phantasielosen, aber realistischen Agnostizismus den Vorzug gab.
Es gibt viele zusammenfassende Werke über die Volksmärchen, aber sie handeln vor allem von den stilistischen, psychologischen und literarischen Qualitäten der Märchen. Wenn ein in seiner Art hervorragender Märchendeuter wie Max Lüthi, nachdem er sich ausführlich der Formanalyse der Märchen gewidmet hat, auf die Frage nach deren Alter zu sprechen kommt, wird er sehr viel zurückhaltender. Der Abschnitt unter der Überschrift »Entstehungszeit« umfaßt in seinem Buch »Das europäische Volksmärchen« nicht einmal ein Prozent des gesamten Raumes des Buches. »[Das Märchen] ist ohne Zweifel ein Kind hoher Kultur« ist eine seiner unklaren Formulierungen, die außerdem alle Kulturen zu hohen Kulturen macht, da ich meinerseits keine einzige märchenlose Kultur kenne. Peuckert ließ, etwas salopp, die Märchen in »einer nachtotemistischen Zeit mit mutterrechtlicher Kulturstruktur« erblühen, und Bausinger meint aus genauso guten oder zweifelhaften Gründen, »das Märchen entstehe dort, wo Wunsch und Wirklichkeit auseinandergefallen sind, wo die ›zauberische Welt‹ vorbei, aber noch als die ›gute, alte Zeit‹ vertraut ist und in der Erzählung aufgehoben werden

kann«, und – um noch einen wirklich verallgemeinernden Großmeister zu zitieren – Jan de Vries »vermutet die Stelle, wo das Märchen entsteht, überall dort, wo eine mythische Kultur von einer rationalistischen abgelöst wird«.

Dies ist die eine Einstellung, die sich eine besondere »Märchenzeit« oder ein besonderes »Märchenkulturniveau« vorstellt, wo dieses Genre seinen natürlichen Entstehungsgrund gehabt hat, um sich danach bis praktisch in unsere Zeit voll Leben und voll Gesundheit zu halten. Es braucht sich nicht im Dunst der vorgeschichtlichen Zeit zu verlieren – Wesselski und Nachfolger und in gewissem Sinne auch die finnische historisch-geographische Schule zogen es vor (mit um alles in der Welt höchst unterschiedlichen Vorzeichen), die Zeit der Märchendichtung in das Mittelalter oder sogar in das 18. Jahrhundert zu verlegen.

Es gibt auch Märchenforscher, die die Entstehung der Märchen nicht in ein und dasselbe Zeitalter verlegen wollen, sondern die vielmehr versuchen, die verschiedenen Genres oder sogar die Typen an einer Zeitachse von manchmal beachtlichem Ausmaß zu verteilen. Friedrich von der Leyen skizzierte eine solche Gruppierung von der »Urzeit« bis ins 18. Jahrhundert in seinem Kommentar zur Jubiläumsausgabe der Märchen der Brüder Grimm im Jahre 1912, jedoch mit zum Teil recht erstaunlichen Ergebnissen, um sich taktvoll auszudrücken.

Es ist vielmehr ein schwedischer Forscher, den ich in dieser Hinsicht hervorheben möchte, und zwar Waldemar Liungman. Er hatte das Dreiperiodensystem der Archäologen als Vorbild, als cr die Entstehungsgeschichte der Märchen in fünf Perioden von einer homerisch-mykenischen und einer archaisch-klassischen über eine hellenistisch-römische und eine mittelalterliche bis in eine Neuzeit einteilte, die er mit dem 16. Jahrhundert beginnen läßt. Mit Hilfe der Märchentypen, deren Zugehörigkeit zu einer bestimmten dieser fünf Perioden seiner Ansicht nach über jeden Zweifel erhaben ist, normalerweise aufgrund literarischer Belege, versucht er, Stil und Motivwelt der Märchen der betreffenden Epochen zu charakterisieren. Er geht dann weiter und meint, nach diesen stilistisch-inhaltsmäßigen Kriterien die übrigen Märchentypen in die aufgezählten Räume einordnen zu können, d.h. diejenigen, die keine solchen zeitlich bestimmbaren, älteren literarischen Quellen haben. Da die Zahl der unzweideutigen *Märchen*wiedergaben in der Literatur vor 1500 bekanntlich niedrig ist, handelt es sich hauptsächlich darum, das Vorhandensein eines Märchen*typus* während einer bestimmten Epoche mit Hilfe einzelner *Motive* zu beweisen, die in der Literatur der Epoche bewahrt worden sind und die normalerweise in den Aufzeichnungen des 19. Jahrhunderts an einen bestimmten Märchentypus gebunden sind. Was die schwedische Märchentradition betrifft, meint er, mit etwa der gleichen Argumentation, genau 58 Märchentypen in unsere in bezug auf Märchen sehr schlecht dokumentierte Zeit der Völkerwanderungen verlegen zu können. Dazu verweist noch seine Abneigung, zwischen Typus und Motiv klarer zu trennen, Lingmans Initiative in das gut gefüllte Kabinett der Kuriositäten der Märchenforschung.

Bisher habe ich mir gestatten, gegenüber dem Thema, das mir anvertraut worden ist, negativ und abweisend zu sein. Aber ich meine, die Ehrlichkeit verlangt es, daß man die Augen nicht vor der zumindest teilweisen Unmöglichkeit verschließt, für die Volksmärchen eine mit der Zeitbestimmung der Archäologie vergleichbare zeitliche Bestimmung, sei es des Märchenerzählens als Genre im Großen, sei es von dessen vielen Subgenres, Typengruppen oder Typen zu erreichen. Natürlich können wir zumindest mit einem gewissen Grad an Wahrscheinlichkeit einzelne Märchentypen in die rezente Erzählüberlieferung leiten – und dabei denke ich vor allem an die reichen Sammlungen des 19. und 20. Jahrhunderts – zurück in eine bestimmte Entstehungszeit. Aber bei jeder derartigen Zeitbestimmung muß man sicher damit rechnen, daß skeptische Kollegen Gegenbeweise anführen werden. Und wozu ich definitiv nicht bereit bin, ist der Gedanke, von solchen Altersbestimmungen irgendwelche größeren Verallgemeinerungen abzuleiten. Nun ja, vielleicht eine kleine, vorsichtige, aber das werden wir noch sehen!

Im Abendland rechnen wir kaum damit, daß es zumindest während dieses Jahrhunderts zu irgendeinem Neuschaffen in der traditionellen Märchenerzählung gekommen ist, ganz einfach deswegen, weil eine aussterbende Kulturform kaum neue Sprößlinge bekommt. Solange man noch Märchen erzählte, wurden auf künstlichem Wege einige Neuheiten geschaffen – man denke z.B. an Hertha Gruddes Ausgaben der ostpreußischen Märchen in den dreißiger Jahren des 19. Jahrhunderts, bei denen es sich gezeigt hat, daß ein großer Teil des Stoffes von Erzählungen im Märchenstil aus der Sonntagsbeilage der »Woche« inspiriert war. Und darüber sollte man keineswegs die Nase rümpfen!

Das Studium der Booklore in der Welt des Märchens ist wichtig und interessant und kann zu Ergebnissen mit sehr viel Tragkraft führen. Wenn wir uns dagegen Kulturen zuwenden, in denen das Märchenerzählen im traditionellen Sinne immer noch lebendig ist, können wir feststellen, daß auch in unserer heutigen Zeit Neuproduktion geschieht. Ich kehre wieder mit der Hartnäckigkeit des Trunkenen zu meinen Kammus in Laos zurück – aber bei ihnen lebt heute als ein Märchen unter ihren anderen Märchen eine Erzählung, von der wir wissen, daß sie 1947 im Zusammenhang mit den Vorbereitungen der Eingeborenen vor dem Freiheitskampf gegen die Franzosen in Indochina entstand. Sie war als eine Art Ermahnung zum Aufruhr gedacht, sie sollte als eine Art kodifizierter Botschaft an die verschiedenen Völker dienen, alle Weißen, die sie erreichen konnten, zu töten. Heute hat man ganz vergessen, daß das Märchen anfangs politische Propaganda war (die außerdem gerade die Kammus mißdeuten sollten – mit äußerst traurigem Ergebnis, aber das gehört nicht hierher). Sie erzählen es wie ein spannendes, beliebiges Märchen, mit Motiven wie Drachen, übernatürlichen Tieren und magischen Kräften, und es verschmilzt ohne weiteres in einem in der älteren Erzählertradition der Kammus bekannten Genre und ist in den 1970er und 1980er Jahren in mehreren Varianten aufgezeichnet worden, obwohl es also kaum 40 Jahre her ist, seit die Erzählung entstand. In Druck oder in schriftlicher Form hat es sie übrigens erst gegeben, als eine der Aufzeichnungen vor einigen Jahren in Stockholm veröffentlicht worden ist.

Aber jetzt wieder zum Abendland! Hier sind unsere zeitlichen Perspektiven selbstverständlich länger, als daß auch das 19. Jahrhundert in der Blickpunkt kommt. Die Märchen der Brüder Grimm konnten in großen Teilen Europas einen bedeutenden Einfluß auch auf das mündliche Märchenerzählen ausüben. Ich kann als Beispiel anführen, daß die gesamte schwedische Schneewittchen-Überlieferung ohne Ausnahme von den Brüdern Grimm stammt, das gleiche gilt auch für einige der anderen »klassischen« Märchentypen. In anderen Fällen – wie bei »Hänsel und Gretel« – hat die Version der Brüder Grimm in großem Umfang eine ältere, einheimische Form verdrängt und ersetzt. Aber die Brüder Grimm waren keineswegs die einzige Quelle der Inspiration. Einige Märchentypen in Schweden und vor allem im schwedischsprachigen Finnland mit einer nicht geringen Zahl von Aufzeichnungen der mündlichen Tradition können in ihrer Gesamtheit auf Übersetzungen des in diesen Ländern in den 1870er und 1880er Jahren sehr beliebten Kinderbuches »Contes bleus« von Laboulaye zurückgeführt werden, Perraults Märchen, einzeln erschienen, sollten in hohem Grade das Repertoire unserer schwedischen Märchenerzähler beeinflussen, jedoch nicht so, daß sie besonders oft völlig neue Typen oder Themen einführten, sondern eher, daß sie eine neue Form verbreiteten, die in einigen Fällen die einheimischen ausschlug. Perraults Aschenputtel und Blaubart gehören zu den skandinavischen Märchentypen, wo ein »Niederschlag« des literarischen Märchens eindeutig im rezenten Material vorherrscht, aber beide hat es sicherlich in abweichender Gestalt vor der Perrault-Invasion gegeben. Das 18. und 19. Jahrhundert sind also, durch den markanten Einfluß des gedruckten Wortes auf das mündliche Märchen, eine wichtige Periode zumindest in der Geschichte des *Wunder*märchens (und in diesem Genre werden wir uns ja während dieses Symposions hauptsächlich aufhalten). Nicht wenige der Fäden, die man von der späteren Überlieferung zurückverfolgen kann, enden dort – genauer gesagt, in dem einen oder anderen Buch. Es würde von einer großen Unkenntnis zeugen, wenn man den literarischen Einfluß auf das volkstümliche Erzählen während der vergangenen 300 Jahre abstreiten sollte, aber es ist wichtig, in den konkreten Fällen auch zeigen zu können, welche Medien diesen Einfluß vermittelt haben. »Cabinet des fées« stand nicht in den Bauernstuben, möglicherweise in der Schloßbibliothek, und Bücher wie d'Aulnoys oder Musäus Märchensammlungen kamen sicherlich nie aus den Salons heraus. Die Kanäle, über die die Märchenliteratur der Hochkultur in breitere Schichten gelangen konnte, waren die billigen Kleindrukke und die immer mehr heranwachsende Flora der Schullesebücher. Zum letztgenannten Genre kann man »La Belle et la Bête« zählen, das neben Perraults Aschenputtelmärchen der Text gewesen sein dürfte, der in den Märchenaufzeichnungen des 19. und 20. Jahrhunderts in Europa die meisten Spuren hinterlassen hat, weit über 300 Stück sind heute bekannt. Es gibt viele internationale und uralte Märchentypen, die nicht mehr als einen kleinen Teil dieser Variantenmenge erreichen.

Ich habe gerade eine Untersuchung des Märchenbestands der schwedischen Folklore-Archive eingeleitet und dabei selbstverständlich mit meinem eigenen, dem Folklivsarkiv in Lund begonnen. Der Bericht, den ich vor kurzem veröffentlicht habe, zeigt, daß mindestens zwei Drittel, vielleicht sogar drei Viertel dieser südschwedischen Volksmärchenaufzeichnungen, die in der Zeit der 1890er bis 1920er Jahre angefertigt worden sind, als reine Booklore betrachtet werden können. Der Anteil wird höher, je später der Teil des Bestands ist, und dabei sind es vor allem Perraults und Grimms Märchen, die wiedererzählt worden sind.

Was für ein Recht habe ich dann, geltend zu machen, daß die Aufzeichnungen der mündlichen Überlieferung z.B. von »La Belle et la Bête« Booklore sind und Mme Le Prince de Beaumonts Buch »Le magasin des enfants« direkt oder über andere Drucke, in denen das Märchen wiedergegeben worden ist, entnommen sind? Was wäre hinderlich gewesen,

daß Mme de Villeneuve, von deren weniger bekanntem Märchenbuch Mme Le Prince de Beaumont ihre Märchen entnahm, oder sogar beide Damen unabhängig voneinander ein in der mündlichen Tradition der damaligen zeit vorkommendes französisches Volksmärchen wiedergaben? Bezüglich der Antwort auf die Frage zögere ich keinen Augenblick: »La Belle et la Bête« *ist* Booklore. Dies geht nicht zuletzt daraus hervor, daß die Aufzeichnungen nirgends irgendwelche lokalen, traditionellen Sonderformen gebildet haben, sondern daß sie sich alle ohne Ausnahme direkt aus der gedruckten Vorlage herleiten lassen. Daß die mündlichen Varianten gemeinsame Züge haben, die sie von dem Märchenbuch unterscheiden, ist wahr, dies betrifft jedoch nur sozusagen negative Gleichheiten – man hat nämlich verschiedenenorts etwa die gleichen, nicht-volkstümlichen Motive aus der literarischen Vorlage entfernt, was also zu ähnlichen Ergebnissen in verschiedenen Ländern geführt hat.
Jetzt verlasse ich die Feenmärchenepoche und gehe weiter zurück in der Zeit. Uns begegnen vor allem die italienischen Märchenpioniere in Europa, Straparolas »Ergötzliche Nächte« der 1550er Jahre und Basiles »Pentamerone« der 1630er Jahre. Die beiden Sammlungen sind ja außerordentlich wichtig als terminus ante quem für eine lange Reihe klassischer europäischer Novellen- und Wundermärchen, aber ihre Booklore-schaffende Wirkung war äußerst unbedeutend, verglichen mit den eben genannten, späteren Sammlungen. Sie haben doch eine Rolle gespielt als Vorbilder für u.a. französische literarische Märchen im 18. Jahrhundert, wie auch für Musäus, aber dabei ist es im großen und ganzen geblieben. Es gibt nur wenige Beispiele dafür, daß sie direkt eine mündliche Überlieferung geschaffen haben. Die umfangreiche italienische und sonstige »Novella«-Literatur während des Spätmittelalters und der Renaissance hat sicherlich Spuren im mündlichen Novellenmärchenbestand hinterlassen, viele sind es jedoch nicht. Man könnte sicher die Verallgemeinerung wagen, daß, wenn man die Booklore wegschält, zu der die Märchenbücher des 18. und 19. Jahrhunderts auch unter den Märchenerzählern des Volkes führten, dann bleibt ein Kern von Wundermärchen übrig, die ein sehr hohes Alter haben können, deren Anteil an der Überlieferung jedoch bedeutend eingeschränkt worden ist, als die Lesekenntnis zunahm und das mündliche Märchenerzählen aufzuhören begann. Diese älteren Märchentypen oder älteren Formen von Märchentypen, die die Redaktionen der Booklore verdrängt haben, zeigen in der Regel eine klare und für verschiedene Typen in hohem Grad zusammenfallende geo-

graphische Verteilung in Sonderformen, deren Verbreitung in erster Linie von den Sprachgrenzen bestimmt wurde, vor allem den Grenzen zwischen den großen Sprachfamilien in Europa. Bisweilen gibt das Verbreitungsbild der Märchensonderformen auf der Karte ganz deutlich die älteren sprachlichen oder politischen Verhältnisse wieder. Entschuldigen Sie, daß ich noch einmal in den kalten Norden zurückkehre; man kann dort, was eine Reihe von Märchentypen betrifft, noch im Material des 20. Jahrhunderts sehen, wie Skandinaviens Aufteilung zwischen Schweden, Norwegen und Dänemark bis Mitte des 17. Jahrhunderts gewesen ist, die Karte der Verbreitung der dänischen, norwegischen und schwedischen Märchenformen zeigt es. Einer Reihe schonischer, d.h. südschwedischer und ehemals dänischer, Märchen ist es während der 250 Jahre, die zur Verfügung standen, bevor das Märchenerzählen aufhörte, nicht gelungen, sich über die ehemalige Reichsgrenze zwischen den beiden Ländern zu bewegen. In gleicher Weise waren die Märchentraditionen in der westschwedischen Landschaft Bohuslän, die damals zu Norwegen gehörte, um die Jahrhundertwende markant norwegisch. Solche Beobachtungen sind ziemlich unwiderlegliche Beweise dafür, daß die betreffenden Märchen zumindest in der Überlieferung älter sind als die Veränderungen bezüglich der sprachlichen und politischen Verhältnisse, beziehungsweise der kulturellen Beziehungen, sowie dafür, daß sie sich wahrscheinlich während dieses Vierteljahrtausends nicht sehr viel geändert haben.
Je nach den örtlichen Umständen können wir also in vielen Fällen mit Hilfe ziemlich elementarer Schlußfolgerung eine Stabilität in der Überlieferung feststellen, eine Konstanz in den Märchen, die sich ein gutes Stück zurück in Richtung Mittelalter erstreckt – auch ohne »literarische« Belege. Ich lasse jedoch sicherheitshalber andere die Schlußfolgerungen machen, was außernordische Überlieferungen betrifft.
Über die Volksmärchen des Mittelalters selbst können wir nicht besonders viel mit Hilfe direkter Volksmärchendokumentation im heutigen Sinne schließen. Dagegen ist es ja eine recht übliche Annahme, daß die ritterliche und feudale Gesellschaftsform, die in den Volksmärchen der Ausgaben des 19. Jahrhunderts zu erkennen ist, mit der Entstehung der Märchen gerade während des Mittelalters zusammenhängen sollte. Etwas, was wir dabei nicht vergessen dürfen, ist, daß dieser Hauch des Ritterwesens usw. in den Ausgaben des 19. Jahrhunderts besonders auffallend ist. Der Grund hierfür kann sein, daß die Nationalromantik, die das Volksmärchen und die Ballade an ihre Brust schloß, auch die mittelalter-

liche Kultur liebte oder zumindest doch deren äußere Formen und Gebärden. Ich habe nicht die Möglichkeit gehabt, anderen als den schwedischen Ausgaben des 19. Jahrhunderts näher auf den Leib zu rücken, und dabei vor allem dem schwedischen Klassiker, Schwedens Entsprechung zu den Brüdern Grimm, d.h. Gunnar-Olof Hyltén-Cavallius, dessen große Volksmärchensammlung in den 1840er Jahren erschien. Ihm war, das kann man wohl ohne Übertreibung sagen, das Mittelalter in den Kopf gestiegen, er war ein bedeutender Herausgeber mittelalterlicher Texte, u.a. von Balladen. In seinen ethnologischen Arbeiten hob er gern die mittelalterlichen Züge in der Art des schwedischen Bauernstandes hervor, z.B. bei der Hochzeitsfeier. Bei der Herausgabe der Volksmärchen arbeitete er mit dem damals bedeutendsten Kenner der mittelalterlichen Kultur in Schweden zusammen, dem Engländer George Stephens. Leider hatte Hyltén-Cavallius die Gewohnheit, das Urmanuskript wegzuwerfen, wenn er eine Märchenaufzeichnug bearbeitet hatte – vielleicht, damit niemand entdecken sollte, wie er das Manuskript mißhandelt hatte. Aber in den Fällen, in denen auf dem gleichen Papierbogen ein weiteres, nicht herausgegebenes Märchen begann oder endete, blieb ein Stück des bearbeiteten Märchens übrig, auch wenn es durchgestrichen war. Wenn man diese Fragmente mit dem Wortlaut der herausgegebenen Texte vergleicht, stellt man schon nach dem Lesen weniger Zeilen fest, daß der ganze mittelalterliche Anstrich der Märchenausgabe, der mit der Zeit so etwas wie ein Eichmaß geworden war, wie Märchen in Schweden aussehen sollten, das Werk des Herausgebers war – größtenteils fehlt ihm jede Entsprechung im bäuerlichen Original. Und wenn man Hyltén-Cavallius' Texte eines bestimmten Märchentypus mit den entsprechenden Märchen späterer schwedischer Herausgeber vergleicht, dann ist das Ergebnis das gleiche – das mittelalterliche Kostüm hatte Hyltén-Cavallius mit eigener Hand genäht. Ich glaube nicht, daß dies etwas Einzigartiges war, sondern daß es bei der Schaffung des künstlichen mittelalterlichen Duftes in vielen Märchenbüchern des 19. Jahrhunderts etwa in der gleichen Art gewesen ist. Die mittelalterlichen Züge in vielen Märchenbüchern sind also kein Beispiel für die Konstanz in der Überlieferung der Folklore, sondern eher ein Beispiel für die Vorherrschaft der mittelalterlichen Romantik zu der Zeit, als Europa die Volksmärchen als literarisches Genre wiederentdeckte.

Damit wird nicht bestritten, daß die Jahrhunderte unmittelbar nach dem Jahre 1000 eine sehr wichtige Rolle in der Geschichte der Volksmärchenüberlieferung gespielt haben können. Ich möchte dabei an Linda

Déghs Argumentation über die denkbare Rolle des Märchens in der nur wenig lesekundigen mittelalterlichen Oberklasse erinnern und nehme an, daß in dieser Umwelt neue Formen geschaffen worden sein können, die dem Lebensstil und den Interessen dieser Gruppe besser entsprachen. Ich glaube auch, daß das praktisch vollständige und zweifellos der ritterlichen Zeit entsprechende »Goldener«-Märchen, wie auch das Märchen vom Glasbergritt in seiner westeuropäischen Form, das Märchen vom Wilden Mann und die Form des Amor-und Psyche-Märchens, das damit endet, daß sich die Heldin das Recht kauft, drei Nächte im Schlafgemach ihres Gatten, der sie böslich verlassen hatte, zu verbringen, ihre Form in einer solchen Umgebung erhalten haben können, wobei gleichzeitig die genannten Märchentypen in älteren und einfacheren Formen der bäuerlichen Kultur weiterlebten, in die sie anfänglich gehörten. Dieser Vorgang hat ja eine gute Parallele in dem etwa gleichzeitig verlaufenden Prozeß, der dazu führte, daß die aristokratischen Balladen bäuerliche Lieder wurden.
Was die Frage betrifft, in welchem Umfang die Typengalerie und das Stilideal des rezenten Volksmärchens noch weiter zurück in der Zeit verschoben werden können, dann bewegen wir uns auf sehr unsicherem Boden. Die großen Paradeprobleme der Antike: das ägyptische Zweibrüdermärchen und der Zusammenhang zwischen der griechischen Heldensage und dem späteren Volksmärchen werden von anderen behandelt, ich kann sie also übergehen. Vielleicht erwartet man, daß ich mich jetzt etwas mit meinem alten Steckenpferd beschäftigen werde, dem Amor-und-Psyche-Märchen, aber ich bin zur Zeit nicht bereit, dessen besondere Form zeitlich sehr viel weiter zurückzuverlegen, als was die vorliegende Quelle erlaubt. Es ist jedoch schön so – Apuleius Mythenmärchen, seinem mythischen Dekor entkleidet, erscheint als das unbestreitbarste Beispiel eines späten und gelegentlich noch lebendigen Märchentypus ziemlich totaler Konstanz in bis zu zweitausend Jahren. Was Apuleius Erzählung von einer Aufzeichnung aus dem 19. Jahrhundert z.B. in Sizilien unterscheidet, ist nicht der Verlauf der Ereignisse, es sind vielmehr die Accessoires – die Öllampe der Antike wird durch Kerzen oder sogar – wie in einer tscheremissischen Aufzeichnung der 1930er Jahre – durch schlechte russische Streichhölzer ersetzt, die in der Mitte abbrechen, wenn man sie anzünden will.
In anderen antiken Märchenreminiszenzen sind es die Abweichungen vom Muster des späten Märchentyps, die uns die Möglichkeit geben, die Stabilität der Überlieferung zu studieren. In Homers Erzählung von

Odysseus' Besuch in Polyphemos ungastlicher Grotte stellt sich Odysseus als »Niemand« vor, was ja von der einheitlichen Volkstradition abweicht, wo sich der Held und Riesenblender »Selbst« nennt. Odysseus' Abweichung vom Motiv der Überlieferung ist vernünftigerweise die eigene Erfindung des Dichters – der Wortlaut in unserer Zeit des gut belegten Märchentypus der Aufzeichnungen des 20. Jahrhunderts ist also älter als die Form des homerischen Epos – was ja Lutz Röhrich auch für andere Teile bewiesen hat.
In der gleichen Weise zeigt ein Detailvergleich zwischen Herodots Version der Erzählung von Rhampsinitos' Schatzkammer und den späten mündlichen Versionen des Märchens »Der Meisterdieb«, daß der antike Wortlaut sozusagen jünger oder verfälschter im Verhältnis zur einheitlichen Volksüberlieferung ist, deren Gestalt also in dem Fall als mindestens 2500 Jahre alt vorausgesetzt werden kann. Sehr viel weiter als so können wir – meiner Ansicht nach – kaum zurück in die Zeit dringen in unserem Ehrgeiz, zu untersuchen, wie viele Jahre späte Märchentypen auf dem Nacken haben können, aber das ist schön so, finde ich.
Wenn ich diese Gedanken um Alter und Konstanz der Märchenüberlieferungen damit abschließen darf, mich in einen wirklich zweifelhaften Morast zu begeben, dann wird es mit Erfahrungen von einer Untersuchung sein, mit der ich mich schon lange beschäftigt habe, und zwar »Die magische Flucht«, die Typen 313 und 314 u.a. Was den Typ 313 betrifft, Grimms »De beiden Künigeskinner«, sind es besonders die Übereinstimmungen zwischen den slawischen und keltischen Überlieferungen des Märchens, die erstaunlich und schwer zu erklären sind. Wäre der Fall einzigartig, würde ich natürlich die Ähnlichkeit sofort als Zufall zurückweisen wollen, aber für slawisch-keltische Parallelen in Wundermärchen gibt es mehrere Beispiele, z.B. in den Märchentypen »Der Riese ohne Herz« und »Die drei Federn«. Daß ich hier diese gemeinsamen slawisch-keltischen Züge hervorgehoben habe, liegt selbstverständlich daran, daß sie möglicherweise den terminus ante quem der betreffenden Märchentypen zurück zu einem Zeitpunkt führen können, als die Möglichkeit für einen direkten Kulturkontakt zwischen Slawen und Kelten auf breiterer Front bestand, d.h., während der keltischen oder vorrömischen Eisenzeit. Ich gebe zu, der Gedanke ist kühn, aber es gibt so zumindest noch ein weiteres denkbares Verfahren beim Studium der Stabilität unserer Märchentypen durch die Zeiten.
Auf sehr viel festerem Boden steht man natürlich, wenn es um den keltischen Einfluß in Skandinavien geht, wo er für die ältere Zeit am leichte-

sten in Mythen und in der Heldensage festzustellen ist. Aber es gibt auch zahlreiche Beispiele für keltisch-skandinavische Verwandschaft in bezug auf Wundermärchen und – nicht zuletzt – im Volksglauben und in Sagen. Große Teile unserer skandinavischen Glaubensvorstellungen vor allem in bezug auf Wasserpferde, Elfen und Trolle machen den Eindruck, daß sie zusammen mit mehreren Sagentypen von den Kelten eingeführt worden sind, in mehreren Fällen schon gut belegt im 12. und 13. Jahrhundert. Eine so massive Beeinflussung der volkstümlichen Kultur, die hier angedeutet wird, kann kaum später als während der Wikingerzeit, etwa in den Jahren 800-1000, möglich gewesen sein. Dann sollte natürlich zu jenem Zeitpunkt auch die Wanderung von Wundermärchen aus dem Westen stattgefunden haben, zwar nicht dokumentiert, was die älteren Phasen betrifft, aber offensichtlich in der rezenten Überlieferung einer Handvoll Märchentypen. Ein weiteres wichtiges Material, wenn auch schwer zu deuten, was das Alter und die Konstanz der späten Märchentypen in Skandinavien betrifft, bieten übrigens die frühmittelalterlichen sog. »Fornaldsarsagor«. Diese sind bisher von den folkloristischen Forschern nur wenig beachtet worden – mit Ausnahme vor allem des Schweden von Sydow und des Isländers Sveinsson – aber sie stehen in mehreren Fällen Wundermärchen nahe, z.B. Aschenputtel und Ferdinand Getreu und Ferdinand Ungetreu. Daß solche Texte einen Einfluß auf spätere skandinavische Überlieferung gehabt haben sollen, ist völlig ausgeschlossen – sie waren Jahrhunderte lang unbekannt und nicht herausgegeben.

Nachdem ich vor nun schon bald 35 Jahren meine Dissertation über das Amor-und-Psyche-Märchen herausgab, genieße ich einen – mit Rücksicht auf jenes Buch keineswegs unbegründeten – Ruf für kühne Kopfsprünge in die Urzeit. Heute lese ich meine alte Dissertation lächelnd und mit Kopfschütteln. Ich glaube nicht mehr, daß die Ökotyptheorie den Ursprung unserer späten Märchentypen bis in die indoeuropäische Vorzeit strecken kann, während ich dagegen die Ökotypen selbst als höchst reale Erscheinungen auffasse, die jedoch eine andere Erklärung haben müssen als die, die ich von meinem alten Lehrmeister von Sydow geerbt habe. Meine Kühnheit in den zeitlichen Perspektiven, die ich andeutete, ist so unbedeutend geworden, jedoch meine Skepsis vor allzu optimistischen Datierungen gewachsen, aber man ist deswegen kein schlechterer Mensch, wenn man seine Meinung ändert.

Lutz Röhrich

WECHSELWIRKUNGEN ZWISCHEN ORALER UND LITERALER TRADIERUNG

Die Frage nach dem Alter des Märchens läßt sich auf verschiedene Weise angehen. Schwierig bleibt ihre Beantwortung allemal, denn die Märchen sagen über ihr Alter nichts aus; und auch die in den Märchen selbst enthaltenen Zeitangaben sind so unpräzise wie nur möglich. Da heißt es einfach: ›Es war einmal‹, ›vor vielen, vielen Jahren‹, ›in den alten Zeiten‹, ›wo das Wünschen noch geholfen hat‹. Natürlich gibt es in den Erzählungen gewisse Kultur- und Alters-Indizien: Märchen sprechen z.B. von Königen, also müssen sie wohl in einer Zeit der Monarchie spielen. Andere Berufe fehlen gänzlich. Es gibt zwar im Märchen jede Menge armer Leute, Holzhacker, Waldarbeiter, Köhler, Jäger und Hirten. Es gibt auch Soldaten; auch einzelne Handwerker, wenn auch nur in Auswahl, wie den Müller oder den Schneider – beide sind durch Vorurteile stark belastet. Aber – ganz anders als in den Märchen von Tausendundeiner Nacht – gibt es z.B. nur ganz selten Kaufleute. Und warum gibt es keine Beamten, keine Lehrer, keine Briefträger, keine Eisenbahner, keine Elektriker und Monteure? Ganz offensichtlich gehört das Märchen einer vorindustriellen Zeit an und hat sich in seinen sozialen Vorstellungen nur bedingt der Neuzeit angepaßt. Drachen, Riesen und Zwerge lassen an eine mythische Vorzeit denken. Hexenverbrennungen, Foltern und grausame Strafen – wie die Nageltonne – eher an spätmittelalterlich-frühneuzeitliche Strafjustiz. Märchen wie das von ›Hans im Glück‹ könnten darauf schließen lassen, daß wir uns noch in einer Zeit von Tauschhandel und Naturalwirtschaft befinden, aber in anderen Märchen ist alles wieder ganz anders.

Die Geschichte des Märchens kann in doppelter Weise erschlossen werden: einerseits aus erhaltenen Texten, aus historischen Quellen oder aber aus der Altartigkeit seiner Motive. Noch das heutige Märchen zeigt wie im Spiegel ein frühes magisch-mythisches Weltbild und seine Glaubensvorstellungen von Leben und Tod, Diesseits und Jenseits, dem Auftreten dämonischer Gestalten wie Drachen, Trolle, Feen und Zauberer, der magischen Partizipation in der Vorstellung von Blut und Haaren als Kraftträger, Sympathietieren und -pflanzen, archaischem Namenglauben und bestimmten Tabus.[1] Das Märchen bewahrt noch scheinbar altjägerische Glaubensvorstellungen wie die dankbare Hilfe des nicht erlegten Tieres[2], die Tötung und Wiederbelebung aus den Knochen[3], totemistische Züge wie im Verstehen der Tiersprache, schamanistische Züge, wie man sie in der Motivik von Weltenbaum und Jenseitsreise erkennen kann. Die Abenteuerfahrt eines Helden nach dem Kraut des ewigen Lebens kommt schon in mythischen Bereichen, wie im babylonischen Gilgamesch-Epos vor. Daß ein Mensch (oder auch ein Riese) sein Herz außerhalb seiner selbst deponieren kann, daß die Kraft eines Menschen in seinen Haaren liegt, daß Blut stellvertretend für einen Menschen sprechen kann, daß man ein noch ungeborenes Kind einem jenseitigen Wesen weiht, daß man durch ein Menschenopfer Hungersnot und Krankheit oder den Zugriff eines Drachen abwenden kann – alle diese Märchengeschehnisse sind nachweisbare Glaubensinhalte in frühen Kulturen oder sogar noch bei rezenten Naturvölkern. Was hierin nach unserer heutigen Auffassung rein phantastische Märchenmotive sind, sind Vorstellungen, die in einer Frühzeit der Menschheit noch ganz in die Glaubenswelt des Mythos eingebettet waren. Allerdings macht erst die Entwirklichung, Sublimation, Verharmlosung und Formelhaftigkeit des Magischen und Übernatürlichen das Charakteristische des Märchens aus. Auch modernisiert sich das Märchen ständig und ersetzt ältere Kulturerscheinungen durch jüngere. Aber was besagt dies alles für das reale Alter des Märchens?

Man hat sich leider mehr mit dem Maximalalter des Märchens beschäftigt als mit dem Minimalalter. Archaische Motive[4] im Märchen brauchen nicht dafür zu sprechen, daß das betreffende Märchen noch der Vorgeschichte angehört (z.B. das Vorkommen von Knochenflöten im Märchen vom ›Singenden Knochen‹)[5]. Die Kontinuität von einzelnen Märchenmotiven mag das Urteil ›uralt‹ rechtfertigen, nicht aber so von ganzen Märchen. Es ist zu unterscheiden zwischen dem Alter der Einzelmotive und dem der Gesamtkomposition.[6]

Wie weit in die Vergangenheit zurück können wir überhaupt das Märchen verfolgen? Immerhin sind uns aus der antiken Welt einige ganze Erzählungen überliefert, die in ihrem Motivbestand noch heute international verbreiteten Märchentypen entsprechen – erstaunliche Dokumente der Langlebigkeit. Immer wieder zitierte Beispiele sind etwa das altägyptische Zweibrüdermärchen. Typischen Märcheninhalt zeigen sodann mehrere altgriechische Heldensagen, wie z.B. die der Argonauten. Die Polyphem-Erzählung der Odyssee entspricht dem noch heute in ganz Europa bekannten Märchen von der Blendung des Unholds. Der älteste Text der Erzählung vom König Midias mit den Eselsohren steht

bei Ovid. Die Erzählung von Amor und Psyche in den Metamorphosen des Apuleius ist typengleich mit dem Grimmschen Tierbräutigam-Märchen vom singenden springenden Löweneckerchen. Aber wie weit sind diese Stoffe zu ihrer Zeit schon Volksdichtung gewesen?
Sie waren es sicher nicht in unserem neuzeitlichen Sinne, sondern diese Frühbelege sind eingebettet in religiös-mythische Überlieferungen, in Heldensage, Dichtung und Geschichtsschreibung. Diese Problematik betrifft im Grunde die ganzen literarischen Nachweise von Volkserzählungen *vor* der Zeit, in der wir mit authentischen Aufzeichnungen aus der mündlichen Volksüberlieferung rechnen können. In der ganzen antiken Welt ist das Märchen Götter- oder Heldendichtung. Bei Apuleius ist es Romaninhalt mit Figuren in mythologischer Verkleidung – Amor, Psyche und Venus treten darin auf. Das Märchen dient pädagogischen Zwecken der Priestererziehung im alten Indien. Im Mittelalter werden Märcheninhalte legendär oder exempelhaft eingekleidet; sie werden zum erbaulichen oder belehrenden Predigtmärlein. Dann, z.B. bei Hans Sachs, wandelt sich das Märchen in den grobianischen Stil des 16. Jahrhunderts. Es ist voll barocker Allegorien, Wortspiele und Sprachgirlanden bei Basile. Es dient der ironischen Hofunterhaltung bei Perrault. Es wird zum Sprachgewand aufklärerischer Literatursatire bei Musäus. Als romantische Kunstprosa finden wir es bei den Brüdern Grimm. Aufzeichnungen des 19. und 20. Jahrhunders erweisen sich als realistische Erzählungen. In der Gegenwart verändert sich das Märchen zur Kurzgeschichte, zum Filmstoff, zum surrealistischen Märchenwitz. Und es wird noch zu vielerlei Entwicklungen sich wandlungsfähig zeigen, die wir noch gar nicht absehen können. Trotz aller Veränderungen bleiben aber die Modelle seit langem festliegender Märchentypen noch immer erkennbar. Freilich haben wir nicht immer eine Antwort dafür parat, auf welchem Wege diese Traditionszusammenhänge entstanden sind, d.h. ob sie auf mündlicher oder literarischer Übertragung beruhen. Die Beurteilung des Verhältnisses von literarisch-schriftlicher Notierung und oraler Überlieferung gehört zu den kompliziertesten Aufgaben der Folkloristik. Dies soll im folgenden an einer Reihe von Beispielen erläutert werden.

1. In einem südfranzösischen Märchen[7] ist z.B. von einem jungen Mann die Rede, der Vater und Mutter verloren hat und sehr arm ist, der sich nun aber unglücklicherweise in ein sehr vornehmes adeliges Fräulein verliebt, für die er natürlich nicht standesgemäß ist; und es entsteht nun

die Frage, wie er zu Geld kommen kann. Da gibt es nun in derselben Gegend im Gebirge eine große Höhle voll Gold, die jedoch von einer ›Bestie mit Menschenkopf‹ bewacht wird. Und diese Bestie mit Menschenkopf hat demjenigen die Hälfte ihres Goldes versprochen, der ihr drei Fragen beantwortet. Mehr als hundert Leute sind schon dort gewesen. Aber sie haben alle die Rätselfragen des Monstrums nicht beantworten können und sind lebendig gefressen worden. Der junge Mann, der über beide Ohren verliebt ist, unterzieht sich tatsächlich der Rätselprobe:
»Schließlich sprach die Bestie mit dem Menschenkopf: ›Es geht schneller als die Vögel, schneller als der Wind, schneller als ein Blitz‹. Antwort: ›Das Auge geht schneller als die Vögel, schneller als der Wind, schneller als ein Blitz‹. ›Der Bruder ist weiß und die Schwester ist schwarz. Jeden Morgen hütet der Bruder die Schwester. Jeden Abend tötet die Schwester den Bruder. Dennoch sterben sie nie‹. Antwort: ›Der Tag ist weiß. Er ist der Bruder der schwarzen Nacht. Jeden Morgen bei Sonnenaufgang hütet der Tag die Nacht, seine Schwester. Jeden Abend bei Sonnenuntergang tötet die Nacht den Tag, ihren Bruder. Dennoch sterben Tag und Nacht nie‹.
Letzte Frage: ›Es kriecht bei Sonnenaufgang wie Schlangen und Gewürm. Es geht um Mittag auf zwei Beinen wie die Vögel. Es entschwindet bei Sonnenuntergang auf drei Beinen‹. – Antwort: ›Wenn der Mensch klein ist, kann er nicht gehen. Er kriecht auf dem Boden wie Schlangen und Gewürm. Wenn er groß ist, geht er auf zwei Beinen wie die Vögel. Wenn er alt ist, hilft er sich mit einem Stock, der sein drittes Bein ist‹.
Da sagte die große Bestie mit dem Menschenkopf: ›Nimm die Hälfte meines Goldes!‹.«
Es ist kein Kunststück, in diesem Märchen aus der Gascogne eine Variante der antiken Sphinx-Erzählung zu sehen. Nicht nur das Äußere dieses großen Untieres mit dem Menschenkopf, ›la grande bête à tête d'homme‹ erinnert an die griechische Sphinx der Ödipussage. Man hat sich ja die Sphinx gewöhnlich als einen geflügelten Löwen mit dem Kopf und der Brust einer Frau vorgestellt.[8] Sondern auch das Rätsel, das dieses Untier dem Helden aufgibt, ist schon das antike Rätsel der Sphinx:
»Welches Wesen geht morgens auf vier, mittags auf zwei und abends auf drei Füßen?«
Ödipus löst das Rätsel und erhält das Reich und die Königin zur Gemahlin – im Grunde ein rätselratender Held, der zur Belohnung des Rätselratens die Prinzessin erhält, wie noch in den neuzeitlichen Rätselmärchen.

Es ist schon bemerkenswert, daß sich die antike Ödipus-Sage und das Rätsel der Sphinx *noch* in den modernen europäischen Volksüberlieferungen finden. So schlägt die neuzeitliche Volksdichtung die Brücke zu Bereichen, in denen das Rätsel ein ernsthaftes Gebilde und nicht einfach nur ein unterhaltendes Quiz ist, vielmehr ein Tun um Kopf und Kragen, noch kein Spiel oder Unterhaltung, sondern mythischer Vorzeitbericht. Vielleicht als Nachwirkung griechischer Siedler in Marseille spielt im südfranzösichen Märchen die Sphinx diese Rolle als ›große Bestie mit dem Menschenkopf‹, und noch immer gibt sie dem Helden Rätsel auf wie ihr griechisches Vorbild aus der Ödipussage.

Interessanter als die Frage ›Was hat das Märchen aus dem Mythos übernommen?‹ ist jedoch die andere: ›Wie hat das Märchen den Mythos umgestaltet?‹. Die uns an den Mythos gemahnende Märchenepisode ist nämlich einem durch und durch christlichem Milieu angepaßt worden. Das fängt schon damit an, daß der Held, der aus ärmsten Verhältnissen stammt, sich in ein adeliges Fräulein verliebt, das gerade im Begriff ist, in ein Kloster einzutreten. Rat holt sich der Held beim Erzbischof von Auch, der ihm die entscheidenden Anweisungen gibt, wie man mit einem solchen Dämon umgeht, und der hauptsächliche Ratschlag ist, daß auch der Held der Bestie Rätsel aufzugeben hat. Dies sind Rätselfragen, die etwas mit christlichem Wissensgut zu tun haben, und solchen Fragen ist diese heidnische Sphinx natürlich nicht gewachsen:

»›Große Bestie mit dem Menschenkopf, sage mir, was die wilde Nachtigall am Karfreitag singt. Sage mir, was sie am heiligen Samstag singt. Sage mir, was sie am Ostertag und bei Sonnenaufgang singt.‹

Die große Bestie mit dem Menschenkopf blieb stumm, so daß der Held selbst die Antwort kund gibt: ›Am Karfreitag singt die wilde Nachtigall von der Passion unseres Herrn Jesu Christi, der von Judas verraten wurde. Am heiligen Samstag singt die wilde Nachtigall von den sieben Schmerzen der heiligen Jungfrau Maria. Am Ostertag bei Sonnenaufgang singt die wilde Nachtigall von der Auferstehung unseres Herrn Jesu Christi‹.«

Dann allerdings – nach diesem christlich katechetischen Frage- und Antwortspiel – fällt das Märchen eigentümlicherweise wieder ganz in eine blutrünstig mythische Sprache und Bildhaftigkeit zurück: Der Held packt die Bestie mit dem Menschenkopf bei den Haaren und schlachtet sie ab.

»Die große Bestie mit dem Menschenkopf starb. Da schnitt ihr der Jüngling den Kopf ab und er trank ihr Blut. Er sog ihre Augen und ihr Hirn

aus. Er riß ihr das Herz aus, um es seiner Liebsten zu bringen. Dann bestattete er die große Bestie mit dem Menschenkopf, ohne dabei zu Gott zu beten, denn Tiere haben keine Seele.«
Man sieht an einem solchen Beispiel, wie ein Märchen u.U. ganz heterogene kulturelle Geschichten miteinander verquicken kann: Christliches und Mythisches, Neuzeitliches und Archaisches.

2. Ein noch deutlicheres Beispiel für Wandel und Konstanz einer Märchenfigur bietet die Gestalt des Drachen.[9] Drachenüberlieferungen sind seit der Antike in literarischen Zeugnissen dokumentiert: Heldensagen, die Drachenüberlieferung der Bibel nicht zu vergessen, mittelalterlich heroische Epik (Siegfried, Lanzelot, Tristan, Wolfdietrich, Dietrich-Epik etc.). Drachenkampf und Befreiung einer Jungfrau gehören zu den Kernmotiven fast jeder Heldensage. Ihr folgen die christlichen Drachenkämpferüberlieferungen vom hl. Georg bis zur hl. Margarete. Der Drachenkampf gehört zum typischen Modell einer heroischen Biographie, und in der Epoche um 1200 mußte jeder Held wenigstens einen Drachen erlegt haben. Bis zu den Drachenkämpfern der neuzeitlich mündlichen Überlieferung in Märchen und Sage ist der Drache immer der größte, stärkste und gefährlichste Widersacher eines Helden. Dies läßt sich durch alle literarischen Zeugnisse hindurch als kontinuierliche Linie verfolgen. Was sich aber von Kultur zu Kultur ändert, ist die Motivation, womit der Drache dem Helden oder der Gesellschaft, die dieser vertritt, gefährlich werden kann. Ein Drache bewacht z.B. die einzige Quelle, d.h. den Lebensnerv einer Stadt; nur gegen periodische Menschenopfer läßt er die Bevölkerung Wasser schöpfen. Nach dem Sieg über den Drachen beginnt das Wasser sogleich wieder zu fließen. Der wasserhütende Drache des Märchens scheint in direkter Folge aus antiker Heldensage und orientalischem Mythos hervorgegangen zu sein. Wasser ist im alten Orient der Inbegriff der Nahrungsgrundlage; wer es behindert, wird darum zum Symbol des Bösen schlechthin.
Der Drache verlangt periodisch ein Opfer, da sonst die gesamte menschliche Gemeinschaft von ihm vernichtet würde. So muß in KHM 60 (›Die zwei Brüder‹) ein siebenköpfiger Drache alle Jahre eine reine Jungfrau haben, sonst würde er das ganze Land verwüsten. Auch Sagen berichten von einem Drachen, der täglich (oder jährlich) einen Menschen fordert. Es kann keinen Zweifel geben, daß solche Menschenopfer an Drachen ihren realen kultur- und religionsgeschichtlichen Hintergrund haben und sich auf historische Opferrealitäten beziehen.

Die Errettung einer Jungfrau aus der Macht des Drachen sublimiert die Heldentat zugleich zur Werbungs- und Liebesgeschichte. Das Drachenkampf-Motiv wird damit zur beliebtesten Freierprobe. Der König verspricht dem Retter seiner einzigen Tochter deren Hand und das halbe Königreich. Doch der Held muß das Mädchen erst einem Drachen abgewinnen.
Christlich-legendäre Ausgestaltungen des Drachenkampfes symbolisieren den Kampf des Heiligen mit dem Bösen, und insgesamt kennt die katholische Kirche an die sechzig verschiedene Drachenheilige. Moderne Cartoonisten stellen oft alle nur möglichen politischen oder sozialen Probleme wie Inflation, Ölkrise, Regierungskrisen, Arbeitslosigkeit, Bildungsnotstand etc. im Bild eines Drachen dar, mit dem Politiker als moderne Drachenkämpfer fertig werden müssen. Drachenüberlieferungen sind also ein lehrreiches methodisches Beispiel dafür, daß ein und dieselbe Figur als Widersacher und Gegenspieler durch drei Jahrtausende zurückverfolgt werden kann, eine ganz enorme Kontinuität. Gleichwohl hat sich alles andere geändert: die Gattungen, die Glaubensgrundlagen, die Wirklichkeitsauffassung. Das Drachenfeindbild ist in jeder Kultur wieder ein anderes.

3. Ein Märchen, dem man ein besonders hohes kulturgeschichtliches Alter zugeschrieben hat, ist das vom ›Dankbaren Toten‹. Die Brüder Grimm haben es auch gekannt, aber es findet sich nur in ihrem Nachlaß (KHM 217); es steht nicht in ihrer Sammlung. Bekannter ist es geworden aus einer anderen weltberühmten Märchensammlung, aus Hans Christian Andersens Erzählung ›Der Reisekamerad‹. Da ist die Rede von einem jungen Mann namens Johannes. Sein Vater ist gestorben, und die Situation des isolierten Waisenkindes steht ja häufig am Anfang eines Märchens. Johannes packt nach dem Tod des Vaters sein Bündel, um in die Welt zu ziehen. Auf seiner Wanderschaft betritt er einen Kirchhof. Es kommt ein schlimmes Unwetter auf, und der Held geht in die kleine Kirche.
»Mitten in der Kirche stand ein offener Sarg mit einem toten Manne darin, weil er noch nicht begraben war. Johannes war durchaus nicht furchtsam, denn er hatte ein gutes Gewissen; und er wußte wohl, daß die Toten niemanden etwas zu leide tun. Die Lebenden, die Übles tun, sind böse Menschen. Solche zwei lebende, schlimme Leute standen dicht bei dem toten Manne, der hier in der Kirche beigesetzt war, bevor er beerdigt wurde; ihm wollten sie Übles erweisen, ihn nicht in seinem Sarge

liegen lassen, sondern ihn vor die Kirchentüre hinauswerfen, den armen, toten Mann!
›Weshalb wollt Ihr das tun?‹ fragte Johannes. ›Das ist böse und schlimm; laßt ihn in Jesu Namen ruhen!‹
›O, Schnickschnack!‹ sagten die beiden häßlichen Menschen. ›Er hat uns angeführt! Er schuldet uns Geld; das konnte er nicht bezahlen; und nun ist er obendrein tot, nun bekommen wir vollends keinen Pfennig! Deshalb wollen wir uns rächen; er soll wie ein Hund draußen vor der Kirchtür liegen!‹
›Ich habe nicht mehr als fünfzig Taler!‹ sagte Johannes. ›Das ist mein ganzes Erbteil, aber das will ich euch gern geben, wenn Ihr mir ehrlich versprechen wollt, den armen, toten Mann in Ruhe zu lassen. Ich werde schon durchkommen, ohne das Geld; ich habe gesunde, starke Gliedmaßen, und der liebe Gott wird mir allezeit helfen.‹
›Ja,‹ sagten die Menschen; ›wenn Du seine Schuld bezahlen willst, wollen wir Beide ihm nichts tun, darauf kannst Du Dich verlassen!‹ Alsdann nahmen sie das Geld, welches er ihnen gab, lachten laut auf über seine Gutmütigkeit und gingen ihres Weges. Er aber legte die Leiche wieder im Sarg zurecht und faltete deren Hände, nahm Abschied von ihr und ging dann durch den großen Wald zufrieden weiter.
Johannes war eben aus dem Walde herausgekommen, als eine starke Mannesstimme hinter ihm rief: ›Holla, Kamerad, wohin geht die Reise?‹
›In die weite Welt hinaus!‹ sagte er: ›Ich habe weder Vater, noch Mutter, bin ein armer Bursche, aber der Herr hilft mir wohl.‹
›Ich will auch in die weite Welt hinaus‹ sagte der fremde Mann. ›Wollen wir Beide einander Gesellschaft leisten?‹
›Ja wohl,‹ sagte er, und so gingen sie mit einander. Bald gewannen sie sich recht lieb, denn sie waren Beide gute Menschen. Aber Johannes merkte wohl, daß der Fremde viel klüger war als er.«
Dieser Fremde ist niemand anders als der Tote, dem Johannes zu seinem Begräbnis verholfen hatte. Er erweist sich nun für den Helden als ein übernatürlicher Helfer, der ihm zuletzt noch behilflich ist, die Prinzessin zu erringen und König zu werden.

Die frühesten literarischen Belege für unser Märchen gehen bis ins 13. Jahrhundert zurück. Und diese mittelalterliche Form tritt uns in verschiedenen Ritter-Erzählungen entgegen, von denen die bekannteste die mittelhochdeutsche Verserzählung ›Rittertreue‹[10] ist. Zentrales Motiv dieser Erzählung ist die barbarische Mißhandlung, der der Tote im Mär-

chen ausgesetzt ist. Allenthalben findet man den Zug, daß zwei oder mehrere Männer den toten Körper schlagen. In einigen deutschen und dänischen Varianten hat der Gläubiger die Leiche des Schuldners in den Schornstein gehängt, und in den norwegischen Varianten hat man den Toten in einen Eisklumpen einfrieren lassen, damit die Vorübergehenden auf ihn spucken sollen. Hier werden nicht nur die Affekte des Gläubigers psychologisch ausgemalt, sondern man muß die Handlung der rachsüchtigen Gläubiger als einen Akt der sympathetischen Magie betrachten. Dadurch, daß sie den Leichnam schlagen, peinigen sie auch die Seele des Toten; und wenn sie den toten Körper im Schornstein über ihrem Kaminfeuer aufhängen, vermehren sie die Qualen, die die Seele im Fegefeuer erleidet.
Es waren sowohl das bemerkenswert hohe kulturgeschichtliche Alter als auch die Kuriosität, Surrealität und phantastische Absurdität des Stoffes, die das Interesse an den Erzählungen von toten Helfern geweckt haben. Bei der Erzählung vom dankbaren Toten handelt es sich um einen Motivkomplex, der strukturell zu mehreren Erzähltypen gehört (AaTh 505-508). Gemeinsam ist all diesen Märchen die Ausgangssituation:
Der Held trifft auf seiner Wanderschaft einen Toten, dem wegen seiner Schulden die Bestattung versagt wird. Der Leichnam wird ausgepeitscht, bespieen oder auf eine andere Weise entehrt. Der Held kauft den Toten frei und läßt ihn begraben, wofür er seine gesamte Barschaft hingibt. Der Fortgang der Erzählungen, d.h. die Art und Weise, wie der Tote sich dankbar erweist, ist von Typ zu Typ verschieden.
Die märchenhaften Erzählungen vom dankbaren Toten zeigen sehr eindrucksvoll die Art und Weise, wie das Märchen – ganz im Gegensatz zur Sage – den Toten auftreten läßt. In keiner Variante tritt der dankbare Tote mit den numinosen Merkmalen eines Leichengespenstes, einer Spukgestalt, eines furchtgebietenden Wiedergängers auf. Er erscheint auch nicht wie die Toten der Sage als Gerippe, das sich aus dem Grab erhebt, sondern in der märchenhaft sublimierten Gestalt eines Engels, Ritters, Reisekameraden etc. Nichts an seiner äußeren Gestalt deutet darauf hin, daß es sich um einen Totengeist handelt, bis er sich selbst am Schluß der Erzählung zu erkennen gibt. Dies alles hat einen historischen Grund.
Den ältesten Beleg für eine Erzählung von der Bestattung eines unbekannten Toten als eine verdienstvolle Tat und der anschließenden Hilfe des dankbaren Toten enthält das Buch Tobit, eine alttestamentlich apokryphe Schrift aus der Zeit um 200 vor Christus.
Der alte Tobit hat im Exil für die Bestattung von herumliegenden Lei-

chen getöteter Landsleute gesorgt und auch nach dem Exil einem auf dem Markt liegenden Leichnam ein Grab bereitet. Tobit erblindet und sendet seinen Sohn Tobias aus, der den Engel Raphael zum Reisegefährten erhält.

Die Übereinstimmungen der Tobias-Geschichte mit den Märchen liegen auf der Hand. Wie AaTh 507 A enthält auch sie das Motiv der Totenbestattung, die übernatürliche Belohnung für die gute Tat. Wie im Märchen gibt sich der übernatürliche Helfer am Schluß zu erkennen. Jedoch bestehen auch nicht unerhebliche Unterschiede zum Märchen: Die personellen Konstellationen haben sich um eine Generation verschoben: Tobit begräbt heimlich jüdische Stammesgenossen. Den Dank gab Gott aber dem Sohne Tobits, Tobias. Bei dem übernatürlichen Helfer handelt es sich nicht um einen der begrabenen Toten, sondern um den Engel Raphael, der in Menschengestalt dem jungen Tobias als Reisebegleiter beisteht, d.h. der Helfer ist nicht mehr der Tote selbst, der die Wohltat empfangen hat. An der Stelle des unbekannten Toten steht eine in der Glaubenswelt fest umrissene Gestalt.

Man kann sich nun freilich nicht damit begnügen, lediglich die Unterschiede zwischen der alttestamentarischen Erzählung und den Volksmärchen aufzudecken, die darauf beruhen, daß hier eben zwei verschiedene kulturelle Schichten repräsentiert sind: mythische Stammesgeschichte auf der einen Seite, mündlich überliefertes Märchen auf der anderen. Eine sehr viel schwierigere Frage ist die nach dem Verwandtschaftsgrad der beiden Erzählbereiche und nach ihrer gegenseitigen Abhängigkeit. Man hat lange Zeit angenommen[11], die Bibelerzählung hätte ein schon damals existierendes Wandermärchen aufgenommen, das bis heute tradiert worden sei. Was die Forschung vor allem am archaischen Alter der Erzählungen vom dankbaren Toten festhalten ließ, war deren offensichtlicher Zusammenhang mit urtümlichem Totenbrauch. Der Motivkomplex vom dankbaren Toten ist kulturhistorisch in die Zeit eingestuft worden, in der ein Gläubiger nicht nur über Leben und Tod seines Schuldners, sondern auch nach dessen Tode über den Leichnam verfügte. Aber es geht in diesen Märchen ja nicht nur um die Bestattung, sondern wesentlich und entscheidend ist die dankbare Hilfe des bestatteten Toten. Dabei gibt es in den Erzählungen fast christliche Einsichten: Gerade dadurch, daß der Held sich von allen Mitteln entblößt, erwirbt er sich, ohne es zu ahnen, das einzige, was ihn zu seinem Ziel führen kann, einen überirdischen Helfer: Nur wer fahren lassen kann, gewinnt sich das Himmelreich. Nur wer sich preiszugeben imstande ist, hat eine Chance, sich zu gewinnen.

Die Erzählungen vom dankbaren Toten gehören aber nicht nur in einem allgemein menschlichen Sinne zu den Märchen, in denen der Held Hilfsbereitschaft und Barmherzigkeit zu beweisen hat, sondern sie haben einen ganz spezifischen religions- und geistesgeschichtlichen Ort, dem sie exempelhaft zugehören: die mittelalterlich-christliche Totenfürsorge. Es entspricht vor allem cluniazensischem Gedankengut, die Toten sich dankbar erzeigen zu lassen. Ebenso wie der dankbare Tote im Märchen erweisen sich ja auch die Armen Seelen der Sage als wohltätig und hilfreich gegenüber ihren Guttätern. Das Auftreten der dankbaren Toten entspricht also nicht bloß archaischem Wiedergängerglauben, sondern steht in voller Übereinstimmung mit der kirchlichen Lehre, daß die vom Leibe getrennte Seele mit Zulassung Gottes in einem angenommenen Leib auf Erden erscheinen könne, und gerade in populären Arme-Seelen-Büchern ist immer wieder auf das Beispiel des Tobias hingewiesen worden. Die exemplarische Aktualität der Erzählung ist jedoch nicht erst durch die cluniazensische Propagierung des Arme-Seelen-Gedanken aufgekommen, sondern hat schon in älteren christlichen Überlegungen zur Totenbestattung einen Ansatzpunkt. Dabei spielt u.a. auch die Wichtigkeit des Begräbnisses in geweihter Erde eine Rolle. In seinem Werk ›De cura pro mortuis gerenda‹ (Die Sorge für die Toten) betont der hl. Augustinus (354-430) zwar, daß die Tatsache der Bestattung oder Nichtbestattung für das Fortleben im Jenseits ohne Bedeutung sei. »Dennoch«, so fährt er fort, »ist die Bestattung der Toten ein heiliges und pietätvolles Werk«.[12] Er verweist weiterhin besonders auf Tobias und die Tatsache, daß die liebevolle Behandlung von Toten Gott wohlgefällig sei.

Dies ist vermutlich das Fundament, auf dem christliche Katechese weitergebaut hat. Die dankbaren und helfenden Toten gehören durchaus in die mittelalterliche Gläubigkeitsschicht. Das Buch Tobit ist mehr als andere apokryphe Schriften der Bibel verbreitet, gelesen und als Erbauungsschrift verwendet worden. So dienen praktisch alle wesentlichen Teile des Märchens (die selbstlose Hilfe, das Schuldenbezahlen für die Toten, die Fürsorge der Totenbestattung, die Gegenhilfe des dankbaren Toten) als Paraphrase über die biblische Geschichte nach dem Modell des apokryphen Tobit-Buches. Es ist sicher kein Zufall, daß die Erzählung vom dankbaren Toten schon früh in den Exempelsammlungen auftaucht. In allen Unterweisungen und Katechesen wird immer wieder hervorgehoben, welch große Hilfe es den Armen Seelen bringt, wenn gerade ihre Schulden bezahlt werden. Auch hierzu boten sich das biblische Vorbild Tobit und seine mittelalterlich-legendären Exempel-Paraphrasen in besonderer Weise an. Alle diese Entwicklungen sind näherliegend, als wenn man mit der mündlichen Tradition eines literarischen und historisch nicht belegten Märchens rechnet, das sich mindestens vom 3. vorchristlichen Jahrhundert bis zum späten Mittelalter vom Orient über ganz Europa ausgebreitet haben müßte und keinen anderen Niederschlag hinterlassen haben sollte. Alles in allem erscheinen die Volkserzählungen vom dankbaren Toten als eine märchenhafte Zielform, die sich erst aus den Nachwirkungen der exemplarischen Bibelparaphrasen aufgrund des Tobit-Buches im spätmittelalterlichen West- und Mitteleuropa herausgebildet hat.[13]

4. Ebenfalls dem Mittelalter gehört das Märchen von den ›drei Wünschen‹ an. Es steht in den Mären des Stricker[14], eines Dichters des 13. Jahrhunderts in mittelhochdeutschen Versen und ist motivgleich mit dem Grimmschen Märchen vom Armen und dem Reichen (KHM 87) oder auch mit einer Erzählung von Johann Peter Hebel.[15] Man könnte meinen, es handele sich um ein wirkliches Märchen des Mittelalters, das in allem den neuzeitlichen Wunscherfüllungsmärchen entspricht. Doch bei näherem Zusehen ist alles ganz anders. Die mittelalterliche Erzählung ist kein leicht dahinerzähltes Zaubermärchen mit gutem Ausgang, sondern ein christliches Lehrstück, ein Exempel mit stark legendenhaften Zügen und schlechtem Ausgang für die Betroffenen: Ein armes Ehepaar bittet Gott täglich um Reichtum. Durch intensives Gebet wollen sie Gott sozusagen zwingen, ihnen zu einem besseren Leben zu verhelfen.

»Sine sûmten sich niht mêre;
sie bâten got vil sêre
umbe werltliche rîcheit
und liten michel arbeit.
mit wachen und mit vasten
liezen si ir lîp niht rasten
mit venje und mit gebete.
swaz ieman mit gebete tete,
des liezen si niht under wegen.
des begunden si sô lange pflegen,

unz got ir tumpheit schande
und in sînen engel sande.«
(v. 41 ff.)

Das Auftreten eines von Gott geschickten Engels kann man nicht anders als einen legendären Zug bezeichnen. Noch einmal verteidigt der Mann seine Position und verlangt:

»Gott *muß* mir seine Gnade erweisen;
ich werde ihn so lange um Reichtum bitten,
bis er mir meinen Willen erfüllt.«
(v. 70 ff.)

Und der Engel Gottes gibt dem Mann nun tatsächlich drei Wünsche frei:

»habe drîer wünsche gewalt:
swie dîne wünsche sint gestalt,
die ersten drî die werdent wâr.
soldestu leben tûsend jâr,
du hâst mêre denne vil,
ob daz guot mit dir wesen wil.
er sprach: ›so bin ich rîche.‹ «

Voller Freude eilt der Mann zu seiner Frau, und die beiden malen sich nun aus, wie die Wünsche wohl am besten angelegt werden könnten. Die Frau meint aber, daß *ein* Wunsch wohl ihr zustünde (V. 112 ff.). Bei ihrem Wunsch vertut sich die Frau: In ihrer weiblichen Eitelkeit wünscht sie sich das schönste Kleid, das jemals eine Frau getragen hat (V. 127 ff.):

» ›nu woldt got‹, sprach si zehant,
›haete ich daz beste gewant
iezuo an mînem lîbe,
daz an deheinem wîbe
in der werlt ie wart gesehen!‹
als der wunsch was geschehen,
dô hâte si daz gewant an.
›wê mir wê!‹ sprach der man,
›du vil unsaeligez wîp,
du möhtest aller wîbe lîp
vil wol ze dir gekleidet hân
und haetest dannoch baz getân,
waerestu ieman holt gewesen.
dîn sêle ist iemer ungenesen,
daz du niemans vriunt gewesen bist.
daz wolde der heilige Krist,

sît du triuwen bist laere,
daz ez dir in dem bûche waere,
daz du gewandes würdest sat!‹
daz wart wâr an der stat:
daz gewant was in dem wîbe.
daz haete si in dem lîbe
vil nâch erzerret enzwei.«

Die Frau schreit nun Zeter-Mordio, und dem Mann bleibt keine andere Wahl, als den dritten Wunsch ebenso anzulegen, daß der status quo ante wieder hergestellt wird (V. 170 f.). Dann folgt zum Schluß noch eine lange Morallehre, die dieses Ehestandsmäre als Morallehre erweist: Die Hauptschuld trägt der Mann, u.a. deshalb, weil er sich von seiner Frau hat die Gewalt aus der Hand nehmen lassen. Er stirbt sowohl an der Blamage wie an seiner Sünde. Alles in allem: eine legendäre, fromm-christliche, exempelhafte Geschichte mit schlechtem Ausgang, und noch nicht das Zaubermärchen. Oder anders herum gesagt: Im Mittelalter ist das Märchen noch nicht Zaubermärchen, Wunschmärchen, Glücksmärchen, Happy-Ending-Geschichte, sondern es ist eingebettet in christliche Belehrung. Die Leser und Hörer werden belehrt, wie töricht oft ihre Wünsche sind, und daß die Erfüllung eines Wunsches nicht schon immer eine Glücksverwirklichung bedeutet. Und es wird gezeigt, daß menschliche Wünsche meist töricht sind, denn es sind doch meist nur sehr vordergründige Begierden, die hier zum Zuge kommen. Und immer wieder lehren christliche Exempel, daß eigentlich das Wichtigste gewesen wäre, sich die ewige Seligkeit zu wünschen. Doch dies gerade lassen die meisten Menschen aus.

Die Vermessenheit von solchen Wünschen zeigt kein anderes Märchen so drastisch, wie das Grimm-Rungesche, vom ›Fischer und siner Fru‹ (KHM 19), die ja sogar Papst werden will und nicht eher Ruhe gibt mit der Unersättlichkeit ihrer Wünsche, bis sie schließlich zum Lohn für ihr Sakrileg sich wieder in ihrem alten Pisspott von Hütte wiederfindet. Dabei fangen die Wünsche erst relativ bescheiden an: erst Haus, dann Garten, dann Ochsen und Kühe, dann Länder, Reiche und alle Schätze der Welt. In einer hessischen Variante sagt der Mann: »Ich möchte der liebe Gott sein und mein Frauchen die Mutter Gottes«. Da erwidert der Zauberfisch:
»Willst du sein der liebe Gott,
so geh wieder in deinen Pisspott.«

Bei einer dreimaligen Steigerung der Wohngegebenheiten Pisspott – Fischerhütte – Schloß steht die Dreiheit der Ämterlaufbahn parallel: König – Kaiser – Papst. Heinz Rölleke spricht von einem künstlerisch bewußten Crescendo der Märchenerzählung.[17] Meist ist nicht der Mann, sondern die Frau der ewig unzufriedene Teil. Hier zeigen sich frauenfeindliche Tendenzen, und wie in der biblischen Sündenfallgeschichte ist die Frau schuld am Unglück des Mannes. Das Märchen zeigt neben den burlesken Zügen durchaus auch tragische, und ganz gewiß belehrende: Dem höchsten Streben des Menschen ist Erfüllung versagt. Er scheitert – biblisch gesprochen – in der Antinomie zwischen seinem gottgesetzten Ziel ›ad imaginem et similitudinem Dei‹, zu seiner Gottähnlichkeit zu streben, und seiner Hybris, sein zu wollen ›sicut deus‹: gottgleich. Der Mensch bewegt sich auf einem schmalen Grat zwischen Abbild und Ebenbild der Gottheit.[18]

5. Die ältere Forschung hat das Alter von Märchen
1. durch eine Chronologie der literarischen Belege zu erschließen gesucht – und schließlich ist alles, was vor dem 19. Jahrhundert vor den Grimms an Märchen oder märchenähnlichen Texten vorliegt, literarischer Text; und
2. durch das Zusammentragen möglichst vieler Varianten aus aller Welt, um durch deren Vergleich auch zu einer Rekonstruktion der Geschichte einzelner Märchen zu gelangen. Nach der geographisch-historischen Methode sollten alle Varianten eines bestimmten Erzähltyps Zug um Zug verglichen und aus der Analyse das Alter, Ursprungsland sowie die Wanderwege und Verbreitung des Stoffes erschlossen werden. Dabei ging man von der Überzeugung aus, daß jeder Erzähltyp seine Existenz einem bestimmten, nach Zeit und Raum datierbaren Schöpfungsakt zu verdanken und sich von diesem punktuellen Ereignis ausgebreitet habe. Ein ermittelbares oder zu erschließendes Original sei die einzige Grundlage aller späteren Versionen.
Nun führte der gleiche methodische Weg nicht bei allen Untersuchungen dieser Art immer zwangsläufig zu gesicherten Resultaten, sondern mitunter in sehr entgegengesetzte Richtungen. Das hat zu massiver Kritik an der geographisch-historischen Methode geführt und entzündete sich vor allem an der Konstruktion des Archetyps, der eben kein realer, sondern bloß hypothetischer Text ist. Seine Rekonstruktion basierte lediglich auf Statistik. Über Ursprungsort und -zeit eines Erzähltyps vermochte die geographisch-historische Methode nur in einigen günstig gelagerten Fällen Auskunft zu geben. Alles in allem hat diese Methode nicht die an sie gestellten Erwartungen erfüllt. Aber man hat auch etwas

von ihr erwartet, was sie gar nicht zu leisten imstande war. Das Prinzip einer möglichst vollständigen Erfassung des Variantenbestandes hat der Methode zusätzlich den Vorwurf sinnloser Materialanhäufungen eingetragen und die Meinung bekräftigt, in der geographisch-historischen Methode verstelle das Quantitätsproblem die Sicht auf qualitative Fragestellngen. Andere Defizite erscheinen eher noch gravierender: Aus vergleichender Stoff- und Motivgeschichte oder aus Variantenanalysen erfährt man noch nichts über die Träger und Trägergruppen. Außer Betracht blieben in der Regel der gesamte Komplex der Überlieferungspsychologie, der Dynamik und Fluktuation historisch-gesellschaftlicher Vorgänge, d.h. das Prozeßhafte des Überlieferungsvorgangs. So gelangte man auch nicht zu Einsichten in die Kommunikations- und Vermittlungssysteme mündlicher Überlieferung.

Es gibt aber auch bleibende Vorzüge und Verdienste der vergleichenden Forschung. Die geographisch-historische Methode hat Enormes bewirkt, von dem die internationale Erzählforschung bis zum heutigen Tag profitiert. Erstmals durch die geographisch-historische Methode gibt es in der Folkloristik eine vergleichende Textforschung, schon insofern bedeutete sie einen entscheidenden Versuch, die Folkloristik vom Geruch des Dilettantismus zu befreien und ihr das Ansehen einer selbständigen Wissenschaft zu geben. Zu den hauptsächlichen Lehren, die die Folkloristik der geographisch-historischen Methode verdankt, gehört es, mit Varianten umzugehen und sie nach geographischer Weite und historischer Tiefe zu untersuchen. Neben dem Umgang mit Varianten und ihrer Analyse hat die geographisch-historische Methode auch gelehrt, die Stabilität der mündlichen Überlieferung zu erkennen. Positiv bleibt weiter das Bemühen, den reinen Spekulationen der mythologischen Schulen konkrete Fragen nach der Herkunft der Folklorestoffe entgegen zu stellen. Hinsichtlich der Möglichkeiten und Ergebnisse der Ursprungsforschung sind wir vorsichtiger, skeptischer und bescheidener geworden. Die Herkunft eines Folklorestoffes muß oft dunkel bleiben, doch die Variabilität und die individuellen wie kulturellen Hintergründe werden von Interesse bleiben. Und auch dies ist eine Erkenntnis der finnischen Schule: Die Variabilität von Volkserzählungen ist nicht grenzenlos, sondern bezieht sich auf immer wieder erkennbare Stoffe, auf einen definierbaren Typus.[19]

Lange Zeit wurde von der volkskundlichen Erzählforschung nur mündlich überliefertes Material als ›primäre‹, ›authentische‹ Folklorequelle gewertet. Doch läßt sich Folklore nicht allein auf mündliche Überlieferung beschränken. Eine völlig unbeeinflußte orale Tradition kann man sich ohnehin kaum noch vorstellen. Stets gibt es nebeneinander die Literarisierung von Folklore wie die (Re-)Oralisierung von Literatur. Nachweisbare mündliche Überlieferungen reichen im günstigsten Fall bis zum Anfang des 19. Jahrhunderts zurück. Dagegen können literarisch-schriftliche Aufzeichnungen weit in die Vergangenheit zurückreichen. Mündliche Überlieferung ist kurzlebiger, der Glaube an Kontinuitäten stark erschüttert. Eine ausschließlich mündliche Überlieferung über zwei Jahrtausende ist in der Regel auszuschließen. Sogenannte ›rezente‹, d.h. neuere Aufzeichnungen aus der mündlichen Überlieferung beweisen zunächst nur eines: diese Stoffe waren auch im 19. und 20. Jahrhundert bekannt. Natürlich können moderne Verhältnisse nicht ohne weiteres und unverändert auf frühere Perioden übertragen werden. Aber wir können das moderne Material doch dazu benutzen, um mit seiner Hilfe ältere, schriftliche Quellen kritisch zu betrachten und zu interpretieren. Der heutigen Forschung geht es indes weniger darum, Mündlichkeit gegen Schriftlichkeit auszuspielen, sondern beide in ihrem jeweils spezifischen Quellenwert zu erfassen und das Spannungsfeld zwischen beiden auszuloten, wobei die Prozesse sicher wechselläufig sind. Daraus lassen sich eine Reihe von Fragestellungen ableiten: Wo liegen die Vermittlungsstellen zwischen schriftlicher und oraler Kultur: Predigt, Flugschriften, Volksbuch, Kalender, Trivial-Schriften? Was sind die Gründe für die Traditionsfestigkeit über die Jahrhunderte hinweg? Aber auch: Welcher Selektionsprozeß wird jeweils in Gang gesetzt? Wie assimiliert mündliche Überlieferung literarische Stoffe entsprechend dem veränderten sozialen Milieu ihrer Träger? Wie stabil, wie verläßlich ist die mündliche Tradition? Diese Fragen lassen sich natürlich nicht generell beantworten, denn es gibt ebenso Musterbeispiele von äußerster Traditionsfestigkeit wie solche von erheblicher Destabilisierung.[20] Der Folklorist geht zunächst einmal aus von mündlichen Phänomenen der Gegenwart. Seine Frage ist dann, wie und warum Traditionen aufgenommen und weitergegeben werden, denn man darf ja nicht so tun, als stünden die mündlich aufgezeichneten Sprachdenkmäler im luftleeren Raum. Während für die Literatur nur der einmalige, fixierte, individuelle, dichterische Text verbindlich ist, ist für die mündliche Überlieferung die Variabilität charakteristisch. Wo ein literarischer Text in die Mündlichkeit übernommen wird, macht er einen ›Folklorisierungsprozeß‹ durch, d.h. der Text wird einem kollektiven Geschmack und seinen Bedürfnissen angepaßt.

Die ›Kritik der oralen Tradition‹[21] erstreckt sich indessen nicht nur auf die ferne Vergangenheit, sondern gerade auf die nach-romantische Tätigkeit der Volkserzählungssammler. Ihnen ist zwar einerseits eine ganz unglaubliche Produktion von Märchen- und insbesondere Sagensammlungen des 19. Jahrhunders zu verdanken. Man hat aus dem 19. Jahrhundert rund 500 Sammlungen von Märchen und Sagen des deutschsprachigen Raumes gezählt und kommt damit auf eine Gesamtzahl von ca. 20000 Einzeltexten. Andererseits entsprechen aber die sogenannten Volkserzählungen des 19. Jahrhunderts zu einem großen Teil erst sekundärer Mündlichkeit und sind eher ein ›Feed-back‹ von gedruckten Erzeugnissen. »Im 20. Jahrhundert läßt sich dann kaum noch eine Volkserzählung finden, die nicht schon im 19. Jahrhundert in einem Buch oder Heft vorgegeben gewesen wäre.[22] Es gibt zahllose Beispiele für ›gesunkenes Kulturgut‹ in der Volksprosa, d.h. daß literarische Erzeugnisse, klerikale Predigtmärlein, Exempel, Volksbuch- und Novellenstoffe als mündliche Erzählungen, d.h. als Sagen, Märchen, Schwänke etc. vermündlicht wurden, weiterleben und als vermeintlich authentische Ethnotexte aufgezeichnet wurden. Dabei sollte man den Einfluß von Schulbüchern und Kalendergeschichten nicht verkennen. Auch Tageszeitungen verbreiten Volkserzählungen, insbesondere solche aus der sogenannten Katastrophenspalte gehen in die mündliche Überlieferung ein, werden re-oralisiert. Bei der Frage nach den Vermittlungsprozessen sind in vermehrtem Maße auch Bildquellen zu erschließen bis hin zur Sagen- und Märchenpostkarte. Viele Einflußsphären sind hierbei noch kaum untersucht. Es sollte uns nämlich bei diesen Rezeptionsprozessen nicht bloß der älteste nachweisbare schriftliche Beleg interessieren, sondern mindest ebenso sehr der jüngste gedruckte, dem die authentisch aufgezeichnete Feldforschungsvariante vielleicht näher steht. Die ältere Erzählforschung begeisterte sich an den Vorstellungen jahrhundertelanger Kontinuitäten. Aber sicher gibt es zwischen Mündlichkeit und Schriftlichkeit ein ständiges Geben und Nehmen, und man muß mit beständigen Rückläufen aus populärer Lektüre rechnen.[23]

6. Bei zwei berühmten ungarndeutschen Märchenerzählerinnen, den sogenannten ›blinden Madeln‹ aus Gant im Schildgebirge, das sind die Schwestern Lina und Mary Herchenröder, haben Johannes Künzig und seine Frau Waltraut Werner-Künzig ein Märchen von Typus AaTh 425, ›Amor und Psyche‹, Tierbräutigam, aufgezeichnet.[24] Die Erzählung der Tonaufnahme entspricht relativ genau dem Text des Apuleius. Nur er-

fahren allzu fremdartige Erscheinungen der antiken Mythologie eine volkstümliche Umdeutung und Anpassung: Aus dem Orakel wird eine Taube, die in der christlichen Kultur als Himmelsbotin gilt. Aus dem Windgott Zephir wird eine rosarote Wolke, die die Heldin in die Unterwelt trägt. Am meisten verblüfft in diesem mundartlich-authentischen Text aber, daß darin – genau wie bei Apuleius – die Göttin Venus auftritt: »Dann ist ihre Schwiegermutter gekommen. Das ist die alte Venus gewesen«; und später: »Da ist die Alte gekommen, die Frau Venus und hat sie weggejagt«. Aber hier liegt nun sicher keine ungebrochene Tradition vor, keine Kontinuität. Die einzige Frage, die sich stellt, ist die nach dem jüngsten literarischen Beleg, der zu dieser Apuleius-nahen Version aus der mündlichen Überlieferung geführt hat. Die Schwestern Herchenröder, die blind geboren wurden, haben wohl irgendwann einen solchen Stoff aus einem Kolportageheft, aus einem Volksbuch, vorgelesen oder erzählt bekommen.

So ist die Frage ›Wie alt sind unsere Volksmärchen?‹ nicht generell zu beantworten, und sie ist auch nur in wenigen Fällen für einzelne Märchen beantwortbar, zumal der Wandel das Beherrschende ist und nicht die Kontinuität. Aber gerade angesichts der Unbeantwortbarkeit dieser Frage sind inzwischen andere Fragen wichtiger geworden: vor allem die Frage nach dem ›Warum‹ der Tradition. Wenn – wie ja niemand bestreitet – das Märchen Archaismen mit sich herumschleppt, so bleibt die Frage, warum es das tut: Warum bewahren die Erzähler Elemente, an die sie doch gar nicht glauben, oder auch Elemente, die sie von fremden Kulturen übernommen haben? Die geogaphisch-historische Methode hat in keinem Fall auf diese Frage eine Antwort gewußt. Auf der anderen Seite können Volkserzählungen ja tatsächlich in frühgeschichtliche Zeiten zurückreichen. Sie können z.B. Inhalte aus Mythen oder religiösen Systemen weitertradieren, die losgelöst aus ihrem ursprünglichen Kontext von uns gar nicht mehr verstanden werden. Wenn etwa Mythenmotive zu Märchenmotiven geworden sind, haben sie in dieser Funktion aber eine andere Bedeutung erlangt. Alle diese Veränderungen sind das Ergebnis von Entwicklungsprozessen, die z.T. noch nicht abgeschlossen sind. Was ›bedeuten‹ schließlich Folklore-Texte in ihrem ›zweiten oder dritten Dasein‹, d.h. wenn sie nicht mehr Erzählungen von vorindustriellen Unterschichten sind, sondern Literatur von Intellektuellen, Inhalte von Filmen und Fernsehsendungen, wenn sie in andere Sprachen übersetzt werden, wenn sie die geographischen Horizonte ihrer früheren Verbreitung gesprengt haben? Andererseits sind auch alle Vergan-

genheiten im Menschen gegenwärtig, und es ist keine Frage, daß die traditionellen Volkserzählungen auch noch für den modernen Menschen eine Bedeutung haben, sogar eine ständig wachsende.
Es gibt in der ›Enzyklopädie des Märchens‹, dieser neuen Bibel der modernen Märchen- und Erzählforscher, die nunmehr in fünf abgeschlossenen Bänden vorliegt – der sechste ist im Druck – einen besonders bemerkenswerten Artikel, der in gewisser Hinsicht eine Wendemarke der Forschung darstellt. Es handelt sich um den Artikel mit dem Stichwort ›Archetyp‹. Er hat zwei Verfasser; der eine ist der Begründer des Lexikons, Kurt Ranke, der den Begriff ›Archetyp‹ im Sinne der Philologie und der geographisch-historischen Märchenforschung erläutert als die aufgrund der Einzelanalyse von verschiedenen Fassungen oder Varianten erschlossene ›Urform‹ einer Erzählung. Dann folgt ein zweiter Artikel ›Archetyp‹ des Psychoanalytikers Gotthilf Isler, der den Begriff in seiner Verwendung durch die Tiefenpsychologie C. G. Jungs erläutert im Sinne von urtümlichen Bildern oder Urbildern. Dann handelt er von der Ähnlichkeit von Märchenstrukturen mit Träumen und in Visionen produzierten Vorstellungen. In beiden Fällen spricht Isler von Bildern der Seele und rechnet diese Archetypen dem kollektiven Unbewußten zu. Dies erscheint mir als eine Nahtstelle zwischen älterer und jüngerer Forschung; denn zwangsläufig führt die Frage nach dem Alter der Märchen zu der wichtigeren Frage: Welche Werte und Wesenheiten vermitteln uns diese Märchen, von denen wir wissen oder ahnen, daß sie durch prüfende und selektierende Instanzen von vielen Jahrhunderten gegangen sind. Wenn Volkserzählungen sich bei so vielen Völkern in ähnlicher oder gleicher Weise finden, so zeigt dies, daß sie – über Sprachgrenzen hinweg – auch eine gemeinsame Bedeutung haben. Und wenn Märchen nicht Modelle zur Lösung von Problemen anbieten würden, hätten sie nicht diese Durchschlagskraft über Jahrhunderte oder gar Jahrtausende gehabt. Denn nur was wichtig ist und den Menschen unmittelbar berührt, wird weitererzählt.

Heino Gehrts

BETRACHTUNGEN ZUM BATAMÄRCHEN UND ZUR MEDEASAGE

Zur Datierung von AT 303 und 313

Die Altersbestimmung von zwei Märchentypen, die im Folgenden unternommen wird, bedient sich zweier Maßstäbe. Zum einen beruht sie auf dem Vergleich mit überlieferten und datierbaren Texten, zum andern auf dem Versuch, eine Verbindung nachzuweisen zwischen dem Sinn eines Märchentyps und dem geistigen Anliegen einer bestimmten Kulturstufe. Wenn überdies ein verglichener datierbarer Text selbst das Anliegen seiner Kulturstufe ausspricht, dann wird das Ergebnis um so gewisser sein.

Zum Textvergleich ist hervorzuheben, daß er nicht durch das Abzählen in Motivketten gesichert werden kann; dies gibt nur eine Illusion von Sicherheit. Der Vergleich gründet immer auf einem Ähnlichkeitserlebnis, auf dem ursprünglichen Erleben einer Ablaufsgestalt und ihrem Wiedererkennen. Die Gleichsetzung oder teilweise Gleichsetzung folgt erst in der rationalen Bearbeitung dem vorausgehenden Ähnlichkeitserlebnis. Das Erlebnis aber, und das gilt für jedes Erlebnis, ist nicht total rationalisierbar, und daraus kann sich ein seltsamer Widerstreit ergeben – sogar in ein und demselben Betrachter, wofür in der Folge ein bezeichnendes Beispiel aufzuweisen ist.

Soviel zum Vergleichen im allgemeinen. Gestaltauffassung bedeutet nun aber immer zugleich auch ein Sinnerleben und damit Ansatz zum Sinnverstehen. Angesichts eines alten oder sehr alten oder aus einer fremden Kultur stammenden Gebildes drohen in dieser Hinsicht mancherlei Mißverständnisse. Manchen »Erzählforscher« dünkt es daher sicherer, von der Bedeutsamkeit überhaupt nicht zu reden, – immer noch eine Folge des im vorigen Jahrhundert über die Geisteswissenschaften hereingebrochenen Agnostizismus. Sobald man indes das Märchen altertumskundlich betrachtet, kommt man um die Behandlung der Sinnfrage nicht herum. Es ist klar, daß die Antwort darauf nur in einer kulturhistorischen Betrachtungsweise gewonnen werden kann.

Bei der Deutung des europäischen Zweibrüdermärchens war ich allerdings den umgekehrten Weg gegangen.[1] Von einem altrömischen Speerritual ausgehend, stieß ich unversehens auf den rituellen Sinn des Märchentyps 303 und damit auf den allgemeinen ritualistisch-initiatischen

Deutungsweg, den vor mir Pierre Saintyves und Wladimir Jakovlević Propp begangen hatten.[2] Mein besonderes Ergebnis war, daß sich im Brüdermärchen der Sinn der Schwurbrüderschaft darstelle, skandinavisch des Fóstbrœdhralags. Bemerkenswert war dabei zumal, daß ich erst durch die Einsicht in den Sinnzusammenhang des Märchens darauf geführt wurde, mir den Sinn der Fostbrüderschaft zu vergegenwärtigen. Er wird zwar in den überlieferten Formeln zur Verbrüderung klar ausgesprochen; doch hat die rechtshistorische Forschung von künstlicher Verwandtschaft geredet, obwohl das Gelöbnis in den Quellen ausdrücklich allein oder als Wichtigstes die auf die beiden Schwörenden beschränkte Verpflichtung zu gegenseitiger Blutrache nennt.
Der Kürze halber stelle ich nun den Inhalt des Zweibrüdermärchens von vornherein exoterisch leibhaft dar – mit einigen Seitenblicken auf Bestätigendes. Wie bekannt, geht es in vielen Märchentypen um das Königwerden und so auch in unserem. Dessen Eigenart besteht aber darin, daß anfangs zum Erreichen der Königsrolle zwei gleichgeartete Jungmänner antreten, nicht einer oder mehrere verschieden geartete wie in anderen Königsmärchen. Doch nur der eine erlangt die Braut und wird König an ihrer Hand. Wie geht das im einzelnen zu?
Es sind zwei Brüder aus wunderbarer Geburt, die einander völlig gleich sehen und gleich gerüstet sind. Sie brechen zusammen aus dem Geburtsbereich auf wie die Fostbrüder aus der Rasengangsgrube, gehen dann aber getrennte Wege. Sinnvollerweise schlägt der ältere Bruder den Weg nach rechts ein, das heißt, den Weg leibhafter Taten. Der jüngere Zwilling geht oder bleibt auf dem linken Wege, dem des innerlichen Wirkens. Trotz dieser Trennung bleiben die Brüder in Verbindung, im Märchen zeichenhaft durch die Messer im Baum am Scheidewege, leibhaft durch lebendige innere Verbundenheit als Folge des Blutsrituales.
Der Ältere erringt im Heldenkampf, im Drachensieg die Königsbraut und wird König, allerdings nur auf äußerst kurze Zeit. Denn schon in der Hochzeitsnacht erscheint ihm ein Todeszeichen, ein Lichtschein, der Hirsch, der dämonische Hahn, und er fällt im Bereich der Todeshexe dem Tode anheim. Er stirbt allerdings nur im exoterischen Verstande, esoterisch, wie das Märchen es darstellt, verliert er die Potenz zu leben nicht völlig. Der Jüngere, für den Notfall Verbundene macht sich sogleich auf und entreißt den Bruder dem Tode. Wie beides leibhaft geschieht, das Sterben und die Heimholung des Toten, sagt das Märchen nicht; es verwendet nur bildhafte Formeln dafür, meist die Versteinerung und die Lösung daraus. Die Rückführung aus dem Tode ist uns sie-

benfach versiegelt; es handelt sich um einen höchst altertümlichen Zug. Der Jüngere rächt den Älteren, indem er dessen Töter tötet und ihm so die Seele des Bruders entreißt – oder er gewinnt sie der Todesgottheit ab, indem er ihr die Seele des Totschlägers weiht: darin offenbart sich das eigentliche Ziel der Blutsbrüderschaft. Sie läuft durch die Blutrache darauf hinaus, daß die Seele des Toten im Leibe des Rächers mit fortlebt. Insofern kehren die Brüder, wie das Märchen es erzählt, zu zweien heim zu der einen Braut.

Daß es diese Doppelung wirklich gegeben hat, ist uns noch in dem mittelhochdeutschen Eckenliede bezeugt, wo in zwei höchst altertümlichen Strophen zwei Krieger sich gegenseitig vorwerfen, daß der andere nicht allein, sondern zu zweien kämpfe; im Gegner schlage jeweils auch das Herz von dessen totem Bruder. Die Dichtung nennt sogar das Fachwort für den durch einen kämpferischen Toten Besessenen: roter Degen, – ein Beweis, daß es sich nicht um eine vereinzelte Besonderheit handelt.[3]

Dies also wären in der leibhaften Welt die Lose der Brüder, die das Märchen im Gebilde darstellt: als Versteinerung und Entwandlung aus dem Stein. Es folgt daraus, daß die Hochzeit des Älteren nicht etwa nichtig wird durch seinen Tod, sondern daß er im Bruder die Ehe fortführt, als König herrscht und selbst den Sohn oder die Erbtochter zeugt. Umgekehrt aber ist der Jüngere als König erwünschterweise auch von einer Totenseele belebt, ist also sozusagen ein Herrscher beider Bereiche.

Vergleichen wir mit dem so geschilderten Verlauf des europäischen Zweibrüdermärchens den entsprechend dargestellten des ägyptischen, dann werden wir neben gleichen Motiven auch völlig andersartige finden.[4] Wir verlieren uns damit indes nicht in Zweifeln über die Verwandtschaft. Eine Gleichung können wir ohnehin nicht aufstellen; wir werden im Gesamtverlauf nur eine Ähnlichkeit auffinden, eine wesentliche Übereinstimmung allerdings in dem Hauptpunkt, im Werden eines Königs aus dem ineinandergreifenden todüberwindenden Wirken eines Brüderpaares, wenn auch nicht von Zwillingen.

Die Handlung hebt an mit der bäuerlichen Symbiose des älteren verheirateten Bruders und des jüngeren, der bei jenem, der ihn aufgezogen hat, als ein sehr betriebsamer landwirtschaftlicher Helfer lebt. Die Brüder werden auseinandergeworfen durch das Weib des ältern, das den jüngeren zu verführen sucht und, abgewiesen, ihn bei dem älteren verleumdet. Der Verheiratete sucht blutige Rache zu nehmen, der Ledige flieht vor ihm, wird auf sein Gebet an den Sonnengott durch einen Fluß von dem Rächer geschieden und schwört am Morgen einen Reinigungseid. Zugleich schneidet er sich das Glied ab und wirft es in den Strom, wo ein Wels es verschluckt.

Damit vollendet sich die Rollenteilung der Brüder, die schon anfangs darin besteht, daß allein der ältere verheiratet ist. Durch die Kastration tritt der Jugendliche noch um eine weitere Stufe unter die Sonderungen der ausgeborenen Welt hinab. Während im europäischen Märchen die Haupthandlung bei dem Älteren, dem nach rechts, der Tatenwelt Zugewandten liegt und seine Rolle sich in einem heroischen Opfergang zugunsten des Jüngeren vollendet, geschieht im ägyptischen Zweibrüdermärchen das sinnentsprechend Entgegengesetzte. Der Jüngere beschreitet einen Opfergang, der nicht heroisch ist, sondern magisch. Denn vor der geschlechtlichen Sonderung – oder unterhalb von ihr – liegt die Möglichkeit magischen Wirkens, und dies wird sogleich noch durch ein weiters Bildmotiv betont: der Jüngere wird sich in das Tal der Schirmpinie zurückziehen, was offenbar als eine Weltmitte, als der Urort eines Lebensbaumes gemeint ist. In einer Blüte dieses Baumes wird er sein Herz, seine Lebenskraft bergen, – bei aller zeitlichen und räumlichen Distanz doch ein schamanisches Motiv. Dort wird er abermals um eine Lebensstufe tiefer fallen, nämlich in den Tod. Auch hier wird zum zeitgerechten Eingreifen des daheimgebliebenen Bruders ein Todeszeichen verabredet: an seinem alltäglichen Trank wird es dem Älteren erscheinen, als Schäumen des Bieres, als Sichtrüben des Weines. Ganz analog dem Eingreifen des Jüngeren im europäischen Märchen wird dann der Ältere den Jüngeren aus der Todestiefe auf ein höheres Lebensniveau emporheben, doch auch hier nicht auf die Stufe ausgeboren menschlicher Leibhaftigkeit; auch hier wird die Wiedergeburt nur angebahnt.

Im einzelnen verwirklicht sich dieser Ablauf dadurch, daß die Götterneunheit am Ort der Pinie für den Jüngeren ein vollendet schönes Weib erschafft – und daß dieses ihn verrät, als der Pharao es umwirbt und schließlich zur Königin erhebt. Auf ihr Betreiben wird die Pinie gefällt und zerhackt, und der Jungmann fällt tot um, sobald die Herzblüte abgeschnitten wird. Nun erhält der Ältere das Zeichen, macht sich auf den Weg in jenes Tal und findet nach jahrelangem Suchen das Herz in Gestalt einer Frucht. Die Herzfrucht gibt er in Wasser bei Nacht dem Toten zu trinken und erweckt ihn damit zu einem wandlungsfähigen Leben. Der in solcher Weise Auferstandene läßt sich als ein schöner Stier dem Pharao verkaufen, wird geschlachtet für jenes Weib, die Pharaonin, erwächst aufs neue in zwei Bäumen, wird gefällt für die Königin und gelangt, als Holzsplitter, sie schwängernd, in ihren Leib. Aus ihr wird er als

Thronfolger geboren und nach dem Tode des Pharao selbst Herrscher. Als solcher richtet er über das verräterische Weib, regiert für die rituelle Zeitspanne von dreißig Jahren über Ägypten, und am Tage seines Heimgangs tritt der Ältere an seine Stelle. Für ihn war überhaupt das alles geschehen, so hatte der Jüngere es schon bei seiner Selbstentmannung vorausgesagt.[5]

Wenn die Märchen für das Werden eines Königs verschiedene Ablaufsformen darstellen, so spiegeln sich darin verschiedene Möglichkeiten zur Gestaltung der Königsrituale. Ich habe diejenige geistige Betätigung, die sich mit dem Sinn und der Wirkungsweise der Rituale befaßt, Ritualgnose genannt. Sie war einmal die vornehmste Wissenschaft, deswegen nämlich, weil sie die wichtigste Frage ihrer Kulturstufe erörterte, nämlich diese: Wie lassen sich die Rituale so gestalten, daß sie ihr Ziel auch wirklich erreichen? Die alten Märchen könnte man demgemäß als ritualgnostische Modelle auffassen. Von der Wichtigkeit und der Intensität des ritualistischen Denkens erhalten wir zumal Kunde aus der altindischen Literatur. Daß die Königsweihe unter allen Ritualen das wichtigste war, liegt auf der Hand; denn die zentrale Wirkungsmacht jener Kulturstufe war die Gestalt des Königs, wie immer sie benannt gewesen sein mag. Von ihr hing alles übrige Gedeihen ab.

Das altägyptische Brüdermärchen kehrt in seiner besonderen Gestalt und mit der ihm eigenen Form der Motivknüpfung nirgends wieder. Es ist eine ägyptische Ausformung vom Königsweg der zwei Brüder, vermutlich aus fremder Erzähltradition entnommen und durch mannigfaltige Einzelzüge ägyptisiert, wie es beispielsweise auch für die Brüder die Götternamen Anubis und Bata eingeführt hat. Es ist aber von großem Gewicht, daß uns in Ägypten die Parallele zu dem hier erschlossenen Besessenheitsmotiv des europäischen Modells in ausgebildeter Gestalt begegnet.[6] Der ägyptische Pharao ist in sich selbst gedoppelt; er »vereinigt ›als Erbe der beiden Brüder‹ die ›Ämter des Horus und Seth‹«. Es sind diese beiden Götter, die als Partner und Gegner das Königtum vorzugsweise charakterisieren. »Beide zusammen bilden einen unlösbaren Paarbegriff, in dem der König sich verkörpert.« Der König wird daher geradezu »Horus und Seth« genannt oder »die beiden Herren« oder »die beiden Palastbewohner« und die Königin mit einer stehenden Formel »sie-die-Horus-und-Seth-schaut«. Es lag demnach nahe, ein episches Ritualmodell, ein Märchen, zu gestalten, in dem Gegnerschaft und Partnerschaft zweier Brüder zum Königsthron führen. Daß es sich dabei um eine isolierte ägyptische Erfindung handelt, erscheint ausgeschlossen, weil die Verwandtschaft mit anderen Zweibrüdermärchen offen zutage liegt. Mithin gewinnen wir einen Anhalt für die Datierung des Brüdermärchens europäischer Observanz. Sein Grundgedanke: das Werden eines Königs aus dem schicksalhaften Zusammenwirken zweier Brüder mit dem Lebensopfer des einen und seiner Wiederbringung durch den anderen – muß älter sein als die ägyptische Sonderform.[7] Der Grundgedanke kann aber nicht nur als eine Folge charakteristisch bildhafter Episoden erzählbar gewesen und erzählt worden sein. Für diese Erzählung würden wir also auf ein Alter von weit über 3000 Jahren geführt werden.[8] Diese Datierung erhielte eine weitere Bestätigung durch den Zusammenhang des Märchens mit der indogermanischen Dioskurenmythe, worauf hier nicht einzugehen ist. Hingewiesen sei nur auf das dort nachweisbare Motiv der zwei Brüder mit einem Weibe.[9]

Der Märchentyp, dem wir uns nun zuwenden, AT 313, hat von Aarne die Benennung erhalten: »Das Mädchen als Helferin des Jünglings auf der Flucht«, mit dem Beisatz: »der Jüngling ist dem Teufel versprochen worden.«[10] Für das Stichwort hat Thompson später die Bezeichnung *ogre* eingesetzt, was wir mit *Unhold* verdeutschen können. Der Held hat es aber nicht mit einem beliebigen Dämon zu tun, sondern mit dem Herrn der Unterwelt selber, was auch Aarne mit dem Beisatz klarstellt. Dementsprechend gibt es auch Fassungen, die das Mädchen geradezu als Teufelstochter bezeichnen[11], die es aber nichtsdestoweniger einem menschlichen Königssohn als Braut beigeben und mit ihm auf den Thron bringen. Es handelt sich somit klärlich um ein vorchristliches Motiv, was auch darin zum Ausdruck kommt, daß die Gewalt in jenem Bereich, also in der Unterwelt, durchaus nicht immer ein Mann ist, sondern es kann auch eine Meerfrau sein, eine Hexe, eine Königin der Zauberinnen. Auch der männliche Unhold wird ganz verschieden bezeichnet: Als Wasserkönig, Riese, Zauberer, Menschenfresser, oder er trägt Individualnamen wie Grünus Kravalle in Hessen und Diarmuid mit dem Roten Bart in Irland. Auch in einem Paar von Alten kann sich die dämonische Macht darstellen.

Seltsam ist, daß Aarne nur von der *Fluchthilfe* der jungen Frau spricht; viel wichtiger ist, daß sie schon zuvor dem Jungmann hilft, die von ihrem Vater ihm auferlegten Aufgaben zu bewältigen, deren Nichterfüllung seinen Tod zur Folge hätte. *Die Tochter des Unterweltsherrn als Helferin des Helden* wäre demnach der richtige Titel des Typs.

Zu diesem Märchen gibt es eine Anzahl früh aufgezeichneter mythischer und sagenhafter Parallelen, die uns zu einer Datierung verhelfen. Unter ihnen ist die bekannteste die Argonautensage oder, mit Benennung nach einer der beiden Hauptpersonen, die Medeasage. Den Zusammenhang dieser Sage mit dem Märchen hat schon vor über hundert Jahren (1885) Andrew Lang dargestellt in seiner Abhandlung *A Far-Travelled Tale,* wo er auf die weltweite Verbreitung des Märchentyps hinweist – bis nach Samoa hin.[12] In den dreißiger Jahren dieses Jahrhunderts hat, unter Beiziehung weiterer Motive aus anderen Märchen, dann Sven Liljeblad die Zusammenhänge noch einmal aufgewiesen.[13] Der Anerkennung seiner Befunde hat aber die eingangs skizzierte Schwierigkeit den Weg verlegt: das Ähnlichkeitserlebnis setzt sich nicht unumgänglich in die bewußte Überzeugung von einer wirklichen Verwandtschaft um, und für einmal läßt sich dieser Widerstreit an einem vielseitigen und kenntnisreichen Forscher aufweisen.

Die FF Communication Nr. 150 des Jahres 1954 war wohl als etwas Vorbildliches und Einmaliges gedacht – mit dem Titel: Betrachtungen zum Märchen, besonders in seinem Verhältnis zu Heldensage und Mythos. – Ihr Verfasser war Jan de Vries, und er hat in dieser Schrift sowohl das ägyptische Brüdermärchen in seinem Verhältnis zum europäischen wie auch die Medeasage im Hinblick auf AT 313 untersucht und in beiden Fällen den Zusammenhang geleugnet. Liljeblads Ergebnis hat er scharf kritisiert und seine Ablehnung unter anderem in folgenden Sätzen ausgedrückt: »... die von Liljeblad angenommene Ähnlichkeit ist also vollkommen illusorisch.« – »So bleibt von Liljeblads These, die unverdienterweise vielfach Zustimmung erfahren hat, nichts übrig.« (94, 97) Diesen schroff verneinenden Feststellungen stehen jedoch in derselben Erörterung andere Sätze gegenüber, die bei aller Abneigung gegen Liljeblads These doch eine wirklich vorhandene Ähnlichkeit zugeben: »Es ist gewiß nicht zu leugnen, daß es eine gewisse Ähnlichkeit zwischen diesen Partien der Argonautensage und den angeführten Märchen gibt.« – »Wir können nur sagen, daß in der griechischen Sage und in einigen Märchen ähnliche Motive und wohl auch Motivketten vorkommen, deren Herkunft es eben noch zu bestimmen gilt« (85f., 95), – und trotzdem die uneingeschränkten Behauptungen, die von Liljeblad gesehene Ähnlichkeit sei *vollkommen illusorisch* und von seiner These bleibe *nichts übrig.*

Offensichtlich stimmt hier etwas im Selbstverständnis der Forschung nicht. Es ist auch klar, wo die Unstimmigkeit liegt. Der europiden Forschung ist die Identität von Begrifflichem vertraut; der Einsicht in die Ähnlichkeit von Bildern und Ablaufsgestalten aber schenkt sie nur geringes Vertrauen. Darum ist das Augenmerk auch vorwiegend auf den

Austausch von stofflichen Bestandstücken gerichtet, während der so normierten Wissenschaft die Vorstellung unerfaßbar bleibt, daß Bildhaftes bildhaft gestaltend und umgestaltend wirken kann, daß nicht Motive nur »entliehen« werden, sondern daß Archetypisches *prägend* von einem Werk aufs andere, vom Märchen auf Sage, Geschichte und Geschichtsdarstellung hinübergreift: so wäre ja das Wirken echter Dichter eigentlich zu charakterisieren. In der Tiefe der Vergangenheit aber werden wir, noch jenseits der Dichter, die schöpferischen Geister der Ritualgnose gewahr. Denn für diese wie für jene gilt, daß produktiv einwirkende Bilder niemals identische Abläufe ergeben, sondern daß sie ähnliche Gestaltungen erzeugen oder anregen.

Die allgemeine Ablaufsgestalt des Märchentyps 313 ist die folgende. Ein Jungmann gelangt, oftmals durch Entrückung, in den Herrschaftsbereich eines dämonischen Wesens. Drei Arbeiten werden ihm dort auferlegt, die er leisten muß, oder der Dämon würde ihn töten. Als Helferin gewinnt er, durch Liebschaft und Heiratsverspruch, die Tochter des Dämons. Sie kann zaubern und löst mit ihrem Zauber die Aufgaben für den Mann. Danach müssen sie zusammen fliehen und entgehen dem Verfolger auf magische Weise – in diesem Typus meist durch Verwandlung des Paares, gelegentlich auch durch zaubrische Hindernisse oder auf beiderlei Art. Auf der Grenze des Heimatlandes stockt die Flucht, die Braut muß zunächst zurückbleiben, und daheim vergißt der Jungmann sie und alles mit ihr Erlebte. Mit einer heimischen Braut wird für ihn eine Hochzeit anberaumt, und die Dämonentochter muß sich dem Bräutigam, um ihn doch noch zu gewinnen, erst wieder durch irgendeinen mnemotechnischen Kunstgriff in die Erinnerung rufen. Damit ist das Paar dann wieder vereint.

Zu diesem Ablauf gibt es eine Reihe von Parallelen – auch außer der Argonautensage. Japan besitzt eine Fassung in seinem ältesten Geschichtswerk, im Kojiki von 712. Es ist die Mythe von Oho-na-muji[14], der des Rates und der Waffen der Unterweltsgottheit Susanowo bedarf, hinabsteigt, die Tochter, Suseribime, noch draußen vorm Tor »heiratet«, wie Florenz übersetzt, und der drei gefährlichen Todesproben unterworfen wird. Bei zweien von ihnen kann die Unterweltstochter ihm helfen, die dritte übersteht er auf andere Weise. Er gewinnt dann doch das Wohlwollen des Susanowo, vermag ihn einzuschläfern und flieht mit des Gottes Tochter auf dem Rücken und mit drei Kostbarkeiten der Unterweltsgottheit: mit dem Lebensschwert, dem Lebensbogen und der himmlischen Verkündigungslaute. Mit der neu gewonnenen Macht vermag er über seine Gegner nun zu siegen. Suseribime aber verstimmt er in der Folge durch die Liebelei mit einer anderen Göttin, – dies vielleicht eine Reminiszenz an die eigenartige Störung bei der Heimkehr des Märchenpaares.

Besondere Beachtung verdient eine indische Erzählung, die im Eingangsbuch des Mahābhārata steht.[15] In der Urzeit ringen Götter und Widergötter, Devas und Dānavas um die Herrschaft über die Welt. Die Dānavas sind anfangs überlegen, weil sie ein Ritual besitzen, mit dem sie die Schlachttoten wiederbeleben können. Die Götter senden daher einen Jüngling namens Kaca, den Sohn ihres Oberpriesters, in die Unterwelt, um von dem Oberpriester der Dānavas, Uśanas, die Einweihung in das Ritual zu erlangen. Er soll zu dem Zweck auch die Liebe der Devayānī zu gewinnen suchen, der Tochter des Uśanas. Dreimal wird Kaca von den Dämonen getötet, zweimal wird er auf Devayānīs Bitten von ihrem Vater wiederbelebt. Beim dritten Male geht das nur so, daß Uśanas dem Kaca selber das Wiederbelebungsritual beibringt; denn um jenem das Leben wiederzugeben, muß er diesmal selbst das Leben lassen, und der Schüler muß ihn wiederbeleben. Damit ist die angestrebte Einweihung vollendet, und Devayānī erwartet nun die Heirat. Kaca aber weigert ihr diese, und somit endet auch diese Erzählung mit einer Störung im Verhältnis des Paares. Das Märchen vermag die Störung sinnvoll zu überwinden, nicht so die Theseus-, die Jason-, die Kaca-Sage. Die indische Fassung aber zeigt noch deutlicher als die japanische, nämlich ausgesprochenermaßen, daß die Rückkehr erfolgt mit einem rituellen Gewinn.

Verwandt erscheint auch die Sage von Theseus und Ariadne[16], wo der Held ebenfalls in eine Art Unterwelt hinabsteigt, in das kretische Labyrinth nämlich, und dazu, nach dem Heiratsversprechen, die Hilfe der Ariadne erhält, hier in Gestalt des Wollknäuels, mit dem er nach dem Sieg über den Minotauros den Rückweg findet. Auch hier gibt es bekanntlich die Störung im Verhältnis des Paares, Theseus läßt das Mädchen auf Naxos zurück. Es gibt sogar eine Fassung, nach der er das Heiratsversprechen und Ariadne überhaupt vergißt. Die Wiedervereinigung, die das Märchen hat, fehlt.

Zu erwähnen ist ferner eine keltische Parallele, die Geschichte von Kulhwch und Olwen in den kymrischen Mabinogion, die auch von anderen mit der Medeasage verglichen worden ist.[17] Dort ist es dem Jungmann als Geis auferlegt, Olwen, die Tochter des Yspaddaden Penkawr, des Oberhauptes der Riesen, zu gewinnen, also ebenfalls von einer Art

Herrn der Widergötter. Die Hilfe, die Olwen dem Helden leistet, besteht hier nur in einem einzigen Ratschlag, und er würde sie nicht gewinnen, ja womöglich sogar das Leben verlieren, wenn er ihn nicht befolgen wollte: er müsse schlechthin auf alles, was der Vater von ihm verlangen werde, seine unbedingte Zusage geben. Die schwierigen und zum Teil todesgefährlichen Aufgaben sind hier gewaltig vermehrt, doch bleiben es im Grunde nur wenige Hauptgewerke: das Roden, Besäen und Abernten eines Feldes in einem Tage, das Bestellen eines Flachsfeldes, das Beschaffen eines neunfach süßen Honigs, – dies alles und weiteres für die Hochzeitsfeier; das Erlangen des besonderen Rasierzeuges für den Riesenhäuptling, schließlich das Erjagen eines ungeheuren Ebers. Die eingangs genannten Werke entsprechen sowohl den im Märchen wie in der Medeasage verlangten. Die Bewältigung der Aufgaben gelingt in dieser Erzählung nur mit Hilfe des Königs Artus und seiner Heldenschar. Von einer Störung im Verhältnis des Paares weiß die kymrische Überlieferung nichts.
Die germanische Parallele zu diesen Traditionen ist der Raub des Dichtermetes durch Odin.[18] Der Met befindet sich im Gewahrsam eines Riesen, der in der eddischen Überlieferung Suttungr heißt und ihn in einer Art Unterwelt, in einer Felsenhöhle aufhebt. Nach einer anderen Tradition, in Eyvinds Háleygjatal, trägt der Riese den Namen Surtr, also den des eigentlichen Götterfeindes, und seine Stätte heißt Sǫkkdalir, was etwa Sumpf- oder Tiefental bedeutet. Im Text der Snorra-Edda wird das Unterweltliche noch dadurch betont, daß es dort auch Hnitbjǫrg heißt, was Schlagbergen bedeuten und zu den Symplegaden als Unterweltstoren stimmen könnte. Eigentliche Hüterin des Trankes ist Gunnlǫd, die Tochter Suttungs. Ihre Liebe gewinnt Odin, und dreimal läßt sie ihn von dem kostbaren Met trinken, womit sich Odin den Inhalt aller drei Gefäße einverleibt. Er muß vor Suttung fliehen und erreicht mit genauer Not die Götterstätte Asgard. Die Texte erzählen nicht, daß Gunnlǫd an der Flucht teilnimmt, doch sagt Odin selbst dazu dieses: »Zweifel hege ich daran [= es ist mehr als zweifelhaft], daß ich den Riesensitzen entronnen wäre, hätte mir nicht Gunnlǫd beigestanden, die brave Frau, die mich in ihre Arme schloß.« (Háv. 108) Die nächste Strophe erzählt noch von den Reifriesen, daß sie am nächsten Tage nach Asgard kommen und sich nach dem Räuber erkundigen; sie könnten eine Erinnerung bedeuten an die untergeordneten Verfolger, die im Märchen der Unterweltsherr hinter den Flüchtlingen herschickt. In der folgenden Strophe wird Gunnlǫd als Weinende und Verlassene geschildert, und dies entspricht der mehr-

erwähnten Störung im Verhältnis des Paares auch in anderen Überlieferungen. In dem Dichtermet dürfen wir wohl einen Ritualtrank sehen.
Ein Heros, ein Gott, so fassen wir verallgemeinernd die eben skizzierten Überlieferungen zusammen, sucht um eines bestimmten Gutes willen den Machtbereich eines unterweltlichen Wesens auf, er gewinnt dort die Liebe einer jungen Frau, der Tochter jenes Wesens. Ohne sie könnte er den erstrebten Gewinn nicht einheimsen, ja, er würde ohne sie das Leben verlieren. Am Ende entflieht er mit ihr oder ohne sie, jedenfalls aber mit dem Gut, das er durch ihre Hilfe gewonnen hat, aus dem Bereiche des Dämons. Zumeist scheitert in diesen Texten der Liebesbund mit der Unterweltstochter. Im Märchen andererseits vollendet sich, nach Überwindung einer geheimnisvollen Trennung, das Bündnis in der Ehe. Dafür fehlt in den Märchen der Nebengewinn, der in den Mythen und Sagen so groß ist, daß auf die Unterweltstochter selbst am Ende verzichtet werden kann. Diesen Unterschied werden wir noch erklären müssen.
Abschließend wenden wir uns der Medeasage zu, einem altüberlieferten und vielfach bedichteten Stoff. Ihre vollständigste und bekannteste Fassung sind die Argonautika des Apollonios von Rhodos, geschrieben im 3. vorchristlichen Jahrhundert.[19] Jason fährt zu Schiffe aus, um ein rituelles Gut von einem zaubermächtigen König, Aietes mit Namen, einzuholen, die Seele des im Auslande verstorbenen und nicht nach griechischem Brauche bestatteten Phrixos – und mit der Totenseele deren wesentliches Gut, das Vlies eines goldenen Widders: so motiviert Pindar in der vierten pythischen Ode die Fahrt. Aietes ist ein Sohn des Helios, was nicht ausschließt, daß er dämonischen Wesens ist. Seine Schwester ist die Zauberin Kirke. Sein Land trägt den mythischen Namen Αια = Erde. Seine zauberkundige Tochter, Medea, verliebt sich bei der ersten Begegnung in Jason. Sie berät ihn und hilft ihm, die Aufgaben, die der Vater als angebliche Prüfung vor der Verleihung des Vlieses ihm auferlegt, zu erfüllen: mit einem feuerschnaubenden Paar von Stieren ein großes Feld zu pflügen, es mit Schlangenzähnen aus dem Erbe des Kadmos zu besäen und die daraus aufsprießenden Krieger im Kampf zu bestehen. Das Vlies muß er dem unsterblichen Drachen, der es bewacht, rauben. Des Aietes wahre Absicht ist es, durch diese Gefahren den Jason ums Leben zu bringen; doch der besteht sie dank Medeas Rat und Hilfe, und daher muß das Paar nach der Gewinnung des Vlieses auf dem Schiffe, der Argo, entfliehen.
Eine Episode der Flucht pflegt man mit der Hindernisflucht des Märchens zu vergleichen. Als Aietes die Fliehenden in der Donaumündung

zu erreichen droht, tötet nach einigen Autoren[20] Medea ihren Halbbruder Apsyrtos, zerstückelt die Leiche und wirft die Teile einzeln in die Strömung. Die Verfolger, bei ihnen der Vater, werden auf diese Weise gezwungen, die einzelnen Leichenstücke aufzufischen, und die Verfolgten entkommen. Die Überlieferung sagt, daß der Zwang zum Einsammeln aller Teile herrühre aus dem Bedürfnis, sie für die Bestattung vollständig beisammenzuhaben. Indessen rührt dieser Zwang vielleicht eher her aus den Erfordernissen der Wiederbelebung, und damit würde auch die Grausamkeit der Medea, die sich ja auf solche Zauberriten verstand, ein vielfach gemindertes Maß annehmen. Ferner wäre es denkbar, daß die Tötung des Apsyrtos dazu diente, die Totenseele des Phrixos aus jenem dämonischen Bereich zu lösen, daß Apsyrtos sterben mußte, damit Phrixos überhaupt heimgeführt werden konnte.
Anscheinend ist bisher niemand auf den Gedanken gekommen, eine bestimmte Episode der argonautischen Flucht[21] mit dem Verwandlungsmotiv der magischen Flucht zusammenzubringen, doch erscheint mir dies nicht ganz abwegig. An einem Haltepunkt ihrer Flucht, bei den Phaiaken, sind Jason und Medea gezwungen, das Beilager zu besteigen, und zwar nicht im eigentlich hochzeitlichen Sinne, sondern allein zu dem Zweck, Medea rechtlich zur weiteren Teilnahme an Jasons Flucht zu befähigen. Das Brautbett wird dazu mit dem goldenen Vliese gedeckt. Es ist nicht ganz undenkbar, daß wir in diesem Beilager, an dem der eigentlich gewonnene rituelle Schatz teilhat, eine epische Übersetzung wiederfinden für die Verwandlungsfiguren des Paares bei der magischen Flucht. Denn jene Figuren zeigen ja ebenfalls die erotisch-magische Vereinigung des Paares in einem gepolten Bilde: in Dornbusch und Rose, Feld und Wachtel, Weiher und Ente. Überdies und in diesem Zusammenhang erschiene es als höchst bedeutungsvoll, wenn in Gestalt des Vlieses auch die heimzuführende Totenseele dem Beilager beiwohnte. Für eine altertümliche Sinnesart gäbe es daran nicht den geringsten Zweifel; wie Apollonios Rhodios darüber gedacht hat, ist freilich kaum zu entscheiden.
Medeas und Jasons weitere Schicksale sind auf vielerlei Weise erzählt und umgedichtet worden; diese Fassungen sind für uns insoweit von Belang, als sie übereinstimmend von einer schweren Störung im Verhältnis des Paares berichten. Auf eine Untreue Jasons folgt eine blutige Rache, die Medea an der ins Auge gefaßten zweiten Gemahlin nimmt, und daraus ergeben sich weitere schwere Bluttaten anderer. Auch die Medeasage – und sie in besonders auffallender Weise – zeugt mithin dafür, daß auf

die gewinnreiche Rückkehr des Paares aus dem Todesbereiche eine Verzwistung folgt. Das bis dahin abgelaufene Geschehen läßt keine Ursache dafür erkennen, ebensowenig wie die Charaktere, wenn man den alten epischen Rollen überhaupt so etwas wie einen Charakter zuschreiben darf. Auch keine der übrigen hier herangezogenen Sagen erklärt befriedigend den Zerfall des Bundes. Zwar trägt Kaca als ein sehr redegewandter Brahmane einen scheinbar stichhaltigen Einwand gegen die Heirat mit Devayānī vor; aber der Einwand erscheint eher als ein leerer Vorwand. Um die Verzwistung unter den Paaren der Sage zu verstehen, müssen wir uns also zu dem nicht umgestalteten Märchen zurückwenden, und wenn es die Erklärung zu leisten vermöchte, dann erschiene mit eins das Märchen als unversehrte alte Überlieferung – gegenüber den Variationen der Sage und Mythe, die zu besonderen Zwecken umerzählt worden sind – mit dem Anhängsel, da man ja andererseits auch Überliefertes erzählen wollte, eines nicht mehr zu begreifenden und sinnvoll nicht einzubeziehenden Zerwürfnisses unter den Liebenden.
Im Märchen wird die Störung mit einer Amnesie begründet, die unmittelbar nach der Heimkehr bei dem jungen Mann eintritt. Es ist daraus der Schluß zu ziehen, daß sich die vorausliegenden Erlebnisse in einem veränderten Bewußtseinszustand abgespielt haben, und dahin weisen auch weitere Indizien. Das Mädchen weiß von vornherein um die drohende Gefahr der Vergessenheit und warnt davor, freilich als vor etwas, das unvermeidlich mit dem erneuerten Leibesleben verhängt ist. Sie warnt vor Speisegenuß und vor körperlicher Berührung, vor dieser besonders als Kuß beim Wiedersehen mit den Verwandten. Die Warnung schlägt der Jungmann auch nicht in den Wind, aber was er bei Mutter und Schwester meidet, dem erliegt er dann doch bei dem Hund, der ihn anspringt und beleckt. Die Unterweltsfahrt war also eine unkörperliche Seelenreise. Dies versteht sich zwar von selbst, auch im Hinblick auf das Entrükkungsmotiv im Eingang der Erzählung, aber das Märchen umgeht, seinem Stil gemäß, gerade diese Aussage. Das ist es eben, was die Erzählung märchenhaft macht.
Ursprünglich ist also das Geschehen gespalten durch die ihm wesensangemessene Amnesieschranke. Das Märchen vermag diese zu überwinden auf seine Weise. Sobald aber das Gesamtgeschehen auf eine einheitliche Ebene ohne Bewußtseinsstufungen versetzt wird, entfällt der Grund für die Erinnerungslosigkeit. Dies gilt sowohl für die fortgesetzt raumhaft-körperlichen Ereignisse einer Sage, für eine Reise über Land und Meer, wie für die Begebenheiten innerhalb der in sich ebenso schranken-

losen Welt der Götter. Das ursprünglich seelenkundlich wohlbegründete Vergessen läßt sich mithin als solches nicht in sagenhafte oder mythische Abläufe übertragen. Es wandelt sich daher zu einem Bruch im Erleben, in eine Verzwistung, eine ethische Verfehlung, eine wirkliche Untreue, die je nach den gesellschaftlichen Verhältnissen als mehr oder weniger gewissenlos erscheint. Die Episode mußte demnach entweder entfallen wie in der Kulhwch-Sage – oder sich nur in Spuren zeigen, Oho-na-muji, oder in aller Härte als Trennung einspringen, Odin, Theseus, Jason, Kaca.

Im besonderen bieten sich für das Märchengeschehen zwei kulturgebundene Weisen des Verstehens an. Entweder ordnen wir es ein in die rein schamanische Weise des Erlebens. Dann hat der Seelenfahrer als Gattin drüben eine Geistin gewonnen, und es gilt, die Ehe hier, im Leibesleben, im hiesigen Bewußtseinszustand, voll zu verwirklichen. Eine gefährliche Krise droht dann einzutreten, wenn der Mann sich auch ein hiesiges Weib erwählt. Als ein uns noch nahes Beispiel sei nur die Sage von Peter Diemringer von Staufenberg angeführt, der nach drüben vermählt ist und der sterben muß, als man ihn hier zu einer Eheschließung überredet hat.[22]

Die schamanistische Deutung erklärt auch, warum im Märchen der Held nichts weiter mit heimbringt als das Mädchen. Sie eben, die Geistin aus der Anderen Welt, ist der einzigartige Gewinn, den die Jenseitsfahrt einbringt. In ihr erscheinen verkörpert – oder genauer: vergegenwärtigt – die Macht zur Wiederbringung des drüben gefährdeten Lebens; die Kraft, die drei Unterweltsaufgaben zu bestehen, und schließlich das Vermögen der Wandlung. Sie, die hilfreiche Frau von drüben, leiht diesen durch Initiation gewonnenen Fähigkeiten die Beständigkeit auch im hiesigen Leben.

Die andere Weise des Verstehens wäre ritualistisch; der Mann hätte innerhalb einer exogamen Ordnung die ihm vorbestimmte leibhafte Gattin in der Entrückung aufgesucht, beispielsweise in *der* Stammeshälfte, die für die seine den Gegenpol darstellt, die andere Welthälfte. Dann ginge es darum, daß er die Braut im Leibesleben wiedererkennte, daß sie sich für ihn verwirklichte und seine Anerkennung fände. Diese Weise des Verstehens setzt immer noch einen schamanistischen Hintergrund des Geschehens voraus, immer noch eine Entrückung. Sie hätte ihr Ziel aber nicht mehr in der Geisterwelt, sondern in der leibhaften Menschenwelt. Dies entspräche auch ganz der Beschaffenheit der rituellen Kulturen, die häufig Züge aus der schamanischen Vorstufe enthalten.

Setzen wir die schamanische Weise des Erlebens als die ursprüngliche an, dann stellen sich auch die skandinavische, die indische, die japanische Göttermythe schon als Umbildung des urtümlichen Erlebens dar, als Anwendung einer schamanistischen Ablaufsgestalt auf Wesen von anderer Art und Vorstellungen einer späteren Kulturstufe. Das Märchen AT 313, die Tochter des Unterweltsherrn als Helferin des Helden, erscheint dann in der Folgerichtigkeit seines Ablaufs als die urtümlichste Erzählform, älter als jegliche Gestalt der Olwen-, Ariadne- und Medeasage, der Gunnlǫd-, Suseribime- oder Devayānī-Mythe. Zur Zeitstellung des Märchens ergeben dann die folgenden Datierungen einen Terminus ante quem. Die Argonautensage wird schon bei Homer erwähnt, in der Odyssee im Zusammenhang mit den Plankten, den Schlagenden Felsen, die sonst auch Symplegaden heißen (XII, 59 ff.). Die Jasonsage mag im 7. bis 6. Jahrhundert die uns bekannte Form erlangt haben, in der sie auch auf die Tragiker gelangt ist.[23] Die Medeasage ohne die tragische Wendung erscheint bei Pindaros in der vierten pythischen Ode, die man auf die Jahre um 462 ansetzt. Dem Kaca-Mythos darf man wohl ein Alter von mindestens 2000 Jahren zuschreiben. Alle übrigen Belege, die ich um des Zeugnisses halber angeführt habe, das sie für den Sinn und die Verbreitung der Ablaufsform ablegen, sind erst später bezeugt. Die Erzählung, die den Sinn und die Form des Geschehens auch in Sage und Mythos bestimmt hat, das Märchen, wäre demnach mindestes 2700 Jahre alt, wahrscheinlich aber um ein Beträchtliches älter.

Karel Horálek

ANUP UND BATA – NOCH HEUTE IN DER MÜNDLICHEN ÜBERLIEFERUNG

Aufgrund der inhaltlichen Analyse des ägyptischen Märchens von den zwei Brüdern Anup und Bata kann man mit einer gewissen Sicherheit darauf schließen, daß hier eine komplexe literarische Komposition vorliegt, die aus drei der oralen Tradition entnommenen Märchen entstanden ist; diese Tradition ist auch heute noch bei zahlreichen Ethnika in Europa wie in Asien ein lebendiger Bestandteil des mündlichen Repertoires. Nur der erste stofflich mit der biblischen Erzählung von Joseph und Potiphars Frau verwandte Bestandteil lebt noch als peripherer Rest in Nordafrika und Südarabien weiter. Dieses Reliktgebiet ist für die Bestimmung und im Zusammenhang mit diesem uralten literarischen Werk auch für das Alter der Märchen überhaupt, und zwar sowohl derjenigen der Folklore wie auch der aus der Folklore abgeleiteten literarischen Märchen.

Als Beweis für den mündlichen Ursprung des ägyptischen Märchens von den zwei Brüdern, das bereits Mitte des 19. Jahrhunderts (1852) auf einem altägyptischen Papyrus aus der Zeit um 1250 v. Chr. entdeckt und kurz danach im ganzen auch richtig entziffert wurde, reicht schon das seit jener Zeit zusammengebrachte komparatistische Material aus; die gewonnenen Erkenntnisse wurden später durch Entdeckungen erstaunlicher Altertümlichkeiten in dem genannten Reliktgebiet Südarabien und Sahara (am Tschad-See) ergänzt und gefestigt. Um die Entdeckung der außerordentlich wertvollen Folklorerelikten machten sich mehrere Teilnehmer der südarabischen Expedition verdient, die von der Abteilung für Orientalistik der Wiener Akademie der Wissenschaften um die Jahrhundertwende organisiert wurde. Die südarabischen mündlichen Texte wurden im ersten Jahrzehnt dieses Jahrhunderts in einer Reihe von Sammelbänden (unter dem Titel »Südarabische Expedition«) veröffentlicht. Einige der Texte sind mit elementaren komparatistischen Kommentaren versehen. Zu den aktivsten Teilnehmern des ganzen Unternehmens gehörte der Semitologe David Heinrich Müller. Neueres folkloristisches Material, das als abgeleitet von der uralten mündlichen Tradition gelten könnte, an die im 13. Jahrhundert v. Chr. der Kompilator des altägyptischen Märchens von den zwei Brüdern anknüpfen konnte, wurde – soweit mir bekannt – bisher nicht publiziert. Der wichtigste Beitrag der französischen Afrikanistin D. Paulme (in der Zeitschift »L'homme«), der sich auf diese Problematik bezieht, enthält nur ganz wenige komparative Bemerkungen. Neue systematische Forschungen im afrikanischen Raum können noch weitere wertvolle Ergebnisse bringen.

Notwendige Voraussetzungen für systematische Forschungen in der angedeuteten Richtung bildet die kritische Analyse neuerer Arbeiten über das altägyptische Märchen von den zwei Brüdern, namentlich die des entsprechenden Stichwortes in der Enzyklopädie des Märchens (Bd. II, 925ff.) und einige Aufsätze in Fachzeitschriften (Fabula, Archivum orientale u.a.). Eine synthetisierende kritische Studie über die mündliche

Basis des genannten Märchens und die drei folkloristischen Komponenten kann sich auf die Ausführungen von Kurt Ranke im enzyklopädischen Stichwort »Einfache Formen«, Fischer-Lexikon, Literatur 2, 1, 1965, 188ff.) stützen. Es geht hier vor allem um die Ergänzung und die Korrekturen von dem, was in dem genannten Stichwort über den Hauptteil (»Motiv«) des Märchens gesagt wird: eine eigenartige Parallele der biblischen Erzählung von Joseph und Potiphars Frau. Der Verfasser beschränkte sich nur auf eine kurze Information über einige literarische (antike und orientalische) Parallelen. Nichts wird dagegen gesagt über den Unterschied zwischen dem ägyptischen Märchen und den literarischen Varianten, der schon in den Verwandtschaftsbeziehungen unter den einzelnen Personen gewichtig ist; einerseits liegt hier das Verhältnis zwischen der Frau des älteren Bruders und dem jüngeren Bruder vor, andererseits die Absicht der Stiefmutter, den jungen Mann zu verführen. Der betrogene Mann ist einmal der leibliche Vater, im Märchen ist es aber der Bruder. Die Tatsache, daß in der Folklore die einfache Untreue gängig ist, aber nur selten sich verwandtschaftliche Beziehungen häufen, wird nicht erwähnt.

Künftig sollte es auch nicht außer acht gelassen werden, daß im zweiten Teil des ägyptischen Märchens eine besondere Konfliktsituation entsteht, indem die Frau einen jüngeren Partner bevorzugt. Ranke erwähnt hier die Verwandtschaft des Märchens von der Prinzessin Goldhaar (AT 516B) und der Sage von Tristan und Isolde; es fragt sich jedoch, ob dieses Motiv in einem mündlichen Märchen die gleiche Stellung einnimmt. In Tristan sehnt sich der König nach der goldhaarigen Jungfrau, aber ohne festen Entschluß. Im mündlich überlieferten Märchen von der goldhaarigen Prinzessin entscheidet sich die junge Frau für den jungen Mann und zögert nicht, den König zu töten. Im größten Teil der mündlich tradierten Märchen mit dem Motiv der durch den Zauber des goldenen Haars erweckten Liebe fällt der König auch zum Opfer (über sein Alter wird meistens nichts gesagt); die Prinzessin bleibt ihrem Ehemann treu. Im altägyptischen Märchen läuft es anders als in den mündlichen Texten: Die Prinzessin wird ihrem Mann untreu. Nur vereinzelt findet man das in Varianten vom Typ AT 302B (516B).

Hier sei ein Exkurs über das Verhältnis beider Typen erlaubt. Meistens handelt es sich um die Steigerung der Spannung in der Handlung; das Motiv des goldenen Haars, das auf dem Wasser bis ins fremde Land gelangt und dort beim Herrscher eine besondere Reaktion hervorruft (die Sehnsucht nach der Schönen), wird manchmal durch das eines Talismans ersetzt. Aber auch der Talisman wird öfter durch ein Portrait ersetzt, das die Frau dem Manne schenkt, um die Person zu ersetzen, die das Portrait darstellt. Wichtiger ist jedoch der Unterschied zwischen der mündlichen Tradition, wie sie in dem Niederschriften der österreichischen südarabischen Expedition fixiert ist und deren Abwandlungen aus dem Sahara-Gebiet, die D. Paulme veröffentlichte. Es handelt sich um die Präsenz bzw. Absenz des Motivs der Verstümmelung des ohne Grund beschuldigten Bruders, der Verstümmelung, die in der mündlichen Version als Strafe für die angebliche Schuld des Bruders vollzogen ist. In der altägyptischen Bearbeitung wird die grausame Strafe vom älteren Bruder (das Abschneiden des Penis) vorbereitet, die ungerechtfertigte Rache bleibt aber aus, denn durch Gottes Hilfe gelingt es dem Angeschuldigten zu fliehen.

Die Anwendung dieses Motivs im Typ At 516B kombiniert mit dem Motiv des schwimmenden Haares oder irgendeiner Form seines Ersatzes ist wohl dort kaum möglich, wo eine Erzählung über die Verführungsabsicht einer Frau und die falsche Beschuldigung des jüngeren Bruders nicht vorausgeht. Diese Feststellung relativiert die Auffassung, daß der erste Teil (der Stoff vom Typ Potiphars Frau) nur eine zufällige Erweiterung des Märchens ist, das nur aus dem zweiten und dritten Teil bestehen sollte. In der Vorlage des ersten Teils des ägyptischen Märchens war das Motiv der drastischen Strafe für eine nicht begangene Tat bereits enthalten. Man kann fast mit Sicherheit behaupten, daß in der Vorlage mehr enthalten war als in der literarischen Bearbeitung; es ging dort um den Vollzug der ungerechtfertigten Strafe (dieses Motiv wurde vom Autor gelindert), es wird auch davon erzählt, wie der jüngere Bruder wieder geheilt und durch Zauber eines märchenhaften Helfers wieder zum vollkräftigen Manne wurde. Für diese märchenhafte Hilfe muß er jedoch Zoll zahlen: durch die Hälfte der nach seiner Genesung gezeugten Kinder. Diese schwere Last wurde ihm jedoch von seinem Helfer wieder abgenommen.

Es bleibt aber noch zu klären, wie der dritte Teil in die literarische ägyptische Fassung gelangt ist, die Erzählung von der dreifachen Tötung und dem dreifachen Aufleben. Sie ist Grundstock schon der ägyptischen Version geworden, jedoch mit einer wesentlichen Änderung im Ausgang. Die afrikanischen mündlichen Parallelen stimmen mit der ägyptischen literarischen Bearbeitung in der Versöhnung der beiden Brüder überein. In der mündlichen Bearbeitung des dreifachen Todes und der Verwandlungen des Helden geht es nicht um eine Begebenheit der zwei

Brüder, und schon deshalb kann das Märchen nicht mit der Versöhnung enden. Der Teil über den dreifachen Tod des Helden und sein dreifaches Aufleben ist nur in der europäischen mündlichen Tradition und der altägyptischen Adaption bekannt. Abweichungen von der Regel sind nur einzelne Fälle des ethnischen Übergreifens. In Osteuropa haben diesen Typ einzelne nichtindoeuropäische Ethnika von den Slawen übernommen.

Über den Weg, wie das Märchen, das vom Verfasser im dritten Teil seines Werkes nachgeahmt wurde, aus Europa nach Ägypten gelangte, kann man nur Vermutungen anstellen. Aus dem ganzen großen und im wesentlichen kompakten, auf Europa beschränkten Areal ist nur ein einziger Text bekannt, der deutlicher vom Durchschnitt abweicht und zugleich eine gewisse Verwandtschaft mit der altägyptischen Bearbeitung aufweist. Es handelt sich um einen Text, der der ägyptischen Version ähnlich, aber als Ganzes doch selbständig ist: man kann darin deutliche Kennzeichen der Abenteuergeschichten feststellen. Am Anfang wird meistens erzählt, wie der Held verschiedene Zaubergegenstände erwarb, das wichtigste darunter ist das das Leben des Helden schützende Hemd. Mit Hilfe des Hemdes überwältigt er das ganze feindliche Heer. Für die Hilfe gibt ihm der König seine Tochter zur Frau. Sie ist aber einem anderen Mann geneigt und verhilft diesem zum Sieg, indem sie den Talisman des Ehemannes durch eine wirkungslose Nachahmung ersetzt. Den europäischen Märchenvarianten über die Tötung und das Aufleben des Helden ist das Motiv der Magd gemeinsam, die dem Helden hilft, und für diese Hilfe wird sie durch die Heirat mit dem Helden entlohnt.

Im Rahmen dieser reichen europäischen Tradition begegnen wir einem Zug, der fast isoliert auftritt. Es handelt sich um die Besonderheit einer im 17. Jahrhundert niedergeschriebenen russischen Variante, die unter dem Titel »Ivan, Sohn des Meßners« ins Deutsche übersetzt wurde. Die Übersetzung erschien in den russischen Märchen der Reihe »Die Märchen der Weltliteratur«, herausgegeben von Löwis of Menar (1914, Nachdruck 1959; eine französische Übersetzung erschien 1876, die zweite 1927). Die wichtigste Besonderheit der russischen Bearbeitung bestand darin, daß dem Helden sein eigener Vater hilft. Diese Figur spielt in dem epischen Ganzen eine ähnliche Rolle wie der ältere Bruder in der ägyptischen Fassung, als er den leblosen Körper des jüngeren Bruders wieder zum Leben erweckt. Hier beginnt der Hauptteil des Märchens. Den ganzen Teil kann man für einen Archaismus halten. Als Ganzes reiht sich die halbliterarische russische Version in die russische mündliche Tradition ein. Eine auffällige Übereinstimmung besteht hier z.B. in der hilfsbereiten Magd. Auch in diesem russischen Text des 17. Jahrhunderts kommt es dazu, daß der Held sie heiratet. Schon dieses Detail allein schließt die Möglichkeit aus, daß der russische Text an die Entwicklungslinie der ägyptischen Redaktion anknüpft. Man kann also mit dem französischen Ägyptologen G. Lefèbvre nicht einer Meinung sein, die nicht nur von der älteren französischen Arbeit A. Rambauds (La Russie épique), sondern auch von den neueren Arbeiten des russischen Ägyptologen V. Vikentjev (seine älteste Studie stammt aus dem Jahre 1917) abhängig ist. Die neuere Forschung ging andere Wege. Lefébvre stützte sich auf die Gedanken Vikentjevs namentlich in der Studie »Bata et Ivan«, die in der Zeitschrift »Chronique d'Egypte« (49, 1950, 17-26) erschien.

Über die neuere europäische und amerikanische Forschung ist zu sagen, daß ihr diese historische Problematik fern liegt. Auch die Ausführungen Walter Scherfs im »Lexikon der Zaubermärchen« (Stuttgart 1982, 444ff.) nehmen bei der Charakterisierung der uns interessierenden Märchentypen keinen klaren Standpunkt ein. Das oft nachgedruckte russische Volksbuch »Portupej« Fähnrich, das auch die mündliche Tradition beeinflußte, indirekt sogar die nichtslawische, ist zwar erwähnt, aber unberücksichtigt blieb die Bearbeitung aus dem 17. Jahrhundert, in der als Hauptfigur Ivan, Sohn des Meßners, auftritt, auf deren Besonderheiten wir bereits früher hingewiesen haben. Verschiedene nützliche Informationen über das altägyptische Märchen von den zwei Brüdern findet man in der Arbeit der Österreicherin Chr. Tuczay »Der Unhold ohne Seele«, eine motivgeschichtliche Untersuchung (Wiener Arbeiten zur germanistischen Altertumskunde und Philologie 18, Wien 1982), auf die Scherf noch nicht eingehen konnte. Chr. Tuczay berücksichtigt auch die sibirische Folklore, die wohl mit der Kultur des östlichen Mittelmeers verwandt sein kann und vermutlich bis in das Altertum zurückgeht.

Bei dem Typ AT 516B / 302B besteht ein wichtiger inhaltlicher Unterschied zwischen zwei Gruppen von Varianten: auf einer Seite steht die Mehrzahl der Aufzeichnungen aus der Volksüberlieferung und der mittelalterliche griechische Roman »Kallimachos und Chrysorrhoe« sowie das türkische Volksbuch »Elif und Mahmut« (IV International Congress for Folknarrative Research in Athen, 1965, 174-178; Enzyklopädie des Märchens 3, 1353-56) und nur einige Aufzeichnungen aus der Volksüberlieferung auf der anderen Seite (vgl. z.B. Leo Reinisch, Die Somali-Sprache I, »Geschichte zweier Brüder«, 259-277, dazu die südarabische

Vorlage von David Heinrich Müller: Die Mehri- und Soquotri-Sprache I, Wien 1902, 69-91).

Der Unterschied betrifft die An- oder Abwesenheit des bösen Charakters der Heldin. In der Mehrzahl der volkstümlichen Varianten (sowie im griechischen Roman und türkischen Volksbuch) bleibt sie ihrem Mann treu, im gegenseitigen Falle verrät sie ihn. So ist es auch in der altägyptischen Bearbeitung und auch in der volkstümlichen Variante aus Südarabien aufgezeichnet, deren somalische Übersetzung Leo Reinisch veröffentlichte.

Nach Kurt Ranke entstand der zweite Teil des ägyptischen Brüdermärchens auf Grund des Typs »Goldhaarige Prinzessin. Es handelt sich aber um eine charakteristische Abwandlung dieses Märchens, die man als AT 516B zu bezeichnen pflegt (ev. AT 302B), die besonders im Orient überliefert wird. Die mit dem ägyptischen Brüdermärchen verwandte Form kommt oft in verschiedenen Ländern des Ostens vor.

Die Priorität dieser Überlieferung gegenüber der altägyptischen Bearbeitung läßt sich durch die Formel A1 (Vorlage des ägyptischen Märchens) > A2 (ägyptische Bearbeitung) beweisen. Sekundäres Zusammentreffen der alten Überlieferung mit der ägyptischen Bearbeitung ist nicht ausgeschlossen, spielt hier aber keine große Rolle.

Ergänzend weist Diether Röth auf die völlig übereinstimmende ungarische Variante bei Ágnes Kovács »Der Grüne Recke. Ungarische Volksmärchen«, Kassel 1986, Nr. 7 »Szikszai« hin.

Gerhard Ehlers

INDIENS PAÑCATANTRA UND SEINE BEDEUTUNG FÜR DIE WELTLITERATUR[1]

1. Einleitung

Das Pañcatantra gehört unbestritten zu den bekanntesten und bedeutendsten Werken der Weltliteratur. Gleichwohl bildet es nur einen Bestandteil der nahezu unüberschaubaren Masse an Sagen- und Erzählstoffen, die in Indien seit ältester Zeit vor allem mündlich tradiert wurden.

Es ist in eine Vielzahl von zum größten Teil außerindischen Sprachen übersetzt worden und steht, was seine Verbreitung angeht, nur hinter der Bibel zurück. Theodor Benfey hat mit seiner berühmten zweibändigen Pañcatantra-Ausgabe von 1859 die Wanderwege dieses Werkes aufgezeigt und zugleich mit seinen Forschungen den Grundstein zur vergleichenden Fabel- und Märchenkunde gelegt. Ihm lag allerdings zur damaligen Zeit nur verhältnismäßig schlechtes Text- und Handschriftenmaterial vor, so daß vor allem seine Ansicht, das sogenannte Grundwerk des Pañcatantra sei buddhistisch, heute nicht mehr haltbar ist. Johannes Hertel, der sich in der Nachfolge Benfeys intensiv und über Jahrzehnte hin mit dem Pañcatantra beschäftigte, alle zu seinem Erzählkreis erhaltenen und erreichbaren Handschriften und Übersetzungen für seine Untersuchungen heranzog und auswertete, legte exakt 50 Jahre nach Benfeys Ausgabe das Ergebnis seiner mühevollen Arbeit der Öffentlichkeit vor. Ihm war es gelungen, die älteste, dem Grundwerk des Pañcatantra am nächsten kommende Fassung namens Tantrākhyāyika aus in Shrinagar (Kaschmir) erhaltenen Handschriftenfragmenten mit nur geringfügigen Lücken zu rekonstruieren. Der Titel dieser ältesten Fassung lautet nach Hertel Tantrākhyāyika oder ausführlicher Tantrākhyāyikaṃ nāma nītiśāstram, »das aus Erzählungen von Klugheitsfällen bestehende Lehrbuch der Lebensklugheit und Regierungskunst». Es hat aber seine Berühmtheit nicht unter diesem Namen, sondern als Pañcatantra, das sogenannte »Fünfbuch«, erlangt, wobei nach Hertel[2], der das Wort *tantra* mit »Klugheitsfall, List« übersetzt, die ersten vier Bücher die Klugheit unmittelbar lehren, indem sie zeigen, wie man klug handeln soll, das fünfte hingegen nur mittelbar, indem es zeigt, wie unbedachtes Handeln schadet. Nach R. Geib[3], der *tantra* mit »das Sichhindurchziehende, Wesentliche« übersetzt, kreisen alle fünf Bücher um das Thema der Freund-Feind-Beziehung zwischen den Menschen, wobei jedes *tantra* einen der folgenden fünf Aspekte dieser Beziehung verdeutlichen soll:

1. Der Feind verstellt sich als Freund und bleibt unerkannt.
2. Der Freund erscheint als Feind, wird aber schließlich als Freund anerkannt.
3. Zwei feindliche Staaten kämpfen gegeneinander. Die schwächere Partei siegt durch List eines Klugen.
4. Der ehemalige Freund wird zum Feind. Sein Partner erkennt rechtzeitig die Änderung.
5. Der Freund wird scheinbar zum Feind, doch die Anzeichen trügen.

2. Die wichtigsten Bearbeitungen und Fassungen des Pañcatantra.

Im Laufe der Erforschung des Pañcatantra hat man immer wieder versucht, das Grundwerk oder Urpañcatantra zu rekonstruieren, ohne dabei zu allgemein anerkannten und befriedigenden Ergebnissen zu kommen.[4] Wenn man auch letztlich nicht weiß, wie dieses Grundwerk im einzelnen aussah, so lassen sich doch die Abhängigkeitsverhältnisse seiner verschiedenen Ausflüsse in Übersetzungen und Bearbeitungen relativ genau erkennen, die im folgenden kurz geschildert werden sollen und die hauptsächlich auf Hertels[5] Untersuchungen, der im großen und ganzen immer noch Gültigkeit besitzt, zurückgehen:

Die älteste erreichbare Fassung des Pañcatantra ist wie gesagt das Tantrākhyāyika, das allerdings auch schon einige Einschübe aufweist und somit nicht mit dem Grundwerk identisch sein kann. Es ist in zwei nur wenig voneinander verschiedenen Handschriften oder Handschriftengruppen überliefert, von denen die Handschrift S den Titel Tantrākhyāyika, die Handschrift K den Titel Pañcatantra führte. Das Tantrākhyāyika ist in einer ursprünglicheren und in einer etwas erweiterten Fassung erhalten.

Alle übrigen Rezensionen des Pañcatantra gehen auf die Handschrift K mit dem Titel Pañcatantra zurück. Sie lassen sich wiederum in zwei Gruppen unterteilen:

Die eine ist durch die verloren gegangene nordwestliche oder kaschmirische Bṛhatkathā vertreten, die einen im mittelindischen Paiśācī-Dialekt geschriebenen Auszug aus dem Pañcatantra enthielt und das Werk eines Dichters namens Guṇāḍhya ist, der nur ganz ungefähr in die ersten nachchristlichen Jahrhunderte datiert werden kann. Fraglich ist, ob bereits Guṇāḍhya den Pañcatantra-Auszug in sein Werk aufgenommen hatte. Wir kennen ihn jedenfalls erst aus den metrischen Bearbeitungen der beiden kaschmirischen Dichter Kṣemendra und Somadeva. Kṣemendra schrieb seine Bṛhatkathāmañjarī (»Blütenstrauß der Bṛhatkathā«) um 1040 n. Chr. Somendra verfaßte sein Kathāsaritsāgara oder ausführlicher Bṛhatkathāsaritsāgara (»Meer der Ströme der Bṛhatkathā«) zwischen 1063 und 1082 n. Chr.

Die andere Gruppe geht auf eine von K abhängige, nordwest-indische Handschrift zurück. Sie umfaßt folgende wichtige Bearbeitungen des Pañcatantra:

1. Die ebenfalls verloren gegangene, auf Veranlassung des Perserkönigs Khosru Anōśerwān (531-579 n. Chr.) hergestellte Pahlavi-Übersetzung, die deshalb von solch immenser Bedeutung ist, weil sie einmal einen dem

Tantrākhyāyika nahestehenden Text enthielt und zum anderen den Ausgangspunkt zahlreicher weiterer Bearbeitungen bildete, die das Werk über große Teile Asiens, Nordafrikas und Europas und sogar bis hin nach Malaysia und Indonesien verbreitete.

2. Ein Auszug aus der o.g. nordwest-indischen Handschrift, auf den das Südliche Pañcatantra, ein nepalesischer Strophenauszug und der mit diesem näher verwandte Hitopadeśa des Nārāyaṇa zurückgehen. Der Hitopadeśa oder »Die freundliche Belehrung« ist wahrscheinlich in Bengalen zwischen den Jahren 800 und 1373 entstanden. Sein Verfasser nennt als Hauptquelle ausdrücklich das Pañcatantra, hat aber die Anordnung der Bücher und der in ihnen enthaltenen Erzählungen erheblich verändert. Der Hitopadeśa ist mehr eine freie Nachahmung als eine Rezension des Pañcatantra. In Europa wurde er bereits im Jahre 1787 von Charles Wilkins[6] ins Englische übersetzt und hat sogar über das Persische seinen Weg zurück nach Indien gefunden.

3. Die beiden alten Jaina-Rezensionen, die auch als »textus simplicior« und »textus ornatior« bezeichnet werden. Die ältere von beiden ist der sogenannte »textus simplicior«, der von einem unbekannten Jaina-Mönch vermutlich zwischen 1000 und 1100 n. Chr. verfasst wurde. In den erhaltenen Handschriften dieses Textes, die sich in zwei inhaltlich nur wenig voneinander verschiedene Gruppen einteilen lassen, heißt der Titel des Werkes auch Pañcākhyāna(-ka), »das aus fünf Erzählungen bestehende (Lehrbuch)«. Der Verfasser des »textus ornatior«, ein Jaina-Mönch namens Pūrṇabhadra, vollendete sein Werk 1199 n.Chr. und benutzte dabei die o.g. erweiterte Fassung des Tantrākhyāyika, den eben erwähnten Text seines unbekannten Vorgängers, dem er das gesamte fünfte Buch mit dem Titel Pañcākhyāna fast wörtlich entnahm, sowie verschiedene unbekannnte Pañcatantra-Rezensionen. Beide alten Jaina-Texte erweiterten ihre Vorlagen in erheblichem Maße, so daß etwa das ganze fünfte Tantra des Tantrākhyāyika nur den Rang einer Schalterzählung in ihrem fünften Buch einnimmt. Auf ihnen fußt u.a. die Pañcatantra-Ausgabe von Kosegarten[7], die wiederum Benfey als Grundlage seiner berühmten Übersetzung diente. Außerdem sind sie in Form von Mischrezensionen und Entlehnungen nicht nur in indischen Landessprachen vielfach wiederzuerkennen. So hat vor allem die älteste Jaina-Rezension, der »textus simplicior«, durch Vermittlung der Śukasaptati (»die siebzig Erzählungen eines Papageien«) in der persischen Bearbeitung des Naḫšabī unter dem Titel Ṭūṭī-nāme (Papageienbuch) einiges zur Verbreitung indischer Erzählungen nach Westasien und Europa beigetragen.

3. Die Verbreitung des Pañcatantra Richtung Westen.

Um die Aufhellung der Fragen, die sich an die Verbreitung des Pañcatantra knüpfen, haben sich wiederum im wesentlichen Theodor Benfey und Johannes Hertel bemüht, wobei Benfey mehr die Wanderung des Werkes außerhalb Indiens verfolgte, während Hertel durch zahlreiche Publikationen die Geschichte der verschiedenen Pañcatantra-Bearbeitungen im indischen Kulturkreis selber klarstellte. An dieser Stelle soll uns vor allem die Frage beschäftigen, wie sich das Pañcatantra Richtung Westen, d.h. nach Europa und schließlich auch nach Deutschland verbreitete.

Den Ausgangspunkt bildete wie gesagt die von dem gelehrten Arzt Barzūjeh auf Veranlassung seines Königs Khosru Anōśerwān hergestellte Pahlavi-Übersetzung, die bereits um das Jahr 570 n. Chr. von dem Periodeuten Būd ins Syrische übertragen wurde.[8] Unabhängig von der syrischen Übersetzung entstand aus dem Pahlavi-Text um 750 n. Chr. die arabische Übersetzung des Abdallah ibn al-Moqaffa unter dem Titel Kalīla und Dimna.[9] Anhand dieser syrischen und arabischen Übersetzung läßt sich der Umfang und der Inhalt des verloren gegangenen Pahlavi-Textes einigermaßen genau bestimmen. Die Pahlavi-Übersetzung bestand wahrscheinlich aus 15 oder 16 Kapiteln, wobei der Übersetzer neben dem Pañcatantra noch andere indische Erzählungen ähnlichen Inhalts in sein Werk aufnahm. Die weitere Quelle aber, aus der so zahlreiche morgen- und abendländische Fassungen geflossen sind, war dann die alte arabische Übersetzung. Und zwar wurde wahrscheinlich im Jahre 1251 n.Chr. auf Befehl des späteren Königs Alfons des Weisen eine alte spanische Übersetzung[10] hergestellt, die zusammen mit der älteren hebräischen des Rabbi Joël mittelbar auf ein mit bestimmten Abweichungen versehenes Manuskript der alten arabischen Übersetzung zurückgeht. Die alte spanische Übersetzung soll eine weit treuere Vertreterin der arabischen sein als die hebräische oder die auf dieser beruhende lateinische Fassung des Johann von Capua. Diese ältere hebräische Übersetzung des Rabbi Joël, der zu Beginn des 12. Jahrhunderts gelebt haben muß, ist deshalb von großer Bedeutung, weil durch sie bzw. ihrer lateinischen Fassung Johannes von Capua das Kalīla und Dimna über den größten Teil von Europa verbreitet wurde.[11] Der zum Christentum bekehrte Jude Johannes von Capua fertigte seine Arbeit zwischen den Jahren 1263 und 1278 unter dem Titel »Liber kalilae et Dimnae, directorium vitae humanae«.[12] Die berühmte deutsche Übersetzung wurde auf Befehl des Grafen Eberhart im Barte zu Württemberg von Anthonius von

Pforr gefertigt, und zwar erschienen die beiden ersten datierten Ausgaben 1483. Die deutsche Übersetzung beruht auf einem besseren Manuskript der lateinischen Übersetzung als dem , welches in zwei um 1480 gedruckten Ausgaben benutzt wurde. Unter dem Titel »Das Buch der Beispiele der alten Weisen« beeinflusste sie die europäische Literatur in vielfältiger Weise. In Deutschland wurden die Erzählungen fast vollständig von Kirchhof in seinem »Wendunmuth« und von Pauli auszugsweise in seinem »Schimpf und Ernst« aufgenommen. Das »Buch der Beispiele« wurde außerdem ins Dänische, Isländische und Holländische übersetzt und hat mittelbar auch auf Übersetzngen in andere europäische Sprachen eingewirkt. Es hat in Europa bis zum Jahre 1644, als eine jüngere persische Bearbeitung des Kalīla und Dimna ins Französische übertragen wurde[13], fast einzig zur breiteren Kenntnis dieses bedeutenden Werkes beigetragen und Benfey lobt es als den treuesten Spiegel der arabischen Übersetzung.

4. Datierung des Grundwerks.

Die Einleitung des Pañcatantra, das sogenannte *kathāmukha,* eigentlich »das Gesicht der Erzählung«, welches bei Somadeva, Kṣemendra und in den aus der Pahlavi-Übersetzung geflossenen Bearbeitungen fehlt, gibt uns Auskunft über den Zweck des Werkes: es soll ein Lehrbuch (*śāstra*) sein, welches Königssöhnen in der Form von Fabeln, Erzählungen und Sprüchen die *nīti,* d.h. Regierungskunst und allgemeine Lebensklugheit vor Augen führt und ihnen, nach Hertel[14], dadurch gleichzeitig gutes Sanskrit beibringt. Diese Regierungskunst oder Lebensklugheit bildet nach Auffassung der Inder einen Bestandteil der sogenannten drei Lebensziele des Menschen: (1) *dharma:* Religion, Moral, Gesetz, (2) *artha:* Nutzen, Erwerb und (3) *kāma:* Liebe. Nītiśāstra nun ist nur eine andere Bezeichnung für Arthaśāstra, wenngleich im Tantrākhyāyika die beiden Begriffe noch streng geschieden sind und erst später synonym gebraucht werden. [15] Das einzige, auf uns gekommene Arthaśāstra ist das des Kauṭilya, und dieses wird, neben einigen anderen, desöfteren im Pañcatantra zitiert. Kauṭilya, oder mit anderem Namen Cāṇakya, war der Minister des berühmten Maurya-Königs Candragupta, dessen Thronbesteigung um 321 v. Chr. angesetzt wird und an dessen Hof Megasthenes als Gesandter des Seleukos Nikator lebte. Es hat sich aber mittlerweile herausgestellt, daß das uns erhaltene Arthaśāstra zum großen Teil eine späte Kompilation ist, die sich zwar nach Kauṭilya benennt, jedoch eher als Ausfluß gewisser Schultraditionen zu betrachten ist. Das Kauṭilya-

Arthaśāstra wird jetzt meist ins 1. nachchristliche Jahrhundert datiert, was nicht ausschließt, daß einige Textschichten durchaus in ältere Zeit hinabreichen. Es kommt hinzu, daß im Tantrākhyāyika desöftern dīnāra als Münzen erwähnt werden und daß die in Nachahmung der Denare geprägten indischen dīnāra kaum vor dem 2. Jahrhundert n. Chr. aufgekommen sein können. Somit spricht einiges dafür, etwa das Jahr 300 n. Chr. als Entstehungszeit des Grundwerkes des Pañcatantra anzusetzen, und wir können es zwar nicht als das älteste, aber doch als eines der älteren Werke der indischen Kunstdichtung bezeichnen.[16]

5. Verfasser, Stil und Aufbau des Pañcatantra.

Als Verfasser des Pañcatantra wird ein Brahmane namens Viṣṇuśarman genannt, dessen wirklichen Namen und Zeit wir nicht kennen. Es ist ziemlich sicher, daß Viṣṇuśarman ein Pseudonym ist, welches an Viṣṇugupta, einen anderen Namen für Cāṇakya, erinnern soll, um dem Text eine autoritative Note zu geben.

Aus der Einleitung geht allerdings hervor, weshalb und unter welchen Umständen Viṣṇuśarman das Pañcatantra verfaßt hat: Es herrschte einst in der südindischen Stadt Mihilāropya ein König namens Amaraśakti, dessen drei Söhne, vor Dummheit strotzend, keinerlei Interesse für Wissenschaft und Regierungsangelegenheiten zeigten. Nachdem der König seine Minister mit der Suche nach einem geeigneten Lehrer für die drei Prinzen beauftragt hat, findet sich eines Tages besagter Viṣṇuśarman, ein Brahmane im fortgeschrittenen Alter von 80 Jahren, und erklärt sich bereit, die Prinzen innerhalb von sechs Monaten so in die Wissenschaft von der Lebens- und Staatsführung einzuweihen, daß keiner ihnen gleichkomme. Wenn ihm dies nicht gelinge, möge der König ihn aus seinem Land verbannen. Der König ist natürlich hocherfreut, übergibt dem Lehrer seine Söhne, und Viṣṇuśarman verfaßt nun für seinen Unterricht das Pañcatantra, das aus fünf Lehrabschnitten bestehende Buch der Regierungskunst und Lebensklugheit, und unterweist die Prinzen darin. Mit diesem Vorspann des Pañcatantra nahe verwandt ist, nebenbei gesagt, auch die Einleitung zu den Sindbad-Geschichten, deren indischer Ursprung wahrscheinlich ist und unter denen sich etwa die Erzählung vom unschuldig getöteten Ichneumon aus dem 5. Buch des Pañcatantra findet.

Das eigentlich Neue am Pañcatantra ist die Art und Weise, wie es die Lehren der Staats- und Lebensklugheit dem Zuhörer oder Leser nahebringt und dabei die herkömmlichen Verhaltensmuster, wie sie das traditionelle Arthaśāstra und andere Vorlagen lehren, in ihr Gegenteil verkehrt. Das geschieht durch die kunstvolle Form der unterhaltenden Erzählung, in der sich Prosa und Verse miteinander abwechseln und vor allem durch das so charakteristische Phänomen der Einschachtelung von Erzählungen, das in seiner Art schon aus den indischen Epen und Purāṇas bekannt ist und uns in späterer Zeit z.B. in der Sammlung von »Tausend und eine Nacht« begegnet. Das Prinzip der Einschachtelung ist im Grunde genommen einfach und gerade deshalb wahrscheinlich so beliebt. In eine Geschichte lassen sich weitere Geschichten einbauen, wenn dafür gewisse Anknüpfungspunkte vorhanden sind. Diese Anknüpfungspunkte können aus charakteristischen Motiven, Stichworten, Eigennamen oder Merkversen bestehen, wobei zu beachten ist, daß etliche Verse sozusagen eine ganze Erzählung im Keim enthalten. Nun bietet bei Werken der Nīti-Literatur, zu denen ja das Pañcatantra gehört, die erste Vershälfte meist einen sinnreichen und lehrhaften Ausspruch, der in der zweiten durch eine kurz zusammengefasste Geschichte illustriert wird. Da eine bestimmte Maxime oder Verhaltensregel zur Lebensklugheit und Regierungskunst durch verschiedene Erzählungen verdeutlicht werden kann, so nimmt es kein Wunder, wenn solche Kompedien lehrhaften Inhalts im Laufe der Zeit erheblich an Umfang zunehmen. Vergleicht man einmal die älteren Fassungen und die jüngeren Bearbeitungen des Pañcatantra miteinander, so wird klar, wie viele neue Erzählungen und Sprüche etwa in dem sogenannten »textus ornatior« des Jainamönchs Pūrṇabhadra vom Ende des 12. Jahrhunderts seit der Abfassung des Tantrākhyāyika, das ja auch schon Interpolationen enthält, zum Grundtext hinzugekommen sind.

Die Erzählungen, Märchen und Fabeln des Pañcatantra entstammen, wie die lehrhaften Sprüche und Merkverse, zum größten Teil einer anonymen Überlieferungsmasse und sind nicht etwa das Werk eines einzelnen Autors. Gleichwohl muß die Anordnung des Stoffes und die Art der Darstellung dem Konzept eines Urhebers entsprungen sein, das irgendwann als neu, originell und nachahmenswert empfunden wurde. Einige Fabeln haben auf indischem Boden u.a. ihre Parallelen im Pāli-Jātakam, den buddhistischen Vorgeburtsgeschichten, oder im epischen Mahābhārata und finden sich darüber hinaus auch in der griechischen Literatur. Es gab eine lebhafte Diskussion darüber, ob der Ursprung der Fabel nun in Griechenland oder Indien zu suchen sei. Diese Frage mußte aber letztendlich unentschieden bleiben, da eben seit alter Zeit ein intensiver Austausch zwischen beiden Kulturzentren bestand. Nur in Einzel-

fällen ließen sich nach langen und mühsamen Detailuntersuchungen und in Anbetracht der zum Teil schlechten Textüberlieferungen einigermaßen sichere Argumente nach der einen oder anderen Seite hin machen. Auf jeden Fall hat es in Indien – das geht aus gewissen Abbildungen auf dem Stūpa von Bharhut hervor – schon in den ersten vorchristlichen Jahrhunderten Fabeln gegeben.
Sicher ist auch, daß bereits das Grundwerk des Pañcatantra aus einer Einleitung und fünf Büchern bestand, die die folgenden Nīti-Regeln zum Gegenstand haben: 1. Entzweiung von Freunden (*mitrabheda*), 2. Erlangung von Freunden (*mitraprāpti*), 3. Krieg und Frieden (*sandhivigraha*), 4. Verlust des Erlangten (*labdhapraṇāśa*) und 5. unbedachtes Handeln (*aparīkṣitakāritva*). Jedes dieser fünf Bücher enthält nun fünf verschiedene Rahmenerzählungen, die jeweils durch eine unterschiedliche Anzahl von Geschichten unterbrochen werden.
Den Rahmen des 1. Buches bildet die Fabel von der innigen Freundschaft zwischen dem Löwen Piṅgalaka und dem Stier Saṃjīvaka, die durch die Intrigen des Schakals Damanaka zerstört wird und damit endet, daß der Löwe den Stier umbringt. Der Zwietracht säende Schakal Damanaka unterhält sich im Laufe der Handlung mit seinem Bruder Karaṭaka – beide sind Söhne des verstorbenen Ministers des Löwen –, und es werden dabei etliche Mittel erörtert, wie man am besten seine eigenen Ziele verwirklichen und die der anderen zunichte machen kamm. U.a. wird die Geschichte vom klugen Häslein erzählt, das sein Leben dadurch rettet, daß es den Löwen, der es fressen will, veranlaßt, in einen Brunnen zu schauen, worauf dieser, beim Anblick seines vermeintlichen Widersachers, hinabspringt und stirbt. Benfey[17] hält die Ähnlichkeit der Fabel im Reineke Fuchs, wo der Fuchs, indem er sein Bild im Brunnen sieht, seine Frau darin zu erkennen glaubt, hineinspringt und dann den Wolf hineinlockt, für so groß, daß er einen Einfluß des arabischen Kalīla und Dimna als wahrscheinlich ansieht.
Einen guten Eindruck davon, wie eine Erzählung eingeschachtelt werden kann, erhält man bei der Fabel vom Reiher und Krebs, die in die Geschichte von Bösgesinnt und Gutgesinnt eingefügt ist. Im 1. Buch des Tantrākhyāyika sind sie die Nummern 15 und 16 und lauten in der Übersetzung von Hertel[18]:
»In einer Stadt lebten zwei miteinander befreundete Kaufmannssöhne, von denen der eine bös-, der andere gutgesinnt war. Um Geld zu verdienen, zogen die beiden miteinander in die Fremde, in ein Land, in welchem die Verhältnisse besser waren als in ihrer Heimat. Der eine Kara-

wanenbesitzerssohn, welcher Gutgesinnt hieß, fand einen Schatz, den sein gutes Schicksal ihm in die Hände spielte, einen Topf mit tausend Silberdīnāren, den irgendein Kaufmann vorzeiten vergraben hatte. Sogleich beriet er mit Bösgesinnt und sagte zu ihm: ›Wir haben ja nun unsern Zweck erreicht; laß uns in unsere Vaterstadt zurückkehren!‹ Also machten sie sich auf den Heimweg. Als sie in die Nähe ihrer Stadt kamen, sagte Gutgesinnt: ›Laß uns die Dīnāre zu gleichen Hälften teilen und dann in unsere Wohnungen gehen! Jetzt wollen wir vor den Augen unserer Freunde, Angehörigen und sonstigen Bekannten ein glänzendes Leben führen!‹ Bösgesinnt aber trug ein hartes Herz in seinem Busen und war einzig und allein auf seinen Vorteil bedacht. Deshalb sagte er zu ihm: ›Lieber Freund! Solange wir im gemeinsamen Besitze des Restes unseres Gutes sind, wird uns auch die herzliche Liebe, welche uns jetzt verbindet, weiter aneinander fesseln. Besser also, jeder von uns nimmt sich vor der Heimkehr ein Hundert. Dann können wir auch, ja nachdem sich dieses Hundert vermehrt oder vermindert, daran die Wirkung prüfen, die der Schatz unserer guten Werke ausübt, und haben einen gemeinsamen Besitz, um welchen uns alle Welt beneiden kann!‹
Gutgesinnt folgte diesem Rate. Beide vergruben sorgfältig den Rest ihres Vermögens und kehrten dann zu den Ihrigen zurück. Weil aber Bösgesinnt ein Lasterleben führte und unsinnige Ausgaben machte und weil sein Glück ein Loch hatte, so währte es kein Jahr, da hatte er seinen Anteil aufgebraucht. Er nahm sich also aus dem Schatze, mit Gutgesinnt teilend, ein zweites Hundert, brachte es aber ebenso wie das erste vor Ablauf der Jahresfrist durch.
Bei so bewandten Umständen dachte Bösgesinnt: ›Was nützt mir's, wenn wir wiederum teilen und uns jeder ein Hundert nehmen? Jetzt sind noch 600 Dīnāre übrig. Ich will sie holen und mich so in den Besitz der gesamten Summe setzen.‹ Gedacht, getan! Er ging allein hinaus, entwendete die Geldsumme und ebnete den Ort, an dem sie vergraben war, sorgfältig wieder ein. Darauf ließ er mehr denn einen Monat verstreichen, ging dann zu Gutgesinnt und sagte zu ihm: ›Lieber Freund! Wir wollen jetzt den Rest unseres Vermögens zu gleichen Teilen miteinander teilen!‹ Gutgesinnt war damit einverstanden; und so ging er denn mit ihm nach der bekannten Stelle und begann, an ihr zu graben. Als aber trotz allen Grabens kein Geld zum Vorschein kam, da war in seiner Frechheit Bösgesinnt der erste, der sich darüber aufregte. Er schlug sich mit einem Stein an den Kopf und rief: ›Wo ist das Geld, Gutgesinnt? Du hast es gewiß gestohlen!‹ Nun beschuldigte einer den andern, und mit-

einander streitend gingen sie nach dem Gericht und erstatteten Anzeige. Die Richter nahmen Kenntnis davon; da sie aber den Fall nicht sogleich zu entscheiden vermochten, weil er nicht klar lag, so behielten sie beide Kläger in Haft.
Noch waren keine fünf Nächte verstrichen, so gab Bösgesinnt vor den Richtern die feierliche Erklärung ab: ›Ich habe Zeugen, welche über die Dīnāre aussagen werden, die den Gegenstand unseres Rechtsstreites bilden.‹ Den Richtern lag daran, den Prozeß zum Abschluß zu bringen. Deshalb fragten sie ihn: ›Wer ist dein Zeuge? Führe ihn vor!‹ Er antwortete: ›Ich will die Gerechtigkeit meiner Sache durch denselben Baum erweisen, unter dem das Gut vergraben war.‹ Da staunten die Richter und dachten: ›Wird der Baum wohl reden?‹ Sie ließen sich aber von beiden Klägern Bürgen stellen und entließen sie daraufhin in ihre Wohnungen. Kaum war Bösgesinnt zu Hause, so sagte er zu seinem Vater: ›Väterchen, das Geld ist in meiner Hand; es hängt nur noch von einem Worte ab, ob ich darüber verfügen kann. Heute nacht will ich dich in den hohlen Stamm jenes Baumes stecken. Wenn du dann am Morgen in Gegenwart der Richter gefragt wirst, so überführe den Gutgesinnt durch dein Zeugnis.‹ Da sagte der Vater: ›Wir sind beide verloren, mein Sohn. Denn das ist kein Weg, der zum Ziel führt. Heißt's doch:

> Einen Weg, der zum Ziele führt, soll der Weise ersinnen, zugleich aber auch einen Ausweg aus der Gefahr. Vor den Augen des dummen Reihers wurden seine Söhne von den Ichneumonen gefressen.‹

Bösgesinnt fragte: ›Wie war das?‹ Sein Vater erzählte:

Reiher und Krebs

Auf einem Ardschunabaume nistete ein Reiherpaar. Eine gewaltige Schlange aber kroch in des Baumes hohlem Stamm empor und fraß die Jungen des Paares, bevor sie noch flügge waren. Die Eltern waren darüber so verzweifelt, daß sie schier den Verstand verloren; sie dachten nicht mehr daran, sich ihre Nahrung zu suchen, sondern standen unbeweglich und trostlos an einer Stelle eines Gewässers. Da kam ein Krebs und sagte zu dem Reiher: ›Was hast du denn, Oheim? Es ist schon so spät, und noch immer hast du nicht gespeist?‹ Der Reiher: ›Wie könnte ich Lust zum Essen verspüren in meinem tiefen Kummer!‹ Da sagte der Krebs: ›Was hat dir denn solchen Kummer bereitet?‹ Darauf erzählte der Reiher getreulich, wie seine Kinder gefressen worden waren. Der Krebs sprach tröstend zu ihm: ›Ich will dir einen Weg weisen, der zu der Schlange Vernichtung führt. Siehst du da die Wohnung des Ichneumons? Du brauchst nur Fischfleisch zu holen und es von da in einer un-

unterbrochenen Reihe bis zu der Wohnung der Schlange auszustreuen. Dann werden die Ichneumone sie schon töten.‹ Der Reiher befolgte diesen Rat. Die Ichneumone gingen den Weg entlang, den die Fleischstücke bildeten, und da sie sich feindlicher Handlungen erinnerten, die die Schlange vorher ihnen gegenüber begangen hatte, so rissen sie sie in Stücke. Den Weg aber, den sie auf diese Weise kennengelernt hatten, begingen sie auch später, gelangten auf ihm in die Wohnung des Reihers und verzehrten die Jungen, die ihm noch verblieben waren.
Darum sage ich: ›Einen Weg, der zum Ziele führt, soll der Weise ersinnen, zugleich aber auch einen Ausweg aus der Gefahr.‹ Obwohl er dies aber sagte, führte Bösgesinnt ihn fort und steckte ihn in den hohlen Baum. Am nächsten Morgen wurde in Gegenwart des Gerichtshofes dem Baume die in Frage kommende Stelle der Gesetzbücher zu Gehör gebracht, und wie ausgemacht antwortete er: ›Gutgesinnt hat das Geld gestohlen.‹
Als Gutgesinnt das hörte, dachte er: ›Wie wird ein Baum, der doch mit keiner Stimme begabt ist, trotzdem reden? Das muß seinen besonderen Grund haben. Jedenfalls läßt sich die Sache durch Klugheit meistern.‹ Darauf sagte er zu den Mitgliedern des Gerichtshofes: ›Wunderbar! Erst heute, bevor die Leute noch ausgegangen waren, ging ich, Gutgesinnt, ganz allein in diesen menschenleeren Wald, um mir das Geld zu holen. Da sah ich eine riesengroße Schlange auf mich zukommen. Ich dachte: ›Das ist ein unangenehmer Zwischenfall‹, und sagte mir: ›Weltliches Gut bekomme ich schon wieder, nicht aber mein Leben. Ich will ein andermal wiederkommen.‹ So verbarg ich denn das Gut hier in der Wurzel dieses Baumes. Jetzt hilft's nun nichts; des Königs Autorität zwingt mich, es herauszugeben. Tretet indessen ein wenig von diesem Ort zurück, bis ich den Hüter des Schatzes – eben jene schwarze Schlange – vertrieben habe!‹
So sprach er. Dann füllte er die Höhlung des Baumes mit ganzen Haufen trockenen Brennstoffs – zusammengelesenen Holzes und Laubes – an und begann, ihn in Brand zu setzen. Inzwischen stand Bösgesinnt gesenkten Hauptes da, schielte mit einem Auge hin, bemerkte den Kaufmann, der in der Höhle steckte, und eine heftige Erregung befiel ihn. Als aber das Feuer angezündet war, flammte die Baumhöhle an allen ihren Wänden auf. Dem Kaufmann barst davon der Körper, seine Haare brannten, seine Haut löste sich stückweise von seinem Leibe, und schließlich stürzte er auf die Erde herab.
Als die Anwesenden dieses höchst aufregende Schauspiel sahen, waren

sie sehr erstaunt und fragten sich, was das zu bedeuten habe. Sie erkannten den Kaufmann, in welchem noch etwas Leben steckte, durch den Augenschein und fragten ihn: ›Worauf habt Ihr Euch denn da eingelassen!‹ Er antwortete: ›Mein verbrecherischer Sohn hat mich in diese Lage gebracht.‹ Diese Antwort vermochte er gerade noch zu geben; dann starb er. Sofort aber sagten die Richter, welche nunmehr den Sachverhalt durchschauten: ›Setzt diesen Verbrecher Bösgesinnt auf den Pfahl!‹«

Der Anknüpfungspunkt für die eingeschaltete Fabel vom Reiher und Krebs besteht also in der Maxime, daß ein Weiser sowohl einen Weg ersinnen soll, der zum Ziel führt als auch einen Ausweg aus der Gefahr. Ein weiterer Faktor, der beide Geschichten zusammengeführt hat, liegt wohl in der besonderen Bedeutung, den der hohle Baumstamm einnimmt. Er ist der Ort, an dem das Unglück sowohl für Bösgesinnt und seinen Vater als auch für die Jungen des Reihers seinen Lauf nimmt. Nach Falk[19] ist die Erzählung von Gutgesinnt und Bösgesinnt ein gutes Beispiel dafür, daß man einem übelwollenden Gegner nur dadurch beikommen kann, wenn man sich seiner Mittel bedient und ihn in Bezug auf seine Ränke und Listen noch übertrifft. In Benfeys Pañcatantra-Übersetzung finden sich die beiden Erzählungen als 19. und 20. des 1. Buches. Sie weichen allerdings in einigem von der Tantrākhyāyika-Version ab und sind außerdem nicht als Schachtelgeschichten sondern direkt hintereinander überliefert.[20]

Die Rahmenerzählung des 2. Buches unter dem Titel »Erlangung von Freunden« handelt von einer Schar Tauben, die durch gemeinsame Anstrengung mit dem Netz eines Vogelfängers auf und davon fliegen. Sie begeben sich zum Freund des Taubenkönigs, einer Maus namens Hiraṇya (Gold), die die Maschen des Netzes zernagt und die Tauben befreit. Die Krähe Laghupatanaka (Leichtflug), die alles mit angesehen hat, schließt ebenfalls Freundschaft mit der Maus. Beide ziehen eines Tages an einen See, dem Aufenthaltsort der Schildkröte Mantharaka (Langsam), einem Freund der Krähe. Zu diesen dreien gesellt sich die Gazelle Citrāṅga (Buntleib), die sich einst in einer Schlinge verfängt. Daraufhin bringt die Krähe die Maus herbei, die wiederum die Fesseln des gemeinsamen Freundes zernagt. Die langsame Schildkröte aber, die den Freunden nachgekrochen ist, wird vom Jäger gebunden und fortgetragen. Nun erhält die Gazelle von der klugen Maus den Auftrag, sich in der Nähe des Jägers hinzulegen, wobei die Krähe so tun solle, als hacke sie der Gazelle die Augen aus. Im Glauben an eine größere und vermeintlich tote Beute läßt der Jäger die Schildkröte fahren und eilt auf die Gazelle zu. Bevor er

sie erreicht, macht sie sich aber samt der Krähe auf und davon, während die Maus die zurückgelassene Schildkröte von ihren Fesseln befreit. Diese kann sich ihrerseits ins Wasser retten und so steht der Jäger am Ende, aufgrund der gegenseitigen Unterstützung der Freunde, mit leeren Händen da. Maus, Schildkröte, Gazelle und Krähe aber leben noch eine ganze Weile in glücklicher Freundschaft zusammen.
H. Falk, der im wesentlichen die Jātaka- und Mahābhārata-Parallelen zum Tantrākhyāyika untersuchte, stellte fest, daß die Rahmenerzählung zum 2. Buch aus drei Vorlagen geschöpft hat, die in ihrer Originalform nicht vorliegen.[21] Das Neue am Tantrākhyāyika ist dabei die Umkehrung traditioneller Erzählmuster:
1) Während sich in der Vorlage die mit dem Netz fliehenden Vögel streiten und vom Jäger gefangen genommen werden, erkennen die Tauben im Tantrākhyāyika diese Gefahr und entkommen.
2)Während im Mahābhārata 12.136 eine Maus die Freundschaftsgesuche einer Katze ablehnt, wird im Tantrākhyāyika die Krähe als Freundin der Maus akzeptiert. Und schließlich
3) geniesssen im Tantrākhyāyika die Freunde ihre glückliche Vereinigung, während im Kuruṅgamiga-Jākata (Nr. 206) die Freundschaft am Ende aufgelöst wird.

Auch die Rahmenerzählung des 3. Buches des Pañcatantra beruht auf alten Motiven, und zwar der sprichwörtlichen Feindschaft zwischen Krähen und Eulen, die schon den einheimischen indischen Grammatikern (Pāṇini 4, 3, 125) bekannt ist, und der mit ihr zusammenhängenden bzw. sie begründenden Königswahl der Vögel. Im Tantrākhyāyika wird erzählt, daß eine Schar von Krähen, deren Aufenthaltsort sich auf einem großen Feigenbaum befindet, dem Überfall eines Eulenschwarms anheimfällt. Durch eine List gelingt es den Krähen, an ihren Widersachern furchtbare Rache zu nehmen und sie entscheidend zu besiegen. Ein Minister des Krähenkönigs läßt sich in die Reihen seiner Feinde einschleusen, macht dabei den Schlupfwinkel der Eulen ausfindig und steckt diesen mit Hilfe seiner herbeigeholten Kameraden in Brand.
Im Mahābhārata (10, 1, 34ff.), das wahrscheinlich als eine Art Vorlage unserer Fabel anzusehen ist, dient der nächtliche Überfall *einer* Eule auf eine schlafende Krähenschar noch zu etwas Anderem. Er soll den Anlaß dafür hergeben, daß die miteinander verfeindeten Geschlechter der Pāṇḍavas und Kauravas untergehen müssen. Einer der wenigen Kauravas, die die große, den Kern des Epos bildende Schlacht überlebt haben, be-

obachtet nämlich den Anschlag der Eule und wird dadurch bewegt, nach eben diesem Vorbild ein Blutbad unter seinen Gegnern anzurichten.
Der Krieg zwischen den Krähen und Eulen hat, wie bereits gesagt, seine Wurzeln in der Geschichte von der Königswahl der Vögel, die im 3. Buch des Tantrākhyāyika gleich hinter der Fabel vom Esel im Pantherfell eingschoben ist. Einst kommen alle Vögel überein, die Eule zum König zu salben. Es ergibt sich aber zufällig, daß bei Beginn der Feierlichkeiten eine Krähe vorüberfliegt, die die Versammlung auf die vielen Nachteile des Thronanwärtes aufmerksam macht und ihn mit allerlei unvorteilhaften Attributen überhäuft. Die Worte der Krähe verfehlen ihre Wirkung nicht, die Königswahl wird vorerst vertagt und alle Vögel fliegen auseinander. Die Eule aber, deren Hoffnungen zerstört sind und die von den Beleidigungen schwer getroffen ist, gelobt von nun an unerbittliche Feindschaft zwischen ihren Artgenossen und den Krähen.
Eine auffallende Ähnlichkeit besteht mit der äsopischen Fabel, in der die Vögel den Pfau zum König wählen und die Dohle Einspruch einlegt. Benfey[22] ist davon überzeugt, daß die Inder die griechische Fabel kannten und die Eule an die Stelle des Pfaus setzten, um dadurch die sprichwörtliche Feindschaft zwischen Eulen und Krähen zu untermauern.
Die alten Pañcatantra-Fassungen haben u.a. hier im 3. Buch die bekannte Erzählung von der Maus als Mädchen, die in zahlreichen Bearbeitungen und Varianten überliefert ist. Hertel[23] hält sie trotzdem für unecht, da sie mit dem Thema Klugheit nichts zu tun habe. Benfey[24] meint, daß die Erzählung den Gedanken des nicht von den Art Lassens veranschaulichen soll, der sich auch in anderen Pañcatantra-Fabeln wiederfindet. So etwa in der Geschichte vom Esel im Pantherfell oder vom blauen Schakal, die ihre wahre Natur schließlich infolge ihres Geschreis bzw. Geheuls nicht verbergen können.[25] Ich teile die Erzählung von der Maus als Mädchen in der Übersetzung von Hertel[26] mit:
»Irgendwo hatte ein Asket in der Gangā gebadet und begonnen, sich den Mund zu spülen, als ihm ein junges Mäuslein in die Hand fiel, welches ein Falke verloren hatte. Der Mönch setzte es an der Wurzel eines Nyagrōdhabaumes nieder, badete nochmals und machte sich auf den Weg nach seiner Einsiedelei. Da fiel ihm das Mäuschen wieder ein, und er dachte: ›Es ist doch recht unbarmherzig von mir, daß ich das Mäuschen im Stiche gelassen, welches Vater und Mutter verloren hat.‹ Indem er sich dies überlegte, kehrte er um, verwandelte es durch die Macht seiner Askese in ein Mädchen, nahm es mit nach Hause und übergab es seiner

kinderlosen Frau, indem er zu ihr sagte: ›Zieh das Kind recht sorgfältig auf, meine Liebe!‹

Die Zeit verstrich; das Mädchen ward zwölf Jahre alt, und der Mönch dachte daran, es zu vermählen. Denn:

›Ein Mädchen, welches mit seinem Auge im Vaterhause die menses sieht, eine solches muß als kastenlos betrachtet werden, nicht aber ein Schūdrāmädchen.‹

So will ich es denn einem Ebenbürtigen geben; denn es heißt:

›Freundschaft und Ehe können nur zwischen zwei Personen geschlossen werden, deren Besitz und Familie gleich sind, nicht aber zwischen Reichen und Armen!‹

Nach dieser Überlegung rief er den heiligen Gott herbei, den tausend Strahlen schmücken, und sagte zu ihm: ›Vermähle dich mit dieser meiner Tochter!‹ Der Welthüter aber, welcher alles, was vorgeht, mit eigenen Augen sieht, sagte zu ihm: ›Die Wolken, heiliger Mann, sind mächtiger als ich; denn wenn ich auch aufgegangen bin, so machen sie mich unsichtbar.‹ Der Mönch mußte ihm recht geben und rief den Wolkenschleier herbei, indem er sagte: ›Nimm meine Tochter entgegen!‹ Der Wolkenschleier aber hatte einen ähnlichen Einwand und sprach: ›Mächtiger als ich ist der Sturm. Der zerreißt mich und fegt mich nach allen Windrichtungen auseinander.‹ Da rief der Mönch den Sturm: ›Nimm meine Tochter!‹ Aber der Sturm erwiderte: ›Heiliger! Mächtiger als ich sind die Gebirge; denn ich bin nicht imstande, sie auch nur einen Finger weit zu verrücken.‹ Da rief der Mönch einen Berg und sagte: ›Nimm du meine Tochter!‹ Der Berg sprach: ›Wir sind gewiß unverrückbar; aber wir sind auch beständig wehrlos gegen die Mäuse. Allenthalben werden wir von ihnen hundertfach durchlöchert.‹ Das überdachte sich der Mönch, rief einen Mäuserich herbei und sprach: ›Nimm meine Tochter entgegen!‹ Da sagte der Mäuserich: ›Das ist doch ungereimt! Wie soll ich sie denn in meine Höhle bringen?‹ Der große Mönch erkannte, daß dieser Einwurf berechtigt war, und gab dem Mädchen durch die Macht seiner Askese ihre ursprüngliche Natur zurück.«

Die Rahmenerzählung des 4. Buches bildet die Fabel von Affe und Delphin[27], zu der sich Parallelen und Bearbeitungen u.a. in den Sindbad-Geschichten, der Śukasaptati oder auch im chinesischen buddhistischen Kanon finden:[28]

Der Anführer einer Affenherde wird infolge seines Alters und seiner Schwäche von einem jüngeren Nebenbuhler vertrieben und begibt sich auf einen Feigenbaum, der am Meeresufer steht. Im Laufe der Zeit ent-

wickelt sich eine innige Freundschaft zwischen dem Affen und einem Delphin, dem der Affe regelmäßig die süßen Früchte des Baumes zuwirft. Die Frau des Delphins aber wird von ihren Freundinnen zur Eifersucht auf beider Freundschaft getrieben und erkrankt schwer. Ihrem Mann wird schließlich unterbreitet, daß allein das Herz eines Affen, als Medizin verwandt, seine Frau vor dem sicheren Tod bewahren könne. Dem Delphin bleibt nur die Wahl, entweder seine Frau zu retten oder sich auf die Seite des Freundes zu schlagen. Schweren Herzens entscheidet er sich für seine Frau und greift, um an besagte Medizin zu kommen, zu folgender List: Er verlockt den Affen mit der Aussicht auf eine Insel mitten im Meer, auf der drei junge Äffinnen wohnen und Bäume mit nektargleichen Früchten stehen.[29] Der Affe kann natürlich dieser Verlockung nicht widerstehen und besteigt den Rücken seines Freundes. Unterwegs erfährt er aber von dessen wahren Absichten und greift nun seinerseits zu einer List: Er fragt den Delphin, warum der ihm seine Situation nicht vorher geschildert habe, dann hätte er sein Herz gleich mitgenommen. So aber habe er es wie gewöhnlich in den Ästen des Feigenbaumes aufgehängt. Dem dummen Delphin bleibt nichts anderes übrig, als den Affen wieder zu seiner Wohnstätte zurückzubringen, worauf dieser ihn in sicherer Entfernung von seinem Baum herunter verspottet.
In diesen Rahmen ist u.a. die Geschichte vom Zwiebeldieb[30] eingeschaltet, die zuerst in der Bearbeitung des Kṣemendra bekannt wurde.[31] Sie lautet im Tantrākhyāyika nach Hertels Übersetzung:[32]
»In einer Stadt ward ein Mann ergriffen, der Zwiebeln gestohlen hatte. Man führte ihn gefesselt ins Königsschloß. Die Richter sagten zu ihm: ›Guter Mann! Entweder zahlst du 100 Rupien Strafe, oder du hältst 100 Peitschenhiebe aus, oder du verzehrst 100 Zwiebeln. Anders kommst du nicht los!‹ Der Dieb war einfältig und sagte darum: ›Ich will die Zwiebeln essen.‹ Sprach's und machte sich ans Werk. Als er aber sieben oder acht Bündel Zwiebeln verzehrt hatte, da trieb ihm deren Schärfe das Wasser aus den Augen und aus der Nasenspitze, Schaum stellte sich ein und erfüllte ihm den ganzen Mund, und er rief: ›Ich kann sie nicht aufessen; 100 Rupien aber kann ich auch nicht zahlen. So will ich denn lieber die 100 Peitschenhiebe ertragen.‹ Als ihm aber eine Anzahl Peitschenhiebe verabreicht waren, rief er laut: ›Auch die kann ich nicht aushalten! Ich will die 100 Rupien mit Zinsen zahlen. Schlagt mich nur nicht tot!‹ So mußte er nicht nur das Gelächter der Leute über sich ergehen lassen, sondern hatte außerdem noch körperliche Pein erduldet.‹«
Mit dieser Geschichte hat sich vor allem Theodor Zachariae beschäftigt

und auf Parallelen in europäischen Literaturen aufmerksam gemacht. Er verweist u.a. auf den im jüdisch-deutschen Volksbuch Simchath hannefesch (»Seelenfreude«) vorkommenden Schwank vom zögernden Dieb, der sich nicht entschließen kann, welche Gegenstände er aus der Schatzkammer des Königs entwenden soll, und auf die weitverbreitete mittelalterliche Erzählung von dem Einsiedler, dem der Teufel die Wahl läßt, entweder sich zu betrinken oder das Keuschheitsglübte zu brechen oder einen Mord zu begehen. Der Einsiedler hält die erste Sünde für die unbedeutendste und wählt diese, wird aber trunken und begeht nun in der Trunkenheit auch die beiden andern Sünden.[33]
Die Rahmenerzählung des 5. Buches schließlich bildet im Tantrākhyāyika die Geschichte vom unschuldig getöteten Ichnenmon, während sie in den Jaina-Rezensionen und im Hitopadeśa als Schalterzählung auftritt:[34] Ein Brahmane überträgt die Aufsicht über sein gerade geborenes Knäblein einem Ichneumon, den er in seinem eigenen Haus mit Reiskörnern und anderer Nahrung aufgezogen hat. Als einst eine große Schlange auf das Kind zukriecht, greift sie der Ichneumon an und reißt sie in Stücke. Stolz auf die Tat und freudig erregt läuft das Tier seinem zurückkommenden Herrn entgegen, um ihn zu begrüßen. Der Brahmane aber sieht nur die von Blut besudelte Schnauze des Ichneumon und schlägt ihn in der Annahme, er habe seinen Sohn getötet, mit einem Stock zu Tode.
In den verschiedenen Übersetzungen und Bearbeitungen dieser Geschichte wird aus dem Ichneumon, der ja in Indien als großer Feind der Schlangen bekannt ist, Wiesel, Otter, Katze und schon im syrischen Sindbad ein Hund als treues Tier schlechthin.[35] Sie erscheint auch im chinesischen buddhistischen Kanon.[36] Dort ist das rettende Tier wie in den alten Pañcatantra-Fassungen ein Ichneumon.
Im Tantrākhyāyika folgt auf die Erzählung vom unschuldig getöteten Ichneumon nur noch die Geschichte von den beiden Mördern, die allerdings unvollständig und schlecht überliefert ist. Geib und Hertel ergänzen sie nach der Rezension des Südlichen Pañcatantra.[37] Danach lautet sie etwa:

> »Wenn man etwas nicht genau gehört, erkannt, gesehen und untersucht hat, soll man es nicht ausführen wie es der Babier getan hat.«

Der Brahmane fragte: »Wie war denn das?« und seine Frau erzählte: »Es war einmal ein Kaufmannssohn mit Namen Priyaṃvada. Dem hatte das Schicksal schon bald nach seiner Geburt Vater und Mutter entrissen. Da er außerdem keine sonstige Verwandtschaft besaß, wurde er im Laufe der Zeit von einer alten Magd als Amme aufgezogen. Als er einst, im Herzen ganz bekümmert über seine Armut, sich selbst geschmäht und tief geseufzt hatte, schlief er in der Nacht ein. Und gegen Ende der Nacht sah er, da seine Sünden geschwunden waren, folgenden Traum: Ein Mann mit übernatürlichen Fähigkeiten (Zauberer) trat an ihn heran und sprach: ›Warum bist du so niedergeschlagen? Sei bei Tagesanbruch ganz aufmerksam und halte dich in deinem Haus bereit, nachdem du das Reinigungsritual usw. vollzogen hast. Es werden dann drei Bettelmönche kommen und dich um Almosen bitten. Du aber sei unbarmherzig und erschlage sie mit einem Knüppel. Dann werden sich die drei Bettler in drei Schätze verwandeln!‹ Als er aufwachte, war er frohen Herzens und verbrachte den Rest der Nacht sitzend. Bei Tagesanbruch sprach er zu seiner Amme: ›Reinige heute geschwind das Haus und was dazugehört und gehe dann fort. Ich aber will mich rasieren lassen, baden und, wenn ich gereinigt bin, hier verweilen.‹ Mit diesen Worten holte er einen Barbier und ließ sich rasieren. Bald war er gereinigt und wartete. Es dauerte nicht lange, und die drei Bettler kamen, wie vom Zauberer prophezeit, und bettelten um Almosen. Als er sie erblickte, handelte er, wie ihm aufgetragen war. Dementsprechend verwandelten sich da die drei Bettler in drei Schätze. Indem er so seine Wünsche erfüllt sah, nahm er zusammen mit seiner Amme die drei Schätze, begab sich ins Haus, und schenkte dem Barbier, um ihn ins Vertrauen zu ziehen, 200 Dinare und schickte ihn fort. Der Babier aber, nachdem er das gesehen hatte, ging nach Hause und dachte infolge falscher Überlegungen: ›Auch ich will drei Bettelmönche töten und sie so in drei Schätze verwandeln!‹ Darauf ergiff er einen Knüppel und wartete in höchster Aufmerksamkeit. Weil seine in früheren Leben begangenen Taten ihre Wirkung zeigten, dauerte es nicht lange, und drei Bettler kamen herbei und baten um Almosen. Er aber schwang seinen Knüppel und tötete sie. Doch der Schatz stellte sich nicht ein. Stattdessen wurde der Babier sofort von den Leuten des Königs verhaftet, abgeführt und gepfählt.« Deshalb sage ich: »Was man nicht genau gehört ...« usw.

Benfey verweist u.a. auf die Geschichte in 1001 Tag, in der sich zwölf Derwische durch einen Schlag mit einem Stock in Gold und Edelsteine verwandeln. Geib verweist auf die Übereinstimmungen der Geschichte von den beiden Mördern mit der Rahmenerzählung vom unschuldig getöteten Ichneumon, die beide unter dem Motto stehen: Der Schein trügt! Wie der Barbier voreilig aus seiner Beobachtung schließt, daß sich Bettler in Schätze verwandeln, wenn man sie erschlägt, so folgert der Brahmane der Rahmenerzählung aus der blutbefleckten Schnauze des Ichneumons, dieser habe seinen Sohn getötet.[39]

6. Schlußbemerkungen.

Wir haben anhand ausgewählter Beispiele einiges über die Verbreitung und den Aufbau des Pañcatantra kennengelernt. Um allerdings seine Bedeutung und seinen Einfluß auf die Weltliteratur voll und ganz würdigen zu können, müssen wir es sozusagen in einen größeren Rahmen stellen. Wie bereits zu Anfang gesagt, bildet das Pañcatantra nur einen Teil der riesigen Masse indischer Erzählstoffe, die von ältester Zeit bis in die Gegenwart hinein eine unglaubliche Entwicklung durchgemacht haben. Diese Fülle von Erzählstoffen reicht vom Mythus über Fabel und Legende bis hin zum Märchen, zum Schwank oder zur Novelle, wobei in Indien eine strikte Trennungslinie zwischen diesen Gattungen, die in den diversen Erzählsammlungen oftmals nebeneinander stehen, nicht zu ziehen ist. Sowohl ganze Kompendien von Erzählungen als auch einzelne Geschichten und Motive sind im Laufe der Zeit durch die Hände oder den Mund zahlreicher Bearbeiter und Übersetzer gegangen, die ihre Vorlagen in Bezug auf Inhalt, Form und Aussage der jeweiligen Zeit und den jeweiligen Umständen anpaßten. Manche Bearbeitungen zeichnen sich durch ihre große Treue gegenüber der Vorlage aus, andere wiederum haben etliches Neue hinzugefügt, Vorhandenes mehr oder weniger phantasie- und kunstvoll ausgestaltet oder auch gestrafft und gekürzt. So ist es nicht verwunderlich, wenn sich zahlreiche Geschichten aus den verschiedenen Pañcatantra-Versionen in anderen Werken der indischen Erzählliteratur wiederfinden, und auch diese ihrerseits den Pañcatantra-Bearbeitern als Vorlagen dienten. Da sich indische Erzählungen seit der alten Zeit in einem ständigen Entwicklungs-, Beeinflussungs- und Verwandlungsprozeß befinden, werden wir notwendigerweise wieder auf die Frage nach der Urfassung des Pañcatantra und den Quellen, aus denen es schöpfte, zurückgeworfen.

Falk hat sich in jüngster Zeit dieser Frage angenommen, indem er speziell die Fabeln des Tantrākhyāyika mit ihren Parallelen in den buddhistischen Vorgeburtsgeschichten, den sogenannten Pāli-Jātakas, vergleicht. Seine Untersuchung bestätigt die herrschende Meinung, daß die Jātaka-Prosa als jünger, die Strophen hingegen als älter denn das Pañcatantra anzusehen sind. Er weist jedoch darauf hin, daß man kaum behaupten könne, den Schreibern der betreffenden Jātaka-Prosa seien in jedem Fall auch die Pañcatantra-Parallelen geläufig gewesen, oder der in der Einleitung des Pañcatantra genannte Verfasser Viṣṇuśarman seinerseits hätte alle zu seinen Fabeln gehörigen Jātaka-Strophen gekannt. Den dem Pañcatantra sprachlich und religiös-weltanschaulich viel näherstehenden Parallelen aus dem indischen Epos Mahābhārata kommt nach Falk eine Schlüsselrolle für das Verständnis unseres Werkes zu, das sich in vielen Fällen ausdrücklich auf die im Mahābhārata verkündeten Lehren bezieht, die Moral der Geschichten aber und die Art und Weise, wie man sich verhalten soll, in ihr Gegenteil verkehrt bzw. unter dem Blickwinkel sieht: Wie lebt ein Guter in einer Welt, der die Regeln der Schlechten aufgezwungen wurden?

Wir dürfen keineswegs erwarten, daß mit den Untersuchungen über die Jātaka- und Mahābhārata-Parallelen die Frage nach den Quellen des Pañcatantra abschließend und endgültig beantwortet wäre. Viele Überlieferungsströme, die uns Aufschlüsse über voneinander abhängige Erzähl- und Texttraditionen liefern könnten, sind für immer versiegt, andere kommen nach langer Zeit wieder ans Tageslicht und verändern oder ergänzen unser Bild in erheblichem Maße. Wirklich alte Fabeln, wie wir sie auf indischem Boden etwa im Mahābhārata finden, gehen auch wieder auf gewisse Prototypen zurück, über deren Ursprünge sich wahrscheinlich niemals sichere Erkenntnisse werden gewinnen lassen. Die Denkmäler des Veda, der ältesten indischen Texttradition, aus denen das Mahābhārata teilweise seine Erzählstoffe entnommen hat, enthalten jedenfalls vorwiegend Mythen-, Sagen- und Legendendichtungen und m.W. keine Tierfabeln im speziellen Sinne. Dennoch zeigen nicht nur die zu ihnen gehörigen mittelalterlichen Kommentare, daß auch hier ein nahezu unerschöpflicher Fundus von z.T. sehr volkstümlichen, vielleicht vor- oder außerarischen Erzählmotiven zugrunde liegt, der neben der orthodoxen brahmanischen Tradition existierte und in dieser durchaus erkennbare Spuren hinterlassen haat. Vielfältig sind die Verwandlungsgeschichten schon in vedischer Zeit, in denen Götter, Halbgötter, Menschen, Dämonen, Tiere oder Pflanzen häufig eine gleichgewichtige Rolle spielen, ohne daß die später so bedeutende Lehre von der Seelenwanderung hier bereits Gestalt angenommen hätte.

Einen umfangreichen Vorrat volkstümlicher Märchen und Motive finden wir, worauf schon Hertel hingewiesen hat, bei der Religionsgemeinschaft der Jainas, deren riesige Literatur in Sanskrit, mittelindischen Dialekten und Volkssprachen abgefaßt ist und deren wirkliche Bedeutung für die Erzählliteratur noch nicht in seinem vollen Ausmaß gewürdigt ist. Größer jedoch ist der Einfluß und die Verbreitung der buddhistischen Literatur, die auch aus dieser Quelle von in Indien allgemein bekannten Erzählungen und Motiven schöpfte, und deren Werke in eine Vielzahl zentral-, ost- und südostasiatischer Sprachen übersetzt wurden. Man denke etwa nur an die unübersehbare Fülle von Erzählstoffen im tibetischen oder chinesischen buddhistischen Kanon.[40] Unter diesen Aspekten müssen wir notwendigerweise die Frage nach der Bedeutung und dem Einfluß des Pañcatantra in die nach der Bedeutung und dem Einfluß indischer Erzählliteratur überhaupt einbeziehen. Das Pañcatantra ist eben nur ein, wenn auch zu großer Berühmtheit gelangter Ausfluß aus dem riesigen Reservoir indischer Erzählungen, und es wird somit bei der gegenseitigen Beeinflussung der verschiedenen indischen Erzählwerke untereinander sowie dem Zurückfließen ihrer Übersetzungen auch aus außerindischen Sprachen und Kulturen ganz verständlich, warum in vielen Fällen eine Entscheidung, aus welcher Quelle diese oder jene Eigenart einer Geschichte stammt, so außerordentlich schwer zu treffen ist. Daß Indien als Märchenland des Orients im weitesten Sinn des Wortes natürlich nicht die Heimat aller Märchen ist, wird gewiß niemand bestreiten wollen. Dennoch ist der Einfluß seiner überaus reichhaltigen Erzählliteratur nicht hoch genug zu veranschlagen, deren Spuren sich zuweilen in den entferntesten Ländern noch bis in erstaunliche Details zurückverfolgen lassen.

7. Bibliogaphie

Weiterführende bibliographische Hinweise finden sich bei Hertel 1909 S. 148-156, Geib 1969 S. 190-196 und Falk 1978 S. 200-203.

Benfey 1859: Theodor Benfey: Pantschatantra. Fünf Bücher indischer Fabeln, Märchen und Erzählungen. Aus dem Sanskrit übersetzt mit Einleitung und Anmerkungen. Bd. I: Einleitung: Über das indische Grundwerk und dessen Ausflüsse, sowie über die Quellen und Verbreitung des Inhalts derselben. Bd. II: Übersetzung und Anmerkungen. Leipzig.

Edgerton 1924: Franklin Edgerton: The Panchatantra Reconstructed. Vol. 1: Text and Critical Apparatus. Vol. 2: Introduction and Translation. New Haven.

Falk 1978: Quellen des Pañcatantra. Freiburger Beiträge zur Indologie Bd. 12. Wiesbaden.

Geib 1969: Ruprecht Geib: Zur Frage der Urfassung des Pañcatantra. Freiburg.

Hertel 1909: Johannes Hertel: Tantrākhyāyika. Die älteste Fassung des Pañcatantra. Aus dem Sanskrit übersetzt mit Einleitung und Anmerkun-

gen. Teil 1: Einleitung. Teil 2: Übersetzung und Anmerkungen. Leipzig und Berlin.
Hertel 1914: Johannes Hertel: Das Pañcatantra. Seine Geschichte und seine Verbreitung. Gekrönte Preisschrift. Leipzig und Berlin.
Maten 1980-81: E. P. Maten: In Quest of the Original Pañcatantra. A Methodological Discussion. Indologica Taurinensia Vols. 8-9, 241-252.
Pillai-Vetschera 1989: Traude Pillai-Vetschera: Indische Märchen. Der Prinz aus der Mangofrucht. Kassel.

Toshio Ozawa

ALTE MÄRCHENMOTIVE IN DER ORALEN UND LITERALEN TRADITION JAPANS

Wie alt sind die japanischen Märchen? Das ist ein schwierige Frage. Jedes Märchen hat sein eigenes Alter und seine eigene Herkunft. In Japan gibt es Märchen, die ihre Wurzeln in alten Mythen haben, aber auch Märchen, die in mittelalterlichen Schriften ihre Parallelen finden sowie Märchen, deren Hintergrund die Gesellschaft der Edo-Zeit (1603-1867) ist. Auch Märchen der Brüder Grimm und von Hans Christian Andersen, die in der Meiji-Zeit (1868-1912) übersetzt wurden, können wir heute aus dem Volksmund hören: Strohhalm, Kohle und Bohne; der große Klaus und der kleine Klaus; Der Wolf und die sieben jungen Geißlein. Eines der ältesten Märchen, das Märchen vom Schlangenbräutigam, hat seine Wurzeln im Mythos.
In Altjapan wurden Mythen bzw. die Familiengeschichten des damals herrschenden Geschlechts von Männern, die sie auswendig erzählten, überliefert. In der Nara-Zeit (710-784) befahl der Tenno Genmei dem Gelehrten Yasumaro, die Geschichten der Tenno-Familie, die Hieda no Are auswendig konnte, schriftlich festzulegen. Yasumaro tat es und schrieb die Familiengeschichten in drei Bänden mit chinesischen Schriftzeichen auf. Das war 712 n.C. Diese Schrift heißt »Kojiki« und ist die älteste Japans.
Aus dieser Zeit, als das Tenno-Geschlecht bereits über Japan herrschte, stammen außerdem fünf Chroniken, die der Tenno aufzeichnen ließ.

Auch in diesen fünf Chroniken finden wir Motive, die noch heute in Märchen auftauchen. Aber jetzt komme ich zum Kojiki zurück.
Der zweite Band von Kojiki enthält eine Erzählung vom Schlangengott.
Ich übersetze wörtlich die Sage vom Berg Miwayama:
Der Grund dafür, daß man den Mann Ootataneko als Gotteskind anerkannt hat, ist folgender:
Die obengenannte Prinzessin Ikutama yorihime war sehr schön. In der Mitternacht kam immer ein schöner Mann zu ihr. Die beiden gewannen einander lieb und schliefen zusammen. Bald wurde die Prinzessin schwanger. Die Eltern wunderten sich und fragten: »Du wurdest von selbst schwanger. Wieso wurdest du schwanger ohne Mann?« Sie antwortete: »Ein schöner Mann kam immer abends zu mir, obwohl ich seinen Familiennamen nicht kannte. Und wir haben zusammen geschlafen, und ich wurde schwanger.«
Die Eltern wollten den Namen des Mannes wissen und gaben der Tochter den Befehl: »Du sollst um dein Schlaflager roten Lehm streuen und den Leinfaden aus der Fadenrolle in die Nadel einfädeln. Dann sollst du die Nadel in den unteren Rand seines Kleides stecken.«
Die Tochter tat, wie es ihr gesagt wurde. Am anderen Morgen führte der Leinfaden durch das Schlüsselloch. Der Leinfaden blieb nur dreifach an der Fadenrolle übrig. Man folgte dem Faden, der bis zum Schrein des Gottes führte. Deshalb erkannte man ihn als Gott an. Weil dreifach gerollter Faden übrigblieb, nannte man den Ort Miwa (drei Rollen).
Das ist die Sage vom Berg Miwa. Heute noch gibt es den Schrein auf diesem Berg. Man glaubt, daß der Gott des Berges eine Schlange sei. Der Name ist Oomononushi no Mikoto.
In Altjapan waren alle Tiere Götter. Auch die Pflanzen waren göttliche Wesen. Im Mittelalter sah der über China gekommene Buddhismus Tiere als niedrigere Wesen denn Menschen an. Jedoch im Volksglauben galten die Tiere immer noch als Götter. Besonders ist der Kult von Schlange, Fuchs, Drache, Pferd und bestimmter Fische noch lebendig. In Dörfern habe ich selbst oft getrocknete Fische oder Fischköpfe als Talismane auf den Eingängen von Bauernhäusern gesehen.
Aber im Märchen läuft es anders. In Japan gibt es drei Typen des Schlangenbräutigams, die ich 1974 in meinem Buch »Japanische Märchen« (Fischer Taschenbuch) gebracht habe. Typ drei hat dasselbe Motiv und die ganze Geschichte verläuft fast wie im Kojiki. In meinem japanischen Märchen heißt es, abgesehen vom Schlußteil:
Es waren einmal ein Mann und seine Frau. Die hatte eine Tochter. Zu der

Tochter kam jeden Abend ein Jüngling. Eines Tages sah die Mutter heimlich ins Zimmer hinein und fand ihn wirklich schön.
Beim Abschied hörte sie die Worte des Mädchens, aber nicht das, was der Jüngling sagte. Es schien, daß er lautlos wegging, denn man hörte keinen Ton, als er die Tür aufmachte. Einige Zeit verging, ohne daß die Mutter und die Tochter darüber sprachen.
Weil er aber jeden Abend kam, konnte die Mutter nicht mehr an sich halten und warnte die Tochter. Diese aber sagte: »Er redet sehr interessant und ist ein guter Mann.« Die Mutter riet ihr: »Wenn er morgen wieder da ist, dann stecke diese Nadel unbemerkt in den Saum seines Kleides.« Und sie gab ihr eine Nadel, an der sie eine Schnur befestigt hatte. Als der Jüngling nun am nächsten Abend Abschied nehmen wollte, steckte das Mädchen die Nadel in den Saum seines Kleides, wie die Mutter gesagt hatte. Am nächsten Morgen ging die Mutter immer der Schnur nach in die Berge. Da kam sie an einen großen Baum auf der Spitze des Berges, unter dem der Eingang zu einer großen Höhle war. Drinnen sprach laut eine große Schlange: »Ich kann nicht mehr lange leben, weil mir eine Nadel in den Körper gesteckt wurde. Da ich aber viel Samen im Leib des Mädchens gelassen habe, werde ich viele Nachkommen haben.« Darauf sagte eine andere Schlange: »Aber man sagt, wenn eine Frau in Kalmuswasser badet, werden alle Samen getötet.« Als die Mutter dies gehört hatte, kehrte sie nach Hause zurück und ließ die Tochter gleich in Kalmuswasser baden. Da wurden viele Schlangenkinder tot geboren.
Frau Joschida

Die erste Hälfte des Märchens gleicht fast der Sage im Kojiki, doch die zweite unterscheidet sich deutlich. Die Schlange glaubt, daß sie noch Nachkommen haben könne, aber die Mutter, die das Gespräch erlauschte, ließ die Tochter sogleich in Kalmuswasser baden. Deshalb wurden die Schlangenkinder tot geboren.
Im Gegensatz zu der Sage im Kojiki, vernichten die Menschen die Kinder der Schlange. Die Schlange ist kein Gott mehr. Hier wirkt der buddhistische Gedanke nach, daß Tiere niedrigere Lebewesen seien; dazu kommt noch die Abneigung des Menschen gegen die Schlange als ein gefährliches Tier. Erst nachdem der Mensch die Schlangenkinder getötet hat, kann er ruhig sein.
Hier können wir den Unterschied der Tiervorstellungen zwischen der literarisch fixierten alten und der oralen neueren klar sehen.
In den japanischen Märchen gibt es noch andere Varianten von Tier-

bräutigam und Tierbraut. Dabei ist etwas Interessantes zu beobachten, z.B. im Märchen vom Affenbräutigam.

Der Affenbräutigam

Vor langen langen Zeiten lebte ein sehr reicher Bauer. Als er zum Reisakker ging, um nach dem Wasser zu sehen, fand er den Acker ausgetrocknet vor. Der reiche Bauer wußte nicht, was er nun machen sollte und stand ratlos am Rand des Ackers. Da sprang ein Affe vom Berge herunter und sagte zu ihm: »Mein lieber Herr! Du siehst sehr verwirrt aus. Was ist mit dir geschehen?« »Mit mir? Nichts Besonderes. Aber der Reisacker ist ausgetrocknet, und ich weiß nicht, was ich machen soll.« »Mach dir keine Sorgen, mein lieber Herr! Ich will dir helfen. Du hast drei Töchter zu Hause. Kannst du mir eine von ihnen zur Frau geben?« »Ja, gerne will ich dir eine geben, wenn du mir nur den Reisacker begießt!« »Wirst du auch wirklich dein Versprechen halten?« »Ja, ganz bestimmt!« »Also dann versorge ich den Reisacker.« Mit diesen Worten nahm der Affe einen Flaschenkürbis und lief um den Acker herum. Bald lief das Wasser wie ein Sturzbach aus der Erde. Der Affe kam zurück und rief dem erstaunten Bauern zu: »Mein lieber Herr! Da ist das Wasser!« »Tatsächlich! Es geschieht, wie du gesagt hast.« »Jetzt gib mir deine Tochter zur Frau!« »Ja, ich tu's. Ich verspreche es dir.«

Der Herr kam nach Hause und legte sich vor Verlegenheit hin. Er wußte schon, daß die Töchter ihm nicht gehorchen würden und wälzte sich vor Ratlosigkeit auf seinem Schlaflager. Die älteste Tochter kam, um ihn zu wecken, und sagte: »Lieber Vater! Willst du mit uns Tee trinken?« »Wenn du mir gehorchst, dann stehe ich auf. Sonst nicht.« »Was willst du denn von mir?« Da sagte der Vater: »Was ich von dir will, ist dies: Du sollst die Frau eines Affen werden.« »Nein, mein Vater! Das tue ich nicht. Schlag dir das aus dem Kopf!«

Der Vater war ratlos und lag grübelnd weiter auf seinem Schlaflager. Da kam die zweite Tochter zu ihm und sagte: »Mein Vater, mein Vater! Willst du Tee trinken?« »Ich möchte gerne Tee trinken, aber nur wenn du mir gehorchst. Sonst trinke ich nicht.« »Was möchtest du mir sagen? Ich gehorche dir immer.« »Aus einem bestimmten Grund sollst du einen Affen heiraten.« »Ach, bitte, nein! Das nicht! Einen Affen kann ich nicht zum Mann haben.«

Nun hatte er noch eine Tochter, die jüngste. »Ach, mein Gott! Was soll ich nur machen?« dachte der Vater. Da kam die jüngste Tochter zu ihm, um ihn aufzuwecken, und sagte: »Lieber Vater! Willst du Tee trinken?«

»Ich möchte zwar gerne Tee trinken. Aber wenn du mir nicht gehorchst, stehe ich nicht auf.« »Was möchtest du mir sagen? Ich gehorche dir, was es auch sein mag.« » Also, hör zu! Du sollst die Frau eines Affen werden.« »Ja, wenn du es verlangst, dann heirate ich ihn.« »Gut, dann stehe ich auf.« »Ich tu's gerne. Du mußt aber erfüllen, was ich mir wünsche«, sagte die Tochter. »Wenn du die Frau des Affen wirst, gebe ich dir alles, was mir gehört.« Doch die jüngste Tochter verlangte nur einen großen Wasserkrug und ein Paar lange Strohsandalen.

Die Männer, die bei dem reichen Bauern arbeiteten, kauften einen Wasserkrug, und einer blieb zu Hause, um Strohsandalen zu machen. Da kam der Affe mit dem roten Gesicht angehüpft. »Lieber Herr, lieber Herr! Ich bin gekommen, um meine Frau zu holen.« »Du bist willkommen. Tritt ein und iß viele schöne Speisen! Die Braut hat alles vorbereitet.«

Der Affe freute sich sehr und dachte: »Jetzt bekomme ich wirklich eine schöne Frau.« Da fragte der Herr »Lieber Affe! Bist du so freundlich, diesen Wasserkrug auf dem Rücken zu tragen?« »Ja, ich trage ihn gerne.« »Und zieh diese Strohsandalen an!«

Der Affe zog die großen Sandalen an, die so groß waren, daß sie hinten etwa dreißig Zentimeter überstanden. Die jüngste Tochter begleitete ihn als seine Braut. Der Affe war froh. Die Braut aber dachte: »Da ist eine Einholzbrücke. Das ist die richtige Gelgenheit.« Als sie in der Mitte der Brücke gerade die tiefste Stelle des Wasser überquerten, da trat die Braut mit dem Fuß auf die Sandalen. Der Affe fiel hin und stürzte ins Wasser. Fröhlich kehrte die Braut nach Hause zurück und rief schon von weitem: »Hallo! Der Affe ist tot, deshalb komme ich zurück.« »Du hast mir gehorcht und bist zurückgekommen. Das ist gut«, sagte der Vater. Das wäre alles.

Herr Schinitschi Schiimoto

Auch der Affe wurde früher als Gott gefürchtet. Den Bauern war er sowohl Gottheit des Berges als auch des Wassers. Der Affe als Berggottheit, das könnte man noch verstehen. Aber Affe als Wassergott? Das ist vielleicht schwer verständlich.

Dem japanischen Bauern sind Berggott und Wassergott identisch. Im Frühling, wenn man ein Reisbeet anlegt, holt man ihn vom Berge zum Reisacker herunter. Seine Statue setzt man an die Wassermündung des Beetes und opfert ihm Reiswein, Gemüse usw., um eine gute Ernte zu erbitten. Das ist die Wandlung des Berggottes zum Wassergott.

Bis zur Erntezeit ist er Wassergott und schützt den Reisacker, der immer genügend Wasser haben muß. Bei der Erntefeier dankt man ihm für die gute Ernte und bringt ihn nun wieder auf den Berg, wo er bis zum nächsten Frühling bleibt.

In diesem Prozeß gilt der Affe als Wassergott, jedoch im oben zitierten Märchen ist er nicht mehr Gott, sondern abscheuliches Tier, das eine Menschenjungfer zur Frau nehmen will. Das kann man heute nicht mehr ertragen, also muß er getötet werden.

Als ich meine »Japanischen Märchen« veröffentlichte, fanden diese in der Märchenforschung ein lebhaftes Echo. Viele Europäer hielten die Japaner den Tieren gegenüber für grausam. Sie meinten, es gebe keinen Grund dafür, daß der Affe getötet werden müsse, denn er habe dem Menschen nur Gutes, nichts Böses getan. Trotzdem tötete ihn das Mädchen. Das sei nicht fair. Die jüngste Tochter müsse von Mordwillen besessen gewesen sein, als sie dem Wunsch des Vaters folgte. Diese Ansicht fand ich sehr interessant.

Auch moderne junge Japaner finden das Märchen unfair. In Dörfern habe ich es mehrmals von alten Erzählern gehört. In Nordostjapan fragte ich einmal eine alte Erzählerin, nachdem sie mir das Märchen erzählt hatte: »Haben Sie als Kind dieses Märchen nicht unfair gefunden?« Aber sie verstand mich nicht und fragte dagegen: »Was meinen Sie mit unfair?« Da erklärte ich ihr, was Europäer und junge Japaner meinen. Da sagte sie: »Als Kind war ich fest überzeugt, daß ein Tier ein Menschenmädchen nicht zur Frau nehmen darf. Das Tier ist doch ein niedrigeres Wesen als der Mensch. Deshalb hatte ich keine Bedenken gegen dieses Märchen. Ich hörte es gern, weil das Mädchen schließlich dem Schicksal, Frau eines Affen zu werden, entgehen konnte.«

Das wäre die traditionelle, allgemein verbreitete Fassung dieses Tierehemärchens.

Hier sehe ich eine Veränderung der Kultur Japans in den letzten dreißig Jahren. Für die junge Generation sind Schlange, Affe, Fuchs oder Dachs nicht mehr gefährlich, denn sie sind nur noch im Zoo zu sehen. Den Städtern sind sie keine gefährlichen Tiere mehr, die Hühner aus ihrem Garten rauben. Für Kinder, die diese Tiere nur in Bilderbüchern sehen, sind sie nur liebenswerte Wesen.

Bevor ich das bei uns bekannteste und beliebteste Tierbrautmärchen von der »Kranichfrau« vorstelle, möchte ich auf drei Schichten der japanischen Tieranschauung hinweisen, diejenige welche Tiere als Gottheit fürchtet (Beispiel: Die Sage vom Schlangengott), dann die Anschauung von Tieren als niedrigen Wesen, wozu gehört, das wilde Tiere im Alltag des Bauern Schaden verursachen. Zuletzt die moderne Anschauung, welche die Tiere als unschädliche Wesen betrachtet, die nur im Zoo, im Fernsehen oder im Bilderbuch zu sehen sind, die nicht unfair behandelt werden sollten.

Die Kranichfrau

Vor langer langer Zeit lebte ein armer Jüngling im Land Idsumo. Er leistete Dienste bei anderen Familien und arbeitete im Reisfeld oder auf dem Acker, um sich seinen Lebensunterhalt zu verdienen. Eines Tages arbeitete er wieder fleißig auf dem Acker, für den er verantwortlich war, da hörte er ein Geräusch, als schlüge ein Vogel mit den Flügeln. Er hörte auf, die Erde zu bebauen, und sah einen Kranich, dessen Rücken von einem Pfeil getroffen war. Gleich eilte der junge Mann zu dem verletzten Tier und zog den Pfeil heraus. Die Wunde war nicht sehr tief. Der Kranich zeigte durch eine Bewegung seine Dankbarkeit und flog weg.

Nach einigen Tagen klopfte es an die Tür des Jünglings, und eine Stimme sagte: »Guten Abend! Guten Abend!« »Wer ist da?« Es war ein Mädchen, das sagte: »Laß mich heute abend bei dir übernachten!« »Wenn dir eine solch einfache Hütte gut genug ist, darfst du gerne hier schlafen«, antwortete er und brachte sie zu ihrer Lagerstatt.

Am nächsten Tag glaubte er, sie würde sich nun auf den Weg machen. Aber sie fing im Gegenteil an, die Küche in Ordnung zu bringen, das Haus und seine Umgebung sauber zu machen und etwas zu kochen. Und sie blieb an diesem und dem folgenden Abend bei ihm. Nach einigen Tagen fragte sie ihn: »Nimm mich doch zur Frau!« Er antwortete: »Ich bin aber arm und verdiene nur knapp meinen Lebensuntehalt.« Doch sie meinte: »Das macht nichts. Ich will auch Geld verdienen. Nimm mich doch zur Frau.« Da sie beide jung waren und sie ihm gut gefiel, wurde sie schließlich die Frau des jungen Mannes. Nach einigen Tagen bat sie ihn: »Stell mir doch einen Webstuhl her! Eine Maschine, mit der ich weben kann!« Er war ratlos, weil er kein Geld hatte und überlegte: »Wie kann ich nur einen Webstuhl herstellen?« Da holte sie irgendwo Holz her und sagte: »Mach, wie ich es dir sage! Schlage hier und hier Nägel ein! Dann setze dies und dies zusammen!«

Er tat, wie sie ihm sagte, und schon am nächsten Tag begann sie zu weben:

»Tontonkararin,
Tonkararin,
Tonkararin!«

Bald war sie fertig. Wie schön war das Gewobene! Man könnte es Brokat nennen, der lasurblau glänzte. Der junge Mann hatte so etwas bisher weder gesehen noch davon gehört. Erstaunt sah er es an. Da sagte seine Frau zu ihm: »Nimm es zum Landesfürsten mit, um es ihm zu verkaufen!« »Für wieviel Geld soll ich es verkaufen?« »Er wird dir gern eintausend Rio dafür geben.« »Tausend Rio?« Er war ganz erschrocken. »Eintausend Rio?«
Damals konnte man mit eintausend Rio jahrzehntelang ohne weiteres leben. Er brachte das Tuch zum Landesfürsten, wie ihm gesagt war, und zeigte es ihm. Der Landesfürst rief erstaunt aus: »Das ist ja ein wunderbares Tuch!« Er kaufte es ihm für die geforderten eintausend Rio ab und sagte dabei vor sich hin: »Das müßte eigentlich mehr als tausend Rio kosten.« Als der Mann nun Geld hatte, wollte er noch mehr bekommen und sagte zu seiner Frau: »Kannst du noch mehr davon weben?« »Ja, gerne«, sagte sie, »aber schau bitte nicht ins Webzimmer, wenn ich webe! Auf keinen Fall darfst du das tun.« Dann ging sie ins Webzimmer und fing gleich an zu arbeiten:
»Tontonkararin,
Tonkararin!«
Weil es ihm aber verboten war, wurde er gerade neugierig, wie sie ein so schönes Tuch weben würde. Er ging vor dem Webzimmer auf und ab und überlegte lange hin und her. Schließlich siegte seine Neugierde, er wollte um jeden Preis einmal zusehen und guckte heimlich durch ein Loch. Da sah er, daß sich ein Kranich eine Feder ausriß und damit einmal webte. Dann riß er sich zwei Federn aus und webte zweimal damit. Dann riß er sich drei Federn aus und webte dreimal damit. »Ach so! Sie hat sich also Federn ausgerissen, um daraus das Tuch zu weben!« dachte er, und er erinnerte sich an den verletzten Vogel. Sie merkte, daß er ihr zusah und rief: »Warum guckst du rein, obwohl ich es dir verboten habe? Mit mir ist es nun aus, und ich muß von dir scheiden.« Nach diesen Worten flog sie fort, wobei sie das noch nicht fertig gewebte Tuch liegen ließ. Man soll eben nicht sehen wollen, was einem verboten ist. Das wäre alles.
Herr Kohitschi Satoh

Die Kranichfrau wird nicht getötet, sondern fliegt weg. Da ihre wahre Gestalt vom Manne entdeckt wurde, durfte sie nicht länger bei ihm bleiben. Das würde Europäern fast als Sagenmotiv vorkommen.
Bei uns gibt es mehrere Typen der Tierbraut: Fischbraut, Froschbraut,

Muschelbraut und Fuchsbraut. Bemerkenswert ist dabei, daß die Tierbraut nie umgebracht wird. Sie wird entweder vom Mann verbannt, weil sie ein Tier ist oder sie entflieht, weil ihre wahre Gestalt von ihm entdeckt wurde. Jedenfalls endet das Märchen mit dem Abschied für immer.

Der Abschied beendet ein Märchen, was Europäern fremd ist, denn am Ende ihrer Märchen steht die Wiedervereinigung von Mann und Frau. Als Grund dafür könnte man zweierlei angeben:

Der Kranich ist ein göttliches Wesen, das zum jungen Manne kam, weil er ihm Gutes getan hatte. Die Weberei war im Mythos das Werk der Göttin, daher durfte der Mann nicht ins Webzimmer schauen, denn es galt als heiliger Ort. Er aber brach das Tabu, deshalb verließ ihn die Gottheit, der er nicht in ihre, für den Menschen verbotene Welt folgen durfte. Diese Welt kommt auch im Märchen von Urashima-Taro vor, auch hier war eine Rückkehr in das Schloß des Meeres nicht erlaubt.

Psychologisch gesehen, ist die Verbindung zwischen dem Ehepaar in Japan nicht so stark wie in Europa. Zwar glaubt man, sie sei stark, aber traditionell gesehen ist für die Heirat der Ausdruck üblich, »Frau in der Familie werden«. Dagegen heiratet in Europa das Mädchen den Mann. Diese Vorstellung ist bei uns ganz neu. Außerdem könnte man auf die japanische Ästhetik hinweisen. Trauriger Abschied und schwermütiger Nachklang entsprechen dem Gemüt des Japaners. Beide werden seit alter Zeit in Gedichten besungen und in der schönen Literatur beschrieben. Leider muß ich es mir aus räumlichen Gründen versagen, an dieser Stelle auf meine eigene Theorie der »Wirbelstruktur« des japanischen Märchens (inzwischen auch für Korea belegt) einzugehen. Diese Schwermut könnte auch den Kamikaze-Krieger und seine Familie erfüllt haben.

Der Tierbräutigam wird immer am Ende getötet, die Tierbraut aber nicht, sondern sie wird verbannt oder sie entflieht. Woher kommt dieser Unterschied? Man könnte vielleicht meinen, daß ein Mann gefährlich und eine Frau nicht gefährlich sei.

Der Philosoph Prof. Umehara gab mir einmal folgenden Hinweis: »Wie wäre es, wenn man die Situation in die alte Zeit zurückverlegte, als das Tenno-Geschlecht noch nicht ganz Japan erobert hatte. Sein Territorium war von starken Mächten umgeben. Der Tierpartner symbolisiert solche eindringende fremde Macht. Ein männlicher Eindringling könnte später gefährlich werden, weshalb er getötet werden muß. Ein weiblicher, nichtgefährlicher Eindringling braucht deshalb nicht getötet zu werden.« Ich hüte mich jedoch vor Spekulationen, obwohl die Märchen von der Tierbraut sehr alt sind. Die orale Überlieferung erfährt Änderungen, wobei diese immer Gefühl und Weltanschauung des Volkes widerspiegeln.

Lutz Röhrich

DIE MITTELALTERLICHEN REDAKTIONEN DES POLYPHEM–MÄRCHENS (AT 1137) UND IHR VERHÄLTNIS ZUR AUSSERHOMERISCHEN TRADITION

Die Beschäftigung mit dem Polyphem-Märchen hat die Märchenforscher mehrerer Generationen immer wieder verlockt. Nachdem schon Wilhelm Grimm diesem Stoff eine Berliner Akademie-Abhandlung gewidmet hatte, galt ihm auch eine der ersten vergleichenden Märchen-Untersuchungen unseres Jahrhunderts: die Monographie Oskar Hackmans (s. Lit.verz.). Dennoch blieben noch viele Fragen ungelöst; gesicherte Resultate warfen neue Probleme auf. Der vorliegende Aufsatz kann und will kein Ersatz für die längst fällige neue Untersuchung des Typs AT 1137 sein, sondern verfolgt wesentlich bescheidenere Ziele. Die Untersuchung geht aus von einer Analyse der mittelalterlichen lateinischen und mittelhochdeutschen Redaktionen des Polyphem-Stoffes, die sowohl rückwärts in ihrer Beziehung zur homerischen Fassung, wie andererseits in ihrer Beziehung zu den neuzeitlichen Aufzeichnungen des Polyphem-Märchens untersucht werden. Die homerische Fassung ist und bleibt eben leider die einzige Vollform des Märchens, die uns aus dem Altertum selbst überliefert ist. Nur mit diesem literarischen Beleg hat man seither auch von folkloristischer Seite als mit einer festen Größe gerechnet. Alle Versuche, eine nebenhomerische oder gar vorhomerische Schicht der Polyphem-Sage zu erschließen, gingen von den Übereinstimmungen oder Abweichungen der neuzeitlichen Märchen von Homer aus. Solange man freilich nur Polyphem-Erzählungen mit und ohne homerischen Einfluß unterschied, konnte die Forschung nicht wesentlich weiterkommen, da die zeitliche Kluft zwischen mittelalterlich-

neuzeitlicher Überlieferung einerseits und der antiken andererseits sich einfach nicht überbrücken ließ. Von volkskundlicher Seite dagegen ganz unberücksichtigt blieben seither die frühen Vasenmalereien, auf denen der Polyphem-Stoff wiederholt zu finden ist. Ebenso wie die Volkserzählungen der Neuzeit, so weichen aber auch diese frühen außerhomerischen Zeugnisse der Sage vielfach vom homerischen Geschehen ab, und das Erstaunliche ist, daß die abweichenden Motive in Vasenmalerei und neuerer Volksdichtung mehrfach die gleichen sind; daß ferner bestimmte in der Volksüberlieferung gegenüber dem homerischen Epos fehlende Motive (z.B. Anbieten des Weines und Trunkenheitsmotiv; Verhöhnung des Polyphem) auch in der Vasenmalerei schon fehlen. Dadurch scheint die seit Wilhelm Grimms Berliner Akademie-Abhandlung immer wieder vorgetragene Vermutung eine Bestätigung zu erfahren, daß nämlich schon in der Antike ein von Homer abweichendes und vielleicht sogar schon vorhomerisches Volksmärchen vorhanden gewesen sein muß, das dann im Laufe der Jahrhunderte zu vielen Völkern und Ländern wanderte: bis zu den Basken im Westen, bis nach Japan im Osten. Es muß freilich einer künftigen Monographie vorbehalten bleiben, diesen Beweis mit Hilfe aller erreichbaren Varianten zu AT 1137 (+ AT 1135 und 1136) zu führen. Hier soll er nur für die zeitlich frühesten europäischen Fassungen versucht werden. Aufgabe einer umfassenden Monographie wäre es insbesondere, über die von Wilhelm Grimm, Gregor Krek, Johannes Bolte und Georg Polívka, vor allem aber von Oskar Hackman zusammengetragenen Variantensammlungen hinausgehend, die in den letzten 40 Jahren neu aufgefundenen Varianten mit einzubeziehen. Obwohl im folgenden eine Liste neuerer Varianten des Polyphem-Märchens gegeben wird, verbunden mit einem Abdruck seither unveröffentlichter deutscher Varianten aus Archivbestand, liegt doch der Ansatzpunkt dieser Untersuchung an einer ganz anderen Stelle: nämlich bei den historischen Belegen des Polyphem-Abenteuers im mittelalterlich europäischen Raum.
Die älteste deutschsprachige Fassung des Polyphem-Stoffes, die wir kennen, bietet die Hs. 1279 der Leipziger-Universitätsbibliothek aus dem 15. Jahrhundert:
»...ich wyl dyr sagen ebenthüre, dy mich vyl serre erschregket hat wen füer adder wasser.
Ich und myne gesellen vornamen und horten, das yn eynem wylden walde czwyschen eyme geberge czwenzyg myle weges von den lüten wante eyn resse adder eyn regke, der hatte vyl thusent marg sylbers und goldes.

Do erwelte ich czu myr edelich gesellen, alzo das unser hundert warn by enander, und czagen do hen met grosser arbeyt. Do wyr den regken nicht heyme funden, do ware wyr czu male fro und namen sylber unde golt alzo vyl alze wyer getragen konden: do meynte wyr sicher und fredesam do von czu gende. Gar schyre quam der selbige regke met nuyn andern regken unversens und vyng uns alle hundert und theylten uns under sich, das yczlich czehene nam myner gesellen; und ich armer dorftiger met mynen nuyn gesellen gevyel deme ressen, dem wyr das sylber und golt genomen hatten; der bant uns dy hende uff den rugken und fürte uns yn syne gruft yn dem berge und treyb uns der yn alzo dy schaff. Do gelobete wyr ym, das wyr unss lössen welden met vyl geldes unt met grossem gute; aber he sprach, he welde keynerley gelt von uns nemen, sunder he welde unsse fleysch fressen. Czu hant begreyff he eynen, der aller vettest wass; den hyw he und czuslug en uf stugken und kochte en. Alzo selbigest frass he uf yczlichen tag myne gesellen alle met den ander und twang mich dor czu, das ich sy muste helfen essen. Dor noch do meynte he, das he mich och erworgen welde. Do erdochte ich eyne lögene und sprach ›iche sehe wol, das du bosse ougen hast und bösse gesichte: ich bin yn der kunst der artztye wol bekant und ervarn; ich truwe dyer wol czu ratene und czu helfene, wylt du mich lebene lassen.‹ Czu hant gelobete he myr vor myn leben, das ich ym hülfe an syme gesichte. Alzo schygte he myr allen geczuyg und gerete, das ich dar czu haben wolde. Czu hant nam ich eyn vass ful öels und gouss das yn eynen kessel und mengete dor czu swevel, pech, salcz, auripigmen unde andere schedeliche dyng und sout dy alle dürchenander, das ich ym wolde machen eyn pflaster uf syne ougen. Aber do dy vorgenante materie sout und wass rechte heys, do gouss ichs ym under dy ougen und uf synen hals und vorbrante yn czu male sere, das syne hut ober den ganczen lyeb czu samene schramp und abe gyng, unde benam ym das selbige gesichte, das he noch hatte, und alle syne adern klümpten sich. Czu hant vyel he nyder vor grosser wetage und welczte sich hen und her yn dem husse und schreyg und hüylte und bülkete alze eyn lewe adder eyn ochsse czu male eysslich und grusamklich. Dor noch yn der grossen wetage wart he czu male czornyg, und in grossem grymme erwuschte he syne grosse küyle und lyeff yn dem husse ümme hen und her und suchte mich und slug an dy wende unde an dy erde hy und da. Alzo woste ich nicht wass ich begynnen solde adder wo ich mich behalden und bewaern könde; dass huss wass allewege veste czu und hatte gar hoche muern, och wass keyn ussgang noch yngang, wen dy thöer, dy wass veste vorslossen met yseryn regeln. Alzo suchte he mich yn allen wynkeln yn dem husze. Czu letczt steyg ich an eyner leyter under das dach und hyng mich mit beyden henden an eynen hanebalken; do hyng ich den tag und dy nacht. Dornoch do ich das nümme erlyden konde, do muste ich hernyder stygen und mengete mich under syne schaff; met den lyeff ich gar dygke czwyschen synen beynen wag, daz he myn nicht geware wart. Der selbige resse hatte thusent schaff, dy he thegelich czu der weyde yn das velt lyess, und quamen alle tage von en selbes wedder heym. Under den geschichten vant ich yn dem husse by den schaffen eyn vel von eyme steer; do want ich mich yn das selbige vel und schygte dye hornre öber myn höbt. Do hatte der regke dy gewanheyt, wen he dy schaf uss lyss an dy weyde, so lyeffen sy czwyschen synen henden, das he sy czalte, uf das velt, und welch he begreyff das aller veyste, das behylt he und kochte es uf den thag und frass es. In der selbigen masse were ich och gerne do von geloufen und lyff ym och czwyschen dy hende alzo dy schaff alle thuen musten; da ergreyff he mich und erkante das ich veyst were; doch sprach he ›du bist gar vet, du must myr mynen buch hüte füllen.‹ Do gebruchte ich myner sterke und sprang von ym reddelich uss synen henden; aber he dergreyff mich wedder: ich entsprang ym aber uss synen henden; das thaet ich söben verte. Czu letczt wart he czornyg und treyb mich czu der thöer uss und sprach szörnyglich ›louff doch hen, das dich dy wolfe fressen; du hast mich dygke genug betragen adder gesert.‹ Czu hant warf ich abe das vel, do ich mich yn gewunden hatte, und trat von ym und warff ym hoynlich und spötlich vor, das ich ym alszo dygke enkangen were. Do he mich horte, do czoch he von synem vyngere eynen gülden ryng und sprach ›sehe, nym den gulden ryng czu eyner gabe; den hast du wol vordynt. Es czemet sich anders nicht, das eyn sülch behende man sölde unbegabet blyben.‹ Alzo nam ich den ryng und styss en an mynen vynger. Nu weyss ich nicht wye der ryng alzo beczobert waz, daz ich muste stete schryen ›hye byn ich, hye byn ich‹; das selbige konde ich nicht gelassen. Do volgete der regke myner stymme nach; ab he wol blynt waz, doch lyeff he yn dem walde noch myner stymme ›hye byn ich, hye byn ich‹ und styess sich czu wylen an dy püsche und an dy este, das he vyel alze eyn gross mechtyg boum. Czu letczt, do he nae by mich quam und ich konde das geschreye nicht gelassen ›hye byn ich‹ von kraft wegen, dy der ryng hatte, und konde och den ryng nicht von dem vyngere gewynnen, do muste ich von not wegen den vynger met den czennen abe byssen met deme rynge, das ich nicht me dorfte schryen ›hye byn ich‹. Alzo verlouss ich mynen vynger und behylt mynen gesunden lyeb lebende.«[1]

Die hier nicht abgedruckte Rahmenerzählung berichtet von einem großen Räuber, der sich zum Oberhaupt einer ganzen Räuberbande macht. Auf seine alten Tage will er jedoch aus Angst vor Strafe ehrlich werden und ein besseres Leben beginnen. Er hat drei Söhne, die er vernünftig erziehen und ein anständiges Handwerk erlernen lassen will; doch die Söhne erklären, sie wollten das schimpfliche Gewerbe ihres Vaters fortsetzen und sich auf dieselbe bequeme Weise ernähren.
Die drei Brüder gehen nun auf Raub aus. Beim Versuch, das kostbare Pferd der Königin zu stehlen, werden sie jedoch ergriffen und vor die Regentin gebracht. Der Vater darf sie gegen die Erzählung seines größten Räuberstreiches (d.h. in einer Art Halslöse-Erzählung) auslösen und er erzählt u.a. nun unsere Variante der Polyphemgeschichte. Für jede Erzählung gibt die Königin einen der gefangenen Räubersöhne frei: »Dor noch dye könyngynne dye ebenthüerlichen geschichte horte von dem namhaftigen kündigen röbere, do gab sy ym syne drye söne weder, dy sy gevangen hatte.« Innerhalb eines größeren märchenhaften Rahmens wird also die Erzählung als Ich-Erzählung[2] eingeschoben. Die Einleitung mit der Bestehlung des Riesen ist nur von dieser Rahmenerzählung her sinvoll, nicht aber von der alten Polyphemsage her, zumal sie den Riesen ins Recht setzt. Zum Schluß folgt noch eine gereimte Moral:

»Wer nach ebenthüre geet und steet,
Ebenthüre ym dygke weder veert.
Gelügke unde ungelügke,
Dy mögen sich gar lichte verrügken.
Uff gelügke darf sich nyman wagen,
He mag gar lichte werden betragen.
Raet und lere yss alle czyet gut;
Eyn yczlicher sye wysse und klug.
Wer do wyl das ym gelynge
Der sehe selber czu syme dynge.
Alczu vyl getruwen yss nicht gut;
Nymant wyess was der andere thuet.«

Die Brüder Grimm haben diesen Text unter der Überschrift ›Der Räuber und seine Söhne‹ in ihre Sammlung aufgenommen, allerdings nur in die 5. und 6. Auflage; später trat an seine Stelle die Erzählung vom ›Meerhäschen‹ (KHM 191). Die Bearbeitung der KHM hält sich im wesentlichen an die Vorlage. Auch der Stil zeigt trotz der Umschrift ins Hochdeutsche keine bemerkenswerten Unterschiede. Nur am Anfang zogen die Brüder Grimm die etwas breite Darstellung enger zusammen und fügten einige Sprichwörter hinzu:[3]

»...ich will euch ein Ereignis erzählen, was mich mehr erschreckt hat als Feuer und Wasser. Ich brachte in Erfahrung, daß in einer wilden Waldschlucht zwischen zwei Bergen, zwanzig Meilen von den Menschen entfernt, ein Riese lebte, der einen großen Schatz, viel tausend Mark Silber und Gold besäße. Ich wählte also aus meinen Gesellen so viele aus, daß unser hundert waren, und wir zogen hin. Es war ein langer, mühsamer Weg zwischen Felsen und Abgründen. Wir fanden den Riesen nicht zu Haus, waren froh darüber und nahmen von dem Gold und Silber so viel, wie wir tragen konnten. Als wir damit uns auf den Heimweg machen wollten und ganz sicher zu sein glaubten, da kam der Riese mit zehn anderen Riesen unversehens daher und nahm uns alle gefangen. Sie teilten uns unter sich auf; jeder erhielt zehn von uns, und ich fiel mit neun meiner Gesellen dem Riesen zu, dem wir seinen Schatz genommen hatten. Er band uns die Hände auf den Rücken und trieb uns wie Schafe in seine Felsenhöhle. Wir waren bereit, uns mit Geld und Gut zu lösen, er aber antwortete: ›Eure Schätze brauche ich nicht; ich will euch behalten und euer Fleisch verzehren, das ist mir lieber.‹ Dann befühlte er uns alle, wählte einen aus und sprach: ›Der ist der fetteste, mit dem will ich den Anfang machen.‹ Dann schlug er ihn nieder, warf das zerschnittene Fleisch in einen Kessel mit Wasser, den er über das Feuer setzte, und als es gesotten war, hielt er seine Mahlzeit. So aß er jeden Tag einen von uns, und weil ich der magerste war, so sollte ich der letzte sein. Als nun meine neun Gesellen aufgezehrt waren und die Reihe an mich kam, so besann ich mich auf eine List. ›Ich sehe wohl, daß du böse Augen hast‹, sprach ich zu ihm, ›und am Gesicht leidest. Ich bin ein Arzt und bin in meiner Kunst wohl erfahren, ich will dir deine Augen heilen, wenn du mir mein Leben lassen willst.‹ Er sicherte mir mein Leben zu, wenn ich das vermöchte. Er gab mir alles, was ich dazu verlangte. Ich tat Öl in einen Kessel, mengte Schwefel, Pech, Salz, Arsenik und andere verderbliche Dinge hinein und stellte den Kessel über das Feuer, als wollte ich ein Pflaster für seine Augen bereiten. Sobald das Öl im Sieden war, mußte der Riese sich niederlegen, und ich goß ihm alles, was im Kessel war, auf die Augen, über den Hals und den Leib, so daß er das Gesicht völlig verlor und die Haut am ganzen Leib verbrannte und zusammenschrumpfte. Er fuhr mit entsetzlichem Geheul in die Höhe, warf sich wieder zur Erde, wälzte sich hin und her und schrie und brüllte dabei wie ein Löwe oder ein Ochse. Dann sprang er in Wut auf, packte eine große Keule, und in dem Haus umherlaufend schlug er auf die Erde und gegen die Wand und dachte mich zu treffen. Entfliehen konnte ich nicht, denn das Haus war überall von hohen Mauern umgeben und die Türen waren mit eisernen Riegeln verschlossen. Ich sprang aus einem Winkel in den andern, endlich wußte ich mir nicht anders zu helfen, ich stieg auf einer Leiter bis zu dem Dach und hing mich mit beiden Händen an den Hahnenbalken. Da hing ich einen Tag und eine Nacht; als ich es aber nicht länger aushalten konnte, so stieg ich wieder herab und mischte mich unter die Schafe. Da mußte ich behend sein und immer mit den Tieren zwischen seinen Beinen hindurchlaufen, ohne daß er mich gewahr ward. Endlich fand ich in einer Ecke unter den Schafen die Haut eines Widders liegen, ich schlüpfte hinein und wußte es so zu machen, daß mir die Hörner des Tieres gerade auf dem Kopf standen. Der Riese hatte die Gewohnheit, wenn die Schafe hinaus auf die Weide gehen sollten, so ließ er sie vorher durch seine Beine laufen. Da zählte er sie und welches am feistesten war, das packte er, kochte es, hielt dann seine Mahlzeit. Ich wäre bei dieser Gelegenheit gerne davongelaufen und drängte mich durch seine Beine, wie die Schafe taten; als er mich aber packte und merkte, daß ich schwer war, so sprach er: ›Du bist feist, du sollst mir heute meinen Bauch füllen.‹ Ich tat einen Satz und entsprang ihm aus den Händen, aber er ergriff mich wieder. Ich entkam nochmals, aber er packte mich aufs neue, und so ging es siebenmal. Da ward er zornig und sprach: ›Lauf hin, die Wölfe mögen dich fressen, du hast mich genug genarrt.‹ Als ich draußen war, warf ich die Haut ab, rief ihm spöttisch zu, daß ich ihm doch entsprungen wäre, und höhnte ihn. Er zog einen Ring vom Finger und sprach: ›Nimm diesen goldenen Ring als eine Gabe von mir; du hast ihn wohl verdient. Es ziemt sich nicht, daß ein so listiger und behender Mann unbeschenkt von mir gehe.‹ Ich nahm den Ring und steckte ihn an meinen Finger, aber ich wußte nicht, daß ein Zauber darin lag. Von dem Augenblick an, wo er mir am Finger saß, mußte ich unaufhörlich rufen: ›Hier bin ich, hier bin ich!‹ ich mochte wollen oder nicht. Da der Riese daran merken konnte, wo ich mich befand, so lief er mir in den Wald nach. Dabei rannte er, weil er blind war, jeden Augenblick gegen einen Ast oder einen Stamm und fiel nieder wie ein mächtiger Baum; aber er erhob sich schnell wieder, und da er lange Beine hatte und große Schritte machen konnte, so holte er mich immer wieder ein und war mir schon ganz nahe; denn ich rief ohne Unterlaß: ›Hier bin ich, hier bin ich.‹ Ich merkte wohl, daß der Ring die Ursache meines Geschreies war und wollte ihn abziehen, aber ich vermochte es nicht. Da blieb mir nichts anderes übrig, ich biß mir mit meinen Zähnen den Finger ab. In dem Augenblick hörte ich auf zu rufen, und ich entlief glücklich dem Riesen. Zwar hatte ich meinen Finger verloren, aber ich hatte doch mein Leben behalten.«[4]

Die lateinische Vorlage dieses Textes war den Brüdern Grimm noch unbekannt. Sie findet sich in dem um 1185 geschriebenen lateinischen Dolopathos des lothringischen Mönches Johannes aus der zum Bistum Nancy gehörigen Zisterzienserabtei Alta Silva (später: Haute-Seille):

»Audieramus aliquando gigantem multa auri argentique milia possidentem intra solitudinem uiginte fere milibus remotum ab hominibus habitare. Congregati igitur in unum centum latrones auri cupiditate illecti ad habitationem eius magno cum labore peruenimus, eoque non inuento gauisi abstulimus quicquid auri et argenti potuimus inuenire. Sed dum secure repedaremus, gigas ille nouem aliis comitatus nobis inprouisus superuenit, captique sumus proh pudor! centum a decem. Qui nos inter se diuidentes, deueni ego miser cum nouem aliis in partem eius cuius nos diuitias abstuleramus. Ligatis ergo manibus retrorsum minabat nos ad antrum suum quasi decem ouiculas statua illa tredecim cubitos excedens. Dum autem ei immensam pro redemptione nostra pecuniam offeremus, ille insultando nobis non aliud quam carnes nostras se accepturum respondens eum statim quem inter nos pinguiorem uidit comprehensum iugulat diuisumque membratim in cacabum proicit coquendum. Quid plura? Sic illum, sic reliquos usque ad me iugulatos coctosque deuorauit meque proh nefas! de singulis comedere coegit. Porro cum et me iugulare uellet, mentitus sum me esse medicum, promittens me eius oculos quibus grauiter dolebat curaturum, si mortis discrimen euaderem. Quo libenter hoc pro oculorum remedio consequendo annuente roganteque ut promissa citius effectui manciparem, imposui olei sextarium igni, admiscens ei in magna quantitate calcem, salem, sulphur et auripigmentum ceteraque que nociuiora oculis esse cognoueram, factumque exinde collirium, uti super ignem feruebat, super patientis caput ex improuiso effudi. Mox ille feruenti oleo totas corporis funditus partes decoriatus pelleque tota contracta in rugam neruisque rigentibus illud tantillum lumen quod habere uidebatur amisit. Videres ergo enormem statuam illam quasi quendam epilenticum per pauimentum uolutari et nunc rugitus leonem, nunc taurorum imitari mugitus, horrendum nimis michi sui spectaculum exibentem. Diu autem uolutatus cum sic dolorem mitigare non posset, furibundus clauam suam accipit meque cum illa querens parietes interdum ac pauimentum quasi quodam ariete quatiebat. Sed ego tunc quid agerem, quo fugerem? Clausa erat undique muro solidissimo domus nec aliunde nisi per ostium patebat exitus; sed et illud uectibus ferreis seruatum erat. Cum ergo ille per angulos domus me querendo discurreret, ego tandem aliud agere non potens ad tectum per scalam ascendi arreptaque trabe nocte et die tota manibus herens pependi deorsum. Verum cum hoc diutius ferre non possem, coactus sum iterum descendere, et aliquando inter ipsius crura gigantis, aliquando inter ouium suarum gregem occultabar. Habebat enim gigas ille mille fere oues, quas cum numeratas cottidie, una pinguiori sibi retenta, ad pascua dimitteret, eas tamen nescio qua arte uel maleficiis incantatas sero de pascuis sponte sua reuertentes integro recipiebat numero. Has dum cottidie innumerando emitteret, ego euadere cupiens pelle arietis uillosa me circumdedi, aptaui capiti cornua sicque exeuntibus me miscui. Porro cum sub manum numerantis uenissem, ille me palpatum ut pinguem retinuit. De te, inquiens, ego hodie uentrem saginabo ieunum. Sic septies sub manum eius ueni septiesque retentus sum, et tamen semper manus eius euasi. Ad extremum uero cum sub manum eius uenissem, ecce ille me palpans iratus nimis extra ostium me expullit: Vade, inquiens, lupi te comedant qui iam totiens dominum tuum decepisti. Ego autem euulsus ab eo quantum iactus est lapidis cepi insultare ei quod totiens deceptum euasissem. Ipse uero anulum aureum de digito abstrahens: Tene, ait, pro munere; non enim decet te a tanto uiro inmunem dimitti. Porrectum mihi anulum inserui digito, statimque nescio quibus maleficiis captus cogebar eundo clamare: Ecce ego, ecce ego. Ipse uero quamquam cecus perpeti tamen cursu uocem clamantis sequens minora queque transiliebat arbusta offendensque interdum pedibus quasi quedam moles maxima corruebat. Verum cum iam mihi propinquus fieret nec ego a clamore temperare possem nec anulum a digito euellere, coactus sum ipsum digitum cum anulo dentibus abscidere proicereque in eum. Sicque amissione membri totum ab imminenti morte seruaui corpus.«[5]

Wie die homerische Erzählung im IX. Buch der Odyssee, so ist auch unsere lateinische Version ein Ichbericht, allerdings mit zahlreichen inhaltlichen Abweichungen, von denen noch ausführlich die Rede sein muß. Der lat. Dolopathos erzählt die Befreiung des Gefangenen aus der Höhle vollständiger und zusammenhängender als Homer. Oesterley, Krek und Hackman folgern aus dem Dolopathos, daß er auf einem lothringischen Volksmärchen beruht. Settegast dagegen nimmt an, daß er auf einer orientalischen, ihrerseits selbst wieder auf Homer zurückgehenden Quelle beruht. Merkwürdigerweise nicht beim Polyphem-Märchen selbst, sondern erst bei der Schilderung des zweiten Räuberabenteuers wird ›Polyphem‹ als Name des Menschenfressers ausdrücklich genannt.[6] Wenn Johannes de Alta Silva mit der vielfach abweichenden Fassung der Odyssee bekannt war und dennoch das Märchen nicht entsprechend umgestaltete, so spräche dies für das Vorherrschen einer zeitgenössischen mündlichen Überlieferung. Allerdings konnte der Name ›Polyphem‹ dem gelehrten Johannes auch aus einer anderen Quelle, namentlich aus der virgilischen Polyphem-Episode (Aen. III, 616ff.) oder aus einem der im Mittelalter verbreiteten lat. Schulbücher der antiken Mythologie bekannt sein. Das lat. Dolopathos-Polyphem-Märchen zeigt keine Spuren, woraus man schließen müßte, daß der Verfasser eine der im Mittelalter vorhandenen lateinischen Bearbeitungen der Odyssee gekannt hat.[7] Wesentlich für eine mündliche Quelle spricht indessen das, was Johannes de Alta Silva selbst über seine Schaffensweise sagt, daß er nämlich solche Stoffe bevorzugt habe, die seither von keinem Schriftsteller berührt worden und darum noch nicht bekannt seien (...que quia adhuc scriptoribus intacta vel forsitan incognita permanebant...).

Die in unserem deutschen und lateinischen Text greifbaren mittelalterlichen Redaktionen des Polyphem-Stoffes sollen im folgenden sowohl mit der neuzeitlichen deutschen und außerdeutschen, sowie mit der antiken Überlieferung konfrontiert werden. Dazu ist zunächst eine kurze Bestandsaufnahme der volkstümlichen Varianten nötig. Volkstümliche deutschsprachige Fassungen aus dem 19. und 20. Jh. sind relativ spärlich. Ein Einfluß der Grimmschen Version auf das Erzählgut ist hier ebenso wenig wie in anderen Fällen festzustellen.[8] Die Erzählung ist in der neuzeitlichen deutschen Volksüberlieferung überhaupt nicht sehr volkstümlich. O. Hackman[9] sowie Bolte-Polívka (III, 375) verzeichnen nur zwei deutschsprachige Varianten (Dementsprechend erwähnt auch die zweite Auflage des Aarne-Thompson, FFC 184, Helsinki 1961, nur zwei deutsche Varianten):

1. eine siebenbürgische bei Josef Haltrich: Deutsche Volksmärchen aus dem Sachsenlande in Siebenbürgen (1. Aufl. 1856), Jubiläumsausgabe = 6. Aufl., München 1956, Nr. 37, S. 117-121 (›Die drei Brüder und der Hüne‹);

2. eine Variante aus dem Harz bei: Heinrich Pröhle: Kinder- und Volksmärchen, Leipzig 1853, Nr. 43, S. 136f. (›Von einem Reisenden, der die Weisheit Gottes ergründen wollte‹).

Bei der in den Mitt. d. Ges. f. schles. Vkde. 7 (1905), S. 60-63 veröffentlichten Variante handelt es sich nicht um ein schlesisches, sondern um ein polnisches Stück. Die bei K. Plenzat (Prussia 27, S. 212, unter Nr.

1137) verzeichnete ostpreußische Variante ist ebenfalls keine deutschsprachige, sondern eine kaschubische Fassung. Das Zentralarchiv der dt. Volkserzählung in Marburg verzeichnet nur zwei weitere Varianten, von denen die eine (ZA Nr. 192 891) eine Kurz- und Vorform der später von Jos. Haltrich veröffentlichten Variante darstellt.
Eine zweite bisher ungedruckte Variante, die das Zentralarchiv in Marburg aufbewahrt (ZA Nr. 76140, Orig. Nr. 158) ist die stichwortartige Nachschrift einer niederdeutschen Erzählung, die Wilhelm Wisser am 26.7.1907 in Böckenberg/Holstein aufgezeichnet hat.
Nicht ohne Berechtigung hat W. Wisser diese Erzählung unter der Überschrift ›Odysseus bei Polyphem‹ notiert, denn sie verrät deutlich den literarischen Einfluß von Homers Odyssee. die Niemand-Episode tritt jedenfalls, wie schon O. Hackman gezeigt hat, nur in den homerabhängigen Fassungen auf. Das gleiche gilt auch für die Variante, die G. Henssen von seinem Gewährsmann Gerrits aufgezeichnet hat.
Andere volkstümliche Fassungen des 19. und 20. Jhs. stehen aber unseren mittelalterlichen Redaktionen sehr viel näher. Es erübrigt sich, hier ein ausgedehntes Verzeichnis der Belege zu geben, da übersichtliche Variantenlisten sich bereits bei O. Hackman, Bolte-Polívka, R. M. Dawkins, W. Eberhard und P. N. Boratav finden. G. Polívka bietet in einer selbständigen Veröffentlichung überdies die slavischen Fassungen, soweit sie nicht von G. Krek schon zusammengestellt waren (s. Lit.-Verz.).
An neueren Varianten und Nachweisen des Stoffes ist zu nennen:[10]
Schwedisch: Waldemar Liungman: *Varifrån kommer våra sagor? (Sveriges samtliga folksagor i ord och bild III),* Djursholm 1952, Nr. 1137, S. 321-323, 445, 502-505; ders.: Die schwedischen Volksmärchen (= Deutsche Akademie der Wissenschaften zu Berlin. Veröffentlichungen des Instituts für Deutsche Volkskunde Bd. 20), Berlin 1961, S. 264-266, 372f.; isländisch: Einar Øl. Sveinsson: *Verzeichnis isländischer Märchenvarianten* (FCC 83), Helsinki 1929, Typ 1137; englisch: Glee: *Folk Tales of Yorkshire,* London 1952, Nr. 46; irisch: Ludwig Mühlhausen: *Diarmuid mit dem roten Bart. Irische Zaubermärchen,* Eisenach und Kassel 1956, S. 112-130; französisch: *Französische Volksmärchen,* übersetzt von Ernst Tegethoff *(Märchen der Weltliteratur), Bd. 2, Jena 1923, Nr. 50, S. 256-258; Joseph M. Carrière: Tales from the French Folk-Lore of Missouri,* Evanston and Chicago 1937, Nr. 50, S. 237; spanisch: Ralph S. Boggs: *Index of Spanish folktales* (FFC 90), Helsinki 1930, Typ 1137; Aurelio M. Espinosa: *cuentos populares españoles recogidos de la tradi-*

ción oral de España, 3 Bde. Madrid 1946-1947, I, 407-414, Nr. 163, dazu Kommentar III, 130-140 zu Nr. 163-167; katalanisch: Joan Amades: *Folklore de Catalunya I: Rondallística,* Barcelona 1950, Nr. 110, S. 266f.; Nr. 1462, S. 1097; Nr. 1565, S.1127f.; Nr. 1906, S. 1405; Joan Castelló Guasch: *Rondaies eivissenques,* Palma de Mallorca 1953, S. 43-53 (sehr abweichend: der Riese wird nicht geblendet, sondern mit Seeigeln gefüttert und dann getötet); galicisch (ein portugiesischer Dialekt in Spanien): Loís Carré Alvarellos: *Contos populares galegos recollidos da tradizon oral* (noch ungedruckte Sammlung von 244 Volkserzählungen), Nr. 16 (Inhalt – nach frdl. Mitteilung von W. Anderson –: Ein armer Jüngling wandert durch die Welt, um Arbeit zu suchen. Auf einem kleinen Boot kommt er auf dem Meer zu einer Küste, wo er ermüdet auf einer grünen Wiese einschläft. Beim Erwachen erblickt er einen einäugigen schwarzen Riesen mit vorstehenden Zähnen; der Jüngling bietet sich ihm als Knecht an, aber der Riese sagt, er wolle ihn fressen; der Jüngling rät ihm, ihn erst als Knecht zu nehmen und fett zu füttern. Der Riese bringt ihn in seine große Höhle mit einer riesigen Küche, aber nur einem Eingang, gerade groß genug für den Riesen, dessen Auge übrigens ausgezeichnet sieht. Der Riese tut nichts als essen und schlafen. Während er nachts schläft, macht der schon fett gewordene Knecht einen eisernen Spieß glühend und sticht ihm das Auge aus. Der Riese flucht und tobt; die erschreckten Schafe wollen hinauslaufen, der Riese läßt sie nur einzeln passieren. Der Knecht wirft ein Schafsfell über seinen Körper, gelangt hinaus und verhöhnt den Riesen); italienisch: Nino Massaroli: *La Piê* (Zeitschrift) 5 (1924), Nr. 10-12, S. 269-275; Gianfranco D'Aronco: *Indice delle fiabe toscane,* Firenze 1953, Nr. 1139; Italo Calvino: *Fiabe italiane raccolte dalla tradizione popolare,* Torino 1956, Nr. 76, S. 382-385; Nr. 115, S. 565f.; Nr. 163, S. 804-807 (und Anmerkungen); Leonhard Roberts: *More Folktales from the Italian Alps,* in: *Tennessee Folklore Society Bulletin,* 23: 4 (1957), S. 95-106; Sebastiano Lo Nigro: *Racconti popolari Siciliani,* Firenze 1958, Nr. 1137, S. 233f.; rumänisch: Adolf Schullerus: *Verzeichnis der rumänischen Märchen und Märchenvarianten* (FFC 78), Helsinki 1928, Typ 1137; Alexander Dima: *Rumänische Märchen,* Leipzig 1944, Nr. 6, S. 56-62; Slawen: großrussisch: A. N. Afanašjev: *Narodnyje russkije skazki,* 3 Bde., Moskva 1957, Nr. 170 (und Anmerkungen); A. M. Smirnov: *Sbornik velikorusskich skazok, Archiva Russkago Geografičeskago Obščestva,* Petrograd 1917, S. 602-604, Nr. 217; weißrussisch: V. N. Dobrovolškij: *Smolenskij etnografičeskij sbornik I,* St. Petersburg 1891, S. 150-152, Nr. 86; ukrainisch: (Ivan Čendej): Skazki Verschoviny. *Zakarpatskije ukrainskije narodnyje skazki*, Užgorod 1959, S. 188-190; Mykola Levčenko: *Kazky ta opovidannja z Podillja v zapysach 1850 1860*, Kyjiv 1928, Nr. 548, S. 461; polnisch: A. Szulczewski: *Polnische Märchen aus der Provinz Posen*, in: *Mitteilungen der Schles. Ges. f. Vkde.* 7 (1905), S. 60-63, Nr. 1; A. Piprek: *Polnische Volksmärchen*, Wien 1918, S. 10f.; kaschubisch: Carl Stanitzke: *Heimatmärchen aus Danzig und Pommerellen*, Danzig 1924, Nr. 10, S. 25-29 = Karl Plenzat: *Die ost-und westpreußischen Märchen und Schwänke nach Typen geordnet*, in: *Prussia* 27, 1927, Nr. 1137, S. 212f.; tschechisch: Václav Tille: *Soupis českých pohádek*, 3 Bde., Praha 1929-1937, II, 1, S. 239; Josef Štefan Kubín: *Kladské Povídky*, Praha 1958, Nr. 102, S. 274f.; slowakisch: *Jiří Polívka: Súpis slovenských rozprávok*, Turč. Sv. Martin 1923.24.27.30.31, IV, S. 109-112, Nr. 80 (4 Fassungen); südslavisch: *Zbornik za narodni zivot i obicaje juznih Slavena* (Bd. 1ff., Agram 1896ff.), Bd. 10, S. 194; Friedrich Salomon Krauss: *Tausend Märchen und Sagen, Bd. 1, Leipzig 1914, Nr. 113, S. 386ff.; andere indogermanische Völker Europas: griechisch: Richard M. Dawkins: More Greek Folktales*, Oxford 1955, S. 12-24; albanisch: Maximilian Lambertz: *Albanische Märchen (= Schriften der Balkankommission der Akademie der Wissenschaften in Wien XII)*, Wien 1922, S. 83-85; Maximilian Lambertz: *Die geflügelte Schwester ... Albanische Volksmärchen*, Eisenach 1952, S. 9-13; finnisch-ugrische Völker: ungarisch: Hans Honti: *Verzeichnis der publizierten ungarischen Volksmärchen* (FFC 81), Helsinki 1928, Typ 1137; János Berze Nagy: *Magyar népmesetípusok*, Pécs 1957, Typ 1141*; estnisch: *Jahresbericht der estnischen Philologie und Geschichte* Bd. IV, Dorpat 1925, S. 127; livisch: E. N. Setälä: *Näytteitä liivin kielestä*, Helsinki 1953 (= *Mémoires de la Société Finno-Ougrienne* 106), Nr. 46, S. 245-248; wotjakisch: Yrjö Wiehmann: *Wotjakische Sprachproben II (= Journal de la Société Finno-Ougrienne* 19, 1 (1901), Nr. 34, S. 132f.); tscheremissisch: K. A. Četkarev: *Marijskije narodnyje skazki*, Joškar-Ola 1956, Nr. 27, S. 205-210; syrjänisch: Yrjö Wiehmann: *Syrjänische Volksdichtung*, Helsinki 1916 (= *Mémoires de la Société Finno-Ougrienne* 38), Nr. 2, S. 2-5; lappisch: A. V. Koskimies ja T. Itkonen: *Inarinlappalaista kansanrunoutta*, Helsinki 1917 (= *Mémoires de la Société Finno-Ougrienne* 40), S. 85-87; Eliel Lagercrantz: *Lappische Volksdichtung* II, Helsinki 1958 (= *Mémoires de la Société Finno-Ougrienne* 115), S. 21-23, Nr. 339 (stark abweichend); S. 23-25, Nr. 340; S. 29-33, Nr. 343 und S. 219-222, Nr. 399; III (=*Mémoires ...* 117), S. 46-51, Nr. 21; sonstige Völker Europas: baskisch: A. Irigaray:

Euskalerriko ipuiñak = Cuentos populares vascos con su versión castellana, Zarantz'en 1957, S. 17f. = 132f., Nr. 6; Kaukasusvölker: armenisch: A. Dirr: *Kaukasische Märchen (= Märchen der Weltliteratur),* Jena 1927, Nr. 65 und 66; georgisch: A. S. Chachanov: *Očerki po istorii gruzinskoj slovesnosti,* 4 Bde., Moskva 1895-1906, I, S. 85f.; Nino Dolidze: *Volšebnyje skazki,* Tbilisi 1960, Nr. 17, S. 116-124; abchasisch: Ch. S. Bgažba: *Abchazskije skazki,* Suchumi 1959, S. 193-196; ossetisch: (S. Britajev i G. Kalojev): *Osetinskije narodnyje skazki,* Moskva 1959, S. 275-281; kirgisisch (jetzt amtlich ›kasachisch‹ genannt): G. Potanin: *Zivaja Starina* (Zeitschrift) 25 (1916), S. 110-112, Nr. 18 (abweichend) und S. 162-164, Nr. 49; burjätisch: L. Je. Eliasov: *Burjatskije skazki I,* Ulan-Ude 1959, S. 285-288; Kleinasien: türkisch: Wolfram Eberhard und Pertev Naili Boratev: *Typen türkischer Volksmärchen (= Akademie der Wissenschaften und der Literatur, Veröffentlichungen der orientalischen Kommission Bd. 5),* Wiesbaden 1953, Nr. 146, S. 159f.; palästinensisch: Hans Schmidt und Paul Kahle: *Volkserzählungen aus Palästina (= Forschungen zur Religion und Literatur des Alten und Neuen Testaments* Bd. 17), Göttingen 1918, Nr. 55, S. 229; indisch: Stith Thompson und Warren E. Roberts: *Types of Indic oral tales* (FFC 180), Helsinki 1960, Typ 1137; Afrika: kabylisch: Leo Frobenius: *Volksmärchen der Kabylen,* Bd. 2 (= *Atlantis* 2), Jena 1922, Nr. 3, S. 24-30; berberisch: G Germain: *Revue de littérature comparée* 1935, S. 573-623; Amerika: T. P. Coffin: *An analytical index to the Journal of American Folklore,* Philadelphia 1958.
Weitere Varianten nennt dankenswerterweise Herr Dr. Diether Röth / Kassel (4.2.90):
slowenisch: W. Eschker: *Der Zigeuner im Paradies. Balkanslaw. Schwänke.* GdV Bd. 52, Kassel 1986, Nr. 11 = ›Selbst‹ mit Gruppe von Teufeln; lappisch: J. A. Friis: *Lappiske Eventyr og Folkesagn.* Christiania 1871, Nr. 13 ›Selbst‹ hat sich verbrannt (wurde überbrüht) mit Gruppe von Trollen; lappisch: Ludwig Kohl-Larsen: *Die steinerne Herde. Sagen aus Lappland.* GdV Bd. 42, Kassel 1975 Nr. 4. ›Stallo wird geblendet‹. Stallo hat große Schafherde. Dienstkontrakt. Der Knabe heißt Jeg selb (Ich selbst). Augengießen (2 Augen) mit Zinn. Entkommen im Schaffell. Folgt Wettessen. Gruppe von Stallos. Mordversuch mit dem Beile. Junge entkommt mit Herde und Reichtum Stallos.
Varianten: Friis (s.o.) Nr. 27; Qvigstad (FFC 60): II.64.1-4; 90f.; Koskimies und Itkonen: *Memoires...* 40, 1977, 85ff.; Lagercrantz FFC 138 21. 339. 340. 343. 399. Johan Turi: *Das Buch der Lappen.* Ffm 1912, 175.

Ernst Manker - Ørnulf Vørren: *Die Lappen.* Braunschw. 1966, 109f.; koreanisch: André Eckardt: *Unter dem Odongbaum. Korean. Sagen, Märchen und Fabeln.* Eisenach 1951, S. 36ff. (vermutlich aus westl. Quelle): Seefahrer stranden. Riese mit 2 Augen. Braten und Fressen der Mitgefährten. Ausstechen beider Augen mit einem Messer. Entkommen der restlichen Gefährten unter Schaf oder Schwein. Andere Riesen vertreiben sie ins Meer (kein ›Niemand‹).

In die Nähe rücken könnte man auch die Typen AT 1145 Flucht aus dem Ogerhaus. vgl. Traude Pillai-Vetschera »Indische Märchen. Der Prinz aus der Mangofrucht.« GdV 55. Kassel 1989 Nr. 10 und 11:

Junge Mädchen geraten in die Höhle einer Bärin, die viele Kühe und Büffel besitzt und Unmengen Milch besitzt. Kinder verstecken sich. Als sie lachen, erschrickt die Bärin vor dem Unbekannten; sie wird schließlich vertrieben, die Kinder nehmen die Höhle in Besitz. Das Märchen ist mit AT 327 nahe verwandt (das in weitestem Sinne ja auch Polyphem-Anklänge besitzt). In einer verwandten indischen Variante bei Mary Frere (147ff.) wird das Dämonenpaar in den eigenen Brunnen gestürzt. Das Schatzhaus gehört dann den Kindern.

Durch den Einfluß zahlreicher anderer Traditionen wurde der Polyphem-Stoff in der Volksüberlieferung vielfach modifiziert und umgestaltet. Im Bereich des europäischen Märchens hat er sich so mit den verschiedensten Typen und Motiven verbunden: z.B. Fürchten lernen; gestiefelter Kater; magische Flucht; Sage vom personifizierten Elend, Unheil, Furcht (auch die Gestalt des Elends wurde als einäugiger Unhold oder Riese vorgestellt). Je jünger die Versionen sind, um so mehr sind sie mit weiteren märchenhaften Zügen angereichert worden: Der Held ist der jüngste unter drei Brüdern; um den Kontrast zwischen dem Helden und dem Riesen noch zu vergrößern, werden an Stelle der Seeleute Kinder zu den Helden, die die Abenteuer bestehen. Die Erzählung erhält außerdem ausgedehnte Vor-und Nachgeschichten; besonders das ›happy end‹ wird ausgestaltet: ein glücklicher Abschluß verlangt die Befreiung der gefressenen Gefährten oder Brüder aus dem Bauch des Riesen, die Wiederbelebung der Getöteten usw.

Durch alle diese Erweiterungen und Veränderungen hindurch bleibt aber der Kern der alten Sage mit ihren Einzelmotiven immer noch deutlich, und bei der Mehrzahl dieser Texte fällt die sichere Verwandtschaft mit unseren mittelalterlichen Belegen auf. Da sich eine literarische Abhängigkeit der neuzeitlichen Varianten von den mittelalterlichen Versionen ausschließt, auch eine Vermittlung des Textes durch die KHM der

Brüder Grimm nicht vorliegt, dürfen wir auch daraus wieder schließen, daß unsere mittelalterlichen Redaktionen auf einer zeitgenössischen Volksüberlieferung beruhen. Die mittelalterlichen Redaktionen weichen aber andererseits auch stark vom homerischen Text im IX. Gesang der Odyssee ab. Was freilich seither noch nie beachtet worden ist, das ist die merkwürdige und auffallende Übereinstimmung mit anderen altmittelmeerischen homerunabhängigen Polyphem-Traditionen, wie sie uns durch z.T. erst neu aufgefundene Dokumente der Archäologie, insbesondere der frühen Vasenmalerei bezeugt sind.[11]

Die mittelalterliche lateinische und deutsche Version geht flott und ohne alle Umschweife voran. Um so wichtiger sind aber bei dieser prägnanten Kürze die erwähnten Einzelzüge und insbesondere diejenigen, die in der homerischen Tradition fehlen oder von dieser abweichen. Sie seien im folgenden katalogartig zusammengestellt:[12]

1. *Land-und Seefassungen.* Im Gegensatz zur homerischen Dichtung bietet der mittelalterliche Text kein Schiffer- oder Seemannsmärchen, sondern eine kontinentale Fassung. Ebenso sind noch die meisten neuzeitlichen europäischen und kleinasiatischen Polyphem-Versionen Festlands-Varianten, d.h. das Meer kommt darin nicht vor: es fehlt das zurückgelassene Boot, der Steinwurf ins Meer, die Flucht zu Schiff usw. Als Festlandsvarianten sind auch diejenigen neueren volkstümlichen Fassungen anzusprechen, in denen der geblendete Unhold in einem Fluß, See oder Morast ertrinkt.

2. *Haus oder Höhle.* Schauplatz der Handlung ist nicht eine Höhle, sondern ein Haus; es fehlt darum das Motiv des vor den Eingang gewälzten Felsblocks. Der Zug, daß der Riese in einem Haus, Schloß oder Palast und nicht, wie bei Homer, in einer Höhle wohnt, findet sich ebenso in 1001 Nacht (3. Reise Sindbads) und in vielen anderen Polyphem-Märchen. Schon andere antike außerhomerische Polyphem-Versionen kennen die Blendung außerhalb der Höhle, wobei die Episode des Türsteins ebenso entfällt wie die Rettung durch die Schafe.[13]

3. *Lokalisierung.* Im Unterschied zur homerischen Dichtung kennt die mittelalterliche Fassung keine geographische Lokalisierung; sie ist damit schon ›märchenhafter‹ als die antike ›Sage‹.

4. *Namen.* Namen spielen in der mittelalterlichen Fassung überhaupt keine Rolle: nicht nur der Held ist namenlos; sondern auch für den geblendeten Riesen wird keine Name genannt. Auch darin ist diese Fassung schon mehr ›Märchen‹ als ›Sage‹.

5. *Zahl der Gefährten.* Relativ modern und sekundär mutet die Anwen-

Abb. 1 Polyphem von Ulysses geblendet. Aus: Andreas Alciatus, Viri clarissimi, 1531 (Stadtbibliothek Augsburg)

Abb. 2 Die Blendung des Polyphem. Aus: Andreas Alciatus, Emblematum Libellus, Ndr. Darmstadt 1967

Abb. 3 Die Blendung Polyphems. Caeretaner Hydria, 2. Hälfte des 6. Jh. (Rom, Villa Giulia)

Abb. 4 Detail von einer protoattischen Amphora aus Eleusis, um 670-650 v. Chr. (Eleusis, Museum)

Abb. 5 Die Blendung des (zweiäugigen!) Polyphem. Böotischer Skyphos. Ende des 6. Jh. (Berlin)

Abb. 6-8 Odysseus entkommt aus der Höhle des Kyklopen unter einem Widder bzw. im Fell eines Widders

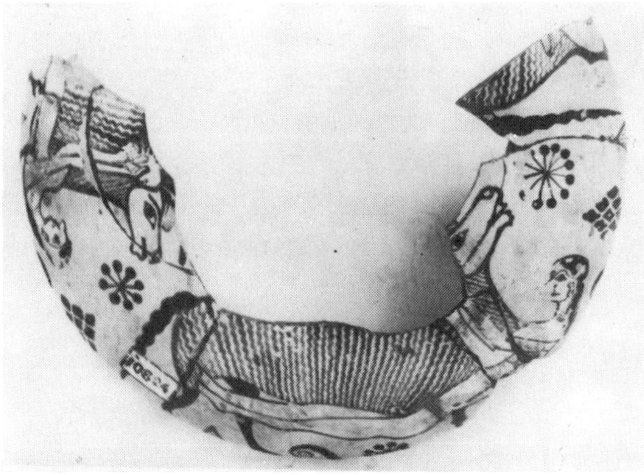

Abb. 6 Attische Kanne, 7. Jh. (Aigina)

Abb. 7 Etruskische Amphora (Vasensammlung München)

Abb. 8 Attisches Gefäß, Ende des 6. Jh. (Paris)

dung des Dezimalsystems an: 10 Riesen teilen sich die 100 Gefährten, wobei auf jeden also 10 Gefangene entfallen. In den neueren volkstümlichen Versionen begegnen wir ganz verschiedenen Zahlenangaben; mehrfach selbstverständlich die märchenhafte Dreizahl; andere Erzählungen sind als Zweizahlgeschichten aufgebaut. Die Zahl der Gefährten weicht aber schon auf altgriechischen Vasenmalereien von der Fünfzahl der Odyssee (Odysseus + 4 Gefährten) ab, z.B. auf einer Caeretaner Hydria aus der 2. Hälfte des 6. vorchristlichen Jahrhunderts (Rom Villa Giula) (Abb. 3). Ein argivischer Krater vom 7. Jh. v. Chr. zeigt nur zwei Gefährten (Abb. 4).

6. *Kochen des Menschenfleisches.* Von einem Kochen oder Braten der getöteten Gefährten ist bei Homer nicht die Rede. In den mittelalterlichen Fassungen ebenso wie in volkstümlichen Fassungen der Neuzeit aber verzehrt der Riese seine Opfer erst gekocht, geröstet oder gebraten. Dieser Zug trifft sich mit altgriechischen Vasenbildern, die auch darin von Homer abweichen. Eine in Berlin aufbewahrte Kampanische Amphora aus dem 5. Jh. v.Chr. zeigt deutlich, wie Polyphem einen der Gefährten im Feuer röstet.

7. *Beteiligung an der Mahlzeit.* Der Held wird gezwungen, sich an dem anthropophagischen Mahl des Riesen zu beteiligen. Auch dieser Zug findet sich in zahlreichen volkstümlichen Fassungen der Neuzeit wieder. In der Bearbeitung der Brüder Grimm wurde er bezeichnenderweise weggelassen, um die Grausamkeit des Geschehens zu mildern.[14]

8. *Der Becher mit Wein.* Nachdem bei Homer der Kyklop Menschenfleisch gegessen hat, bietet ihm Odysseus Wein an, um ihn trunken zu machen. Dieser Zug fehlt sowohl in unserer mittelalterlichen Fassung wie auch fast durchweg in den Volkserzählungen: der natürliche Schlaf des Riesen genügt, um die Blendung zu ermöglichen. Das Fehlen des Trunkenheitsmotives ist ein wesentlicher Beweis für die Homerunabhängigkeit der mittelalterlichen und neuzeitlichen Polyphem-Redaktionen. Bemerkenswert ist nun allerdings, daß die spezifisch homerische Szene der Überreichung eines Bechers mit Wein durch den Helden auch in der archaischen Vasenmalerei überhaupt nicht vorkommt, obwohl sie doch sicher ein dankbarer Gegenstand für die Maler gewesen wäre. Das Anbieten des Weines fehlt vor dem 3. Jh. v. Chr. und erst die hellenistisch-römische Kunst greift diese Szene auf.[15]

9. *Einäugigkeit oder Zweiäugigkeit.* Bei Homer wird die Einäugigkeit Polyphems zwar nicht ausdrücklich erwähnt, aber sie geht aus dem Zusammenhang der Erzählung deutlich hervor: Die Gefährten des Odys-

seus treiben einen Pfahl in das Auge des Riesen, der nun sofort geblendet ist; d.h. die Einäugigkeit gehört wesentlich zur homerischen Fassung. Schon der Name ›Kyklops‹ (= Kreisauge) deutet auf das eine große Auge. In der mittelalterlichen Fassung dagegen hat der Riese zwei Augen. Eine Einäugigkeit ist nicht nur nicht erwähnt, sondern es ist – im Plural – von den bösen, d.h. kranken Augen des Riesen ausdrücklich die Rede. Auch in der Fassung aus Tausendundeine Nacht (Sindbands Reise; Übersetzung E. Littmann IV, 129f.) ist von einem zweiäugigen Riesen die Rede, und es müssen also beide Augen geblendet werden. Diese wichtige Eigentümlichkeit trifft sich nicht nur mit der Zweiäugigkeit des Riesen in neuzeitlichen Volksüberlieferungen, sondern auffallenderweise mit einem Teil der antiken Tradition, wie sie schon die frühe Vasenmalerei bezeugt. Die ältere Vasenkunst bevorzugt unter den Odysee-Szenen die dramatische Blendung Polyphems, und wer von den Malern die homerische Fassung kannte, wird wohl auf die Einäugigkeit des Riesen nicht verzichtet haben. Es ist jedoch bemerkenswert, daß es daneben auch einzelne altgriechische Vasenbilder gibt, die eine Zweiäugigkeit Polyphems schildern. Hierher gehört z.B. ein böotischer Skyphos vom Ende des 6. vorchristlichen Jhs., der in Berlin aufbewahrt wird (Abb. 5). Auch auf den etruskischen Urnen hat Polyphem stets zwei Augen.[16] Diese bildlichen Belege sprechen deutlich für außerhomerische Versionen der Sage.

10. *Die angebliche Heilung der kranken Augen.* Der Held gibt sich als bewandert in der ärztlichen Kunst aus und will die kranken Augen des Riesen heilen, falls dieser ihn am Leben läßt. Die Blendung erfolgt dann nicht während des Schlafes mittels eines glühenden Spießes, sondern mit Hilfe eines glühenden und giftigen Absudes aus Öl, Schwefel, Pech und Salz, der dem Riesen in die Augen gegossen wird. Eine Blendung des Riesen durch flüssiges Blei kommt besonders in neuzeitlichen russischen, baltischen und finnischen Versionen der Polyphemsage vor und stellt eine spezifisch osteuropäische Redaktion des Stoffes dar. Auch die Blendung mit siedendem Fett, siedendem Salzwasser usw. ist gerade in Osteuropa häufig belegt.[17] Daneben findet sich in den volkstümlichen Versionen aber auch die Blendung mittels eines glühend gemachten Pfahles, die in den frühgriechischen Vasenbildern die einzige und ausschließliche Methode der Blendung ist. Doch erscheint die Blendung mit einer kochenden Flüssigkeit bei einer Zweiäugigkeit des Riesen logischer und sinnvoller, da nur mit ihr eine gleichzeitige Zerstörung beider Augen gewährleistet ist (vgl. AT 1135).

11. *Die Situation nach der Blendung.* Der geblendete Riese ruft nicht um Hilfe, sondern er sucht mit seiner Keule den Feind in seiner Behausung zu treffen. Das Versteckspiel mit dem geblendeten Riesen trägt in der mittelalterlichen Fassung durchaus eigenständige Züge. In dem verschlossenen Haus bleibt dem Helden schließlich kein Versteck, so daß er sich freischwebend an den Hahnenbalken im Dachgerüst anklammert und einen ganzen Tag und eine ganze Nacht in dieser Lage verbringen muß.
12. *Die Flucht.* Die Flucht erfolgt nicht, indem sich der Held am Bauch eines Widders festhält, sondern er kriecht *in* das Fell eines Widders, das er im Hause findet. Der Unterschied zur homerischen Dichtung liegt auf der Hand und läßt sich mit Hilfe der Vasenbilder bis in eine Frühstufe der Überlieferung zurückverfolgen. Die Flucht des Odysseus ist schon in der älteren Periode der Vasenmalerei sehr beliebt gewesen. Das Interesse richtete sich vor allem auf die unter je einem Schaf festgebundenen Griechen. Neben den Vasenbildern, die verdeutlichen, wie sich Odysseus am Bauch des Widders festhält (z.B. auf einer attischen Kanne aus dem 7. Jh. v.Chr.; Abb. 6) oder dort festgebunden ist (z.B. auf einer etruskischen Amphora; Abb. 7) gibt es solche, in denen nur der Kopf des Odysseus aus dem Fell herausragend gezeichnet ist; der übrige Körper des Helden befindet sich aber ganz offensichtlich *im* Bauch des Schafbockes. Dafür spricht auch die Haltung des Gesichts nach unten (Wie sollte der Held mit dem Gesicht zum Boden sich auch außen an dem Tier festgehalten haben?). Solche Darstellungen, wie z.B. auf einem attischen Gefäß vom Ende des 6. vorchristl. Jhs. (Abb. 8) sprechen für eine frühe homerunabhängige Sagentradition, und sie stimmen andererseits auch noch mit den modernen volkstümlichen Varianten überein: Nur in wenigen osteuropäischen Versionen verbirgt sich der Held unten am Bauch des Widders; viel öfter hüllt er sich in ein Schaffell ein.
13. *Das Aneinanderbinden der Widder.* Fast nirgends folgen die Vasenmaler dem Wortlaut der Odyssee und stellen drei gekoppelte Widder dar. Vielmehr beschränkt man sich darauf, auch die Gefährten wie Odysseus selbst von einem einzelnen Widder tragen zu lassen (z.B. Abb. 9).[18] Es ist unwahrscheinlich, daß man den Grund hierfür in einem mangelnden Können der Vasenmaler zu sehen hat. Vielleicht zeigt sich vielmehr auch hierin eine Unabhängigkeit von der homerischen Überlieferung. Auffallend ist, daß auch die neuzeitlichen Märchen, wo sie außer dem Helden auch noch dessen Gefährten entkommen lassen, doch auf einen Mann immer nur ein Schaf rechnen.
14. *Das Auffinden eines leeren Schaffelles.* Daß der Held das leere Schaf-

fell für seine List findet, erklärt sich aus dem Zusammenhang der Erzählung durchaus logisch: Der Riese pflegt täglich den jeweils fettesten Bock für sich zu schlachten. Daraus ergibt sich auch der nächste vom homerischen Geschehen abweichende Handlungspunkt: Der Riese ergreift das Fell, in dem der Held verborgen ist, der ihm aber mehrere Male entspringt, so daß der Riese ihn schließlich zornig und mit einem Fluch zur Türe hinausjagt.

15. *Das Zählen der Schafe.* Jeden Morgen zählt der Riese die allein auf die Weide gehenden Schafe, deren Zahl sich nie vermindert, obwohl er täglich das fetteste zum Schlachten und Verzehren zurückhält: »Habebat enim gigas ille mille fere oves, quas cum *numeratas* cottidie, una pinguiori sibi retenta, ac pascua dimitteret, eas tamen, nescio qua arte vel maleficiis incantatas, sero de pascuis sponte sua revertentes integro recipiebat numero«. Dieses ›integro recipiebat numero‹, d.h. der Zug, daß die Zahl der Schafe des Riesen, obwohl dieser täglich das fetteste verzehrt, stets unverändert bleibt, findet sich unter allen Polyphem-Märchen nur hier im lat. Dolopathos. Dieser Zug ist homerabweichend und doch ist er in anderer Weise auch wiederum deutlich homerabhängig. Er spielt nämlich in der Odyssee an anderer Stelle eine Rolle: Im XII. Gesang, Vers 127ff. wird von Helios berichtet, daß er auf der Insel Thrinakia sieben Herden von Rindern und ebensoviele Schafe besitze, zu je fünfzig Stück; Herden, die die Eigentümlichkeit haben, sich niemals weder zu vermehren noch zu vermindern. Diesen den Herden des Sonnengottes zukommenden Zug, hat der mittelalterlich lateinische Erzähler auf die Schafherde des Kyklopen übertragen. Settegast vermutet allerdings, daß dieser Zug schon zur antiken – außerhomerischen Polyphem-Märchentradition gehört habe.[19]

16. *Die Isolierung des Helden.* Der Held rettet nur sich allein, nachdem zuvor alle seine Gefährten vom Riesen aufgefressen worden sind. Darin trifft sich der mittelalterliche Text auch mit neueren Volkserzählungen. Es entspricht dem Stil des Volksmärchens, daß es den Helden in dieser Weise ›isoliert‹. In der Odyssee dagegen hat die Handlung auf den umgebenden Rahmen Rücksicht zu nehmen: Odysseus darf nicht nur sich allein, er muß auch seine Gefährten retten. Odyseus muß ja sein Schiff noch weitersteuern können, und schon deshalb dürfen nicht alle Gefährten umkommen; (darum auch der Steinwurf des Kyklopen, der das Schiff zum Landungsplatz zurücktreibt).

17. *Die Verspottung des Kyklopen.* Vom sicheren Bord seines Schiffes aus ruft Odysseus dem Kyklopen höhnische Worte zu. Die Szene fehlt

selbstverständlich in unserer mittelalterlichen Polyphem-Fassung, die ja, wie wir feststellten, eine ›Landfassung‹ ist: Der Held entkommt in einem Wald. Es sei hier nur darauf hingewiesen, daß dieses Motiv aber auch in der frühen Vasenkunst noch nicht vorkommt, sondern erst in hellenistischer Zeit bildlich gestaltet worden ist.[20]

18. *Der magische Ring und das Motiv des Gastgeschenkes.* Der geblendete Riese schenkt seinem Gegner einen goldenen Ring, der den Helden magisch zwingt, ständig ›hier bin ich! hier bin ich!‹ zu rufen und dem Blinden so die Verfolgung erleichtert, indem er den Mann lokalisiert. Da sich der Ring nicht wieder von der Hand winden läßt, beißt sich der Held selbst den Finger ab (Motiv des ›kleinen Verlustes‹), und nur so kann er sich von der Verfolgung retten. Die Verbindung der Ring-Episode mit der Polyphemgeschichte gehört fast durchgängig zur volkstümlichen Überlieferung des Stoffes in der Neuzeit: Die Ring-Episode ist in Europa allgemein verbreitet, und zwar findet sie sich von den Basken und Schotten im Westen Europas bis zu den Polen, Kroaten, Russen im Osten, bei denen ein (goldener) Stab[21] oder ein Beil den Ring ersetzt. Das Rufen des Ringes (bzw. Stabes, Beiles usw.) hat meist den Tod des Riesen zur Folge, da der Gegner den abgeschnittenen Finger mit dem Ring ins Waser wirft, wodurch der Riese irregeleitet wird und, der Stimme des Ringes folgend, im Wasser ertrinkt. Es ist auffallend, daß auch die Erzählung des Dede Korkut, ein alttürkischer Text aus dem 14.-15. Jh. (hg. Ruben), das Ringmotiv kennt, das wir zur volkstümlichen Grundform der Sage gehörig betrachten dürfen. Es fehlt dagegen in der Odyssee; und doch gibt die Dichtung uns vielleicht einen Hinweis, daß auch der Odyssee-Dichter diese wahrscheinlich ursprüngliche Form der Sage gekannt und sie nur nach seinen Erfordernissen abgewandelt hat: Als Odysseus Polyphem noch einmal vom Schiff aus anruft (eine Szene, die ja auch die Volkserzählungen kennen), bietet Polyphem noch ein Gastgeschenk an. Aber Odysseus ist zu klug, dieses Geschenk, das ihn erneut bedrohen würde, anzunehmen. Das Gastgeschenk bleibt bei Homer ein blindes Motiv, obwohl es nicht unvermittelt auftritt: Schon zu Beginn des Abenteuers will Odysseus ein Gastgeschenk von dem Ungeheuer in Empfang nehmen, und die Bitte um das Gastgeschenk wird auch gleich in der ersten Unterhaltung zwischen Odysseus und dem Kyklopen wieder vorgetragen. Der Kyklop will dann ein Gastgeschenk gewähren, das darin besteht, daß Odysseus zuletzt verzehrt werden soll. In dieser mehrfachen Erwähnung eines dann aber doch nicht wirklich empfangenen Gastgeschenks liegt vielleicht eine Erinnerung an ein wirklich gege-

benes Geschenk, wie es die mittelalterlichen und volkstümlichen Ringfassungen noch kennen.

19. *Die Niemand-List.* Obwohl die mittelalterl. Erzählung auch noch von anderen Riesen weiß, die sich am Anfang die Beute der gefangenen Räuber teilen, kommen dem Geblendeten doch keine anderen Riesen zu Hilfe. Dies wäre auch nur im Zusammenhang mit der Niemandgeschichte reizvoll. In unseren mittelalterlichen Polyphemversionen fehlt aber, ebenso wie in der neuzeitlichen Volksüberlieferung die Niemand-List. In allen von Polívka nachgewiesenen nordost-und südosteuropäischen Versionen der Polyphemsage fehlt ebenfalls das der altgriechischen Sage eigene Niemand-Motiv. In den 221 Fassungen Hackmans kommt nur zweimal das Niemand-Motiv vor, und diese Varianten zeigen den literarischen Einfluß Homers. Daraus darf geschlossen werden, daß die Niemand-Episode nicht zu der volkstümlichen Grundform der Polyphemgeschichte gehört. Die Niemand-Episode ist für die eigentliche Polyphem-Geschichte keineswegs notwendig oder wesentlich. Die List des Helden wird ja schon durch verschiedene andere Züge, namentlich die Blendung des Riesen und durch die besondere Art der Flucht genügend ins Licht gestellt. Die Niemand-Episode dient lediglich dazu, die dem Ende zustrebende Erzählung noch einmal zu retardieren.[22]

20. *Die Verbindung mit Mot. K602.1.* Verwandt mit der Niemand-Geschichte erscheint jedoch ein zweiter Erzähltyp der Volksüberlieferung. Es handelt sich dabei meist um kurze lokalisierte und sagenhafte Erzählungen folgenden Inhalts: Ein Mensch klemmt einen Unhold in einen Baumstamm oder quält ihn auf andere Weise, nachdem er ihm zunächst vorgelogen hat, er heiße ›Selbst‹. Der Unhold jammert und klagt, so daß seine Genossen herbeieilen. Als die ihn fragen, wer ihm ein Leid angetan habe, brüllt er: ›Selbst!‹ Da sagen sie ihm, er möge es auch selbst büßen. O. Hackman hat auch für diesen Sagentyp eine Variantenliste gegeben. In Norddeutschland verbindet sich dieselbe Sage mit anderen Wesen, mit den Unterirdischen oder mit Wasserdämonen. Aus der Mark Brandenburg berichten A. Kuhn und W. Schwartz.

Gegenüber diesen beiden Sagen, in denen der Mensch bei der Dämonenbegegnung fälschlicherweise angibt, ›Selb‹ bzw. ›Selberjedon‹ zu heißen, bedeutet es eine Zersagungserscheinung, wenn er in anderen Varianten tatsächlich ›Selbst‹ heißt (Insel Rügen).

Im Unterschied zu griechischen Niemand-Erzählungen bilden die Selbst- oder Selbsttan-Varianten, deren Hauptverbreitungsgebiet in der heutigen Volksüberlieferung vor allem in Mittel- und Nordeuropa liegt, deutlich eine homerunabhängige Tradition. Sie kennen andererseits das Blendungsmotiv und überhaupt die ganze Vorgeschichte unserer ausführlichen Polyphemerzählungen nicht; d.h. in der heutigen Überlieferung der europäischen Völker treten zwei klar voneinander verschiedene Sagen- bzw. Märchengruppen auf, die aber in der Odyssee vereinigt sind. Wenn die europäische Volksüberlieferung von der Odyssee abhängig wäre, dann hätte sie ja wohl beide Komplexe zusammen überliefert. Da dies aber nicht der Fall ist, muß man annehmen, daß es sich um unabhängige Volksüberlieferungen handelt, die vom Odyssee-Dichter zu einer Geschichte zusammengeschmolzen worden sind, die also in ihrem Teilbestand schon älter als die homerische Dichtung sind. Der Dichter hat dabei wahrscheinlich das in der Volksüberlieferung vorhandene Selbst-Motiv zum Niemand-Motiv umgewandelt, das dann sehr wirkungsvoll die Selbstvorstellung des Odysseus vorbereitet. Andererseits zeigen einige Unstimmigkeiten der homerischen Niemand-Episode, daß sie eigentlich nicht logisch und ursprünglich zur Polyphemerzählung gehört haben kann. Die betrügerische Namensangabe ist nötig, um sich vor den Gehilfen des Dämons zu schützen. Dies verbindet die Selbstgeschichte der heutigen Volksüberlieferung mit der homerischen Niemand-Episode. Die Episode setzt nicht solitäre, sondern kollektive Dämonenwesen voraus, und Wesen, die in Gruppen auftreten, wie Zwerge, Unterirdische, wilde Leute, Fenggen, Wassernixen usw. sind durchgängig die Handlungsträger der Selbst-Erzählungen in der Volksüberlieferung. Der geprellte Riese (oder Teufel) der Volksüberlieferung steht dagegen dem Menschen in der Regel als Einzelwesen gegenüber. Die Niemand- oder Selbst-Geschichte paßt also nicht in eine Riesensage. Sie steht schließlich auch im Widerspruch zu dem, was Homer vorher über Sitten und Lebenweise der Kyklopen und speziell Polyphems berichtet. Da heißt es, daß jeder Kyklop für sich lebt, und daß sie sich um einander nicht kümmern. Zu diesen Angaben will es wenig stimmen, wenn nachher das Gebrüll des Geblendeten in den Höhlen der um ihn her wohnenden Kyklopen gehört wird und wenn diese sofort bereit sind, ihm zu Hilfe zu eilen; nach der Blendung wohnen die anderen Kyklopen also plötzlich nahe in den benachbarten Höhlen. Hier liegt ein fühlbarer Widerspruch innerhalb der homerischen Dichtung selbst. Auch die Philologen vermuten, daß der Kyklop ursprünglich ein einzelner Riese war und daß das Volk der Kyklopen erst von einem späteren Dichter hinzugesetzt wurde; allerdings in sehr alten Fassungen, die für uns nicht mehr greifbar sind.[23]

Die einzelnen Punkte, die hier in der Reihenfolge nach dem Verlauf der Handlung aufgeführt wurden, sind natürlich von unterschiedlichem Gewicht. Entscheidend wichtig sind vor allem: Zweiäugigkeit, Blendung, Flucht im Widderfell, Kochen bzw. Braten der getöteten Gefährten, Kontinentalfassung, Ring-Gastgeschenk und Niemand- bzw. Selbst-Episode. Zusammenfassend darf gesagt werden: Unsere mittelalterlichen Redaktionen der Polyphemsage stimmen in vielen und entscheidenden Zügen mit der Volksüberlieferung der Neuzeit überein; in eben denselben Zügen weichen sie aber von der klassischen Gestaltung dieses Stoffes in der Odyssee ab. Die von Homer abweichenden Züge sind uns allesamt auch aus anderen volkstümlichen Versionen der Polyphem-Sage bekannt, was für die Volkstümlichkeit des mittelalterlichen Textes spricht: die mittelalterl. schriftliche Überlieferung muß auf einer älteren mündlichen Überlieferung aufbauen. Wir dürfen die Echtheit und Altertümlichkeit einer Polyphem-Variante jedoch nicht nur an Homer messen, d.h. nicht nur die homerähnlichen Varianten können Echtheit und Altertümlichkeit für sich beanspruchen. Unsere Darstellung hat vielmehr gezeigt, daß wir nicht berechtigt sind, Abweichungen von Homer nur als mehr oder weniger große Umarbeitungen oder Zersagungsprodukte zu betrachten. Unsere Ansicht von der Polyphem-Sage wird auch dadurch gestützt, daß der Odyssee-Dichter gar nicht die älteste Schicht der Anschauung von den Kyklopen bringt. Die Kyklopen Homers sind z.B. von ganz anderer Art als die des Hesiod. In Hesiods Theogonie (V. 139-146) sind die einäugigen Riesen Söhne des Uranos und der Gaia. Es sind die drei Schmiede des Zeus, und schon ihre Namen Brontes, Steropes und Arges enthüllen, daß sie für Zeus die Blitze verfertigen. Sie haben mit Polyphem, dem Sohne des Poseidon, wegen der Einäugigkeit nur den Namen Kyklop gemeinsam.[24] Diese Aussagen Hesiods geben zweifellos ein urtümlicheres Bild. Der Odyssee-Dichter zeigt dagegen sicher nicht die früheste Stufe der Kyklopen-Vorstellung, wenn er sie als käseproduzierende Riesen schildert. Homers Polyphem ist keineswegs mehr ein Kyklop der Mythologie. Wie alle Riesen und wilden Leute der Volksüberlieferung ist er vielmehr sehr vermenschlicht: ein ausgesprochener ›Märchen‹-Riese. Der Odyssee-Dichter hat also Volksvorstellungen von Riesen und wilden Leuten erst auf die Kyklopen übertragen. Logische Unstimmigkeiten des Odyssee-Textes und – seither von volkskundlicher Seite noch nicht zur Dokumentation herangezogene – altgriechische Vasenmalereien als bildliche Zeugnisse beweisen das Alter dieser Abweichungen als homerunabhängige Formen der Sage. Es müssen also schon vor der Entstehung des homerischen Epos und neben Homer volkstümliche Erzählungen existiert haben, die die einzelnen Hauptzüge der Polyphem-Sage enthielten. Der Dichter der Odyssee hat diese Geschichten sicherlich nicht erfunden, sondern aus älterer Überlieferung geschöpft, und die vergleichende Märchen- und Sagenforschung kann beweisen, daß es sich schon damals um einen Stoff der Volkserzählung gehandelt haben muß. Die Polyphem-Sage bleibt dadurch ein eindrucksvolles Beispiel für die Langlebigkeit und Traditionsfestigkeit unserer Volkserzählungen.

Wilhelm Grimm: *Die Sage von Polyphem,* in *Abhandlungen der Königl. Akademie der Wissenschaften zu Berlin,* Phil.-hist. Klasse 1857 = *Kleinere Schriften* Bd. 4, Gütersloh 1887, S. 428-462.
Iohannis de Alta Silva: *Dolopathos sive de rege et septem sapientibus,* hg. von Hermann Oesterley, Straßburg und London 1873.
Kr. Nyrop: *Sagnet om Odysseus og Polyphem,* in: *Nordisk Tidskrift för Filologi,* N. R. Bd. 5, Kopenhagen 1880-1882, S. 216-255.
G. R. Holland: *De Polyphemo et Galatea,* Diss. Leipzig 1884.
F. Schneider: *Der trojanische Sagenkreis in der älteren griechischen Kunst,* 1886.
Gregor Krek: *Einleitung in die slavische Literaturgeschichte,* Graz 1887^2, S. 665-759.
A. Wiedemann: *Zur Polyphem-Sage,* in: *Am Urquell.* Monatsschrift für Volkskunde, hg. von Friedrich Salomon Krauss, Bd. 5, 1894, S. 85f.
Şăinénû: *Basmele române,* Bukarest 1895, S. 94-106.
Georg Polívka:*Nachträge zur Polyphemsage,* in: *Archiv für Religionswissenschaft* 1, 1898, S. 305-336, 377.
Reinhold Köhler: *Kleinere Schriften zur Märchenforschung,* hg. von Joh. Bolte, Bd. 1, Weimar 1898, S. 181-184.
Samuel Singer: *Schweizer Märchen.* Anfang eines Kommentars (= *Untersuchungen zur neueren Sprach- und Literaturgeschichte* 3), Bern 1903, S. 20-23.
Oskar Hackman: *Die Polyphemsage in der Volksüberlieferung,* Helsingfors 1904.
Karl Dieterich: *Aus neugriechischen Sagen* I. *Neue Fassungen der Polyphemsage,* in: *Zs. f. Vkde.* 15, 1905, S. 380-382.
Hermann Hamann: *Die literarischen Vorlagen der KHM und ihre Bearbeitung durch die Brüder Grimm (= Palaestra 47),* Berlin 1906.
Arnold van Ganner: *Religions, Moeurs et Légendes,* Paris 1908, S. 155-164.
Franz Müller: *De monumentis ad Odysseam pertinentibus,* Diss. Halle 1908.
Lee M. Hollander: *The Gautlang Cycle of Sagas. The source of the Polyphemos-episode of the Hrólfssaga Gautrekssonar,* in: *The Journal of English and Germanic Philologu.* Vol. XI, 1912, S. 61-81, 209-217:*Historia septem sapientium* II.
Johannis de Alta Silva *Dolopathos sive de rege et septem sapientibus,* hg. von Alfons Hilka (= *Sammlung mittellateinischer Texte* 5), Heidelberg 1913.
Franz Müller: *Die antiken Odyssee-Illustationen in ihrer kunsthistorischen Entwicklung,* Berlin 1913.
Franz Settegast: *Das Polyphemmärchen in altfranzösischen Gedichten.* Eine folkloristisch-literargeschichtliche Untersuchung, Leipzig 1917 (vgl. dazu: Zs. f. Vkde. 1917, S. 275f.).
Bolte-Polívka I, 69; III, 374-378.

Otto Weinreich: *Das Märchen von Amor und Psyche und andere Volksmärchen im Altertum,* in: Friedländer: *Sittengeschichte Roms,* Bd. IV, Leipzig 1921^{9+10}, S. 89-132.
Karl Meuli: *Odyssee und Argonautika.* Untersuchungen zur griechischen Sagengeschichte und zum Epos, Berlin 1921, bes. S. 65ff.
Albert Wesselski: *Märchen des Mittelalters,* Berlin 1925, S. XI, 82-87, 217-218.
HdA.I, 1392-1394 (Art. ›*blenden*‹ von Müller-Bergström).
HdM I (Berlin und Leipzig 1930/33), S. 81-90 (Art. ›*Antike Motive im deutschen Märchen*‹ von Ludwig Mackensen) und S. 270-275 (Art. ›*Blendung*‹ von H. Wetter).
Friedrich von der Leyen und Valerie Höttges: *Lesebuch der deutschen Volkssage (= Literarhistorische Bibliothek* 10), Berlin 1933, Nr. 41, S. 52-54, 157f.
Walter Anderson: Zu Albert Wesselski's Angriffen auf die finnische fokloristische Forschungsmethode (= Acta et commentationes universitatis Tartuensis, B Humaniora 38, 3), Tartu (Dorpat) 1935, S. 46-49.
Valerie Höttges: *Typenverzeichnis der deutschen Riesen- und riesischen Teufelssagen (= FFC* 122), Helsinki 1937.
Jan de Vries: *Altnordische Literaturgeschichte (= Grundriß der Germanischen Philologie* 16), Bd. 2, Berlin 1942, S. 451f., 457, 461f.
Walter Ruben: *Ozean der Märchenströme* I: *Die 25 Erzählungen des Dämons, mit einem Anhang über die 12 Erzählungen des Dede Korkut (= FFC* 133), Helsinki 1944, S. 244-253.
Johannes Mewaldt: *Antike Polyphemgedichte,* in: *Anzeiger der Akademie der Wissenschaften in Wien, Philos.-Hist. Klasse,* Bd. 83, 1946, S. 269.286.
Reinhold Merkelbach: *Untersuchungen zur Odysee (= Zetemata. Monographien zur klassischen Altertumswissenschaft* 2), München 1951, S. 212ff.
Hubert Schrade: *Götter und Menschen Homers,* Stuttgart 1952.
RE Pauly-Wissowa XXI, 2 (42. Halbband), Art. ›*Polyphemos*‹ von Karl Scherling (erschienen Stuttgart 1952), S. 1809-1822.
Wolfram Eberhard und Pertev Naili Boratav: *Typen türkischer Volksmärchen (= Akademie der Wissenschaften und der Literatur. Veröffentlichungen der orientalischen Kommission* Bd. 5), Wiesbaden 1953, S. 159f.
Richard M. Dawkins: *More Greek Folktales,* Oxford 1955, S. 12ff.
Lutz Röhrich: *Die Grausamkeit im Märchen,* in: *Rhein. Jb. f. Vkde.* 6, 1955, S. 176-224.
C. S. Mundy: *Polyphemus and Tepegöz,* in: *Bulletin of the School of Oriental and African Studies* 18, 1956, S. 279-302.
Lutz Röhrich: *Märchen und Wirklichkeit. Eine volkskundliche Untersuchung,* Wiesbaden 1956 (4. Aufl. 1979), S. 178ff.
Mia I. Gerhardt: *Les voyages de Sindbad le marin (= Studia Litteraria Rheno-Traiectina* 3), Utrecht 1957.
Studies in Folklore, ed. by Richmond, Bloomington 1957.
Homer: *Die Odyssee,* übersetzt in deutsche Prosa von Wolfgang Schadewaldt, Hamburg 1958.
Friedrich von der Leyen: *Das Märchen,* Heidelberg 1958^{4}, S. 127.
Erich Meyer-Heisig: *Vom ›Herrn Niemand‹,* in: *Zwischen Kunstgeschichte und Volkskunde. Festschrift für Wilhelm Fraenger,* Berlin 1960, S. 65-76.
Paolo Enrico Arias und Max Hirmer: *Tausend Jahre griechische Vasenkunst,* München 1960.
C. S. Mundy: *The Cyclops in Turkish tradition.* A study in folktale transmission; in: Internationaler Kongreß der Volkserzählungsforscher in Kiel und Kopenhagen. Vorträge und Referate (= Fabula Supl. S. B, 2), Berlin 1961, S. 229-234.
Friedrich Walsdorf: *Odysseus bei Polyphem,* in: Der altsprachliche Unterricht Jg. 1965, S. 15-39.

Sigfried Svensson: *Introduktion till folklivsforskningen*, Malmö 1966, S. 11-13; dt.: *Einführung in die Europäische Ethnologie, Meisenheim am Glan 1973, S. 5-8.*
Lutz Röhrich: Erzählungen des späten Mittelalters und ihr Weiterleben in Literatur und Volksdichtung bis zur Gegenwart, Bd. II, Bern und München 1967, S. 213-250, 447-460.
Denys Page: *Folktales in Homer's Odyssey*, Cambridge/Mass. 1973.
Detlev Fehling: *Amor und Psyche* (Akademie der Wiss. u. d. Lit. Mainz), Wiesbaden 1977.
William F. Hansen: *Greek Mythology and the Study of Ancient Greek Oral Story*, in: Journal of Folklore Research 20 (1983), pp. 97-112.
Stephanos Imellos: *Aus dem Kreis der Polyphemsage in Griechenland*, in: Wolfdietrich Siegmund (Hrsg.): Antiker Mythos in unseren Märchen, (= Veröffentlichungen der Europ. Märchengesellschaft 6), Kassel 1984, S. 47-52.
Wolfgang Kullmann: *Oral Poetry and Neoanalysis in Homeric Research*, in: Critical Exchange 16 (1984), pp. 9-22 (Oxford/Ohio).
Wilhelm F. Hansen: *Odysseus and the Oar.* A Folkloric Approach, in: Lowell Edmunds (ed.): Approaches to Greek Myth, Baltimore/Maryland 190, pp. 241-270.
...: Art ›*Homer*‹ in: Enzyklopädie des Märchens, VI, ...

Reiner Hildebrandt

MÄRCHENHAFTE ELEMENTE IN DER MITTELHOCHDEUTSCHEN EPENDICHTUNG

Seit André Jolles vielumstrittener Märchendefinition als ›einfacher Form‹[1] und der von Friedrich von der Leyen schon 1911 erhobenen Forderung, streng zwischen Märchenmotiv und Märchen zu unterscheiden,[2] gab und gibt es bis heute den wissenschaftlichen Zweifel an tragfähigen Aussagen über das Wesen des Märchens jenseits unserer ›eigenen Präzisions- und Definitionsexzesse‹.[3] In vieler Hinsicht hilfreich sind jedoch die inzwischen schärfer ins Auge gefaßten ›Wechselwirkungen zwischen oraler und literaler Tradierung‹[4], die gerade für die mittelalterlichen Phasen der deutschen Dichtung neue Leitlinien der Forschung begründen können. Wenn Gustav Ehrismann 1905 seine bis heute bahnbrechende, aber nie gezielt weiterverfolgte Abhandlung noch ›Märchen im höfischen Epos‹[5] nennen konnte, so wurde seither eher beiläufig – ein allgemeines Grundverständnis voraussetzend – von dem märchenhaften Charakter vieler mittelhochdeutscher Epenstoffe gesprochen, so als seien sie damit, weil auf spezielle Stofftraditionen vorliterarischen Ursprungs zurückweisend, bereits hinreichend charakterisiert.

Allenfalls wird auf bestimmte, immer wiederkehrende Motive (Brautwerbung, Dümmling, Quelle) hingewiesen, oder aber auf realitätstranszendierende raum-, zeitliche Dimensionen (Traumwelt). Die Literaturhistoriker des deutschen Mittelalters bedienen sich hierbei allenthalben einer weniger argumentativ-interpretierenden Diktion, als vielmehr einer konstatierenden Argumentation in dem Sinne, daß den genuin poetischen Intentionen der mhd. Ependichter prinzipiell Märchenhaftes als archaischer Grundstoff vorausliege. Stellvertretend für viele seien hier einige Aussagen aus Kurt Ruhs Studienbuch zur höfischen Epik[6] zitiert: »[...] die Konturen der alten Welt verschwimmen im Märchendickicht« (S. 88); »[...] das ist die christliche ›Wahrheit‹, die sich in der verfremdeten Märchenwelt der Romane nicht anders spiegelt als in der Wunderwelt der Legenden« (S. 159). Und bezüglich des höheren poetischen Anspruchs: »In dieser Form hat Chrétien von Troyes den Artusroman geschaffen. Er ist das Produkt hohen Kunstverstandes, nicht primitiver Märchen- und Sagentypik« (S. 93). Dieser Aussage nur scheinbar widersprechend steht die andere gegenüber: »Das heroische, im Geschichtlich-Nationalen wurzelnde Element ist zugunsten einer kunstvollen Märchentypik aufgegeben« (S. 96).

Ganz im gleichen Sinne äußert sich auch Max Wehrli über die Artusepik[7]: »Und keltische Erinnerungen blühten zwar in den höfischen Romanen zu einer der bedeutendsten und originellsten Schöpfungen des Mittelalters auf, aber nur, weil sie gründlich umfunktioniert, in andere Sprache übertragen, ins Märchenhafte verwandelt und somit frei verfügbar geworden waren« (S. 96). Die Artusromane sind ja nichts anderes als Bilderbücher in Märchenform über den menschlichen Weg zur Welt, zur Liebe, zum Nächsten, zu Gott, zu sich selbst« (S. 105f.).

Freilich, auf die Problematik einer solchen ›Episierung von Märchen‹, einer solchen ›Überführung eines Märchens in die narrative Großform‹ hat mit entsprechenden Ab- und Eingrenzungen kürzlich Walter Haug hingewiesen[8], und so bleibt es bis in die jüngste Gegenwart nach wie vor in der Schwebe, was bei gezielt poetischem Anspruch überhaupt noch Märchen bleibt und was stattdessen lediglich mit märchenhaften Anklängen und Anleihen ausgestattet ist.

Der gezielt poetische Anspruch mit der Individualität des Dichters einerseits und dem der Schriftlichkeit anheim gegebenen Publikum als einer gesellschaftlich mehr oder wenig eindeutig umrissenen Rezeptionsgröße andererseits sind allerdings nur neuzeitlicher Literaturästhetik adäquat, weder war das Mittelalter noch sind derzeitig neuste Entwicklungstendenzen vorrangig einem Primat der Schriftlichkeit unterworfen; die Mündlichkeit steht ihr mindestens gleichrangig gegenüber, und nicht von ungefähr öffnet sich die Literaturwissenschaft aus dieser Erkenntnis heraus zur Zeit verstärkt den Aspekten der Mündlichkeit und thematisiert die orale Tradition gleichgewichtig neben der literalen. Der schon genannte Max Wehrli hat in dieser Hinsicht die Konturen noch differenzierter gezogen, indem er zwischen der reinen Mündlichkeit und deren zugrunde liegendem Gedächtnisspeicher einerseits und der reinen Schriftlichkeit als Leseliteratur und Buchkultur andererseits zwei vermittelnde Übergangsphasen ansetzt, die auf entsprechenden Wechselwirkungen beruhen (S. 59f.):

a) »die schriftliche Aufzeichnung mündlicher Formen und dabei eventuell auch eine Bearbeitung der mündlichen Form unter buchliterarischen Vorstellungen oder umgekehrt mit buchliterarischer Verwendung mündlichen Stils«;

b) »mündlicher Vortrag von schriftlich fixierten oder fixierbaren Formen – sei es, weil solche nur in der geselligen Übung leben, sei es, weil illiterates Publikum den mündlichen Vortrag verlangt.«

Wenn wir demnach das Märchen auf der Seite der reinen Mündlichkeit ansiedeln und bezüglich des Mittelalters sehen, daß die andere Seite der reinen Schriftlichkeit noch gar nicht existent war, so gewinnen die beiden mittleren Phasen gesteigertes Gewicht. Die mittelhochdeutsche Ependichtung ist nur dann angemessen adaptierbar, wenn wir jeden einzelnen Dichter im Rahmen dieses Spannungsbogens agieren sehen: war ihm das Schreiben und Lesen wichtiger, oder das Erzählen und Hören? Als Antipoden lassen sich unter diesem Aspekt Hartmann von Aue und Wirnt von Gravenberg zitieren:

Hartmann von Aue (Armer Heinrich):	Wirnt von Gravenberg (Wigalois):
Ein ritter sô gelêret was	Mîn kunst diu was verborgen ie;
daz er *an den buochen las*	die wold ich nu offen hie,
swaz er dar an *geschriben* vant:	ob ich *mit mînem munde*
der was Hartman genant,	möhte swære stunde
dienstman was er zOuwe.	den liuten senfte machen,
er nam im manige schouwe	und von solhen sachen
an mislîchen *buochen:*	daz guot ze *hœren* wære.
dar an begunde er suochen	nu wil ich iu ein *mære*

ob er iht des vunde
dâ mitẹ er swære stunde
möchte senfter machen,
und von sô gewanten sachen
daz gotes êren töhte
und dâ mitẹ er sich möhte
gelieben den liuten.
nu beginnet er iu diuten
ein rede die er *geschriben* vant.
dar umbe hât er sich genant,
daz er sîner arbeit
die er dar an hât geleit
iht âne lôn belîbe,
und swer nâch sînem lîbe
si *hœre sagen* oder *lese,*
daz er im bittende wese
der sêle heiles hin ze gote.

sagen, als ẹz mir ist *geseit.*
zeinẹr ganzen wârheit
trûwe ich ez niht bringen;
wan eines wil ich dingen:
daz ir durch iuwer hövischeit
dem tihtær des genâde seit
der ditze hât getihtet,
mit rîmen wol berihtet,
wan ditz ist sîn êrstez werc.
er heizet Wirnt von Grâvenberc.
der werlte ze minnen
enblient erz sînen sinnen:
ir gruoz wil er gewinnen.
Ez was hie bevor, sô man seit,
ein künic, der ie nâch êren streit,
des nam wîten ist erkant;
Britanjâ hiez sîn lant,
selbe hiez er Artûs;
ze Karidôl hêt er hûs.

Beide wollen mit ihrer Dichtung den ›liuten swaere stunde senfte(r) machen‹, aber der eine, Hartmann, gibt vor, seinen Stoff lesend aus Büchern gewonnen zu haben und ihn, dichterisch neu gestaltend, der Nachwelt wiederum in schriftlicher Form überantworten zu wollen. Sein Publikum sind Leser oder Hörer beim Vorlesen (das ›hoeren sagen‹ ist hier noch ohne den neuzeitlichen Beigeschmack gerüchteweiser Mündlichkeit!); der andere, Wirnt, versteht seine Kunst als mündlich zu vermittelnde (›mit mînem munde‹), zum Sagen und Hören bestimmte Dichtung. Er will ein ›maere sagen‹ und beginnt die Erzählung sogar mit einer Eingangsfloskel wie bei den Grimmschen Märchen ›Ez was hie bevor ... ein künic‹.

Ohne die kontroversen Begriffsbestimmungen zum Wort ›Märchen‹ bzw. dem vorausgehenden mhd. ›maere‹ erneut aufnehmen zu wollen, dürfte hier ein Aspekt jedoch klar auf der Hand liegen: Das was unter mhd. ›maere‹ verstanden wird (und tunlichst unter nhd. ›Märchen‹ auch verstanden werden sollte), ist der Aspekt der reinen Mündlichkeit, den dieses Wort vertritt. Das immer wieder neue Erzählen ist der alleinige Lebensfaden, der nicht abreißen darf. Das Dazwischenschalten eines schriftlichen Stadiums ist dann im Sinne von Wehrli a (Hartmann) oder b

(Wirnt) zu verstehen und kennzeichnet genau die Situation der mhd. Dichter, die im Bewußtsein gesteigerter Form- und Kompositionskunst erzählerische Großformen anstreben, die eine individuelle Gedächtniskapazität prinzipiell überschreiten und deshalb auf Schriftlichkeit angewiesen sind. Was sie unter gesteigerten Ansprüchen zu vermitteln haben, hat aber betontermaßen seine Anknüpfungspunkte im historisch vorausliegenden mündlichen Erzählgut der ›alten maeren‹. Die Eingangsstrophe des Nibelungenliedes bringt deshalb auch genau diesen Aspekt zur Geltung, ohne daß man hier die kontroverse philologische Akribie bei den Fragen um die oralen oder literalen Vorstufen unseres mhd. Nibelungenliedes in zwei Versionen und unbekannter Dichterpersönlichkeit eigens berücksichtigen müßte:

Uns ist in *alten maeren wunders vil geseit*
von helden lobebaeren, von grôzer arebeit,
von fröuden, hôchgezîten, von weinen und von klagen,
von küener recken strîten muget ir nu *wunder hoeren sagen.*

Das ›Hören-sagen‹ von Wundern ist im Epos genau so intendiert wie in den ›alten maeren‹, nur gibt es jetzt statt des Nebeneinanders einer Reihe erzählerischer Kleinformen (epische Parataxe), das Ineinander der künstlerischen Großform (epische Hypotaxe).
Es gibt einen markanten Beleg dichterischer Reflexion und zugleich Emanzipation hinsichtlich einer brüchig gewordenen Akzeptanz der ›alten maeren‹ unter Berufung auf mißachtete Logik und Rationalität: Gottfried von Straßburg will in seinem Tristanepos das uralte Frauenhaarmotiv nicht mehr gelten lassen und rechtfertigt eindrucksvoll seinen Verzicht, wohl wissend, daß man ihm sonst einen Vorwurf machen könnte. In der älteren Tristan-Version des Eilhart von Oberg liest sich die Episode noch folgendermaßen:

Eilhart von Oberg (Übertragung R. Hildebrandt):

Zu einem mâl frûnd unde man
gingen vor den koning stân.
die bestin von dem lande
die nâmen Tristrande
und gingen mit im zu râte,
daz sie den koning alle bâtin,

daz he wolde nemen ein wîp.
do bescheide her in eine zît,
daz her in sagite sînen mûd.
die rede dûchte sie alle gût,
daz he sû unzwîvellîche sprach,
wen he dicke bevorn jach,

daz her keine wolde.
dô her kunden solde
waz sîn wille wêre,
dô saz der koning mêre
in sîme sale aleine;
sîn sorge was nicht cleine,
wen he gar hertlîchen dâchte,
wie he die sîne brâhte
wîslîchen von der rede,
daz sie in woldin lân mit vrede,
wen he enwolde wîbes nît,
ez wêre en leit adir lîp.
  Dô begundin sich zwû swalen
bîzen in des koninges sale.
des wart der hêre geware
und sach ernstlîchin dare.
diz merkit recht, wen ez ist wâr:
do entvil in beidin ein hâr
daz war schône unde lang.
do gewan der koning den gedang
daz he daz wolde schauwin.
›diz ist einer vrauwin‹
sprach he selbe wedir sich,
›hie mit wil ich werin mich.
der wil ich zu wîbe gerin:
sie enmogen mich ir nicht geweren.
wâ mit werte ich mich baz?
sie sîn mîme neben haz
dar umme daz he bederwe is,
doch bin ich selbe des gewis,
daz es im nicht moge geschadin.
he sal doch mîn rîche habin,
daz sie im werden undirtân.‹
seht, dô quam Tristrant gegân
und die hêren alle mede!
ein vorste ir allir rede tede,
daz er sich lieze vorstân,
wie er es wolde ane vân
um des rîches êre.
dô sprach der koning hêre
›ich habe hie einer vrauwin hâr,
ich wil ûch sagin daz vor wâr:
die neme ich, ab daz mag gesîn,
wizzet des den willin mîn.
mag mir abir die nicht werdin.
sô ist nergin ûf der erdin
keine die ich nemen welle:
ê wolde ich die helle
bûwen êwiglîche,
daz geloubit mir gelîche!‹
  Dô der koning diz gesprach,
ez was den hêren ungemach
und vrâgetin, wer sie wêre.
dô sprach der koning hêre,
daz he des niht en wiste.
sie sprâchin ›he wil uns mit listen
von desir rede bringen‹,
und sprâchin hêlingen,
ez wêre Tristandes scholt,
der en wêre im nicht holt;
des hête he grôze sunde,
daz her im nicht engunde
sîner êre und sînes vromen.
doch hêtin sie alle gerne vornomen,
wanne im daz hâr komen wêre:
die rede was in zû swêre.
Tristrant der werde sprach dô
›wie tùt ir, lîbir hêre, sô?
daz ir nicht nemet wîbes,
daz ist sorge mînes lîbes
und steit mir an der wâge.
jâ redin ûwir mâge,
ir tût daz dorch den willin mîn.
ir sollit in nû tûn schîn,
daz ich ez ûch nî gerît.
ist ûch die vrauwe icht lîp
dâ ir abe hât gesagit,
sie sî wîb adir magit,

ich gewinne sîn vromen adir schadin, ab got des wil gerûchin,
heizzet mir ein schif ladin daz ich sie vinde eteswâ.
mit deme daz ich bedarf dar zû: des antwurtet mir daz hâr,
ich wil ez dorch ûwern willen tûn daz ich sie irkenne dâ bî,
und wil sie wîte sûchin, ab ich ummir kome dâ sie sî.

Eines Tages versammelten sich
Freunde und Gefolgsleute vor dem König.
Die Angesehendsten im Lande
holten sich Tristan
und beratschlagten mit ihm
wie sie alle den König bitten wollten,
daß er sich eine Frau nehmen sollte.
Der König erbat sich Bedenkzeit,
bevor er ihnen seinen Entschluß mitteilen wollte.
Es machte ihnen Hoffnung,
weil er jetzt mehr Entschlußkraft zeigte,
nachdem er bisher immer nur davon gesprochen hatte,
keine Frau heiraten zu wollen.
Um sich nun recht zu erforschen,
wie seine Entscheidung aussehen sollte,
saß der König lange Zeit
in seinem Thronsaal alleine
und machte sich viele Gedanken.
Angestrengt überlegte er,
wie er seine Berater
davon zu überzeugen vermöchte,
daß sie ihn mit ihrem Ansinnen in Frieden lassen sollten,
denn eine Ehefrau wollte er nun mal
bei Leib und Leben nicht haben.
Da wurde er Zeuge, wie sich zwei Schwalben
in seinem Königssaal zankten.
Er beobachtete das sehr genau
und nun hört nur recht, denn es ist die Wahrheit.
Den beiden Schwalben entfiel beim Kampf
ein schönes langes Haar.
Da kam dem König der Gedanke
sich das Haar genauer anzuschauen:
›Es ist ein Frauenhaar

sprach er zu sich selbst,
damit kann ich mich aus der Affäre ziehen.
Nur die, von der dieses Haar stammt,
will ich zur Frau begehren!
Eine solche Bedingung vermögen die Herren nicht zu erfüllen.
Womit könnte ich mich ihrer besser erwehren?
Hinter allem steht ja nur der Haß auf meinen Neffen (Tristan)
und auf seine Untadeligkeit,
die mir die Gewißheit gibt,
daß ihm kein Schade zustoßen kann.
Deshalb soll er auch mein Reich erben,
und sie werden seine Untertanen sein!‹
Alsbald erschien Tristan
mit allen hohen Herrn.
Ein Fürst fragte
im Namen aller,
welchen Entschluß er nun um des Reiches
Ansehen willen gefaßt habe.
Da sprach der edle König:
»Ich habe hier ein Frauenhaar
und sage euch mit allem Ernst:
nur die nehme ich zur Frau, der dieses Haar gehört.
Das ist mein fester Entschluß.
Kriege ich die nicht,
so gibt es nirgends eine auf der Welt,
die ich haben will.
Eher will ich ewig
in der Hölle wohnen,
das glaubt mir allesamt.‹
Was der König da gesprochen hatte,
war den Herren gar nicht recht.
Sie wollten sogleich wissen, wer die Frau denn wäre.
Der edle König antwortete,
daß er das nicht wisse.
Da sprachen sie: ›er will uns listenreich
von unserm Plan abbringen!‹
Sie waren sich einig,
daß alles Tristans Schuld sei,
der dem König insgeheim übel wolle.

In sündhafter Weise
schmälere er dem König
sein Ansehen und Wohlergehen.
Alle waren sie aber neugierig,
wo denn das Haar hergekommen wäre.
Die Auskunft des Königs erschien ihnen schwer verständlich.
Der werte Tristan ergriff das Wort:
›Lieber Herr, was treibt Euch um?
daß ihr keine Frau nehmen wollt,
das läßt mich um mein Leben bangen
und wiegt schwer zu meinen Ungunsten.
Eure Anhänger meinen
ihr handeltet so um meinetwillen.
Ihr solltet ihnen beweisen,
daß ich euch nicht dazu riet.
Ehe euch eine Frau so wenig wert ist
und ihr jeder, ob Frau oder Jungfrau
eine Absage erteilt,
so will ich lieber zu meinem Nutzen oder Schaden ein Wagnis eingehen:
Befehlt, daß mir ein Schiff gerüstet wird
mit allem, was ich zur Seefahrt bedarf
damit ich die eine um Euretwillen
in der Ferne suche.
Gott möge es bewirken,
daß ich sie irgendwo finde.
Das Haar soll mir als
Erkennungszeichen dienen,
sofern ich irgendwie in ihre Nähe komme.‹

Daß es sich dabei um das Haar Isoldes handelt, das die Schwalbe vom weit entfernten Irland nach Cornwell gebracht hat, nur damit sich daran das Wunder einer schicksalhaft gefügten Brautwerbung zeichenhaft manifestiert, ist für Gottfried denn doch zu weit hergeholt, als daß er es noch in seine neue epische Konzeption übernehmen könnte. Er konzentriert die ganze Brautwerbungsszenerie vielmehr von vornherien auf die Person seines Neffen Tristan als Brautwerber bei Isolde und verlagert die verschwindend geringe Aussicht auf Erfolg ganz auf den Umstand, daß eine Todfeindschaft zwischen Tristan und Isolde besteht, die zu überwinden er nicht für möglich hält. Die Frauenhaarepisode erwähnt er beiläufig nur noch als Absurdität:

Gottfried von Straßburg (Übertragung Günter Kramer):

nu diz wart schiere getan,
dazs alle waren besant.
nu die gerieten ouch zehant
und niwan durch Tristandes tot:
möhtez gesin, diu schœne Isot
diu gezæme im wol ze wibe
an gebürte, an tugende, an libe,
und statten ouch den rat also.
vür Marken kamens alle do;
ir einer, der ez kunde,
der sprach mit einem munde
ir aller willen unde muot:
›herre‹ sprach er ›uns dunket guot:
diu schœne Isot von Irlant, [...]‹
des antwurt in do Marke:
›Tristan der hat mich starke
in gedanke durch si braht:
ich han vil durch si gedacht,
als er si lobete wider mich.
von den gedanken bin ouch ich
von den andern allen
so sere an si gevallen,
sin müge mir danne werden,
son wirt uf diser erden
niemer dekeiniu min wip,
sam mir got und min selbes lip!‹
den eit tet er niht umbe daz,
daz im sin gemüete iht baz
so hin stüende danne her:
durch die kündekeit swuor er,
daz es im gar was ungedaht,
daz ez iemer würde zende braht.
Si lesent an Tristande,
daz ein swalwe zIrlande

Dies war bald geschehen.
Alle wurden herbeigerufen
und machten sofort den Vorschlag,
nur um Tristan zu verderben,
daß die schöne Isolde
gut zum König passen würde,
wäre die Verbindung möglich.
So einigten sie sich darauf,
gemeinsam zu Marke zu gehen.
Einer von ihnen, der es verstand,
sagte ihm den Beschluß
und die Meinung aller.
»Herr«, sprach er, »uns scheint
die schöne Isolde von Irland geeignet.
Da antwortete ihnen Marke: [...]
»Tristan hat mich schon
ihretwegen nachdenklich gemacht.
Ich habe oft daran gedacht,
als er sie vor mir lobte.
Darum bin ich auch
vor allen anderen
so sehr auf sie verfallen,
wird sie nicht meine Frau,
wird keine andere auf Erden
jemals meine Gattin,
so wahr Gott und ich selber leben!«
Den Eid gab er nicht deshalb,
weil er sie etwa wirklich
mehr als eine andere begehrte;
er schwor aus Klugheit, weil es ihm
undenkbar schien, daß der Vorschlag
je ausgeführt werden könnte. [...]
Man liest über Tristan, eine Schwalbe
sei von Cornwall nach Irland geflogen

von Curnewale kæme,
ein vrouwen har da næme
zir buwe und zir geniste
(ine weiz, wa siz da wiste)
und vuorte daz wider über se.
genistet ie kein swalwe me
mit solhem ungemache,
so vil so si busache
bi ir in dem lande vant,
dazs über mer in vremediu lant
nach ir bugeræte streich?
weiz got, hie spellet sich der leich,
hie lispet daz mære.

und hätte dort ein Frauenhaar
für ihr Nest genommen
(ich weiß nicht, wie sie das wußte)
und übers Meer zurückgeführt.
Sollte jemals eine Schwalbe
so unbequem ihr Nest bauen
und übers Meer in fremde Länder
nach Material zum Bauen fliegen,
wo sie doch reichlich davon
im eigenen Lande finden konnte?
Weiß Gott, hier wird die Dichtung unwahr,
und das Geschwätz beginnt.

Die von Kramer nicht sehr glücklich übertragenen beiden letzten Zeilen sind im Originalwortlaut sprachliche Pretiosen besonderer Art. Hier hat Gottfried mit hintergründig treffenden Worten bekundet, daß er ›alte maeren‹ nicht unbedingt für unantastbar hält, sondern daß er ihnen in dichterischer Vollmacht durchaus den Makel des Unglaubwürdigen bzw. des Nicht-mehr-Glaubwürdigen anzuheften gewillt ist:

›hie spellet sich der leich‹: das, was hierüber als gesangliches Erzählgut existiert, gerät ins Faseln.
›hie lispet das maere‹: das, was hierüber als alte Geschichte von Mund zu Mund geht, hört sich eher wie Gelispel an.

Wie hätte besser und aufklärerischer ausgedrückt werden können, mit welch kritischer Distanz ein Dichter der Staufischen Literaturperiode an die Episierung von Märchen und Märchenmotiven herangehen konnte, um sie dann aber gegebenenfalls um so wirkungsvoller und poetisch komplexer zu literarisieren! Man denke im Gleichklang damit z.B. nur daran, was Wolfram von Eschenbach aus dem Dümmlingsmotiv hinsichtlich seines Parzival gemacht hat, oder wie in Hartmanns Iwein die ursprüngliche Form des reich bezeugten Quellenmotivs mit einer Fee als Hüterin umgeformt wird: »Tritt dieses reine Märchenmotiv in die ritterliche Vorstellungswelt ein, so versteht es sich von selbst, daß der Brunnen von einem Ritter mit Waffen verteidigt wird«.[9]
Es gibt vorzügliche Überblicksanalysen zu diesen Aspekten: Neben der

bereits angesprochenen von Walter Haug vor allem jene von Kurt Ranke[10] und Otto Brogsitter, der sich speziell auf die Artustradition[11] bezieht und dabei auch den Protagonisten dieser neuen literarischen Tradition, Chrétien de Troyes[12], ins rechte Licht setzt. Er zeigt, wie schon bei diesem die entscheidenden inhaltlichen Transformationen im angesprochenen Sinne voll ausgeprägt sind und die Welt des Rittertums somit einer gesamteuropäischen Ideologie gerade auch im literarischen Bereich verpflichtet ist (Spalte 1375):

»Weiter sind hervorzuheben die einzelnen Aventiuren als bes. Aufgaben des Ritters, die sehr häufig Mechanismen entsprechen, nach denen sich im Märchen Befreiungs- und Erlösungstaten vollziehen. Alle nähere Betrachtung aber lehrt, daß diese Parallelen nicht ihre Ursache darin haben, daß hier C. einfach bestimmte Märchen bearbeitet hat, sondern daß eine bewußte Stilisierung nach Art eines Märchens vorliegt, um eine entsprechend den höfischen Ansprüchen entwickelte Erzählhandlung in einer geeigneten Umwelt darzustellen. Mit anderen Worten, die Romane C.s sind nicht märchenhaft, weil sie aus Märchen hervorgehen, sondern weil sich bestimmte Charakteristika des Märchens im funktionalen Zusammenhang als bes. geeignet erweisen, der Grundkonzeption der neuen Gattung Genüge zu tun.

Sowohl das Märchen wie der Artusroman benötigen das Element des Wunderbaren, da beide einer Zielstruktur unterliegen und der gute Ausgang vorgegeben, d.h. durch eine höhere Weltordnung, die alles geheim so eingerichtet hat, garantiert ist. Der Wunscherfüllung im Märchen entspricht auf der Seite des Artusromans der neue Einklang des Helden mit der Idealwelt ritterlich-höfischer Wertvorstellungen.«

Wenn man neben solchen idealtypischen Analysen auch die zur Zeit stärker ins Blickfeld gerückten Rezeptionsforschungen auf sozio-kulturellem Hintergrund berücksichtigt, so werden wir an einem Beispiel wie etwa dem Wigalois-Roman des Wirnt von Gravenberg allerdings auch dahingehend belehrt, daß es nicht anders als in unseren Tagen auch eine womöglich viel publikumswirksamere ›Trivialliteratur‹ neben den ›Klassikern‹ Hartmann, Wolfram und Gottfried gab, die den Zugang zur arturischen Welt auch auf niedrigerem Niveau ermöglichte. Oft wird dabei ein sog. ›spielmännischer‹ Zug ins Spiel gebracht, so daß z.B. auch der oben erwähnte Tristan-Roman des Eilhart von Oberg als ›spielmännische Version‹ des Tristanstoffes charakterisiert wird. Hinter dieser ansonsten heiß umstrittenen Spielmannstheorie verbirgt sich auf jeden Fall eine größere Nähe zur oralen Erzähltradition, wie das in dem oben angeführten Textvergleich zwischen Hartmann und Wirnt bereits aufgezeigt wurde. Möglicherweise hat Wirnt seine textlichen Anklänge an Hartmann sogar bewußt in antithetischem Sinne gegen diesen verstanden wissen wollen. Die Literaturgeschichten betonen einhellig, daß anders als bei Erec, Iwein, Parzival oder Tristan ein Held wie Wigalois keine läuternde Entwicklung nehme, sondern als statisch unbeweglicher Charakter von einem Abenteuer zum anderen eile und sich damit lediglich eine auswechselbare Kette von Einzelepisoden – oft genug rein märchenhaft – ergebe. Bei einem Vergleich des Drachenkampfes des Wigalois z.B. mit dem des Tristan läßt sich sehr gut ablesen, wie rein naive Erzählfreude bei Wirnt sich immer wieder in Detailschilderungen über das gräßliche Aussehen des Drachens und die Verwüstung des Waldes unter seinen Tritten verliert und die eigentliche Kampfhandlung, die bei Gottfried ganz im Vordergrund steht, daneben auf einen einzigen Lanzenstich verkürzt wird:

Drachenkampf Wigalois:

Sus reit er einen berc zetal.
dâ hôrte er mangen grôzen val
von den starken esten;
die boume begunden bresten
dâ der wurm hin sleif;
swaz er mit dem zagèl begreif,
daz brach er allez nâch im nider;
sîner sterke was niht wider.
vil schiere sach der küene man
den ungevüegen wurm Pfetân
vor im eislîche gên.
er gedâhte ›und soll ich dich bestên,
daz ist mir ein ängestlîchiu nôt! –
waz dar umbe, lige ich tôt?‹
des hêt er sich vil schiere bewegen;
vür sich tet er den gotes segen
dô er den wurm rehte ersach;
in sînem herzen er des jach
daz sô ungehiure
deheine crêâtiure
ie gesæhe dehein man.
ich sagiu wie er was getân,
als er sît selbe jach
der in bescheidenlîche sach:
sin houbt was âne mâze grôz,
swarz, rûch; sin snabel blôz,
eins klâfters lanc, wol ellen breit,
vor gespitzet, unde sneit
als ein niuwesliffen sper;
in sînem giele hêt er
lange zene als ein swîn;
breite schuopen hürnîn
wâren an im über al;
von dem houbet hin ze tal
stuont ûf im ein scharfer grât,
als der kokodrille hât,
dâ er die kiele kliubet mit;
der wurm hêt nâch wurmes sit
einen zagel langen;
dâ mit hêt er bevangen
vier riter lussam,
die er vor dem walde nam,

als im diu vrouwe hêt geseit
durch die er nâch dem wurme reit.
vil kûme hêten si ir leben;
der zagel was umb si gegeben
wol mit drin valten;
sus hêt er si behalten,
als er si ezzen wolde.
ern trûwet niht daz er solde
sterben von deheinem man.
einen kamp hêt er als ein han,
wan daz er ungevüege was;
sîn bûch was grüene alsam ein gras,
diu ougen rôt, sîn sîte gel;
der wurm der was sinwel
als ein kerze hin zetal;
sin scharfer grât der was val;
zwei ôren hêt er als ein mûl;
sîn âtem stanc, wand er was vûl,
wirs dan ein âs daz lange zît
an der heizen sunnen lît;
ouch hêt er vil unsüeze
als ein grîfe vüeze,
die wâren rûch als ein ber;
zwei schœniu vetiche hêt er
gelîch eins pfâwèn gevider;
sîn hals was im vil nider
gebogen ûf daz grüene gras;
sîn drozze gar von knurren was,
als ein steinbockes horn.
vor im was manic lîp verlorn;
ouch muos ér den tôt dâ korn.
Als er den wurm rehte ersach
dô blihter ûf unde sprach
›nu hilf, keiser, herre got,
daz mich dirre tievels bot
iht scheide von dem lîbe,
daz ich dem süezen wîbe
erledige ir gesellen.
du solt den tievel vellen,
wand er der werlte schaden tuot.‹
der segen gap im vesten muot
zuo der ängestlichen nôt.
sus kerte der ritter in den tôt
gegen dem wurm vreissam;
mit beiden handen er dô nam
die glävîe, wan si was starc;
dô truoc in sîn schœne marc
ûf den wurm dâ er gie;
die glävîe er sîgen lie
daz sîn der wurm niht ensach;
durch sîn herze er im stach
den schaft unz an die hant gar
ê er des mannes würde gewar:
sô snellîche kom er dar.
Als er des stiches dâ enpfant,
dô begunder lüewen sâ zehant
daz der walt al erhal.
sich huop dâ manic grôzer val
von den starken esten;
die boume begunden bresten
dâ der wurm nách im sluoc;
sîn snellez ors in danne truoc.
die vier gesellen liez er dâ;
nâch dem rîter kêrter sâ
und hêt in harte schiere ervarn;
sîn kraft moht in des niht bewarn
ern zarte im abe daz îsen;
die ringe begunde rîsen
als ez wære ein dürrez strô;
dem edeln rîter nam er dô
sîne kraft und sînen sin;
alsô töunde druhte er in
daz im daz bluot zer nase dranc
und och zen ôren ûz spranc;
sus warf er in als einen bal
eine rise hin zetal;
dâ belac er bî dem breiten sê.
owê, jâmer und owê,

daz er sô jæmerlîche lac
des herze ie niwan tugent pflac!
er hêt daz swert in sîner hant;
beidiu schilt und îsengwant
wâren an im zerdrücket.
sin leben hêt gezücket
der tôt vil nâch mit jâmer hin:
âne maht und âne sin
belac der rîter mit dem rade
ûf des breiten sêwes stade.
ouch was der übel wurm tôt,
von dem daz lant grôze nôt
hêt gehabet mangen tac.
daz schœne ros ouch bî im lac
zezerret und zebrochen;
sus hêt er sich gerochen;
ouch lac er dâ erstochen.

Drachenkampf Tristan

nu Tristan wart vil wol gewar
an der vliehenden schar,
der trache der wær eteswa da,
und stapfet ouch des endes sa
und reit unlange, unz er gesach
siner ougen ungemach,
den egeslichen trachen;
der warf uz sinem rachen
rouch unde vlammen unde wint
alse des tiuvels kint
und kerte gein im aldort her.
Tristan der sancte daz sper,
daz ors er mit den sporen nam:
so swinde er dar gerüeret kam,
daz erm daz sper zem giele in stach,
so daz ez ime den rachen brach
und innen an dem herzen want
und er selbe uf den serpant
so sere mit dem orse stiez
daz er daz ors da totez liez
und er da von vil kume entran.
der trache gieng ez aber an
mit vraze und mit viure,
unz ez der ungehiure
vor dem satele gar verswande.
nu was im aber als ande
daz sper, daz in da serte,
daz er von dem orse kerte
hin wider ein steingevelle.
Tristan sin kampfgeselle
der kerte im nach reht uf sin spor.
der veige streich im allez vor
mit solher ungedulte,
daz er den walt vulte
mit egeslicher stimme
und hürste vil von grimme
abe brande und uz der erden sluoc.
des treib er vil und so genuoc,
biz in der smerze überwant
und under eine steinwant
vil nahen sich gedructe.
Tristan sin swert do zucte
und wande, er vündin ane strit.
nein, ez wart engestlicher sit,
dan ez e males wære.
doch enwas ez nie so swære,
Tristan ruort aber den trachen an,
der trache wider an den man
und brahtin zalso grozer not,
daz er wande wesen tot.
ern liez in nie ze were komen,
er hæte im schiere benomen
beidiu slege unde wer.
do was sin ouch ein michel her:

er vuorte mit im an den kampf
beidiu rouch unde tampf
und andere stiure
an slegen unde an viure,
an zenen unde an griffen:
die waren gesliffen,
sere scharpf unde wahs,
noch wahser danne ein scharsahs.
da mite treib er in umbe
manege engestliche crumbe
von boumen ze buschen:
da muose er sich vertuschen
und vristen, swie er mohte,
wan ime der kampf niht tohte;
und hætez doch so sere
versuochet mit der kere,
daz ime der schilt vor der hant
vil nach ze koln was verbrant,
wan er giengin mit viure an,
daz er im kume vor entran.
doch wertez niht vil lange:
der mortsame slange
der kam schiere dar an,
daz er zwivelen began
und ime daz sper so nahe gie,
daz er sich aber nider lie
und wand sich ange und ange.
Tristan was aber unlange:
er kam gerüeret balde her,
daz swert daz stach er zuo dem sper
zem herzen in unz an die hant.
nu lie der veige valant
einen doz und eine stimme
so griulich und so grimme
uz sinem veigen giele,
als himel und erde viele
und daz der selbe mortschal
verre in daz lant erhal
und Tristan harte sere erschrac.
und alse der trache do gelac,
daz er in toten gesach,
den giel er im uf brach,
mit micheler arbeit;
uz dem rachen er im sneit
der zungen mit dem swerte
der maze, als er ir gerte;
in sinen buosem er si stiez;
den giel er wider ze samene liez.

Das Beispiel des Drachenkampfes als Märchen-(Sagen-)motiv ist nur eines von vielen, die man – evtl. auch anhand der systematisierten Motivsammlung bei Aarne/Thompson[13] aus der mhd. Ependichtung zusammentragen könnte. Bei der gezielten Suche nach Auftritten von Hexen, Riesen und Zwergen z.B. ließe sich ein reiches Material ausbreiten, das hier nur mit einigen Kostproben belegt werden soll. Wieder werden wir im Wigalois fündig und erleben ihn in der Gewalt eines greulichen Hexenweibes, lassen uns mit der höfischen Tafelrunde vom lieblichen Gesang eines Zwerges zu Pferde faszinieren oder sehen ihn gegen zwei Riesen kämpfen, die eine Jungfrau belästigen:

Wigalois: Das Hexenweib

nu was bî im ein holer stein.
ûz dem hole sach er ein
wîp gegen im loufen dar,
diu was im einer varwe gar
swarz, rûch als ein ber.
vil grôziu schœne was der
und guot gebærde tiure,
wan si was ungehiure:
ir hâr enpflohten unde lanc,
zetal in ir buoc ez swanc.
daz houbet grôz, ir nase vlach.
daz wîp ûz grôzer riuhe sach
als zwô kerzen brünnen dâ.
ir brâ lanc unde grâ,
grôze zene, wîten munt;
zwei ôren hêt si als ein hunt,
diu hiengen nider spanne breit [...]
ir brüste nider hiengen;
die sîten si beviengen
gelîch zwei grôzen taschen dâ.
als ein grîfe hêt si klâ
an den vingern allen.
rôt und linde ballen
die man an schœnen vrouwen siht,
ich wæne wol dern hêt si niht:
si wârn ir herte als einem bern [...]
Daz wîp dûht in unsüeze:
starkiu bein, krumbe vüeze
hêt si, sus was si gestalt.
ein kurziu naht diu machet in alt
swer bî ir solde sîn gelegen;
sô süezer minne kunde si pflegen
si hiez diu starke Rûel
und sas so vreislîche snel
daz ir dehein tier entran [...]
daz starke wîp begreif in sâ,
wan si endûhte in des niht wert
daz er gegen ir sîn swert
immer gevuorte,
wann grôziu tugent ruorte
sîn herze zallen stunden.
als er wære gebunden,
sô truoc in diu tiuvelin
under ir starken armen hin.
swie starc der rîter wære
und swie wîten mære
wær sîn grôziu manheit,
diu selbe vrouwe ungemeit
truoc in hin als einen sac.

Wigalois: Singender Zwerg

dô der künic ze tische saz
und innen des dô er az,
kom ein maget rîche
geriten hövischlîche
mit ir getwerge ûf den sal,
dâ die rîter über al
an dem tische sâzen,
trunken unde âzen.
si reit ein phärit daz was blanc;
ir getwerc huop ûf unde sanc
ein liet sô wünniclîche
daz si alle gelîche
ir selber vergâzen
die in dem sale sâzen.
als ez ist geseit mir,
ûf dem phärit hinder ir
stuont ez, swar si reit;
ûf ir ahseln hêt ez geleit
sîne hende beide.

Wigalois: Riesen

durch dorne und durch gedrenge
vuor er wol eine mîle.
nu sach er bî der wîle
sitzen zwêne starke risen
bî einem viure ûf den wisen,
die bî dem sêwe lâgen.
einer juncvrouwen si dâ pflâgen
leider über ir willen.
sine mohten si niht gestillen
mit deheiner slahte bet:
daz trûten ir unsanfte tet,
wan si was in gar ze kranc.
sus wolden si über ir danc
ir willen mit ir gehabet hân;
des wart ir jâmer alsô getân
daz ez in muose erbarmen.
si hêt mit beiden armen
der eine an sich gedrücket.
Sin ors nam er mit den sporn;
den einen risen hêt er erkorn
dâ er bî dem viure saz.
mit dem sper stach er daz
ez im durch daz herze brast.
der ander rise zarte einen ast
von einem boume, der was grôz;
des er iedoch niht vil genôz.
dô enpfie der rise wunden vil.
sus spilten si des tôdes spil
unz daz der tac ûf gie.
eine wunden dô der rise enpfie
von im, diu nam im sîne kraft;
des wart der rîter sigehaft.
in sîner gewalt muos er sich geben
durch daz er in lieze leben;

Während es sich hier durchaus um märchenhafte Riesen handelt, können wir bei einem Dichter wie Wolfram wiederum sehen, daß ein epischer Handlungsträger wie Rennewart im ›Willehalm‹ zwar als Riese auch noch Furcht und Schrecken verbreitet, andererseits aber ganz als Mensch auch eine menschliche Entwicklung nimmt und außerhalb der Kampfszenen eher ein sensibler Jüngling von lediglich ungewöhnlicher Körpergröße ist. Im Kampf allerdings wütet er gänzlich unritterlich und benutzt als einzige Waffe ganz nach Riesenart die zu Rundumschlägen bewährte eisenbeschlagene Stange als epische Weiterentwicklung des vom Baum gebrochenen Astes oder der Keule.

Wolfram: Willehalm (Übertragung Otto Unger)

Rennewart der Küchenjunge war von Kaufleuten als Sklave gekauft und aus Persien mitgebracht worden. Er fällt durch seine riesigen Kräfte auf. Willehalm nimmt ihn in seine Dienste. Ritterliche Ausrüstung lehnt er ab und verlangt nur eine eisenbeschlagene Stange, so schwer, daß sieben Männer sie nicht heben können. Er ist so groß, daß er auch noch im Sitzen die Königin auf dem Thron überragt.

dô Rennewart sah flühtic sie,
im was mit zorne gein in gâch.
ê daz er zir deheime iht sprach,
ir lâgn wol fümf und vierzec tôt.
sine mohten von der grôzen nôt
niht entwîchen an der enge.
ez dûht si harte lenge,
ê si gewunnen künde
war umb er die grôzen sünde
âne schult hin zin begienge.
war umbe erz sus an vienge,
des vrâgeten die rîchen.
er liez et nâher strîchen
sîns êrsten strîtes urhap:
alze vil er in des gap.
si wâren sunder harnasch blôz:
genouge der wer aldâ verdrôz:
eteslîcher begunde sich ouch wern:
der enwederz mohte si ernern.
swaz er ir mohte erlangen
mit sîner grôzen stangen,
der wart vil wênc von im gespart.
do gerou si diu widervart. [...]
nu hœrt waz Rennewart nu tuo.
wackerlîchen greif er zuo,
er sluoc beidiu ross unt man,
wand er sich rehte niht versan
gein wem erz solte wâgen:
dô sô tiwer pfellel lâgen
ûf der heiden râvîten,
er wânde solder strîten
mit den orsn als mit den liuten. [...]
Rennewart mit sîner stangen
sich selben het ergetzet,
daz er dicke was geletzet
manger wirde in Francrîche.
er tet wol dem gelîche
daz er der heiden hête haz.
swer im dâ zorse vor gesaz,

Als Rennewart sah flüchtig sie,
Gab er dem Jähzorn auf sie nach.
Eh er zu einem einzigen sprach,
Lagen wohl fünfundvierzig tot.
Sie konnten vor der großen Not
Nicht weichen in der Enge.
Bang harrten sie die Länge,
Daß er doch laut verkünde,
Warum er so viel Sünde
An Schuldlosen begehe.
Was ihm denn widerstehe,
Fragten die Fürsten insgemein.
Er drang nur weiter auf sie ein
In des begonnenen Strteites Wut;
Das traf die Flüchtigen allzu gut.
Sie waren all vom Harnisch bloß:
Drum manchen da die Wehr verdroß:
Manch einer bot auch Widerstand:
Doch ihrer keiner Rettung fand.
Man sah's, an wen er lange
Mit seiner großen Stange,
Der ward von ihm nicht ausgespart.
Da reute sie die Heimwärtsfahrt.
Hört nun, was Rennewart dabei tu:
Er griff mit wackerm Mute zu;
Das Pferd erschlug er wie den Mann,
Da er die Einsicht nicht gewann,
Mit wem er's sollte wagen.
Wenn teure Decken lagen
Gebreitet über Rossen,
Schlug er sich kurz entschlossen
Mit Tieren wie mit Leuten.
Rennewart mit der Stange
Ließ es entgelten manches Haupt,
Daß er in Frankreich ward beraubt
Der angestammten Würde:
Er halste schwere Bürde
Den Heiden auf in seinem Haß.
Wer gegen ihn zu Rosse saß,

zeime hûfen er den sluoc.
da beleip der heidenschaft genuoc
tôt von Rennewartes hant.

Wurde zu Klump geschlagen.
Der Heiden viele lagen
Tot durch des jungen Knappen Hand.

Artusepik ist als neues Genre fiktionaler Dichtung des Mittelalters ganz eng mit der namentlich bekannten Dichterpersönlichkeit verknüpft. Deshalb stehen diese Werke prinzipiell viel konsequenter auf der Seite literaler Tradition als die sog. Heldendichtung und mehr noch die Spielmannsdichtung. Der ›Spielmann‹ ist keine individuell greifbare, dichtende Person; das Wort ist nur ein grammatischer Singular für das Kollektiv der ›Spielleute‹, jener Erzählstofftradierer, die die ›alten maeren‹ weniger in ein poetisches Gesamtkonzept integrierten als vielmehr in orale Großformen ausweiteten, die mehr zufällig und in durchaus unfertiger Gestalt auch eine schriftliche Fixierung erfahren konnten. Unser Augenmerk sei hier lediglich auf eines dieser Werke gerichtet, den König Rother; zum einen, weil uns hier die Wunderwelt der Riesen besonders eindrucksvoll vor Augen geführt wird, und zum anderen, weil das ganze Werk – prototypisch für die Spielmannsdichtung allgemein – ganz auf das Menschheitsmärchenmotiv Nummer eins, der Brautwerbung, aufgebaut ist.
Im König Rother spiegelt sich die historische Szenerie eines bereits germanisierten weströmischen Reiches gegenüber dem oströmischen Konstantinopel. König Rother wirbt von Italien aus um die griechische Kaisertochter, die vom eifersüchtigen Vater um keinen Preis für eine Ehe freigegeben werden soll. Neben listenreichem Ränkespiel versucht König Rother die ihm durchaus zugetane Braut auch durch Kriegsdienste zu erobern und kann sich dabei einer Gefolgschaftsgruppe von Riesen bedienen (Neuzeitliche Reminiszenz: die Spezialtruppe der ›langen Kerls‹ bei Friedrich dem Großen). Der riesenhafte Vasallenkönig Asprian hat unter seinen zwölf Gefolgsleuten einen namens Witolt, der direkt aus einem märchenhaften Riesenlande stammt und wegen seiner Wildheit nur dann der Fesseln entledigt wird, wenn er sich in den Kampf stürzen soll:

König Rother (Übertragung R. Hildebrandt):

Do vorte der kuninc Asprian
mit ime zwelf sine man.
Da under hette er einin riesin vreisam,
des moste man groze hote han.
Der gienc gebunden alse ein levve
unde was der aller kunisten eine,

der ie motir barn gehiez;
suenne man in vonder kitenin geliez,
deme nitete nieman einin zorn,
er ne hette den lib uirlorn.
Der was uerre gegangin
vz der riesin lande
durch degenhete willen
mit drowe vnde mit minnin;
so uirwant in Aspriam,
daz her wart sin man.
Er was uresliche gemot:
Witolt hiez der helit got.
Die riesen liefen alle in daz wal,
dar wart des heres michel scal.
Dar scluch der helet Asprian
alliz, daz he ane quam.
Witolt nicht in sprack,
biz ime dei stange zebrach.
Do zuoch der grimmige man
ein wafen, daz was ureisan.
Do lagen uf den doden
die tuere mar uerscodin;
die siechen lagen inden wal;
sva sigein we rief,
Widolt in ane lief
vnde trat eme in den munt;
der ne wart nimer gesunt.

Der König Asprian (selbst ein Riese) führte
mit sich zwölf Gefolgsleute.
Unter denen hatte er einen schrecklichen Riesen, vor dem man sich sehr in Acht nehmen mußte.
Er ging in Fesseln wie ein Löwe
und war von allen, die sich
einer Mutter Kind nennen konnten, der kühnste.
Hätte man ihm die Kette abgenommen,
so wäre jeder, der seinen Zorn erregte
sogleich ums Leben gekommen.
Der war von fernher
aus dem Riesenlande gekommen
um Kampfesruhm
und Ritterehren zu erringen.
So nahm ihn Asprian
in seine Gefolgschaft auf.
Er war von grimmigen Gemüt
und hieß Witolt. [...]
Die Riesen stürzten sich ins Schlachtgetümmel
mit großem Kriegsgeschrei.
Asprian der Held schlug alle nieder,
die ihm in den Weg kamen.
Witolt kämpfte in stummer Wut,
bis ihm die Stange zerbarst.

Darauf zog der grimmige Mann
ein furchtbares Schwert.
Alsbald lagen die Toten zuhauf
und auch die edlen Rosse waren niedergemetzelt. [...]
die Verwundeten lagen auf dem Schlachtfeld.
wo noch einer vor Schmerzen schrie,
da lief Witolt hin
und trat ihm ins Gesicht,
daß er niemehr aufstand.

Aber nicht dieser Kampf führt zum Erfolg, sondern erst eine mit List und Täuschung eingefädelte Entführung der eingeweihten und willigen Braut. Voraus geht eine Erkennungsszene, die mit dem märchenhaften Motiv der Schuhprobe verbunden ist. Sie mag als Abschluß dieses Beitrags für sich sprechen:
Der unter dem falschen Namen Dietrich unerkannt in Konstantinopel weilende König Rother hat zwei Paar kostbare Schuhe als Gastgeschenk für die Kaisertochter anfertigen lassen, ihr listigerweise aber nur die zwei linken zukommen lassen. Die Kammerzofe wird daraufhin zur Einforderung auch eines rechten Schuhs zu Rother geschickt, und damit kann sie als Wegbereiterin zu einem heimlichen Treffen der beiden Liebenden veranlaßt werden:

König Rother (Übertragung R. Hildebrandt)

Indeme uenstere die iunge kuninginnge stunt.
Schire quam der helit iunc
over hof gegangin;
da wart her wole infangen
mit zwen ritarin erlich.
Dar ginc die Recke Dietherich.
Do wart die kemenate vf getan
dar in ginc der helit wolgetan.
Den hiez die iunge kuningin
selve wille cume sin
vnde sprach swes her dar gebete,
daz sie daz gerne deten
na er beider eren.
»Ich han dich gerne, herre,
durch dine vromicheit gesen;
daz ne is durch anderis nicht geschen.
Desse schon lossam,
die saltu mir zien an«.
»Vile gerne«, sprach Dietherich,
nu irs geruchit an mich.«
Der herre zo den uoten gesaz,
vil schone sin geberre was.
Vffe sin bein saze sie den uoz;
iz ne wart nie urowe baz geschot.
Do sprach der listiger man:
»Nv sage mer, vrowe lossam,
mere vffe die truwe din,

alse du Cristin wollis sin,
nv hat din gebetin manic man,
ob iz an dinin willin solde stan,
wilich vnder in allen
der beste gevalle.
»Daz sagic der«, sprach die urowe,
»vil ernistliche introwen,
herre, vffe die sele min,
als ich getovfet bin:
der vze allen landen
die turin wigande
zo ein ander hieze gan,
so ne wart hie nichein man,
der din ge(g)noz mochte sin; [...]

Soldich aber die wele han,
so nemich einin helit got vnde balt,
des botin quamin her in diz lant
vnde ligin hie zvare
inminis vater kerkenere;
der ist geheizin Rothere
vnde sizzet westert vber mere.
Ich wil ovch immer magit gan,
mer ne werde der helit lossam.«
Der herre zo der urowen sprach:
»Nu lazich alle mine dinc
an godes genade ande din.-
Ja stent dine voze
in Rotheris schoze.«

Die junge Königin stand am Fenster.
Alsbald kam der junge Held
über den Hof gegangen
und wurde von zwei ergebenen Rittern empfangen.
Der Recke Dietrich ging
als die Kemenatentür geöffnet wurde, hinein.
Die junge Königin hieß ihn willkommen
und sprach, daß sie seinen Wünschen
gern in sittsamer Weise entgegenkommen wolle.
»Ich habe dich Herr in deiner edlen Gesinnung
mit Wohlgefallen gesehen.
Nichts Nachteiliges ist mir bekannt.
Diese wunderschönen Schuhe
sollst Du mir anziehen.«
»Sehr gerne«, sprach Dietrich,
»wenn Ihr mirs erlaubt!«
Der Herr setzte sich zu ihren Füßen
nieder mit anmutiger Gebärde.
Auf seinen Schenkel setzte sie den Fuß.
Nie wurden einer Frau die Schuhe besser angepaßt.
Dann sprach er listig:
»Nun sage mir, liebliche Frau
ganz ehrlich, sowahr du eine Christin bist,
wer von allen Männern,

die um dich geworben haben
hat dir nach deinem Willen
am besten gefallen?«
»Das sage ich dir« sprach die Frau,
»mit vollem Ernst bei meiner Seele
und sowahr ich getauft bin:
Wenn die teuren Helden aus allen Landen
sich versammelten, so wäre keiner
von ihnen mit dir zu vergleichen [...].
Sollte ich aber die Wahl haben,
so nähme ich nur jenen tapferen Helden zum Mann,
dessen Boten in unser Land kamen
und nun in meines Vaters Kerker liegen.
Er hat den Namen Rother
und herrscht jenseits des Meeres im Westen.
Ich werde immer Jungfrau bleiben,
wenn dieser wunderbare Held
nicht mein Mann wird!« [...]
Da sprach der Herr zu ihr:
»Nun lege ich mein Schicksal
in Gottes Hände und die deinen;
Deine Füße befinden sich
in Rothers Schoß!«

Literatur

1. Hartmann von Aue, Gregorius – Der arme Heinrich. Hrsg. von Ernst Schwarz. Darmstadt 1967.
2. Wirnt von Gravenberc, Wigalois. Hrsg. von J. M. N. Kapteyn. 1. Band (Text). Bonn 1916 (= Rheinische Beiträge und Hilfsbücher zu germanischen Philologie und Volkskunde, Band 9).
3. Das Nibelungenlied. Nach der Ausgabe von Karl Bartsch hrsg. von Helmut de Boor. 15. Aufl., Wiesbaden 1959.
4. Eilhardt von Oberge, Hrsg. von Franz Lichtenstein. Straßburg 1877 (= Quellen und Forsch. zur Sprach- und Kulturgeschichte der germ. Völker Bd. 19).
5. Gottfried von Straßburg, Tristan. Hrsg. von Gottfried Weber. Darmstadt 1983.
   Gottfried von Straßburg, Tristan und Isolde. Aus dem Mittelhochdeutschen übertragen und erläutert von Günter Kramer. 2. Aufl. Berlin (Ost) 1970.
6. Wolfram von Eschenbach, Willehalm – Titurel. Hrsg. von Walter Johannes Schröder und Gisela Hollandt. Darmstadt 1973.
   Wolfram von Eschenbach, Willehalm. Übertragen von Otto Unger. Göppingen 1973 (= Göppinger Arbeiten zur Germanistik Nr. 100).

7 Spielmannsepen I, König Rother – Herzog Ernst. Hrsg. von Hans und Irmtraud Pörnbacher. Darmstadt 1984.

Mark Münzel

MYTHISCHES BEWUSSTSEIN (AM BEISPIEL EINER ERZÄHLUNG BRASILIANISCHER INDIANER)

Mythisches Bewußtsein – hier möchte ich »Bewußtsein« nicht weniger als »mythisch« akzentuieren. Auch mythisches Denken kann bewußt und vor allem kritisch sein. Der mythische Mensch ist keineswegs der Gefangene eines magischen Kreises.

Ist die gerne geforderte Entmythologisierung nicht vielleicht gerade im Gegenteil ein Versuch, uns erst in einen solchen Kreis zu treiben, um die Vielfalt der mythischen Diskussion durch dogmatische Einkreisung zu ersetzen?

Ich habe den hier folgenden Beitrag um drei Thesen gegliedert. In einer Vorüberlegung zitiere ich eine indianische Mythe und diskutiere kurz an, inwieweit das darin ausgedrückte mangelnde Realitätsbewußsein für die indianische Kultur typisch ist – ich meine im Gegenteil, daß gerade da, wo dieser Mangel in der Mythe zum Ausdruck kommt, die Distanzierung des Mythenerzählers von der mythischen Zeit und von dem (auch ihm selbst fragwürdigen) Realitätsmangel hervorlugt.

Im zweiten Teil versuche ich dann überhaupt Distanz des Erzählers zu seinen mythischen Helden aufzuzeigen. Deren Wahrheit ist nicht die seinige, vielmehr erhebt er sich durch seine differenzierte Haltung über sie.

Im dritten Teil endlich frage ich, ob das Phänomen der Abweichungen mehrerer in einer und derselben Gesellschaft erzählter Varianten einer Mythe nicht auch mit dieser distanzierten und damit die Wahrheit der Mythen letztlich relativierenden Haltung zusammenhängt.

1. Die Mythe

»Sonne öffnete den Bauch des Jakunaúm [Riesenfisch] mit seinem Messer. Im Bauch lagen viele Knochen [von Sonnes Bruder, dem vom Riesenfisch verschluckten Mond]. Sonne sammelte alle Knochen aus dem

Bauch heraus, nur einen Knochen fand er nicht mehr, das war der Knochen des sechsten Fingers an der Hand, deshalb hatte Mond später nur noch fünf Finger.
Sonne zeichnete jetzt zunächst ein Bild seines Bruders Mond in den Sand, dann legte er die Knochen auf die Zeichnung. Daraufhin sagte er Zaubersprüche auf. Den ganzen Tag blieb er murmelnd bei dem Bild, er murmelte Zaubersprüche. Er murmelte, er murmelte, er murmelte den ganzen Tag ...
[Nachdem das alles nicht viel brachte:] ›Am besten nehme ich eine Mükke!‹ Sonne fing sich eine Mücke und setzte sie in die Nase des Mondes. Hatschi! Hatschi! Hatschi! Mond erhob sich:
›Ach, ich habe zu lange geschlafen!‹ – ›Nein, du warst tot. Der große Fisch hat dich verschluckt.‹ – ›Nein, ich habe nur geschlafen.‹ – ›Doch, du warst tot.‹ – ›Ach was, ich habe doch nur geschlafen!‹ – ›Aber nein, du warst bestimmt tot.‹ – ›Erzähl mir keinen Unsinn!‹ – ›Wir sind zu Kanutsipem [Wasservogel, der in der mythischen Urzeit das Wasser der Welt in einer Kalebasse versteckt hielt] gegangen, um das Wasser zu holen. Als ich ein großes Loch in die Kalebasse bohrte, schoß das Wasser aus dem Loch hervor, und mit ihm kamen die Wasserungeheuer. Ein Wasserungeheuer hat dich verschluckt.‹ – ›Ach ja, das stimmt doch.‹ – ›Ja, das stimmt. Ich habe dich vorher gewarnt: Wenn ich die Kalebasse durchbohren würde, solltest du schnell davon laufen. Aber du bist nicht davongelaufen. Die Wasserungeheuer haben dich verschluckt ... Wir hatten kein Wasser gehabt, deshalb waren wir zum Wasservogel gezogen, und da hat der Fisch dich verschluckt.‹«
So endet eine Mythe des kleinen Indianerstammes der Kamayura in Zentralbrasilien, 1967 von dem damals knapp 40jährigen Zauberer, Sänger und Zeremonienmeister Herrn Tarakuái auf Tonband gesprochen.[1]
Sie mag zunächst wie ein Musterbeispiel für primitives Denken klingen. Da werden Zauberformeln gemurmelt, gemurmelt, gemurmelt, den ganzn Tag. Und eine mythische Gestalt weiß nicht so recht, ob sie tot war oder nur geträumt hat – »Das Leben des Naturmenschen dämmert traumhaft dahin: Die Papua wissen oft nicht, ob sie wachen oder schlafen«, schrieb schon 1890 Adolf Bastian[2], ein Vorläufer der psychoanalythischen Mytheninterpretation.
Bei genauerem Hinhören freilich sind es hier gar nicht die Papua (bzw. hier Indianer), die traumhaft dahindämmern und Zaubersprüche murmeln, sondern: die mythischen Gestalten einer Traumzeit, die von den heutigen Mythenerzählern mit kritischer Distanz beschrieben werden.

Beispielsweise nutzt dem Sonnenheros das Murmeln von Zaubersprüchen wenig. Erst als er es mit einer banalen Mücke versucht, hat er Erfolg. Bei der Interpretation solcher Mythen werden wir vielleicht genauer, als dies oft geschehen ist, zwischen der erzählten Handlung und den ganz anders handelnden Erzählern unterscheiden müssen.

2. *Die kritische Skepsis der Mythe*

Nach dieser Vorüberlegung möchte ich nun im Hauptteil am Beispiel der Mythe eine Distanziertheit von deren Wahrheit diskutieren, die mir für viele Kulturen typisch erscheint. Angesichts der Besonderheiten jeder einzelnen Gesellschaft, ja jedes einzelnen Erzählers, deren Zusammenfassung fragwürdig ist, läßt sich eine generalisierende Skizze freilich nur mit der Knappheit des Platzes und der Notwendigkeit eines klar verständlichen Vortrages rechtfertigen.

Betrachten wir die Erzählung einmal genauer. Sie ist Teil eines Zyklus von Sonne und Mond. Diese beiden Brüder wären gemütlich in der Vorzeit geblieben, hätte es da nicht die Frauen gegeben, die ihre Männer immer wieder mit Beschwerden dazu reizten, die Welt zu verändern. So mäkelten sie beispielsweise an den Wohnverhältnissen herum, weil es kein Wasser gab – so lange, bis die Männer sich aufmachten, Wasser zu holen, und zwar von einem Wasservogel. Sie holten aber des Guten zu viel: Mit dem Wasser traten sie eine Sintflut los, in deren Gefolge die wildesten Wasserungeheuer die Erde überschwemmten. Mond wurde in den Fluten mitgerissen und von einem Riesenfisch aufgefressen. Sonne hingegen konnte sich retten, überwand am Ende die Naturgewalten und fing den Riesenfisch.

Das fügt sich in einen umfassenderen, weiter verbreiteten Mythenzyklus von zwei Brüdern.[3] Der eine (in unserem Fall Sonne), lebenstüchtig und mächtig, überlebt den Ansturm der Ungeheuer, ruft Tote ins Leben zurück, richtet die Gesetze der Welt und der Menschen ein, bringt Ordnung ins Chaos. Die Kamayura-Indianer führen bis heute ihre Sozialordnung auf ihn zurück und feiern ihren Häuptling als den Nachfolger von Sonne in gerader Linie.

Der andere Bruder, Mond, macht immer alles verkehrt. Als Sonne in Erkenntnis der vom Wasser drohenden Gefahr rät, schleunigst davonzulaufen, bleibt Mond stehen und wird infolgedessen aufgefressen. Sonne muß die von Mond angestellten Dummheiten wieder geradebiegen, in unserem Beispiel Mond aus dem Bauch des Fisches retten und wiederbeleben.

Und dann will Mond noch nicht einmal zugeben, daß er tot war, und meint, er habe nur geschlafen. Sonne muß ihm mit großer Geduld die richtige Version der Vorgänge klarmachen.

Was die welthistorischen Folgen angeht, so verdanken wir Sonne, daß die Welt geordnet und gegliedert ist; Mond hingegen, daß sie unvollkommen blieb. Ist Mond also der kosmische Störenfried, eine Art indianischer Beelzebub, ohne den das Werk des Schöpfers weniger chaotisch aussähe und die Menschen in Harmonie leben könnten? Ist der Streit zwischen den beiden Brüdern der ewige Gegensatz von Harmonie und Chaos?

Nein, denn so einfache, sonnenklare Lösungen bietet die Mythologie ungern, so undifferenziert stellt sie Gut und Schlecht nicht gegeneinander. Mond ist den Kamayura nicht nur der störende Tolpatsch, er war auch der erste Zauberer in Menschengestalt.

Der Zauberer, den wir (mit einem aus Sibirien etwas ungenau auf Südamerika übertragenen Begriff) auch Schamane nennen, tritt mit der unheimlichen Welt der Geister in Verbindung. Dabei fällt er in visionäre Trance, sieht die Geister und spricht mit ihnen. Außenstehende nehmen die Schamanentrance als todesähnliche Krankheit wahr, und auch der Schamane selbst empfindet vor dem Kontakt mit den Geistern Todesangst. Erst wenn er diese überwindet (indem er begreift, daß er nicht stirbt, sondern lediglich in einen anderen Zustand, ein anderes Reich eintritt), erst dann ist er der Todesgefahr entronnen und kann mit den Geistern sprechen. Überwindet er jedoch die Todesangst nicht, so droht ihm tatsächlich der Tod. Mancher, der Schamane werden wollte, ist nicht mehr aufgewacht.

Die Mythen der Kamayura (wie vieler anderer Völker) variieren gerne das Thema des Eintritts des Menschen in eine andere Welt. Ein Fischer etwa wird von einem Fisch eingeladen, ihn zum Grund des Flusses zu begleiten, hat aber Angst, im Wasser zu ertrinken – bis der Fisch ihn schließlich davon überzeugt, daß es unter dem Wasser wie an Land ist. Von seiner Angst befreit, taucht der Fischer unter und lernt, daß man tatsächlich auch auf dem Grund des Flusses leben kann.

Zum Problem wird aber dann die Rückkehr. Zwar kann der Fischer wieder auftauchen und zu seiner Familie zurückkehren, doch lebt er sich dort nicht mehr ein. Zum Grenzgänger zwischen den Welten geworden, kehrt er immer wieder zum Fluß zurück, bis er sich eines Tages hineinstürzt. Und diesmal kommt er nicht mehr wieder.[4]

Das Thema des Grenzgängers steckt auch in der eingangs zitierten Mythenepisode. Mond wird vom Wasser verschlungen, und von Sonne wieder zurückgeholt.

Interessant ist dabei nun der Streit zwischen Sonne und Mond über den tatsächlichen Ablauf der Vorgänge. Sonne sagt: »Du warst tot«, Mond aber widerspricht: »Nein, ich habe nur geschlafen.«

Der Zuhörer, der zuvor in der Erzählung gehört hat, wie Mond aufgefressen wurde, mag zunächst der Sonnenversion recht geben: Mond war tot. Der Zuhörer aber, der (wie der informierte Leser und wie auch diejenigen Indianer, die sich für den Schamanismus interessieren) weiß, daß der für tot daliegende Schamane in Wirklichkeit nicht tot, sondern besessen ist und Visionen (die Kamayura sagen »Träume«) erlebt, wird den Text anders hören. Denn wenn ein Schamane sagt, er habe geträumt, dann hat er meist recht, während einer, der den Schamanen von außen sieht und widerspricht, weil er den Träumenden für tot hielt, nichts vom Schamanismus versteht, nichts von Visionen und nichts von der Traumwelt der Geister.

Wir sind hier bei einem typischen stilistischen Element dieser Texte angelangt, von dem ich noch zu einem inhaltlichen kommen werde. Zunächst zum Stil: Beliebt ist der Streitdialog. Zwei Figuren der Erzählung vertreten als Gegenspieler unterschiedliche Auffassungen. Ihr homerisches Streiten gehört zu den Höhepunkten, an denen der Mythenerzähler sein theatralisches und poetisches Talent entwickeln kann, und an denen die Zuhörer besondere Freude finden.

Indianische Mythen führen uns viele Diskutanten vor: Die listige Kröte etwa, die mit ihren Todfeinden, den grausamen, aber minder listigen Giftschlangen über die beste Methode streitet, die Kröte zu töten – natürlich rät diese zu einer Methode, die fehlschlagen muß; oder das häßliche Reh mit den zu dünnen Beinen und der häßliche Tapir mit dem zu dicken Hintern, die darüber hadern, wer von beiden schöner ist; oder eben Sonne und Mond, uneins über Tod und Traum.

Manchmal begreifen auch wir das Diskussionsthema relativ leicht: so im Fall von Sonne und Mond; manchmal weniger leicht, so im Fall von Reh und Tapir, wo es um die Bewertung von Schönheit bei Tieren geht, also um eine scheinbar müßige Frage für uns, die wir beide Tiere und ihre Bedeutung für die Indianer kaum kennen und die indianische Einstellung zur Natur schlecht nachvollziehen. Manchmal gar ist uns überhaupt schon die Frage nur nebelhaft erkennbar, so im Fall von Kröte und Schlange, so daß uns wenig mehr als die Freude an einem rhetorisch glänzenden Dialog bleibt.

Dessen Ergebnis ist zumeist, daß, was der eine sagt, vom anderen (und vordergründig auch vom Erzähler) als Lüge entlarvt wird. Der Lügner oder im Irrtum Befangene schweigt am Ende still, oder scheint gar dem scheinbar Rechthabenden rechtzugeben.
Aber: Wer genauer mithört und die größeren Zusammenhänge mitdenkt, begreift, daß die scheinbare Lüge nur eine andere Wahrheit ist. »Gut, dann sind wir halt beide häßlich«, brüllt der wutschnaubende Tapir das Reh an, das ihm seine körperlichen Nachteile ausgemalt hat.[5] Auch noch in der tierfabelartigen Posse klingt hier die skeptische Grunüberzeugung der Mythenerzähler durch: Daß jede Version ihre eigene Wahrheit besitzt.
Für Sonne, den Herren des Tages, der Klarheit, den Begründer der *öffentlichen* Ordnung , ist ein Tod ein Tod, und ein Leben ein Leben. Wenn Mond gefressen wurde und nurmehr Knochen übrigbleiben, dann ist Mond tot. Für Mond dagegen, den Herren der Nacht, der Träume, des Schamanismus und der Zauberhandlungen im *Verborgenen,* ist ein Tod keineswegs immer ein Tod, verbirgt sich hinter den Knochen ein Geist, ist die Vernichtung durch das Ungeheuer nicht das Ende des Lebens, sondern der Anfang einer anderen Phase. Sonne sieht von außen nur den Toten; Mond dahinter die Traumvisionen.
Das stilistische Element des Dialogs, mit dem hintersinnigen Wahrheitsstreit, führt uns weiter zu einem inhaltlichen Punkt: Diese Mythen verweigern sich der einfachen Frage nach der Wahrheit. Sie sagen nicht »Sonne hatte recht, Mond irrte sich«, aber sie sagen auch nicht das Gegenteil, stellen vielmehr zwei Meinungen gegeneinander.
Wir sahen nun aber, daß solches Grenzgängertum wie das des durch den scheinbaren Tod nur in ein anderes Reich überwechselnden Mondes die Gefahr der verfehlten Rückkehr beinhaltet: Langfristig ist der Fischer dem Wasser verfallen, im dem er schließlich verschwindet. Wie soll Mond, der den Weg ins Reich der Träume gefunden hat und es als Realität anerkennt, von dort den Weg zurückfinden?
An diesem Punkt tritt Sonne auf, der nicht an die Gefahrlosigkiet des Todes oder an die Träume glaubt, sich von den Wasserungeheuern nicht verschlingen läßt und eben deshalb in der Lage ist, den Bruder aus der Traumwelt zurückzuholen. Wer hatte recht, Sonne oder Mond? Mond, wenn wir nach der Realität der Träume als einer Erfahrung der Schamanen fragen, Sonne aber, wenn wir fragen, welche Wahrheit es brauchte, um in der Realität unseres Alltags weiterleben zu können.
Mond wäre aus seinem visionären Scheintod nicht aus eigener Kraft zu

den unzufriedenen Frauen zurückgekehrt, die schon auf die Männer warteten, um neue Klagen anzubringen und so die Veränderung der Welt durch Sonnes Befehle und Klugheit weiter voranzutreiben. Der scheinbare Irrtum von Mond ist ebensowenig die tasächliche, ganze Antwort auf alle Probleme des Lebens wie der scheinbare Realismus von Sonne.

Was ist nun daran typisch für etwas, das ich hier mythisches Bewußtsein nenne?

In den zahlreichen in verschiedenen Wissenschaftszweigen für den »Mythos« gefundenen Definitionen kehrt sehr oft der Begriff der »Wahrheit« wieder. Ein Mythos wäre danach etwas von seinen Anhängern für *wahr* Gehaltenes[6], zum mythischen Bewußtsein gehöre das Leben im festen Glauben an die Mythen. Eine bekannte Mythendefinition von Mircea Eliade besagt, daß die Mythe 1) die Geschichte der Handlungen der Höheren Wesen ist; und daß 2) diese Geschichte für absolut wahr gehalten wird, weil sie sich auf Realitäten bezieht; und für heilig, weil sie das Werk der Übernatürlichen Wesen ist.[7]

Dem entspricht als Gegenstück, daß der »Mythos« für die Außenstehenden eine Illusion darstellt. Die vieldiskutierte Trennung von »mythos« und »logos« am antiken Beginn der europäischen Philosophie- und Literaturgeschichte wird oft als eine kritische Wendung des Geistes gegen die zuvor geglaubten Mythen verstanden: Der »logos« verlangt nach Wahrheitsbeweisen, die der »mythos« nicht liefern kann. »Mythisches« und »unmythisches« Bewußtsein wären aus dieser Sicht gegenüberzustellen: In der Gewißheit der geglaubten Wahrheit lebend das eine; kritisch, zweifelnd hingegen das andere.

Jedoch die Betrachtung vieler Mythen vieler sogenannter primitiver Völker zeigt etwas anderes, sozusagen einen dritten Weg, und führt uns zu der Frage, ob unsere Auffassung vom Mythos nicht vielleicht selbst ein Mythos ist.

Gewiß, die eingangs zitierte Geschichte brasilianischer Indianer wird von diesen nicht angezweifelt. Aber: Was ist denn diese Wahrheit, an die da geglaubt wird? Ist es die Gewißheit einer gesicherten, abgerundeten, gemütlichen Lebenserfahrung? Nein, im Gegenteil, es ist die Ungewißheit. Was die Frage angeht,ob Sonne oder Mond recht hat, läßt sich aus der Erzählung kein Glaubenssatz ableiten. Weder wird die Wahrheit des Schamanen mythisch ein für allemal begründet und abgesichert (im Gegenteil, der gefährliche Irrtum des Schamanen Mond wird vorgeführt, der nur durch das Eingreifen des Bruders Schlimmerem entging), noch

aber auch die Wahrheit des Bruders Sonne bestätigt (im Gegenteil, dieser zeigt sich dem sorgfältigen Zuhörer als Ignorant in Sachen Schamanismus).
Wenn dieser Mythos denn einen festen Wahrheitsgrund enthält, so den einer kritischen Skepsis. Man muß am Wort des Schamanen Mond zweifeln, gleichzeitig aber auch die vordergründige Wahrheit des Häuptlings Sonne durchschauen: Die Gesamtwahrheit liegt nicht bei den mythischen Figuren, sondern beim heutigen Erzähler und Zuhörer, bei den kritischen Interpreten, die mythisches Geschehen und mythische Helden zwar für real halten, deren Teilwahrheiten aber überwinden.

3. Die freie Variation der Mythe

Was dies für die Praxis des Mythenerzählers bedeuten kann, möchte ich nun im letzen Teil am Beispiel des Problems der verschiedenen Varianten einer Mythe andeuten.
Anfang 1989 teilte ein Hausgenosse des hier zitierten Mythenerzählers, der mittlerweile etwa 70jährige Herr Aumari mir eine andere Version der gleichen Erzählung mit. Sie unterscheidet sich von der ersten Fassung kaum im großen Erzählstrang, sehr deutlich aber in Ton und Details.
So wird die Diskussion zwischen den beiden Brüdern um den wahren Ablauf der Vorgänge zwar erwähnt, aber viel kürzer gehalten. Mond sagt, er habe geträumt; Sonne widerspricht kurz und wendet sich alsbald dem nächsten Abenteuer zu, das in der früheren Version eine eigene, abgeschlossene Erzählung bildete, während es nun an die erste Geschichte angehängt wird. Dadurch verliert der Streit seine herausgehobene Position als Schlußpunkt der Mythe und wird zu einer Detailinsel irgendwo im Fluß der Geschichte.
Der neue Erzähler verschweigt die Episode also nicht, spielt sie aber herunter. Man gewinnt den Eindruck, daß er sie überhaupt nur der Vollständigkeit halber erwähnt, vielleicht weil er sich nicht nachsagen lassen will, daß er die Erzählung nicht in ihrem Gesamtumfang kenne. Er liest sozusagen den gleichen Text von einem anderen Ansatz her.
Was nun hat ihn veranlaßt, anders zu akzentuieren? Um das zu erörtern, muß ich auf die konkrete Erzählsituation eingehen, auf die Interessen der Personen.
Der erste Erzähler, zwanzig Jahre zurück, war mein persönlicher Freund und erzählte mit seine Mythen aus individuellen Gründen. Der

Erzähler von 1989 hingegen hielt relativ wenig persönlichen Kontakt zu mir, seine Motive waren eher offizieller Natur. Ihn hatte der Häuptling im Rahmen eines Abkommens zwischen der Dorfgemeinschaft und mir beauftragt, mir Mythen zu berichten. Als Onkel des Häuptlings gehörte er in der bewegten Dorfpolitik zu dessen Fraktion und trat mir gegenüber gleichsam als mythologischer Regierungssprecher auf. Sein Auftrag lautete, mir im Namen der Gemeinde die offizielle Mythologie mitzuteilen.

Für diese folgt der heutige Häuptling in gerader Linie dem ersten Häuptling Sonne nach. In diesem Bezugsfeld stellt sich der Wahrheitsstreit zwischen Sonne und Mond sicher anders dar als für den anderen Erzähler, einen ekstatischen Schamanen, der sich in der Nachfolge des ersten Schamenen, des Mondes sieht.

Hinzu kommt eine politische Veränderung in den letzten zwanzig Jahren. Seit damals ist die Macht des Häuptlings gewachsen, hat dieser Elemente der früheren Macht der Schamanen usurpiert, ist er selber zu einem mächtigen Schamanen geworden. Mythisch gesprochen: Während vor zwanzig Jahren der irdische Gegensatz Häuptling / Schamane seine himmlische Entsprechung im Streit von Sonne und Mond fand, mag dieser Zwist heute fast gegenstandlos scheinen, da der irdische Nachfolger der Sonne Funktionen auch des Mondes übernommen hat.

Erzählerische Konsequenz hieraus ist das Herunterspielen des Wahrheitskonfliktes zwischen Sonne und Mond. Sonne kennt heute beide Wahrheiten.

Das Beispiel dieser Erzählung, und vor allem ihres Wandels, zeigt, wie Mythen politischen, kulturellen, sozialen Veränderungen angepaßt werden können, ja zum Ausdruck solchen Wandels werden.

Ist das aber nicht ein Verrat am Prinzip der absoluten Wahrheit des Mythos? Ist dieser nicht so heilig, daß man ihn nicht verändern darf? Gehört das Spielen mit Varianten, das Abändern des klassischen Mythenstoffes, nicht in den Bereich des dem »mythos« diametral entgegengesetzten »logos«?

Dem wäre vielleicht so, stünde der Mythos wirklich dem Logos so fern, würde er kritische Gedanken nicht auf eigene Art ausdrücken, sondern unkritisch Heiliges festschreiben. Aber der indianische Mythos, mit dem wir uns hier befassen, ist eben selber kritisch, zumindest in der älteren Version gegenüber den eigenen Helden, deren einen er als unverantwortlichen Träumer, deren anderen aber er als vordergründigen Realisten entlarvte.

4. Von der Entmythologisierung

Die Auffassung vom Mythos als einem Ausdrucksfeld widerstreitender Ansätze habe ich hier an einem einzigen Beispiel in zwei Facetten dargestellt: einmal am Widerstreit von Meinungen mythischer Helden innerhalb einer einzigen Mythenfassung; dann zum anderen an der Divergenz zweier verschiedener Fassungen der gleichen Erzählung.

Diese Auffassung ließe sich aber (in einem anderen Rahmen als dem dieser Vortragsniederschrift) viel breiter entwickeln. Hier will ich nur an die von einem anderen Ansatz ausgehenden, aber doch von mir nicht übergehbaren Untersuchungen von Claude Lévi-Strauss erinnern, der Mythen benachbarter Gruppen in einer Art Diskussion zusammensieht, in der die nächste Erzählung in einem Rede-und-Antwort-Spiel ohne Ende und übrigens auch ohne erkennbaren Anfang auf die vorhergehende antwortet. Lévi-Strauss gibt dabei freilich nur eine unbewußte Diskussion zu, gewissermaßen nicht zwischen den Mythen-Erzählern, sondern zwischen den miteinander hinter deren Rücken streitenden Mythen. Die Auseinandersetzung mit dieser strukturalistischen Auffassung von der Unbewußtheit der Mythen würde hier den Rahmen sprengen, ich will nur auf Lévi-Strauss' Entdeckung hinweisen, daß Mythen einander antworten.

Ohne dies nun weiter vertiefen zu wollen, erwähne ich auch noch ein anderes, bekannteres Beispiel, wo eine religiöse Erzählung als Antwort auf Mythen interpretiert werden konnte: Die biblische Genesis, die von einigen Forschern als geradezu polemisch wirkende Abwandlung vorderorientalischer Mythologie, als eine genaue Verkehrung polytheistischer Ideen in das monotheistische Gegenteil durch Veränderung des mythischen Erzählablaufs beschrieben wird.[8] Im Fall der Bibel hat man diesen Vorgang erzählerischer Abwandlung des Mythos als Entmythologisierung bezeichnet, als Absage also an das mythische Bewußtsein. Doch zurück zu den Indianern.

Bei ihnen scheint mir das Uminterpretieren, das oftmals polemische Spiel mit der mythischen Erzählabfolge keineswegs einen Bruch mit dem mythischen Bewußtsein zu bedeuten. Im Gegenteil: Es fügt sich nahtlos ein in eine Tradition der mythischen Diskussion. Schon in den alten Mythen wird diskutiert. Diese undogmatische, spielerische und dabei hochintellektuelle Einstellung zur Wahrheit ist eine der Voraussetzungen der Freiheit, die der Erzähler sich mit den Versionen seiner Vorgänger nimmt.

Wenn das mythische Streitgespräch (wie übrigens auch, umfassender, das Spiel der Verwandlungen und Umkehrungen im mythischen Handlungsablauf) Wahrheiten relativiert, zur Diskussion stellt, dann ist damit schon ein gedanklicher und stilistischer Rahmen geschaffen, innerhalb dessen auch verschiedene Versionen vorgestellt und diskutiert werden können.
Um noch einmal zu der hier von mir als Folie, als Gegen-Fall zu nennenden biblischen Genesis zu kommen: Wenn wir ein indianisches Denken, wie wir es in den Mythen der Kamayura finden, mit dem »mythischen Bewußtsein« in Verbindung bringen, hingegen das in unserer Bibelinterpretation manifeste unsrige als »a-mythisch« charakterisieren – heißt das dann nicht, daß das mythische Denken undogmatisch, das unsere hingegen dogmatisch wäre? Daß der biblischen Interpretation[9] irgendwo das Verständnis für einen in den Mythen noch selbstverständlichen Pluralismus der Wahrheiten abhanden gekommen sein dürfte? Und heißt dann Entmythologisierung, in diesem Zusammenhang, nicht vielleicht: Dogmatisierung, Ende einer bestimmten Art geistiger Freiheit?
Zugespitzt formuliert: Ist das mythische Bewußtsein nicht gerade das, was die Entmythologisierung zu erreichen vorgibt? Ist letztere nicht eine große Illusion, die das Gegenteil, nämlich das Versinken in mythischer Enge zu bewirken droht?
Aber, um noch einmal den Tapir der Kamayura zu zitieren: Vielleicht sind beide gleich häßlich, oder haben beide recht.

Literatur

Bastian, Adolf: Über psychische Beobachtungen bei Naturvölkern. (Schriften der Gesellschaft für Experimental-Psychologie zu Berlin, II. Stück). Leipzig: Ernst Günthers Verlag 1890

Eliade, Mircea: Aspects du mythe. (Coll. »Idées«, 32) Paris: Gallimard 1963

Hultkranz,Åke: Die Wahrheit der Mythen. In: Münzel ed. 1988: 61-67, 139-140.

Jensen, Adolf Ellegard (ed.): Mythe, Mensch und Umwelt; Beiträge zu Religion, Mythologie und Kulturgeschichte. Bamberg: Bamberger Verlagshaus 1950

Münzel, Mark: Erzählungen der Kamayurá, Alto Xingú – Brasilien. (Studien zur Kulturkunde, Bd. 30) Wiesbaden: Franz Steiner Verlag 1973

Münzel, Mark (ed.): Ursprung; Vortragszyklus 1986/87 über die Entstehung des Menschen und der Welt in den Mythen der Völker. (interim, 6) Frankfurt am Main: Museum für Völkerkunde 1988

Pettazzoni, Raffaele: Die Wahrheit des Mythos. In: Jensen ed. 1950: 1-10.

Rinne-Goedke, Olga: Die unfertige Schöpfung: Der Mythos als Modell der Wandlung und des schöpferischen Neubeginns. In: Münzel ed. 1988: 125-136.

Schuster, Meinhard: Heros und Kosmos; Betrachtungen zur Gestalt des Kulturbringers

im Denken nordamerikanischer Indianer. In: Münzel ed. 1988: 49-59, 139.
Talmon, Shemaryahu: Das biblische Verständnis der Schöpfung und der Verpflichtung des Menschen. In: Münzel ed. 1988: 19-32, 137.

Georgia A. Rakelmann

ORALE TRADITION IM WANDEL – MÜNDLICHE ÜBERLIEFERUNG BEI ZIGEUNERN

Die folgenden Ausführungen über den Wandel oraler Tradition an einem europäischen Beispiel sind in zwei Abschnitte aufgeteilt: im ersten Teil wird die Kunst des Märchenerzählens in der Gesellschaft der Zigeuner skizziert. Die lebendige und reiche Märchentradition osteuropäischer Zigeuner soll hier gewürdigt werden.
Im zweiten Teil wird die Rede von moderner mündlicher Überlieferung in der Gesellschaft der Zigeuner sein.

Traditionelle mündliche Überlieferung

Im Mittelpunkt steht die Frage, ob im Zuge einer radikalen Modernisierung, wie sie auch die Zigeunerkultur in den letzten 40 Jahren erfahren hat, die Kunst des Erzählens vollständig und ersatzlos verloren geht, oder ob sie ihr Gesicht wandelt, ob also andere Formen des Ausdrucks an ihre Stelle treten.

Zigeunerkultur

Wenn auch die Bezeichnung Zigeuner alle Angehörigen der Zigeunerkultur unabhängig von ihrer Zugehörigkeit zu Teilgruppen wie beispielsweise Sinti, Roma, Kalderasch oder Gitanos einbezieht, so gibt es doch nicht *die* Zigeuner als eine Gesellschaft. Es gibt stattdessen unzählige Zigeunergruppen, die sich voneinander in ihren Sitten und Gebräuchen und in ihren beruflichen Neigungen so sehr unterscheiden, daß sie sich manchmal kaum gegenseitig als Zigeuner erkennen mögen. Auch in ihrer Sprache unterscheiden sie sich so sehr, daß weiter voneinander entfernt lebende Gruppen einander nicht verstehen können. Sie bezeichnen sich heute als Sinti und Roma, Gitanos, Manouches und Kalderasch oder mit unzähligen anderen Eigennamen. Es spricht einiges dafür, daß jene

Zigeuner, die im 15. Jahrhundert das erste Mal im westlichen Europa urkundlich erwähnt wurden, den Namen Zigeuner, (nach einer alten Schreibweise Secaner) mitgebracht haben. Doch heute kennzeichnet er den Blick von außen, von uns aus. Aus der Perspektive der Nicht-Zigeuner gibt es Gemeinsames oder Vergleichbares bei all den verschiedenen Zigeuner-Gruppen. Die Sprachwissenschaft kann auf die längste Tradition der Beschäftigung mit Zigeunern zurückblicken; sie hat vor 200 Jahren den Sanskritkern in ihrer Sprache, dem Romane erkannt, und damit auch die indische Vorvergangenheit der Stämme. Die Volkskunde sieht bei den verschiedenen Gruppen gemeinsame Kulturelemente, die den Rahmen der Zigeuner-Kultur bilden. Nicht zuletzt die Soziologie beschäftigt sich mit dem besonderen Platz, den die Zigeuner-Gruppen in den unterschiedlichen europäischen (und auch außereuropäischen) Gesellschaften immer wieder einnahmen und noch einnehmen. Es ist ein Platz am Rand, auf dem, wie die Geschichte zeigt, die Zigeuner immer wieder extremen Bedrohungen ausgesetzt sind.

Märchentradition in Osteuropa

Im östlichen Europa ist die Anwesenheit von Zigeunern schon länger belegt; die ältesten Quellen stammen aus dem 14. Jahrhundert. Auch heute lebt der größte Teil der Zigeuner in Osteuropa, z.B. sind 10 % aller Ungarn Zigeuner. Bis heute stellt Osteuropa eines der kulturellen Zentren der Zigeuner-Kultur dar – von hier aus sind die Zigeuner ehemals und immer wieder nach Westen gezogen, viel später auch in die USA und nach Lateinamerika. Von Osteuropa aus trat im letzten Jahrhundert die ungarische Zigeunermusik ihren Siegeszug an. Aus Südeuropa, aus Jugoslawien, kam vor 20 Jahren die Idee der politischen Interessenvertretung jenseits von Stammesgrenzen, eine Idee, die seither von vielen Zigeunergruppen begeistert aufgenommen wurde.

In Osteuropa ist auch die Märchentradition der Zigeuner beheimatet. Der bei weitem größte Teil der inzwischen aufgezeichneten Zigeuner-Märchen stammt von ungarischen, rumänischen, tschechischen, slowakischen, bulgarischen und jugoslawischen Zigeunern. Seit über 100 Jahren werden deren Märchen aufgezeichnet, der Prozeß dauert bis heute an.

Als Martin Block und Walter Aichele in den 20er Jahren eine Sammlung von Zigeuner-Märchen zusammenstellten, da fanden sie keine Märchen deutscher Zigeuner – die wenigen Ausnahmen stammen von Gewährspersonen, deren Familien vor noch erinnerter Zeit in den deutschen

Sprachraum eingewandert waren. Ob es eine Märchentradition alteingesessener deutscher Zigeuner – vielleicht vor der Zeit der Industrialisierung einmal gegeben hat? In den bislang erschlossenen Quellen, in Rechnungsbüchern und Chroniken, sind Zigeuner als Händler, Handwerker, Wahrsagerinnen und Musiker genannt; von Märchenerzählern ist nicht die Rede.
Ganz anders in Osteuropa: die zigeunerische Märchenkunst scheint sich in den agrarisch strukturierten, multikulturellen Gesellschaften Osteuropas am stärksten entfaltet zu haben. Die Zigeuner gehörten hier (und gehören auch heute) bis auf wenige wohlhabende Musikzigeunerfamilien zu den armen Leuten, sie sind unter den Wanderhandwerkern, den Tagelöhnern und Saisonarbeitern zu finden.
Es war eine Welt, in der Mündlichkeit regierte. Alles, was zwischen den Menschen wichtig war, wurde mündlich geregelt – es gibt nicht nur keine Gerätschaften zum Schreiben; es gibt auch keinen Grund etwas aufzuschreiben. Wir können davon ausgehen, daß die zigeunerischen Märchenerzähler nichts geschrieben haben und auch nichts gelesen haben, nicht einmal die Bibel.

Märchenschöpfer und Märchenverbreiter
Im Zuge eines alten Streites über die Herkunft der Zigeuner-Märchen wurde immer wieder die These vertreten, die Zigeuner hätten gar keine eigenen Märchen. Sie erzählten ausschließlich die Märchen ihrer sog. »Wirtsvölker«. Andere Zigeunerkundler wollten in den Zigeunern die Überbringer und Wiederschöpfer des indogermanischen Märchenschatzes überhaupt sehen. Dieser Streit erscheint mir insofern müßig, als die Zigeuner-Märchen, wie die Märchen anderer Volksgruppen auch, in jedem Fall von Originalität zeugen und zugleich die Berührung und Einflüsse anderer widerspiegeln.
Solange eine Geschichte nicht niedergeschrieben ist, wandelt sich ihre Gestalt, wie auch der Erzähler durch seine Lebenserfahrung verändert wird. Er gestaltet das Märchen nach der Situation, er baut Spannendes und Interessantes, das er gehört hat, in seine Geschichte ein. Das Neue bleibt dabei nicht einfach unverbunden stehen, es wird dem Verständnis und der Weltsicht der Erzählers und seiner Zuhörer angepaßt: es wird eingearbeitet. Auch darin kommt Originalität zum Tragen. So gesehen sind Zigeuner-Märchen gleichzeitig ein beredtes Zeugnis für die kulturelle Eigenständigkeit der Zigeuner und für die Wechselbeziehungen verschiedener kultureller Gruppen des südlichen Osteuropa.

Die Nomaden und Semi-Nomaden unter den Zigeunern, die zu der mündlich geprägten, bäuerlichen Welt gehörten, waren prädestiniert, ihre eigenen kulturellen Elemente und auch die anderer aufzubewahren, zu verbreiten und weiterzugeben. Der reisende Erzähler nimmt unterwegs unter Umständen Erzählstoffe in seine eigenen Erzählungen auf und verbreitet sie auf seinem weiteren Weg. So sind in ostungarischen Zigeuner-Märchen ungarische Märchen aufbewahrt, die bei den Nicht-Zigeunern inzwischen vergessen sind; hier bewahren die Zigeuner Elemente europäischer Volkskultur. Die Beeinflussung ist jedoch keineswegs einseitig, wie manche Forscher es gerne sehen würden. Nicht nur die Zigeuner haben Erzählstoffe anderer aufgenommen, die Gegenseitigkeit der Beeinflussung zeigt sich z.B. darin, daß der oft scharfsinnige Witz der Zigeuner-Schnurre überall in Südosteuropa Eingang in den nationalen Märchenschatz fand.

Erzählkünstler

Die aufgezeichneten Zigeunermärchen geben nur ein blasses Abbild von der Erzählkunst. Alles, was nicht in Buchstaben zu bannen ist, haben sie verloren; sie sind eher ein Skelett eines Märchens. Ganz abgesehen davon, daß sie wegen Übersetzungsproblemen meist nur sinngemäß wiedergegeben sind. Jetzt ist es Literatur, die poetische Qualität der Mündlichkeit, die Gefühlsregungen in der Stimme oder die Chuzpe der Gesten aber sind verschwunden. Das Märchen in der oralen Tradition ist nicht eine beliebig reproduzierbare, formalisierte Geschichte, sondern eher ein Ereignis, bei dem anläßlich einer bestimmten Situation oder Lebenslage die Neigung und Stimmung der Zuhörer und das Talent eines Erzählers zum Tragen kommen. Ein solcher Erzählkünstler war Taikon. Karl Herrmann Tillhagen, ein schwedischer Volkskundler, hat in den 40er Jahren die Märchen des damals über 60jährigen Johan Dimitri-Taikon aufgezeichnet. Taikon gehörte zu den Kalderasch-Zigeunern, die im letzten Jahrhundert von Südosteuropa aus nach Norden und Westen gewandert waren. Er und seine Leute waren Kesselschmiede, Schausteller und Musiker. Fast sämtliche europäischen Länder hat er im Laufe seines Lebens bereist, viele Jahre lebte er in Rußland und Norwegen. Die letzten 30 Jahre seines Lebens hatte er sich mit seiner Familie in Schweden niedergelassen, dort war er auch geboren. Er sprach außer Romanes auch Schwedisch, Russisch, Finnisch sowie etwas Französisch, Deutsch, Ungarisch, außerdem konnte er sich noch in anderen Balkansprachen verständigen. Taikon erzählte Tillhagen zuerst auf Romanes, später auf

Schwedisch mehr als 250 Märchen, an manchen erzählte er stundenlang. Ein Tonband stand Tillhagen (wie auch den Aufzeichnern anderer umfangreicher Sammlungen von Zigeuner-Märchen vor ihm) nicht zur Verfügung. Er versuchte erst, wie bei einem Diktat mitzuschreiben. Wegen seiner Sprachschwierigkeiten und weil das Mitschreiben die Erzählsituation störte, gab er das Verfahren jedoch bald auf und zeichnete nur noch ausgewählte Wendungen, Dialoge und Ausdrücke auf. Wenn Taikon geendet hatte, formulierte Tillhagen das Märchen mit Hilfe seiner Notizen nach und ging seine Version mit ihm noch einmal durch. So hat Taikon bei der Aufzeichnung zweimal mitgewirkt; den Aufbau der Geschichte, Wortwahl und Satzbau, Zeit und Ausrufe, kurz alle Elemente, die sich in Gedrucktes umsetzen lassen, wurden von ihm am Ende abgesegnet. Doch, trotz Tillhagens einfühlsamen Vorgehens sind in der gedruckten Taikon-Sammlung wesentliche Elemente der hohen Kunst des Märchenerzählens verloren gegangen. Taikons Märchen wurden durch Tonfall, Mimik und Gestik, durch Dehnungen, durch den Wechsel von effektvollen Pausen und sprudelndem Wortschwall, durch Lachen und Tränen erst lebendig. Er *spielte* seine Märchen, beim Erzählen verwandelte er sich in einen gütigen König, in eine bitterböse Hexe, in einen elenden, hungrigen Bettler, oder einen jungen unbeschwerten Helden. Das sind die Gestaltungsmittel, die sich nicht niederschreiben lassen; das Erlebnis liegt im Zuhören, in der Atmosphäre, die der Erzähler mit seinem Talent gestaltet.

Die Zuhörer nehmen das Märchen keinesfalls schweigend und passiv auf: zwischen ihnen und dem Erzähler findet ein wechselseitiges Geben und Nehmen statt. Sie fordern den Erzähler durch Zwischenfragen und Zurufe heraus, sie schmähen lautstark die Bösewichter der Geschichte, sie verspotten mißlungene und loben vollbrachte Heldentaten. Sie ergänzen die Rede des Märchenerzählers, z.B. der Beschreibung eines üppigen Mahles, wie aus der eigenen Erinnerung. Sie weinen um die Verstorbenen und drohen den Übeltätern. Und wenn der Held alle Prüfungen und Gefahren überstanden hat und endlich zusammen mit seiner schwererrungenen Auserwählten wieder mit seiner Familie vereint ist, dann beginnen die Zuhörer u.U. vor Freude zu tanzen, als ob sie ein wenig beim Hochzeitsfest mitfeierten.

Oft gibt es beim Erzählen ein Wechselspiel zwischen dem Erzähler und einer Person, die die Geschichte schon kennt. »Er war so stark wie 10 Pferde und schnell wie der Wind, nicht wahr, Du hast es gesehen«, fragt der Erzähler. Und der Mitspieler bestätigt: »Ja, ich hab's gesehen, er knickte einen Baum wie ein Zweiglein, und das schnellste Pferd sah nur den Staub, den seine Schritte aufwirbelten!«

Märchen zur Arbeit

Gelegentlich wechselt der Vortrag von Prosa in Versform. Erzählen kann durch Gesang das Lied vom gesprochenen Teil unterbrochen werden. Nach der Auskunft von Holztrogmachern in Siebenbürgen wurden vor 1918 bei ihnen Märchen in Versen als Takt zur Arbeit erzählt. Während sie die Holzklötze mit dem Rundbeil zu Trögen aushöhlten, fand der Rhythmus der Verse mit dem Auftreffen der Beile auf dem Holz zusammen. Manchmal wurden die Verse im Wechsel von zwei Vortragenden gesprochen.

Die Zigeuner-Märchen sind nicht allein als ein Vergnügen für die arbeitsfreie Zeit zu sehen, sie halfen nicht nur über den Winter hinweg oder waren eine spannende Gemeinschaftsunterhaltung. Sie sind auch keine Kindergeschichten. Zu allererst sind es Erzählungen für Erwachsene, und anders als heute in den westlichen Industrieländern sind sie mit der Arbeit der Menschen verbunden. In Rumänien unterhielten Zigeuner die Landarbeiter auf den Feldern mit Geschichten. Noch in den 40er Jahren erzählten in Ungarn Zigeuner-Bettler auf den Märkten für geringes Entgelt. Manchmal verlegte sich das versehrte Familienmitglied, das weder schmieden noch andere Arbeiten übernehmen konnte, auf das Erzählen bei der Arbeit der anderen und trug so seinen Teil zum Unterhalt bei. Béla Gunda begegnete 1947 in Siebenbürgen Spindelmacher-Zigeunern, mit denen ein verkrüppelter Rumäne unterwegs war. Die Zigeuner sorgten für den Rumänen, der sie bei der Arbeit mit Märchen unterhielt. Ein Jahr später lernte Gunda auf einer Reise den damals 68jährigen Erzähler Gheorge Lungu kennen. Lungu konnte Ungarisch, Rumänisch, Serbisch und Romanes sprechen, seine Märchen hatte er von seinem Vater und anderen Alten seiner Familie erlernt. Zigeuner-Märchen pflegte er auf Romanes zu erzählen, rumänische Märchen trug er in rumänischer Sprache vor. Im Winter holten ihn die Dorffrauen gerne in ihre Spinnstuben, wo er bis tief in die Nacht die Spinnerinnen unterhielt. Im Hauptberuf war er jedoch Kesselflicker. Auch bei seiner Arbeit war er oft von Nicht-Zigeunern umringt, die seine Geschichten hören wollten. Er liebte das Erzählen bei der Arbeit nicht, weil die Hände dann besetzt waren und er *nicht mit den Fäusten* erklären konnte. Ein anderer reisender Zigeuner, ein Schuhflicker, erzählte dagegen gerne bei seiner Arbeit. Er besuchte die Gymnasien der Region und erzählte den Schülern, während er ihre Schuhe ausbesserte.

Außer bei geselligen Anlässen und der Arbeit kam das Zigeuner-Märchen jedoch noch in anderen Situationen zur Geltung: die langen Fahrten zu den Arbeitsstellen, Märkten und Kunden verkürzte sich manche Gruppe mit einer spannenden Geschichte. Auch während der Totenwachen pflegte man Märchen zu erzählen; an den Verstorbenen erinnernde Geschichten oder auch tröstende oder ablenkende Märchen. Zuletzt spielte das Märchen bei Geschäften gelegentlich eine Rolle. Wechselte ein Gegenstand, z.B. ein Werkzeug oder ein Kleidungsstück seinen Besitzer, so konnte das Märchen (bei anderen Gruppen auch Musik) den Handel besiegeln. Dieser Teil des Preises wurde nicht sofort bezahlt, die Schuld wurde bei Gelegenheit eingelöst, wenn die Situation günstig war. Bei jenen Familien, die Gaben und Erwerbungen mit Märchen vergelten konnten, gehörte zu den Wunscheigenschaften eines guten Schwiegersohnes, daß er erzählen konnte.

Märchen für eigene und fremde Leute

Wenn auch die Märchensammlungen sie in der Regel *den* Zigeunern, manchmal nationalen Zigeuner-Gruppen und nur in Ausnahmefällen einer bestimmten Untergruppe der Zigeuner zuschreiben, so sind sie doch niemals Märchenschatz aller Zigeuner. Wo die Märchentradition entfaltet war und ist, sind die Märchen kultureller Ausdruck verzweigter Großfamilien und verwandschaftlich organisierter Reise- oder Berufsgruppen. So gibt es Märchen von Kalderasch-Familien oder Märchen der Siebmacher oder Löffelschnitzer. Sogar Zigeuner-Gruppen aus benachbarten Regionen kennen u.U. den Märchenschatz der anderen Gruppe nicht.

Die Märchen erfüllen ein verblüffende Doppelfunktion: sie sind an die eigenen Leute gerichtet und, wie in den zuvor berichteten Beispielen deutlich war, sie werden gleichzeitig auch Nicht-Zigeunern erzählt.

In der eigenen Gruppe weben sie mit am kulturellen Muster, sie sind beteiligt an der Tradierung eines spezifischen Weltbildes. Sie enthalten Modelle für allgemeinmenschliche Probleme und Modelle für Probleme aus der internen Welt der Zigeuner z.B. für die Schwierigkeiten, die aus einer Ehe zwischen Angehörigen verschiedener Gruppen erwachsen. Viele Märchen haben den besonderen Platz zum Gegenstand, den Zigeuner in der Gesellschaft einnehmen. Für die eigenen Leute werden sie auf Romanes erzählt, das gibt dem Ganzen etwas Vertrauliches, Familiäres. Man kann auch gegebenenfalls noch einen Witz über einen vorbeigehenden Nicht-Zigeuner einflechten.

Wenn jedoch das Publikum gemischt ist, oder wenn aus gewerblichen Gründen für Nicht-Zigeuner erzählt wird, dann wird in einer der Landessprachen gesprochen. Es ist zwar formal dasselbe Märchen, das für Zigeuner und für Nicht-Zigeuner vorgetragen wird; es wird jedoch vor einem unterschiedlichen kulturellen Hintergrund verstanden. Wenn für die zigeunerischen Zuhörer in der märchenhaften Inszenierung Momente ihrer Kultur reproduziert werden, so liegt der Akzent des Verstehens der nicht-zigeunerischen Zuhörer auf dem, was auch in ihrer Welt gefragt ist. Sie sind die zahlenden Kunden, deshalb wird ihrem Geschmack Rechnung getragen. Was sie suchen, sind z.B. Modelle für allgemeinmenschliche Probleme oder auch die Behandlung der Frage nach dem besonderen Platz der Zigeuner in der Welt. In dieser Frage begegnen sich die beiden Kulturen, allerdings sehen sie die Angelegenheit aus unterschiedlichen Perspektiven.

Mündliche Überlieferung in der Moderne – Wandel des Traditionalen

Die große Zeit des Sammelns von Zigeuner-Märchen in Südosteuropa war gegen Ende des letzten und zu Beginn dieses Jahrhunderts. Der Prozeß des Sammelns ist bis heute noch nicht abgeschlossen, es gibt vereinzelt noch heute Erzähler. Ihre Märchen zeigen, daß sich die radikale Modernisierung der bäuerlichen, multikulturellen Gesellschaften auch im Erzählstoff widerspiegelt. In der industrialisierten Landwirtschaft werden bei der Arbeit keine Märchen mehr erzählt. Die voranschreitende Alphabetisierung der Zigeuner und die modernen Medien lassen die orale Tradition und damit auch die Inszenierung von Märchen mehr und mehr zurücktreten. Trotzdem haben sich in der industrialisierten Gesellschaft traditionale Nischen erhalten, die oft von Zigeunern besetzt werden.

Gerade bei den Zigeunern scheinen Inseln der mündlichen Kunst fortzuexistieren.

Während die vor langer Zeit gesammelten Märchen auf den Moment des Aufzeichnens eingefroren sind, sie erlauben einen Blick in eine vergangene Welt, weisen die wenigen, in den letzten Jahren gesammelten Märchen, erstaunlich moderne Elemente auf.

in einem 1958 in Ungarn von Sandor Erdesz aufgezeichneten Märchen des Erzählers Lajos Ami geht der verwunschene Prinz in die Schule. Und weil keine Eisenbahn zu den Mädchen fährt, die er suchen soll, gelangt er mit verzauberten Bundschuhen ans Ziel.

Im Märchen von der Prinzessin, die sich in einen Jungen aus der Gruppe der Ziegelmacher verliebt, (das Milena Hübschmannová 1978 in der Ostslovakei von Béla Moro aufgezeichnet hat,) geht das Liebespaar ins Kino, um einen ausländischen Film zu sehen. Bevor der Junge die Prinzessin verführt, kauft er ihr Bonbons und Kaugummi.
Im Märchen von Tod und Vernunft schließlich, (Sani Dzurko erzählte es Milena Hübschmannová 1977 in Nordböhmen,) soll ein Zigeuner, der Gärtner ist, das Doppelwesen Tod und Vernunft aus dem Reich der Toten holen. Er muß durch ein Feuermeer und über magische Brücken gehen. Das Wesen hilft ihm dann, die Frau des Königs für sich zu erobern. Aber Tod und Vernunft kann auch anderes vollbringen, das unmöglich scheint: weil der Gärtner schon so oft vergeblich auf dem Wohnungsamt um eine bessere Wohnung nachgesucht hat, baut das Wesen ihm eine Burg auf einer Wiese.
Das Aufzeichnen der Märchen hat zwar heute nicht mehr mit den technischen Schwierigkeiten zu kämpfen, mit denen Wlislocki, der gegen Ende des letzten Jahrhunderts Märchen und Sagen transsylvanischer Zigeuner sammelte, oder mit denen Tillhagen umzugehen hatte. Trotzdem ist es kein leichtes Unterfangen geworden. Gerade weil es bei manchen Familien bis vor kurzer Zeit eine Tradition des gewerblichen Erzählens gegeben hat, und weil es zu den erprobten Schutzmechanismen der bedrängten Minderheit gehört, allzu neugierigen Fragern elastischen Widerstand entgegenzusetzten – deshalb passiert es allzuleicht, daß dem Märchenforscher, der alte Märchen hören will auch alte geliefert werden. Da nimmt der Königssohn halt diesmal nicht das Auto sondern reitet wieder an sein Ziel.

Märchentradition deutscher Zigeuner?
Von einer Märchentradition von Zigeunern im deutschsprachigen Raum ist kaum etwas bekannt, zumindest treten Zigeuner als gewerbliche Erzähler auch vor der Periode der Industrialisierung nicht in Erscheinung. Das mag verschiedene Gründe haben, über die man mutmaßen kann. Vielleicht hat sich dieser Beruf – im Gegensatz zum Musikergewerbe, das sich ja auch nach innen, an die eigenen Leute *und* nach außen an die nicht-zigeunerischen Kunden wendet – vielleicht hat sich der Erzählerberuf in dieser Region nicht entwickelt, weil die Zigeuner hier niemals so weit in die bäuerliche Welt integriert waren wie beispielsweise in den Balkanstaaten. Hier haben sich *nicht* die Märchentraditionen verschiedener Volksgruppen voneinander abgegrenzt und gegenseitig durch-

drungen, wie in den multikulturell geprägten Balkanstaaten. Deshalb mag die Fähigkeit, gewerblich Märchen zu erzählen bei den fernwandernden Zigeunern, die zu dieser Tradition gehörten, wenn sie sich hier niederließen, bald, d.h. im Laufe weniger Generationen nicht mehr zum Tragen gekommen sein. Man kann sich vorstellen, daß ein Berufserzähler, beispielsweise rumänischer Herkunft, dessen Familie ihren Lebensraum im letzten Jahrhundert in den deutschen Sprachraum verlegte, zwar nicht mehr *als Erzähler* Geld für die Familienkasse erwirtschaftete, jedoch mit seiner Kunst im Rahmen seiner Gruppe weiterwirkte. Der lebendige Austausch von Erzählstoffen war damit unterbrochen; die Märchen wurden zu einer reinen Familienangelegenheit. Und, über kurz oder lang erfuhren sie im Zuge der Modernisierung der Gesellschaft das gleiche Schicksal wie andere Märchen auch; sie wurden zu einem passiven Märchenschatz, und sie wurden zu Geschichten für Kinder.
Reste der Märchentradition muß es in den 20er Jahren auch bei alteingesessenen deutschen Zigeunern noch gegeben haben. Die deutsche Sinti-Schriftstellerin Philomena Franz berichtet, daß sie ihre Märchen in ihrer Kindheit in den 20er und frühen 30er Jahren im Kreise der Familie gehört habe. Sie stammt aus einer angesehenen Künstlerfamilie, die als Theater- und Musikgruppe auftrat. Nach der Schilderung der Lebensumstände ihrer Familie in der besagten Zeit in ihrer Autobiographie kann man sich die Erzählsituation gut vorstellen. Bis zu dem Zeitpunkt, als das Leben der Zigeuner durch die nationalsozialistische Verfolgung einen Riß bekam.

Innovationen

Ist nun, 50 Jahre später, die mündliche Tradition auch in der Zigeunerkultur im Verschwinden begriffen?
Wenn man sich vor Augen führt, wie viele Lebensbereiche inzwischen von der Verschriftlichung erfaßt sind, wenn man an den immensen Einfluß der modernen Medien denkt, dann kann man sich kaum vorstellen, daß orale Traditionen der Zigeuner auch nur eine winzige Chance hätten, nicht überrollt zu werden. Und trotzdem läßt sich belegen, daß gerade in der Zigeunerkultur orale Traditionen nach wie vor äußerst lebendig sind. Das Märchenerzählen in der althergebrachten Form kommt bei den heutigen Zigeunern sicher nicht häufiger vor als bei anderen Familien. Wenn auch der märchenhafte Gestus mit den großen alten Zigeunerpatriarchen ausstirbt, wenn auch alle Einkommensschichten der Zigeunergesellschaft inzwischen von der Schriftlichkeit erfaßt sind,

wenn auch das Fernsehen alle Wohnungen und auch den letzten Wohnwagen erreicht hat, trotzdem nimmt das Mündliche innerhalb der Gruppen einen zentralen Platz ein. Das liegt nicht zuletzt an der Zweisprachigkeit der deutschen Zigeuner. In der internen Welt wird in der Regel Romanes gesprochen. Da die Sprache im Fernsehen nicht vertreten ist, keine Zeitung in Romanes erscheint und hierzulande auch keine Romanes-Literatur vorliegt, spielt das gesprochene Wort in den Familien nach wie vor eine zentrale Rolle; und in der familienbetonten Zigeunergesellschaft umfaßt Familie fast alle Bereiche des Lebens.

Daran haben die modernen Techniken nichts geändert. Die familiäre Oralität der Zigeuner ist keinesfalls an das Leben in pferdegezogenen Holzwohnwagen und an das Kochen auf offenem Feuer gebunden. Das ist ohnehin eine romantische Vorstellung der Nicht-Zigeuner; an diese Elemente ist Zigeunerkultur noch nie notwendig gebunden gewesen. Im Gegenteil, es läßt sich immer eine besondere Aufgeschlossenheit gegenüber Neuerungen feststellen. Der Wohnwagen z.B. war ja einmal eine solche Neuerung, wegen der das Reisen mit offenem Wagen und Zelten aufgegeben wurde. (Als die Nicht-Zigeuner Ende der 50er Jahre das Reisen in Wohnwagen entdeckten, blickten Zigeuner bereits auf eine fast 100jährige Erfahrung mit dem Wohnen in Häusern auf Rädern zurück.)

Die Zigeuner haben den Modernisierungsprozeß zur Industriegesellschaft, der bei den Nicht-Zigeunern so viele kulturelle Ausprägungen eingeebnet hat, flexibel verarbeitet. Einige der modernen Techniken kommen ihrer kulturellen Eigenständigkeit geradezu entgegen. Mit dem Auto ist das Reisegewerbe unkomplizierter zu betreiben, auch die Pflege eines weitverzweigten Verwandtschaftsnetzes ist mit dem Auto leichter zu bewerkstelligen als früher: man kann übers Wochenende weit entfernt lebende Angehörige besuchen, ohne mit der Schulpflicht der Kinder in Konflikt zu geraten.

Eine andere moderne Technik läßt sich mit dem gesprochenen Wort besonders gut vereinbaren – das Telefon.

Wenn das traditionelle Erzählen sich zu anderen Formen des Ausdrucks gewandelt hat, was wird mündlich weitergegeben?

Geschichtliche Überlieferung

Die jetzt älteren unter den deutschen Zigeunern sind ausnahmslos Opfer der nationalsozialistischen Verfolgung. Vor der Zeit des Nationalsozialismus erlebten die Zigeuner zwar auch aufflackernde Feindseligkeiten der Nicht-Zigeuner; sie hatten ihre mehr oder weniger erfolgreichen

Methoden des Umgangs damit. Was unter nationalsozialistischer Herrschaft dann geschah, überstieg jedoch alles Vorstellbare und traf die Familien wie ein Schock.

Eine von langer Hand vorbereitete lückenlose Erfassung aller Zigeuner in Deutschland ließ kein Entkommen mehr zu. Die Zigeuner erlebten dann in den Lagern Folter, medizinische Versuche, Zwangsarbeit und Hunger, sie starben unter grauenhaften Bedingungen. Die nationalsozialistischen Machthaber hatten die vollständige Auslöschung aller Zigeuner im Sinn, die *das* überlebten, haben nur durch Zufall überlebt.

Es gibt heute keine deutsche Zigeunerfamilie, die nicht eine Reihe von Opfern zu beklagen hätte.

Die aus den Lagern wiederkamen, waren körperlich und seelisch schwer beschädigt. Ihre Erfahrungen haben sie der ersten und zweiten Generation nach dem Ende des Nationalsozialismus weitergegeben; auch der dritten, die inzwischen heranwächst. Sie haben von den Qualen erzählt, die sie erlitten haben, vom elenden Sterben der Eltern, Geschwister und Kinder, vom Zufälligen Entkommen, von der Suche nach Überlebenden nach 1945 und von den Zufällen, die sie manchmal wieder zusammenführten. Es wird auch gesprochen über ehemalige Peiniger, die nicht zur Rechenschaft gezogen wurden, die sich bald nach 1945 auf sicheren Posten befanden und denen man zufällig wieder begegnete. Von Mengele wird gesprochen, den viele Zigeuner in Auschwitz kennenlernen mußten.

Diese Berichte haben sich für die Nachgeboreren mit eigenen Erfahrungen der Feindseligkeit und des Zurückgesetztsein verknüpft. Auch mit der Erfahrung des langen Kampfes der Opfer darum, daß die Nicht-Zigeuner wenigstens zur Kenntnis nehmen, was damals geschehen ist.

Ich habe mehrmals in Sinti-Familien und auch bei französischen Zigeunern von der Tänzerin in Auschwitz gehört. Das war eine junge Zigeunerin. Bei einer sog. Selektion, d.h. bei der Teilung der angekommenen in die Gruppe derer, die sofort ermordet wurden und die Gruppe derer, die langsam durch Arbeit und Hunger sterben sollten, bei der Selektion also an der Eisenbahnrampe von Auschwitz stand die Zigeunerin in der Nähe eines Wachmannes. Der Mann forderte sie auf, für ihn zu tanzen – in dieser Situation der tödlichen Bedrohung. Sie kam dam Befehl nach, sie tanzte für ihn und näherte sich ihm tanzend immer mehr, entriß ihm schließlich die Waffe und tötete ihn. Sie wurde sofort von anderen Wachmännern erschlagen. Der Bericht von der Tänzerin ist für die Familien von hoher Bedeutung, weil einmal einer Zigeunerin das gelang,

was so viele Gequälte gerne getan hätten, wenn es nur möglich gewesen wäre. Und ihr Kampfmittel war eine alte Zigeunerkunst. Einmal gelang es, wenn auch nur für ein paar Sekunden, den Spieß umzudrehen.
In dem Bericht wird eine Erfahrung weitergegeben, die durch den umfassenden Vernichtungsversuch an den Zigeunern nachhaltig geprägt ist. Darüber lernen die nachgeborenen Zigeuner nichts in der Schule und nichts durch das Fernsehen. Darüber wird in den Familien, unbeeinflußt durch die Medien der Nicht-Zigeuner, auf Romanes gesprochen.

Moderne Mythen

Erzählen bei der Arbeit hat in der modernen Welt keinen Platz mehr; auch aus dem Sozialleben der Erwachsenen ist das Erzählen verschwunden. Seine Rolle haben Freizeitvergnügen wie Fernsehen, Radio und Kino übernommen; auch bei den Zigeunern. Die jüngeren Zigeuner nehmen also genauso wie ihre nicht-zigeunerischen Altersgenossen teil an den modernen Mythen, die durch die Medien verbreitet werden. Es beschäftigt sie das Leben von Elvis Presley und John Travolta, und, wie unzählige andere Jugendliche auch, die Frage, ob Michael Jackson mit seinem Schimpansen einsam lebt.
Sie leben oft in einer doppelten Kultur, sie nehmen einerseits regen Anteil an den modernen, seriell produzierten Mythen, sie verarbeiten sie jedoch vor ihrem eigenen kulturellen Hintergrund. Dieselbe Filmvorstellung wird von nicht-zigeunerischen Jugendlichen und jungen Zigeunern gemeinsam besucht, der Film wird jedoch unterschiedlich gesehen. John Travolta, ein italienischstämmiger Star in amerikanischen Tanzfilmen, tanzt und kleidet sich ein ihren Augen wie ein Zigeuner – eigentlich müßte er doch Zigeuner sein. Michael Jackson, ein amerikanischer Pop-Star, ist schon als Junge in der familieneigenen Band aufgetreten. Er zeigt bei seinen Auftritten besondere Familientreue, indem er immer wieder seine Geschwister miteinbezieht – so wie ein Zigeuner.
Das traditionelle Zigeuner-Märchen in Osteuropa wirkte ja in zwei Richtungen – es wurde für die eigenen Leute erzählt und für die Nicht-Zigeuner. Diesen Platz nimmt heute bei den deutschen Zigeunern die Musik ein. Es wird – meistens in Musikgruppen auf Familienbasis bei Familienfesten und -treffen und im normalen Alltagsleben musiziert. Für Nicht-Zigeuner treten die Gruppen in Konzerten und auf Festivals auf. Musik deutscher Zigeuner oder Sinti-Jazz ist ein begehrter Markenartikel.

Schreibende Erzähler

Die Erzählkunst hat inzwischen in der Literatur ihren Ort gefunden (in sehr begrenztem Maße, aber für Zigeuner-Freunde unübersehbar). Zigeunerschriftsteller schreiben in der jeweiligen Landessprache weitgehend für ein nicht-zigeunerisches Publikum. In Frankreich sind von dem Kalderasch-Zigeuner Matéo Maximoff märchenähnliche Romane und Erzählungen erschienen. Sie spielen in der Welt der osteuropäischen Zigeuner in nicht näher bestimmbaren feudalen Zeiten. In der Bundesrepublik schreibt Philomena Franz Märchen.

Es ist von ihr auch eine Autobiographie erschienen, in der sie schildert, wie sie mit ihrer Erfahrung von Auschwitz lebt. Mit ihrem Märchenbuch wendet sie sich an Kinder, in erklärenden Rahmentexten spricht sie den kindlichen Leser direkt an. Sie erfüllt einen pädagogischen Auftrag, sie möchte Kinder der Nicht-Zigeuner über Zigeunerkultur aufklären, um Vorurteile abzubauen und Toleranz zu fördern. Die Zwischentexte sind Aufklärungsliteratur, die eine wichtige Funktion erfüllt. Sie sind auf ihre Art einzigartig, weil diese Vermittlung zweier Welten aus der Perspektive der Zigeuner öffentlich noch nie versucht wurde. In ihren Märchen jedoch knüpft sie an die alte Märchentradition an. Dort ist der Sprachduktus anders, sie haben die Farbe und den Witz des überlieferten Zigeunermärchens. Auch das alte Intermezzo zwischen dem trunkenen Pfarrer und dem schlauen Zigeuner ist dabei.

Philomena Franz hat das Buch als Medium für die Verbreitung der tradierten Oratur ihrer Familie gewählt. Der Widerspruch zwischen literaler und oraler Tradition ist auf diese Weise in ihrem Werk aufgehoben; sie ist gleichzeitig Erzählerin und Aufzeichnerin.

Ihre alten und durch einen neuen Kontext gleichzeitig neuen Märchen legen noch einmal Zeugnis ab für eine Besonderheit der Zigeunerkultur: ich meine jene kulturelle Beharrlichkeit, die zum Überleben der Zigeunerkultur in der modernen Welt wesentlich beigetragen hat, die jedoch nicht zu bloßem Konservatismus erstarrt, sondern die sich Neuem gegenüber ausgesprochen aufgeschlossen zeigt – eine Traditionsverbundenheit, die sich mit den Veränderungen des Lebens gerne und flexibel arrangiert.

Dieter Arendt

DAS MÄRCHEN – SEINE FORMGESCHICHTLICHE »WAHRHEIT«

Georg Christoph Lichtenberg: »Die Welt ist nicht da um von uns erkannt zu werden, sondern uns in ihr zu bilden. Das ist eine Kantische Idee.«

›Das Märchen – seine formgeschichtliche »Wahrheit«‹ – es scheint geraten, prophylaktisch darauf aufmerksam zu machen, daß das Wort »Wahrheit« durch Anführungszeichen gerahmt ist, wodurch hingewiesen wird auf die Dimension des Zweifelhaften, Zweideutigen, des Zwiespältigen, des Zwielichtigen, des Zwittrigen, des Zwieschlächtigen, auf eine verzweifelte Doppeldeutigkeit.

»Was ist Wahrheit«? fragte rhetorisch-resignativ schon der homo politicus Pontius Pilatus, und trotzdem dachten die Denker über die »Wahrheit« nach; aber auch ein berühmter homo philosophicus namens Kant kam zu dem Schluß:

»Die alte und berühmte Frage, womit man die Logiker in die Enge zu treiben vermeint und sie dahin zu bringen suchte, daß sie sich entweder auf einer elenden Diallele mußten betreffen lassen, oder ihre Unwissenheit, mithin die Eitelkeit ihrer ganzen Kunst bekennen sollten, ist diese: Was ist Wahrheit? [...]

Es ist schon eine großer und nöthiger Beweis der Klugheit oder Einsicht, zu wissen, was man vernünftiger Weise fragen solle. Denn wenn die Frage an sich ungereimt ist und unnöthige Antworten verlangt, so hat sie außer der Beschämung dessen, der sie aufwirft, bisweilen noch den Nachtheil, den unbehutsamen Anhörer derselben zu ungereimten Antworten zu verleiten und den belachenswerthen Anblick zu geben, daß einer (wie die Alten sagten) den Bock melkt, der andre ein Sieb unterhält.«[1]

Jacob Grimm aber spricht anders von der »Wahrheit«, beispielsweise in Bezug auf die Sage:

»das kritische princip, welches in wahrheit seit es in unsere geschichte eingeführt worden, gewissermaszen den reinen gegensatz zu diesen sagen gemacht, und sie mit verachtung verstoszen hat, bleibt an sich, obschon aus einer unrechten veranlassung schädlich ausgegangen, unbezweifelt; allein, nicht zu sehen, dasz es noch eine wahrheit gibt, auszer den urkunden, diplomen und chroniken, das ist höchst unkritisch. [...].«[2]

Was Jacob Grimm über die »Wahrheit« der Sage vorbringt, über die »Wahrheit« außerhalb von chronikalischen Belegen und Beweisen, steht schon in Achim von Arnims und Brentanos Zeitschrift ›Tröst Einsamkeit‹ vom Jahre 1808; obwohl also vier Jahre vor der ersten Sammlung der »Kinder- und Hausmärchen« niedergeschrieben, enthält dieser Passus, gleichsam sein programmatisches Bekenntnis zur Naturpoesie bzw. zur Volkspoesie, die durch das Sammelwort ›Sage‹ abgedeckt scheint, und somit auch das Märchen in sich begreift.[3]

Das Märchen nach seiner begriffs- bzw. wortgeschichtlichen »Wahrheit« zu befragen, könnte dazu verführen, es mit eben dieser in vielen Nuancen schillernden Begriffs-Geschichte vorzuführen, etwa hinzuweisen auf seinen historischen Beiklang im Anfang des Nibelungen-Liedes:

»Uns ist in alten maeren
wunders vil geseit.«[4]

Oder auf seinen religiös-christlichen Offenbarungs-Sinn in Luthers Lied:

»Vom Himmel hoch da komm ich her,
Ich bring euch gute neue Mär.«

Oder auf seinen klassisch-idealistischen Sinn etwa bei Herder:

»Welch ein herrliches Werkzeug ist ein Mährchen! Zwar nur ein Traum der Wahrheit, aber ein zauberischer Traum, aus dem wir ungern erwachen und zu unserer Seele sagen; ›träume weiter!‹«[5]

Obwohl Schiller an die Geschichte als Selbstgericht und an ihre Selbstmanifestation der »Wahrheit« glaubte, läßt er einen Liebenden in den ›Piccolomini‹ sagen:

»Auch für ein liebend Herz ist die gemeine
Natur zu eng, und tiefere Bedeutung
Liegt in dem Märchen meiner Kinderjahre
Als in der Wahrheit, die das Leben lehrt.«[6]

Die Wort- und Begriffs-Geschichte aber ist schier ohne Ende und lehrt mit der Zweideutigkeit zugleich die Vielschichtigkeit des Märchens[7]; und selbst wenn man allein für den deutschen Sprachgebrauch Kompendien anlegte und aus den Varianten die Quersumme zöge, wüßte man kaum mehr über die »Wahrheit« der Märchen.

Die Brüder Grimm übrigens haben später selbstverständlich ihrerseits auch über die Märchen viele Erklärungen gewagt, aber alle Aussagen waren vorwiegend von genetischem Interesse: sie wollten wissen, wie oder wo oder wann die Märchen entstanden und glaubten auf diese Weise

nicht nur seine »Wahrheit« zu enträtseln sondern überhaupt die »Wahrheit« der Geschichte.
Die Brüder Grimm mit ihren verstreuten Äußerungen zur Genese und der damit verbundenen Wertschätzung der Märchen erneut vorzuführen, darf – da die Kenntnis vorausgesetzt werden kann – in gebotener Kürze erfolgen. Bereits in den ›Anmerkungen‹ zu den 1812 erstmalig erschienenen ›Kinder- und Hausmärchen‹ betont Wilhelm Grimm seinen grundsätzlichen Standpunkt: »Gemeinsam allen Märchen sind die Überreste eines in die älteste Zeit hinauf reichenden Glaubens, der sich in bildlicher Auffassung übersinnlicher Dinge ausspricht. Dies Mythische gleicht kleinen Stückchen eines zersprungenen Edelsteins, die auf dem von Gras und Blumen überwachsenen Boden zerstreut liegen und nur von dem schärfer blickenden Auge entdeckt werden.«[8]
Und Jacob Grimm wiederholt, erläutert und verteidigt diese in der unbewußten Volkstradition aufgehobenen »Wahrheit« in der vielberufenen Auseinandersetzung mit Achim von Arnim:
»... aber dieses Bewußtsein und Ringen des Einzelnen kann nicht soviel sein, als die unbewußte dastehende Wahrheit«.[9]
Oder:
»Alles geht wohl unter, d.h. in gewissem Sinn, aber gewiß wird sich das Wahre, Gute länger halten, als das Halbe, wie auch die Geschichte lehrt.«[10]
Mythisch anmutende Motive in den Märchen wurden von ihnen und in ihrer Nachfolge erschöpfend aufgereiht und beschrieben. Es wäre aber zweifellos besser gewesen, wenn sie oder wenn man heute statt vom Mythos zu reden besser von ihren mündlichen und schriftlichen Überlieferungs-Medien gesprochen hätte oder spräche und in Relation dazu von Mytho*logie*. Aber wie immer man dem Mythos ferne steht, weil er grundsätzlich sowohl rational wie auch intuitiv und nicht zuletzt psychoanalytisch unerreichbar bleibt, so hat er doch seine sowohl theologische, philosophische, literarische wie immer ethnologisch oder folkloristisch differenzierte, so letzthin doch seine wissenschaftliche Objektivierung gefunden in der Mytho*logie*. Wie weit auch immer Mythos und Mythologie voneinander entfernt sein mögen, so stammt doch das vielverzweigte Geäst mythologischer Variationen mit Sicherheit von einem in der Nacht der Archaik obwaltenden Mythos.[11]
Die historisch-neopositivistische Märchenforschung konstatiert kritisch gewiß zu Recht:
Die Brüder Grimm »waren überzeugt, gerade in den deutschen Volks-

märchen altehrwürdige, getreulich mündliche tradierte Zeugnisse germanischer Mythologie und Weltanschauung entdeckt zu haben.«[12]
Aber obwohl das mythologische Denken mit dieser Feststellung zugleich relativiert wird durch den Hinweis auf den romantischen Trend des filternden Erzählens der Märchen, obwohl zugleich damit hingewiesen wird auf die in diesen Märchen eingegangenen »Züge des bürgerlichen 19. Jahrhunderts und biedermeierlichen Vorstellungen«, wird doch in gleichem Atem von »uralten Zeugnissen prähistorischer Weltanschauung gesprochen« und zugegeben:
»Das sind urtümliche Erfahrungen der Menschheitsgeschichte, die rudimentär noch in unsere Zeit hineinragen und sie bewußt wie unbewußt mitprägen.«[13]
Daß in der Romantik ein mythologisches Denken virulent war, ist bekannt, desgleichen daß im Biedermeier sich dieses großformatige Denken in einer engen Wohnstuben-Kultur verlor, aber dazu ist zu bemerken, daß in dem den Brüdern Grimm wohlbekannten griechischen Wort μυϑος viel mehr mitschwang als in unserer geläufigen Vorstellung vom Märchen; zum andren haben sie durchaus eingeräumt, daß der mythologische Ursprung der Märchen sekundiert wird nicht nur vom monogenetisch zentralisierten Volksbrauch, sondern von polygenetisch-zentrifugalen Völkerbräuchen und sogar von völkerübergreifenden und damit völkerverbindenden Wanderungen, Grenzverletzung und Entgrenzungen; Wilhelm Grimm schreibt in den zitierten ›Anmerkungen‹.
»Es gibt aber Zustände, die so einfach und natürlich sind daß sie überall wiederkehren, wie es Gedanken gibt, die sich wie von selbst einfinden, es konnten sich daher in den verschiedensten Ländern dieselben oder doch sehr ähnliche Märchen unabhängig von einander erzeugen. [...]
Ich leugne nicht die Möglichkeit, in einzelnen Fällen nicht die Wahrscheinlichkeit des Übergangs eines Märchens von einem Volk zum andren, das dann auf dem fremden Boden fest wurzelt: ist doch das Siegfriedslied schon frühe und den hohen Norden gedrungen und dort einheimisch geworden.«[14]
Der romantisch-biedermeierliche Glaube, daß sich in den Wachstumsphasen des Menschen die gesamte Menschheitsgeschichte wiederhole, daß also im Kinde die Kindheitsphase der Menschheit mit ihrer Nähe zum Mythos wiederkehre, hatte dem Kinde längst eine bislang nicht bekannte Würde verliehen und nicht nur den Titel ›Kinder- und Hausmärchen‹ mitbestimmt, sondern dem Märchen höchste Bedeutung verliehen. Wackenroder/Tieck hatten von »Erinnerungen der Engelswelt [...] im

Kindergeiste«[15] gesprochen, Hölderlin hatte das Kind als ein »göttlich Wesen«[16] bezeichnet, Schiller hatte von den Kindern gesagt, sie seien »Darstellung[en] unserer höchsten Vollendung im Ideale«[17], und Wilhelm Grimm schrieb in der ›Vorrede‹ zur zweiten Ausgabe von 1819: »Darum geht innerlich durch diese Dichtungen jene Reinheit, um derentwillen uns Kinder so wunderbar und selig erscheinen. [...] Kinder deuten ohne Furcht in die Sterne, während andere, nach dem Volksglauben, Engel damit beleidigen.«[18]

Die literaturwissenschaftliche Märchenforschung weiß um die Gefahr dieser ontogenetischen Methode mit ihrer illusionären Verehrung des Kindes[19], tut sich indessen schwer mit der Antwort auf die Frage: warum haben Kinder einen besonderen Zugang zum Märchen? Märchen aber sind durchaus und gleicherweise für erwachsene Menschen bestimmt; der Oxforder Sprachwissenschaftler Tolkien – sein ›Herr der Ringe‹ ist weltbekannt – sagte in einem höchst bedeutsamen Märchen-Vortrag: »Außerdem aber, in je besonderen Abstufungen oder Abwandlungen, enthalten Märchen auch Phantasie, bieten Wiederherstellung, Trost und Fluchtgelegenheiten – lauter Dinge also, deren die Kinder in der Regel weniger bedürftig sind als Erwachsene.«[20]

Seit der Romantik bzw. seit den Forschungen der Brüder Grimm ist über die Frage Mythologie-Märchen so viel geschrieben worden, daß eine Nachzeichnung der wissenschaftlichen Diskussion hinausliefe auf eine lexikalische Aufzählung; einige Hinweise aber müssen gleichsam als Übergänge zu anderen Fragen nach der formgeschichtlichen »Wahrheit« gegeben werden.

Ob aristokratisch oder volkstümlich, das ist nicht die entscheidende Frage, wichtiger ist, daß das Märchen in der Tat einen spielerischen Umgang mit dem »Numinosen« pflegt, mit anderen Worten: daß sich in ihm eine »Freiheit der Gesinnung« verrät, die die altehrwürdigen mit mythischen, mythologischen oder religiösen Traditionen zum Kinderspiel macht, oder – um die Parallel-Begriffe von Rudolf Otto aufzugreifen – daß es das transzendente faszinosum et tremendum spielerisch in seine Welt integriert. Goethes Bemerkung, daß die Märchen ins »unbedingte Freie«[21] führen, fällt dabei ein, eine Bemerkung, die er im Blick auf die gesetzestreue Religion des Islam und insbesondere auf Mohammed äußert, der mit Recht skeptisch war gegenüber dieser Freiheit der Märchen, weil sie die Versuchung zum religiösen Ungehorsam enthielten. Und Max Lüthis vielbeachteter Begriff der »Eindimensionalität« der Märchen gewinnt tiefere Bedeutung, das heißt, daß das Märchen spiele-

risch die jenseitige Welt mit der diesseitigen Welt verbindet und daß das Wunderbare in ihm »selbstverständlich«[22] ist – ein Wort das vor ihm schon andere verwendeten und nach ihm häufig wiederholten und das in seiner Gewichtigkeit kaum überschätzt werden kann.
Es dürfte an der Zeit sein, innerhalb der Objektivation des Themas, nach der Wende zur historischen Relation mythologischer Muster genauer zu fragen.
Walter Benjamin bemerkte in den zwanziger Jahren gleichsam beiläufig zum Phänomen der literarischen Form.
»Jedwede Untersuchung einer bestimmen epischen Form hat es mit dem Verhältnis zu tun, in dem diese Form zur Geschichtsschreibung steht.«[23]
Benjamin hat im gleichen Aufsatz auch Stellung genommen zum Verhältnis Mythos-Märchen; er schreibt:
»›Und wenn sie nicht gestorben sind, so leben sie heute noch‹, sagt das Märchen. Das Märchen, das noch heute der erste Ratgeber der Kinder ist, weil es einst der erste der Menschheit gewesen ist, lebt insgeheim in der Erzählung fort. Der erste wahre Erzähler ist und bleibt der von Märchen. Wo guter Rat teuer war, wußte das Märchen ihn, und wo die Not am höchsten war, da war seine Hilfe am nächsten. Diese Not war die Not des Mythos. Das Märchen gibt uns Kunde von den frühesten Veranstaltungen, die die Menschheit getroffen hat, um den Alb, den der Mythos auf ihre Brust gelegt hatte, abzuschütteln. Es zeigt uns in der Gestalt des Dummen, wie die Menschheit sich gegen den Mythos ›dumm stellt‹; es zeigt uns in der Gestalt dessen, der auszog das Fürchten zu lernen, daß die Dinge durchschaubar sind, vor denen wir Furcht haben; es zeigt und in der Gestalt des Klugen, daß die Fragen, die der Mythos stellt, einfältig sind. [...] und so lehrt es noch heut die Kinder, den Gewalten der mythischen Welt mit List und mit Übermut zu begegnen. (so polarisiert das Märchen den Mut, nämlich dialektisch: in Untermut [das ist List] und in Übermut.)«[24]
Benjamins Märchen-Erklärung scheint viel zu wenig beachtet; mag die Bestimmung des Verhältnisses zum Mythos immerhin fragwürdig sein, eines ist gewiß richtig; die formgeschichtliche »Wahrheit« des Märchens manifestiert sich als »Untermut« und »Übermut«, beide aber sind – ohne auf romantische Weise ontogenetisch argumentieren zu wollen – vornehmlich Eigenschaften des Kindes und als naive oder infantile Relikte und Residuen des erwachsenen Menschen verhelfen sie ihm, die Lebensangst zu meistern – denn er ist wie das Kind, das im dunklen Walde pfeift, um sich abzulenken von den Gespenstern und Unholden.

Die »Wahrheit«, daß der durch die Unbill des Schicksals oder – soziologisch gesprochen – durch die gesellschaftlichen Verhältnisse bedrängte Mensch, am Ende doch das Recht und das Glück gewinnt, läßt sich auch klassenkämpferischer ausdrücken, gleichsam gemäß der einleuchtenden und einprägsamen Devise von Ernst Bloch im ›Prinzip Hoffnung‹:
»Es war einmal: das bedeutet märchenhaft nicht nur ein Vergangenes, sondern ein bunteres oder leichteres Anderswo. Und die dort Glücklichgewordenen leben, wenn sie nicht gestorben sind, heute noch. Auch im Märchen ist Leid, doch es wendet sich, und zwar auf immer. [...]
Als der Bauer noch in Leibeigenschaft lag, eroberte so der arme Märchenjunge des Königs Tochter. [...] Und wo die Welt noch voller Teufel war, widersteht ein anderer Märchenheld, der Bursche, der auszog, das Fürchten zu lernen, der Angst auf der ganzen Linie.«[25]
Georg Lucács hält sich entschiedener an die literarische Form, die er konsequent literatursoziologisch analysiert; er schreibt in seinem Aufsatz ›Erzählen oder beschreiben?‹:
»Neue Stile, neue Darstellungsweisen entstehen nie aus einer immanenten Dialektik der künstlerischen Formen, wenn sie auch stets an die vergangenen Formen und Stile anknüpfen. Jeder neue Stil entsteht mit gesellschaftlich-geschichtlicher Notwendigkeit aus dem Leben, ist das notwendige Ergebnis der gesellschaftlichen Entwicklung.«[26]
Alle Märchen knüpfen selbstverständlich auch »an die vergangenen Formen und Stile« an; mit anderen Worten, die Märchen-Form produziert sich gleichsam »von selbst« fort und verästelt sich in zahlreichen Variationen, ohne das formale Grundgesetz aufzugeben. Ob Volks-Märchen, Folklore-Märchen, Kunst-Märchen, Novellen-Märchen, Märchen-Spiel, Märchen-Roman usf. – irgend etwas ist immer orientiert am Märchen und in irgendeiner Weise dominiert immer das Märchen. Das Märchen also scheint trotz aller literaturhistorischen Variationen eine auch im Bewußtsein verankerte Form zu sein, die in keiner analytischen Definition aufgeht, die sich trotz aller literar-analytischen Mühe nicht verstehen läßt, die – um mit Goethes ›Urworten orphisch‹ zu reden – als »geprägte Form die lebend sich entwickelt«[27] ihren unverwechselbaren Bestand behauptet. Daß – wie Lukács sagt – *jede* Form, also auch die Märchen-Form »mit gesellschaftlich-geschichtlicher Notwendigkeit aus dem Leben« bzw. im Rahmen »der gesellschaftlichen Entwicklung« entsteht, ist außer allem Zweifel; außer allem Zweifel ist aber gerade deshalb auch dies, daß die Form als Form ursprünglicher ist als eben diese gesellschaftliche Entwicklung, daß sie vorgegeben ist dieser gesellschaftlichen

Entwicklung oder, um es bescheidener auszudrücken: daß sie zugleich mit dieser gesellschaftlichen Entwicklung da ist. Sie ist gleichsam der Schatten des Daseins, der Spiegel, der ebenso untrüglich die »Wahrheit« sagt wie der Schneewittchen-Spiegel: »Spieglein Spieglein an der Wand...«

Das Märchen könnte somit in der Tat bezeichnet werden als entmythologisierte und ästhetisierte oder humanisierte Mythologie; aber obwohl oder gerade weil irrelevant, zu deutsch: unverbindlich und nicht rituell verpflichtend und handlungsleitend, sondern durchaus bloß narrativ und ironisch und überhoben aller Pflichten und Verpflichtungen ist es dennoch – dialektisch gesprochen – als demythologierte Mythologie eine naive Offenbarung der Freiheit, oder – um das Goethe-Zitat zu wiederholen – die Märchen führen ins »unbedingte Freie«.

Das Märchen spielt zwar innerhalb der Geschichte, aber gleichzeitig überspielt es die Geschichte; im Märchen haben zwar Daten und Namen einerseits eine gewisse historische Bedeutung, andererseits aber spielen Fakten und Personen ein höchst unbedeutsame Rolle; es erzählt zwar von Königen, Königssöhnen und Prinzessinnen, von reichen und armen Männern, Frauen und Mädchen, von Stiefmüttern, Stiefkindern und jüngsten Brüdern, von Gebrechlichen, Lahmen und Buckligen, von Kriegen, Invaliden und Bettlern, von Kaufleuten, Händlern und Dieben, von Seefahrern, Seeräubern und so weiter... diese Geschichte aber reicht weit zurück, und wie sehr man versucht ist, die Länder auf der Landkarte oder die Zeiten im tausendjährigen Kalender zu suchen, nachzuforschen, wo die Könige regierten, die Bettler bettelten und die Krieger kämpften – so wenig geben die Entdeckungen von Ruinen und Fährten Antwort auf die Frage nach ihrer Präsenz gerade im Märchen.

Tolkien aber sagt zur Frage der historischen Stammbäume der Märchen: »Natürlich leugne ich nicht die Faszination – denn ich unterliege ihr selbst –, die von dem Wunsch ausgeht, den breitverästelten Stammbaum der Erzählungen geschichtlich zu erschließen. [...] Ebenso habe ich in Hinblick auf die Märchen den Eindruck, daß es interessanter und in gewisser Weise auch schwieriger ist, sich zu fragen, was sie sind, was sie für uns geworden sind und was für Werte die lange Alchemie der Zeit in ihnen geschaffen hat.«[28]

Der Mythos ist eine »Rumpelkammer« – diese Bezeichnung des Mythos ist nicht singulär, achtbare Gelehrte spielten bzw. operierten mit diesem Begriff.[29] Das provokante Wort kann Zustimmung und Ablehnung, kann Einvernehmen und Hader wecken, je nach dem Standpunkt des-

sen, der es verwendet oder sich damit auseinandersetzt. Der Theologe wird an Entrümplung denken, an Entmythologisierung, wie er sagt, wobei er in der besten Absicht verfährt, hinter oder unter dem Gerümpel der »Wahrheit« auf die Spur zu kommen, der offenbarten »Wahrheit«; der Ontologe wird gleichfalls das Gerümpel zu deuten versuchen, die Bilder, Zeichen und Schnitzwerke als Verweisungen verstehen wollen auf einen hintergründigen Sinn oder auf ein eigentliches Sein; der Religionshistoriker wird die Bilder und Figuren liebevoll sammeln, registrieren und museal verwalten, mit dem Finger darauf weisen und sagen: seht her, das gab es und das gibt es noch; der Kunstwissenschaftler und Literat wird die Bilder als Bild-Geschichten verstehen und nach erlernter hermeneutischer Methode interpretieren, sie in eine Motiv-Reihe bzw. Symbol-Reihe stellen, und sich mit der Erkenntnis zufrieden geben, daß Symbole ihre geheimen Wurzeln haben in solchen verlassenen und fast vergessenen Kammern; der Psychoanalytiker aber stöbert mit Bedacht, ernsthaft von dem Gedanken geleitet, in diesen Kammern manifestiert sich verschüttete »Wahrheit«, die es aus dem nächtlichen Dunkel uralter Wahr-Träume an den Tag zu heben gilt.
Die Bezeichnung »Rumpelkammer« löst also augenblickliche Reaktionen aus, nicht nur die eben genannten, sondern noch viele andere; es ist ein Reizwort, das eine Stellungnahme exploriert, und sowohl mit dem Wort als auch mit der Stellungnahme prostituiert oder exhibitioniert sich der Sprecher. Ob das Wort nun positiv oder negativ besetzt ist, bleibe vorerst dahingestellt, und konstatiert sei nur, daß an eine Entrümpelung nicht unbedingt gedacht sein muß, sondern durchaus die Möglichkeit des Stöberns erwogen werden kann, wobei trotz des verspielten Jargons der Ernst solcher Unternehmung außer allem Zweifel steht, denn deren Antrieb hat diese Lust im menschlichen Bewußtsein.
Märchen, so scheint es, müssen wohl auch einen anderen Ursprung haben als nur im Mythos oder in der Geschichte, nämlich: im Bewußtsein – wie alle Gattungen, womit gesagt sein soll; Mythologie ist ein Motiv-Reservoir, eine Ideen-Zisterne, ein Sammelbecken, eine Farben-Skala oder eine Streubüchse für die Palette der Künstler. Ihre Kunst aber unterliegt nicht immer der Hermeneutik d.h. der interpretierenden Wissenschaft, sondern dient auch dem Betrachter und Leser. Tolkien sagte das so:
»Märchen sind ja nicht Felsgestein, aus dem nur der sachverständige Geologe die Fossilien herausbrechen kann.«[30]
Für literarische Gattungen oder Formen eine strukturelle Klassifizie-

rung bzw. Systematisierung vorzunehmen, ist nicht neu; analog der von Saussure gewandelten Sprachwissenschaft, von der diachronen zur synchronen Betrachtung der Sprache, entfaltete auch die Märchen-Forschung ein strukturelles System: von der historisch-genetischen zur historisch gleich-gültigen bzw. gleich-zeitigen, von der regionalen zur globalen Perspektive war ein gewagter Schritt.
Als der Frankfurter Johann Georg von Hahn um die Mitte des vorigen Jahrhunderts als Konsul in Griechenland amtierte, sammelte er schon zur Freude der noch lebenden Brüder Grimm[31], mit denen er korrespondierte, griechische und albanische Märchen als er sie 1864 herausgab[32], versuchte er die ihm auffallenden Ähnlichkeiten bzw. verwandten Phänomene nach »Formeln« zu ordnen, ein Versuch den später Antti Aarne lobend anerkannte[33], der sie dann seinerseits nach »Typen« gruppierte[34]; Charles Marie Joseph Dédier unterschied nach Elementen[35]; A. N. Veselovski summierte nach Motiven; Vladimir Propp abstrahierte in seinen seit den zwanziger Jahren kursierenden Arbeiten von Personen und sprach von Funktionen und morphologischen Strukturen[36]; Lévi-Strauss erschloß die Strukturen des Mythos, wobei es ihm mehr um die Strukturen ging als um den Mythos; Mircea Eliade hingegen betonte bei aller Analyse hinwiederum die numinose Komponente der mythologenetischen Symbole.[37] Aber ob alle diese Versuche der Form-Analyse oder Struktur-Analyse die »Wahrheit« der Gattungen und Formen erschlossen, bleibt eine offene Frage, umso mehr als dieser wie immer in sich differenzierte formgeschichtliche Prozeß Protest hervorrief, insofern, als man daran erinnerte, daß jede Form einen Ursprung nicht nur an einem historischen Ort, einen »Sitz im Leben« und auch nicht nur im Bewußtsein hat, sondern auch im Seelen-Leben – so aber fragt die der Geisteswissenschaft nahestehende Psychoanalyse.[38] Die Beiträge aufzuführen und zu rekonstruieren, liefe wie bei der Darstellung der mythologischen und historisch-genetischen Forschung hinaus auf eine bibliographische Summierung; daher darf beim leitenden Interesse um die formgeschichtliche »Wahrheit« die Frage eingeengt und präzise gestellt werden: Gibt es einen Zusammenhang zwischen der Form des Märchens und der Psyche bzw. der Psychoanalyse? Anders gefragt: Gibt es eine psychoanalytische Formgeschichte des Märchens?
Zunächst darf klargestellt werden: Die Frage nach der »Formgeschichte« war zunächst eine historische[39], später eine theologische Methode, genauer: ein arbeitshypothetisches Problem der alttestamentlichen und vor allem der neutestamentlichen Exegese bzw. Hermeneutik: Formen,

ursprünglich volkstümliche Gattungen, werden ermittlet als synagogale bzw. vorkirchliche oder rituelle und liturgische urkirchliche Selbstdarstellungs-, Handlungs-, Kommunikations- oder Lebens-Formen der paganen Kultusgemeinden oder der christlichen Urgemeinde. Die ursprünglich mündliche Überlieferung der nach oder mit dem Tode Jesu und seiner Erhöhung zum Christus beginnenden Verkündigung der Heilsgeschichte verlief zunehmend in solchen überkommenen Formeln oder Formen, die als solche gesammelt, schriftlich fixiert und verkündet wurden als Evange*lium*, als frohe Botschaft, aber variiert in den dann später so benannten Evange*lien*; Episoden aus dem Leben Jesu, seine Aussprüche als Logien oder Apophthegmata, seine Lehren als Paränesen und Gleichnisse, die mit ihm verbundenen Legenden, die Wunderheilungen als Paradigmen bzw. Novellen und schließlich Verklärungs-Geschichten bzw. Mythen. Die formgeschichtliche Methode erkennt bzw. erklärt diese Formen für sekundäre Erzeugnisse der Gemeinde und fragt über sie zurück nach dem primären historischen Kern; anders gesagt: weil vorausgesetzt wird, daß die historisch-singulären Fakten der ursprünglichen Jesus-Geschichte zu formelhaften Phänomenen des Christus-Ereignisses erweitert, angereichert oder gar mythisiert sind, weil diese Formeln zu liturgischen und rituellen Bräuchen aufstilisiert sind, befragt die formgeschichtliche Analyse den Redaktor entschiedener nach dem historischen Jesus. Die Formeln und Formen seien historisch-kritisch gesehen nur zweitrangige, nachgeordnete, späte Erscheinungen des Gemeinde-Lebens, es gehe aber um die ursprüngliche Verkündigung, die, gebunden an die Person Jesu, nun freigelegt werden müsse als historisch verbindlich, als das eigentliche Kerygma, als Manifestation des Heils, als Beginn der Heils-Geschichte, als die »Wahrheit«.[40]

Analog zur formgeschichtlichen Analyse der Evangelien könnte man auch eine formgeschichtliche Analyse der Märchen betreiben und hat sie betrieben, hat gefragt nach ihrem »Sitz im Leben« der jeweiligen Erzählgemeinden – Familien, Stämme, Völker –; nach verschiedenen Methoden begann man die Märchen zu zerlegen nach Motiven, Symbolen, Funktionen, Überlieferungsrelikten usf.; kurz: man sucht nach dem historischen Kern – wie aber die historisch-formanalytische Anatomie der Evangelien nichts über das Evangelium als frohe Botschaft aussagt, so erklären solche analytischen Verfahrensweisen auch nicht das Märchen als Märchen und seine in dieser Form enthaltene »Wahrheit«.

Eugen Drewemann[41] hat als Theologe erlebt, was ein Märchen-Erzähler erleben würde, wenn er sein Märchen erzählen wollte vor einer kriti-

schen Gemeinde von Kindern, deren Väter ihnen von klein auf die monotone Frage nach dem historischen Kern eingeschärft hätten...
Der Theologe Drewermann macht Front zunächst gegen den theologischen Mißbrauch der Form-Analyse des Neuen Testaments. Drewermann hat verstanden, daß sowohl die Evangelien wie die Märchen auf trostreiche Weise Antwort geben auf eine ganz andere als nur auf eine historische Frage, nämlich auf das Warum der ungerecht leidenden und unglücklichen Existenz des Menschen in dieser Welt, auf die Urangst des menschlichen Alleinseins in dieser durch und durch unvollkommenen, gebrechlichen Welt. Der Theologe wagt viel, und die offiziell dogmatisierte Theologie mag Anstoß nehmen[42] oder auch Anstöße gewinnen[43] an seinem Ansatz, nicht zuletzt an der Parallelisierung von Mythos, Traum, Märchen und Evangelium, mag kritisieren, hier käme eine gnostisch-naturhafte und damit unhistorische oder ahistorische, zyklisch orientierte Natur-Religiosität zum Vorschein, die das Schema der christlich-linearen Heilsgeschichte wieder aufhebt und die Geschichte einbettet in die mythisch personifizierte Natur, wo es keine Konfrontation zum persönlichen Gott, keine Sünde und keine verantwortbare Schuld gibt vor einem Gericht, sondern nur kreatürliche Angst – aber das kann die Folkloristik nicht kümmern, für sie ist höchst aufschlußreich und bedeutungsvoll, daß das Märchen durch einen Theologen zu solcher Würde gelangt ist.
Nach Drewermann sind Formen nicht nur Hülsen für einen Inhalt, den es zu enthüllen gilt, für ihn ist der Mythos nicht nur Form, den es zu entmythologisieren gilt, damit der Inhalt erscheine als das »Eigentliche«, als die »Wahrheit«. Drewermann sagt:
»Die formgeschichtliche Einsicht läuft theologisch konsequenterweise denn auch darauf hinaus, daß Geschichten dieser Art nicht in sich selbst, sondern nur als Hinweise auf das ›Eigentliche‹ der Botschaft zu verstehen seien; sie sind nicht in sich selber Gegenstand des Glaubens, sie sind nur Medien, den Glauben an Christus auszusagen. Und damit beginnt der Boden der Theologie insgesamt ins Wanken zu geraten.«[44]
Das Dilemma der formgeschichtlichen Forschung, die aus ist auf den historischen Kern, den sie als die eigentliche »Wahrheit« erkennen und anerkennen zu sollen glaubt, wird sehr deutlich, wenn man sich fragt, was eigentlich übrig bleibt, wenn man die den Kern tragenden und tradierten Formen mutwillig zerstört, wenn man sie abschätzig zur Seite tut als Legende, Mythos oder Sage:
»Gegen diese Entwicklung gibt es nur ein einziges Mittel: statt der äuße-

ren Wirklichkeit mittels historischer und soziologischer Untersuchungen nachzuspüren, muß es, jedenfalls wenn das Ziel Theologie und Glaube sein soll, entscheidend darum gehen, die innere Wirklichkeit der jeweiligen *unhistorischen*, mythischen, legendären, sagenhaften oder märchenähnlichen Erzählungen *psychologisch* zu untersuchen und der Frage nachzugehen, inwieweit in der Psyche des Menschen selbst zu allen Zeiten Wahrheiten lebendig sind, die überhaupt nur in der Weise etwa des Mythos, des Märchens, der Sage oder der Legende mitgeteilt werden können.
[...], daß es *psychologisch* überhaupt keine innere Reifung und Individuation gibt, die sich nicht in ubiquitären Traumsymbolen und archetypischen Bildsequenzen mitteilen würde.«[45]
Träume und ihre Bilder sind zeitlich und örtlich »ubiquitär« – ein Lieblingsbegriff Drewermanns! – und da das archetypische Traum-Bild die Quelle für alle Symbolik ist und zwar in Mythos, Märchen, Legende und überhaupt in der Literatur, folgert sich daraus eo ipso die dieser Sprache ent-sprechende Methode: die Psychoanalyse.
Die der Formanalyse entgegenstehende Frage sollte lauten: sind die Formen als solche nicht selber historisch ebenso wie der Kern? Weisen die Formen nicht von selbst über sich hinaus bzw. sind sie nicht selbst transparent? Es käme also an auf die innere Einstellung des gläubigen Lesers bzw. Hörers dieser Formen, daß er nicht außerhalb ihrer das »Eigentliche« oder die »Wahrheit« sucht, sondern in ihnen und mit ihnen das »Eigentliche« oder die »Wahrheit« findet bzw. hat. Die Formen bedeuten nicht etwas, sie sind etwas, sie sind aber nicht bloß Medien, sondern sie sind als Medien zugleich die Dinge selbst, die Substanz, das »Eigentliche«, die »Wahrheit«, die Anwesenheit Jesu bzw. Gottes.
Man gewinnt – um bei der Parallele zu bleiben – den Eindruck: Mit den Märchen scheint das gleiche passiert zu sein wie mit den Evangelien: Evangelium – das war ursprünglich wortwörtlich die Frohbotschaft innerhalb der Bücher der Synoptiker, später wurde sie verwechselt mit den Büchern selbst, wurde zum Buch, das als opus operatum funktionierte bei dogmatistischen Gläubigen und als Analyse-Objekt in der Wissenschaft. Märchen – das war ursprüngliche wortwörtlich eine märchenhafte bzw. wundersame Geschichte in oraler wie literaler Fassung, später wurde es verwechselt eben mit dieser Fassung, und bildreich ausgestattet als Kinder- oder Hausmärchen und zugleich damit professionell bzw. professoral analysiert in der historisch-kritischen Wissenschaft.
Die Parallele läßt sich schärfer konturieren: wie die Evangelien das

Evangelium als die Frohe Botschaft enthalten, so enthalten die Märchen eine märchenhafte Botschaft – und das ist ihre »Wahrheit«. Das Märchen-Gebilde historisch-genetisch oder strukturell zu zerlegen führt zu klugen Erkenntnissen, aber nicht zum Märchen. Tolkien sagt dies so:
»Es ist gewiß leichter, einen einzelnen Faden zu verfolgen – einen Vorfall, einen Namen oder ein Motiv – als der Geschichte eines ganzen Bildes nachzugehen, in dem viele Fäden verwoben sind. Denn mit dem Bilde kommt ein neues Element in das Gewebe: Das Bild ist größer als die Summe der Fäden, aus denen es besteht, und wird durch sie nicht erklärt. Hier liegt die Schwäche, die der analytischen (oder ›wissenschaftlichen‹) Methode innewohnt.«[46]
Drewermann anerkennt durchaus die Verdienste einer »geschichts-soziologischen Hermeneutik«[47], betont aber, daß sie durch eine »typologische Geschichtsbetrachtung« bzw. durch eine »typologische Geschichtshermeneutik«[48] oder »archetypische Hermeneutik«[49] ergänzt werden muß, weil sie durch die Transparenz des in jeder Geschichts-Epoche gleicherweise gültigen Typus erst Leben gewinnt, genauer: weil »die Mythen und Legenden, diese ewigen Traumbilder des Religiösen«[50] im Typus zur Erscheinung gelangen, zum Phänomen. Der in der Märchenforschung seit Antti Aarne geläufige Begriff des »Typus« ist damit unter der Hand aus seiner bloß methodologisch-statistisch-summierenden arbeitshypothetischen Hilfsfunktion als Werkzeug zur Möglichkeit und zum Einstieg des Verstehens überhaupt geworden. Drewermann spricht als Theologe von »archetypischer Symbolik«[51] und der unter den Theologen daraufhin ausgebrochene Streit wird für die folkloristische Wissenschaft nun erst interessant, vor allem, wenn Begriffe wie Evangelium, Legende und Märchen nahe zusammenrücken, etwa:
»und wenn man in der katholische Kirche von *Sakramenten* sagt, dass sie, unter dem Gewand heilsamer Zeichen, im Vollzug *bewirken*, was sie *bezeichnen*, so sind in eben diesem sakramentalen Sinne die großen Symbole und Legenden darin *wirklich*, daß sie auf unmittelbare Weise religiöse Erfahrungen *vermitteln*, indem sie diese ausdrücken.«[52]
Der Sachverhalt – so könnte man hinzufügen – klärt sich am besten durch den Vergleich mit der Abendmahls-Diskussion zwischen Luther und Zwingli: Während Luther den Satz »hoc est corpus meum« wörtlich verstand und die Betonung auf das »est« legt, auf die wirkliche Anwesenheit der Substanz Jesu, auf die wirkliche Wandlung des Brotes in Fleisch und Blut Jesu, neigte Zwingli dazu, das »est« umzudeuten in »significat«: dies »bedeutet« nur den Leib Jesu, die Handlung ist keine

Wandlung, sondern ein signifikanter symbolischer Akt, und das »Eigentliche« diese Aktes läge im wissenden Glauben. Für Luther wäre damit der Glaube zum Wissen transponiert, seine Unmittelbarkeit wäre nur noch mittelbar bzw. vermittelt verständlich bzw. verstehbar, und die Kraft des Glaubens würde schwinden und könne nicht ersetzt werden durch ein kraftloses Wissen, der Glaube wäre entleert und hätte als leere Form lediglich nur mehr eine durch den kalten Verstand zu vergegenwärtigende symbolische Bedeutung.
Daß für Drewermann die psychoanalytische Methode nicht nur für die religionsgeschichtlichen, die alttestamentlichen und neutestamentlichen sondern gleicherweise für die folkloristischen und auch für die literarischen Formen gilt, muß ein Skandalon für die Theologen sein, vor allem dann, wenn die Formen und Formeln ihrer Exegese und Interpretation bzw. Analyse auswechselbar erscheinen.
Ein anderes Beispiel: Drewermann bemerkt – zwar versteckt in einer Fußnote aber deshalb nicht weniger provokant – im anerkennenden Bezug auf van der Leeuws Satz »›Es war einmal‹ d.h. es ist ewig und immerdar«:
»Mit einem solchen ›Es war einmal‹ (in illo tempore – in jener Zeit) leitete die katholische Kirche früher die Lesung der Evangelientexte ein; es blieb der Liturgiereform vorbehalten, diese wichtigste hermeneutische Klammer zum rechten Vernehmen eines Gotteswortes als für das ›Volk‹ unverständlich ersatzlos zu streichen.«[53]
Der theologisch wie folkloristisch geschulte Leser horcht hier auf: das märchenhafte »es« ist ein ahistorisches impersonales Neutrum, während hingegen das historisch fixierbare, Ärgernis erregende Ereignis »in illo tempore« darin bestand, daß eine Person von sich sagt: Ich und der Vater sind eins!
Drewermann spricht von einer historisch oder sozialhistorisch im Wechsel der Erscheinungen horizontal verlaufenden Wirklichkeit und einer archetypischen vertikalen Wahrheit; wörtlich sagt er:
»Statt nach den historischen Faktoren und Bedingungen bei der Hervorbringung einer gegebenen Religion zu fragen, beginnt das eigentlich theologische Verständnis der Religion mithin gerade dort, wo jenseits der historischen Besonderheiten die bleibende Wahrheit, die ewige Gültigkeit, die Nie-Vergangenheit ihrer Lehren in Erscheinung tritt.«[54]
Und in Parallele dazu sagt er vom Märchen:
»ebenso [wie der Mythos] will das Märchen jenseits aller Zeit und Geschichte eine ewige Wahrheit ausdrücken,...«[55]

Drewermanns psychoanalytisch umfunktionierte Methode der historisch-kritischen Exegese und Interpretation ist zwar eindrucksvoll, aber: Form-Geschichte bzw. Geschichte der literarischen Formen, wobei kein Unterschied gemacht wird zwischen schriftlich überlieferten Mythen, Legenden oder anderen religiösen Texten und ästhetischen Text-Formen wie etwa Märchen – sind in dieser Nacht nicht alle Kühe schwarz? Wird bei dieser psychoanalytischen Methode das Märchen nicht zur säkularisierten Religion, zur naivisierten Religion, zur infantilisierten Religion, zur popularisierten Religion, zur primitivierten Religion aufstilisiert? Kurzum: wird das Märchen nicht zum Surrogat der verlorenen Religion?

Geschichte, aufgehoben in den literarischen Formen der Überlieferung, ist zunächst einmal ernst zu nehmen als die Summe der Geschicke; die Erfahrung der Geschichte bzw. der Geschichtlichkeit des oder der Menschen ist das Erleiden seiner oder ihrer Schicksale, und diese sind zwar aufgehoben in den literarischen Formen, aber nicht zu überspielen – auch nicht durch das Märchen.

E. T. A. Hoffmann nannte seine letzte Geschichte, ›Meister Floh‹, geschrieben während und trotz seiner schweren Krankheit und wenige Monate vor seinem Tode, bewußt ein »Märchen«; es beginnt in der Tat mit jener alten Märchen-Formel, aber zugleich mit einer Frage, die sehr fremd klingt in einem Märchen:

»Es war einmal – welcher Autor darf es jetzt wohl noch wagen, sein Geschichtlein also zu beginnen. – Veraltet! Langweilig! – so ruft der geneigte oder vielmehr ungeneigte Leser der nach des alten römischen Dichters weisem Rat, gleich medias in res versetzt sein will.«[56]

E. T. A. Hoffmann versetzt den »geneigten Leser« wunschgemäß »medias in res«, zugleich damit aber enthebt er ihn seiner Hörigkeit gegenüber der Realität, allein schon durch den befremdlichen Namen der Hauptperson: Peregrinus, »von dessen seltsamen Schicksalen die Geschichte handeln wird«. Ein Märchen? Im Märchen ist das Wunder »selbstverständlich«, wenigstens bei den Brüdern Grimm. Aber wie ist es eigentlich in den Märchen von ›Tausend-und-eine-Nacht‹? In den ›Piacevoli notti‹? Im Pentamerone? In den ›Contes de ma mère l'oye‹? Für Peregrinus sind die »seltsamen Schicksale« seiner Vergangenheit und Gegenwart in den anamnetischen Bereichen der kosmisch erweiterten Natur keineswegs »selbstverständlich« sondern höchst verwunderlich, nichts desto trotz oder eben gerade deshalb vereinnahmt ihn inmitten seiner Wirklichkeit das Wunder. Das Thema Märchen ist damit wohl überschritten, und wir scheinen angelangt zu sein beim sogenannten Kunstmärchen.

Aber vergessen wir nicht: Als Novalis das Märchen in den Jahren 1798/99 zum »Canon der Poesie«[57] erklärte, gab es noch keinen Unterschied zwischen Volksmärchen und Kunstmärchen; Novalis meint Märchen wenn er Märchen sagt, auch dann, wenn seine Definitionen sehr kunstreich und künstlich klingen:

»Das *ächte* Märchen muß zugleich *Prophetische Darstellung* – absolut nothwendige Darstellung seyn. Bekenntnisse eines wahrhaften, synthetischen *Kindes* – eines idealischen Kindes.«[58]

E. T. A. Hoffmanns Peregrinus kommt auf seinem Gratweg zwischen Wirklichkeit und Phantasie trotz oder gerade mittels des vielfach gebrochenen und gespaltenen Ich in der Tat zur Entdeckung des wahren Selbst, und durch die Kunst seines Mediums Meister Floh sichert ihm der Autor sein »synthetisches« Glück:

»und die wundersame Geschichte von dem Meister Floh nimmt ein fröhliches und erwünschtes Ende«.[59]

Obwohl die Märchen-Forschung von Max Lüthi, also von einem Literaturwissenschaftler und Fachmann für literarische Ästhetik, abgehoben ist an den Volksmärchen der Brüder Grimm, also am Typus Grimm, sind seine Diskriptionen und Definitionen bei aller kritischen Sichtung doch vorbildlich geblieben und richtungsweisend; ohne seine zur Genüge bekannten Begriffe erneut aufgreifen und abwägen zu wollen, sei doch erlaubt, eine viel zu wenig gewürdigte Struktur-Konstante hervorzuheben und ein wenig zu diskutieren: es geht um den Begriff der »Eindimensionalität«.

Mit dem Begriff der »Eindimensionalität« scheint die Märchen-Struktur zugleich mit der Märchen-Intentionalität aufs genaueste getroffen. Mit diesem Begriff aber werden alle Methoden, die mythologische, die monogenetische, die polygenetische, die psychologische und nicht zuletzt die psychoanalytische überholt und »aufgehoben«; denn worum anders geht es denn im Märchen, als um die Einheit von Wunder und Wirklichkeit, eine Einheit, die in unzähligen Motiven und zwar sowohl im Volksmärchen als auch im Kunstmärchen angestrebt wird – wobei allerdings die entscheidende Frage offen bleibt, ob diese Einheit auch gelingt, ob sie am Ende erreicht wird, diese märchenhafte communio, diese märchenhafte unio mystica, diese von fast allen Philosophen und homines religiosi angestrebte Einheit und Zusammengehörigkeit der Dinge, die complexio omnium oppositorum. Im Volksmärchen vom Typus

Grimm ist diese Einheit unmißverständlich gelungen; die Märchen-Struktur weist keine Sprünge und Brüche auf, wie immer die Brüder Grimm, vor allem Wilhelm, eigenmächtig diese Struktur bearbeitet und verändert haben mögen. Ein Blick aber auf die Volks-Märchen-Tradition aller Völker zeigt, daß diese märchenhafte Einheit einen eigentümlich dissonanten Ton gibt, wenn man die ihr zugrunde liegende Wirklichkeit abklopft; einen dissonanten Ton, der die märchenhafte wunderbare Welt keineswegs selbstverständlich erscheinen läßt, sondern mehr oder weniger in die Bereiche der Ironie und Reflexion verlagert, und sie vielleicht sogar ansiedelt auf der Ebene des Humors. Aber wenn auch das selbstverständliche Wunder so selbstverständlich nicht ist, so erscheint es doch gerade dadurch, daß seine selbstverständliche Erscheinung Verwunderung erregt, um so wunderbarer. Dies ist so in den Märchen ›Tausend-und-eine-Nacht‹ dies ist so in den Märchen bei Straparola, bei Basile und bei vielen Erzählern von Märchen; in alle diese Märchen mischt sich auffallend ein Ingredienz der Wirklichkeit, das später in den sogenannten Kunstmärchen mehr und mehr in Erscheinung tritt und schließlich bei E. T. A. Hoffmann geradezu zum Postulat wird.
»Es war einmal – welcher Autor darf es jetzt wohl noch wagen, sein Geschichtlein also zu beginnen« – auf diese scheinbar resignative Frage gibt Hoffmanns Cyprian eine gewichtige Antwort und zeigt die Möglichkeit des Gelingens: Serapion – so erzählt er – ein heiliger Märtyrer ans dem vierten Jahrhundert habe hier in den benachbarten Wäldern jüngst seine Wiederbelebung erfahren; ein wahnsinniger Graf habe sich für den Heiligen Serapion gehalten und sei als solcher in seiner Waldklause gestorben. Der heilige Serapion, dieser heutige heilige Serapion nun, wird aufstilisiert zum Gegenbild der unheiligen Wirklichkeit, die repräsentiert wird durch den Philister; der philiströsen Leere im Getümmel der guten gebildeten Gesellschaft entspricht als Reaktion das Anachoretentum, der Rückzug in die Wälder und in die Freiheit der Phantasie; anders gesagt: Wie der Mangel an Phantasie den Menschen zum Philister, zum Automaten depraviert, so qualifiziert die Phantasie den Menschen zum Heiligen.
Serapion wird im Laufe der Gespräche nicht nur immer häufiger erwähnt, sondern sein Name wird zum Symbol: man spricht davon, daß man sich von seinem Vorbild leiten lassen wolle und man erfindet dafür auch das Leit-Wort: Serapionismus! Es ist nicht nur gut plaziert, sondern höchst bedeutsam, wenn Lothar im Anschluß an die Erzählung vom wahnsinniger Rat Krespel bemerkt:

»Dein Einsiedler, mein Cyprianus, war ein wahrhafter Dichter, er hatte das wirklich geschaut was er verkündete, und deshalb ergriff seine Rede Herz und Gemüt. Armer Serapion, worin bestand dein Wahnsinn anders, als daß irgend ein feindlicher Stern dir die Erkenntnis der Duplizität geraubt hatte, von der eigentlich allein unser irdisches Sein bedingt ist.«[60]

Hoffmann liefert mit diesem Satz nicht nur den Grund für die Verehrung des gräflichen Serapion, sondern mit dem Begriff der »Duplizität« auch den Schlüssel für das Verständnis des Serapionismus; mehr noch, ungewollt bietet er eine klassische Definition des Märchens.

Serapionismus – das ist der poetische Wahnsinn als heiliger Wahnsinn bzw. als Wahnsinn eines Heiligen, beneidenswert und bedauernswert zugleich, denn einerseits befindet sich der Heilige in Übereinstimmung mit seinem Selbst und der höheren Welt, andererseits ist diese beglükkende Harmonie eben nichts als Wahnsinn, denn es fehlt ihm das Pendant der Wirklichkeit, das Bewußtsein der »Duplizität«. Serapionismus – das ist die mit phantastischem Unter-Mut und Über-Mut bewerkstelligte Flucht aus dem sinnlosen Leerlauf der von der Wirklichkeit und vom Leben abgespaltenen Vernunft in die sinnvolle Fülle der Identität des Selbst, eine Flucht, die gleichsam exemplarisch ist und zum Nachvollzug einlädt, aber es droht zugleich damit der Verlust der Wirklichkeit mit dem Erlöschen des Bewußtseins der »Duplizität«. Serapionismus – das ist der am heiligen Wahnsinn erlernte Glaube an die Möglichkeit der Freiheit der Phantasie, aber die ungebundene Freiheit wird zur Illusion, wenn sie nicht mehr rückgebunden ist an die Wirklichkeit durch das Bewußtsein der »Duplizität«!

In jenem historischen Augenblick, da die Brüder Grimm die Märchen sammeln, um die überkommenen und arg verredeten Mythen im Wunderland kindlicher Phantasie aufzuheben, just in eben diesem Augenblick, da die Phantasie noch einmal ihre romantische Verklärung erfährt, schaltet ein reflektierendes Bewußtsein sich ein und macht im Widerspruch gegen die petrifizierende, philiströse, dem Nichts verfallene Vernunft auch die bloß infantil-regeressiven Träume der Phantasie zunichte, zu Nichts, sofern sie sich herausstehlen aus dem Wissen um die »Duplizität«. Es ist eben das helle Bewußtsein der »Duplizität«, das es der erwachsenen Phantasie nicht mehr erlaubt, sich bewußtlos im Land der Wunder zu tummeln; der Flüchtige weiß zu genau um seine Flucht. Daß man nun das Wunder bzw. das Wunderbare immer häufiger und intensiver verbal[61] beschwört, macht es immer weniger selbstverständlich.

Der Mensch – man mag ihn definieren wie man will – wird nicht zuletzt dadurch ein Mensch, daß er überhaupt sich zu definieren versuchen darf, daß er also sich auf der Suche weiß nach seiner Identität; anders gesagt: der Mensch wird eben gerade durch das Bewußtsein seiner Reflexion, seiner Mitwisserschaft um sich Selbst, seiner »Duplizität«, seiner Doppeltheit, seiner Zweiheit, seiner Zwiespältigkeit, seiner Zwieschlächtigkeit, seiner Zwittrigkeit, seines Zweifels... ein Mensch.
Mythologische, historisch-genetische, sozialhistorische deskriptiv-morphologische, systematische oder strukturalistische Forschungen, deren Umfang kaum noch zu überschauen ist, sind allemal abhängig von einem Zirkelschluß, nämlich daß Märchenforschung deshalb sich als Märchenforschung verstehen kann, weil sie vorderhand voraussetzungslos versteht, nicht welchen Ursprungs oder wie alt, wie strukturiert, kurz: *was* Märchen ist, sonder *daß ein Märchen ein Märchen ist.*
Gewiß: Das Märchen als Form ist ein Faszinosum, weil es zurückzuführen scheint in die ältesten Zeiten menschlichen Bewußtseins, in denen Wirklichkeit und »Wahrheit« noch nahe beieinanderlagen oder wenigstens noch nicht so weit auseinandergetreten waren wie in der Zeit der vielen Spaltungs-Ketten unserer Gegenwart. Das Märchen aber würde zum Fetisch verdinglicht werden, wollte man in diesem Spiegel jene Einheit von Wirklichkeit und Wunder nicht nur erkennen sondern besitzen wollen; dies scheint der kardinale Irrtum zu sein der Jahrhunderte alten Märchenforschung. Es ist mit den Märchen so wie mit der Sprache überhaupt, wie mit dem Wort, mit dem Wort-Zeichen oder – ökonomisch gesprochen – wie mit der Ware oder mit dem Geld: nicht die Sprache, nicht der Buchstabe ist der Sinn, sondern er bezeichnet ihn nur; nicht die Ware und nicht das Geld ist die Sache, der Gebrauchswert, sondern dieser wird nur durch den sinnlichen Gegenstand vermittelt.[62] Daß das Märchen als Form und Symbol einen verführerischen Sog besitzt – wie die Ware und das Geld – ist verständlich, es verführt zur Hingabe, zur Selbstaufgabe, zur Preisgabe des Selbst, und das verzauberte Bewußtsein verschwindet im Sog seiner grenzenlosen Bedeutung und seiner ubiquitären und absoluten Wirklichkeit, die nun verdinglicht wird zur »Wahrheit«. Das Märchen aber ist nur das Medium, der Vermittler zwischen Wirklichkeit und »Wahrheit«; in ihm kommt zum Ausdruck, was es seit Jahrtausenden enthielt: nämlich daß es über Jahrtausende durch seine bezaubernde Sinnlichkeit die Sinne der Menschen faszinierte und aktivierte zur Suche nach ihrem Sinn. Im sinnenfreudigen Märchen scheint sich der unsinnliche Sinn zu offenbaren, gewiß, aber dieser ist – wie in al-

ler Poesie – nicht mit seiner Erscheinung gegeben oder billig vergeben, sondern dem menschlichen Bewußtsein zur Verwaltung »aufgegeben«. Eine formgeschichtliche »Wahrheit« bleibt allemal gebunden an die Formen, und wie immer wir sie typisieren, analysieren, differenzieren, strukturalisieren oder anatomisieren, wir finden ihre »Wahrheit« nicht im Detail sondern in ihrer Ganzheit; kurz gesagt: nicht in der sezierenden Analytik, auch nicht in der Psycho-analytik der Fäden, sondern in seiner Form manifestiert sich die »Wahrheit« im Märchen. Für die Hermeneutik des Märchens sind alle Methoden gleicherweise zuständig, aber keine besitzt mit der Erforschung seiner Wirkungs-Geschichte, seiner Wirklichkeit, etwa die »Wahrheit«.
Am Ende sei erneut ein gewagtes Wort aufgegriffen.
Tolkien spricht vom Trost des Märchens, der wichtiger ist als die Befriedigung der Wünsche:
»Doch der Trost des Märchens hat noch einen anderen Aspekt als die phantastische Befriedigung uralter Wünsche. Sehr viel wichtiger ist der Trost, den der *glückliche Ausgang* gewährt. Fast möchte ich die Behauptung wagen, daß jedes vollständige Märchen glücklich enden muß. Zumindest will ich aber sagen, daß die Tragödie die echte Form des Dramas ist, sein höchster Zweck; und das Gegenteil gilt vom Märchen. Da wir für dieses Gegenteil offenbar kein Wort besitzen, möchte ich es die *Eukatastrophe* nennen. Die *eukatastrophische* Erzählung ist die echte Form des Märchens und sein höchster Zweck. [...]
Sie verleugnet nicht das Dasein der *Dyskatastrophe*, des Leides und Mißlingens, denn deren Möglichkeit ist die Voraussetzung für die Freude der Erlösung; sie verleugnet (dem Augenschein zum Trotz, wenn man so will) die endgültige, allumfassende Niederlage, und insofern ist sie Evangelium, gute Botschaft [...]«[63]
Der dies sagt, ist kein Theologe, der möglicherweise verdächtig ist der Apostasie; dies sagt ein Sprachwissenschaftler, der zugleich als Dichter heimisch ist im Reich der Phantasie und somit wohl gut Bescheid weiß um die Spaltung der menschlichen Existenz, um die »Duplizität« der Menschen.
In der Geschichte des Märchens und in der Metamorphose seiner Form manifestiert sich die »Duplizität« der menschlichen Existenz als Ineinander von Phantasie und Bewußtsein, von Heimweh und Entfremdung, von Illusion und Krisis, von Traum und Wirklichkeit – das ist seine formgeschichtliche »Wahrheit«.

Ursula Heindrichs

MYTHOS UND MÄRCHEN IN DER MODERNEN KUNST

Seitdem wir über die »Wahrheit des Mythos«[1] nachdenken, seitdem das Märchen in zunehmendem Maße wahr-genommen wird, sind auch die Zusammenhänge zwischen den frühesten Dichtungen und den späten, das heißt denen unserer Tage, in ein neues Licht gerückt. Woran liegt es, daß wir – in der gesamten Kunstszene – mehr und mehr umgeben sind von Geschehnissen, die uns mythische Erfahrungen in Erinnerung bringen? Viele Kritiker rügen ein neu aufkommendes »Nescio – ergo sum«, welches das Descartsche »Cogito – ergo sum« zu verdrängen scheint. In der Betonung mythischer Themen sieht man eine Verabschiedung von den Errungenschaften der Aufklärung, von Vernunft, Geschichte, Fortschritt. Man fürchtet, kritisches Denken werde abgelöst von der Flucht ins Geheimnis; man fürchtet, daß die Begriffe ersetzt werden könnten durch Bilder, daß der »homo sapiens« zurückfallen könnte zum »homo pictor«, dem Wesen, das an die Höhlenwände seine Jagdtiere malte und gefangen war in Magie und Ritual.
Unter den Dichtern, die heute schreiben – ob als Dramatiker, Romancier oder Lyriker – hat sich indessen der Gedanke ausgebreitet, daß es »Dichtung ohne mythischen Gehalt nicht geben« könne.[2] Man wendet sich von Marx zu Nietzsche, von Brecht zu Benn, und diese Entwicklung beruht ohne Frage auf der Erkenntnis, daß uns die Errungenschaften der Aufklärung nicht nur glücklich gemacht haben. Fritjof Capra hat in seinem Buch »Wendezeit«[3] in diesem Sinne eine Negativbilanz erstellt.
In der Neubesinnung auf mythische und märchenhafte Vergangenheiten kündigt sich aber keineswegs nur Besorgniserregendes an. »Jede vernünftige Renaissance meint nicht ein ›Zurück zu‹, sondern ein Fortschreiten in verloren gegangener oder unterbrochen gewesener Richtung.«[4] Eine bloße Rückwärtswendung, das heißt ein zurückgehen zu Mythos und Märchen unter Hintanstellung der Vernunft sehe ich in der neueren Literatur nicht. Es scheint mir vielmehr, daß wir begonnen haben, im Sinne der »progressiven Universalpoesie«, von der Friedrich Schlegel spricht, vorwärts zu schreiten. Der Vorwärtsschreitende aber kommt auf unserer Erde, im gekrümmten Raum, immer nach Hause, von wo er ausgegangen ist. Wir entdecken neu den erkenntnisstiftenden Wert von Märchen und Mythen und bemerken mit Staunen, daß das mo-

derne Denken sich auch ihnen verdankt. Kurt Hübner plädiert in seinem Buch »Die Wahrheit des Mythos« für »eine sachliche Auseinandersetzung« mit dem Mythos, indem er »jene Sachlichkeit und Rationalität« dafür aufbringt, die man dem Mythos »selbst so gerne abspricht«. Sein Anliegen ist es, »Wissenschaft wie Mythos im Hinblick auf ihre Erkenntnisleistung und ihren Wert gegeneinander abzuwägen.«[5]
Wir sehen die Entwicklung des abendländischen Denkens ja meist als einen Sieg des Rationalen über das Vorrationale, und das fassen wir als Fortschritt. Lévi-Strauss stellt in seinem Buch »Strukturale Anthropologie« folgende Überlegung an: »Vielleicht werden wir eine Tages entdekken, daß im mythischen und im wissenschaftlichen Denken dieselbe Logik am Werk ist und daß der Mensch allezeit gleich gut gedacht hat.«[6] Mit solchen Überlegungen wird eine Fortschrittsideologie in ihre Schranken gewiesen, die davon ausgeht, daß mythisches Denken von minderem Wert sei. Wenn zu beobachten ist, daß heute die Kunst, vor allem die Dichtung, versucht, sich mit ihren Ursprüngen zu verknüpfen – ein Prozeß, der spätestens mit der Romantik eingesetzt hat –, so ist das nicht in erster Linie Zeichen für eine nostalgische, erkenntnismüde »Nahtstelle« unserer Kultur: Anfang und Ende sind sich, wie bei einer Spiralbewegung, merkwürdig nahe. Kleists in seinem Aufsatz »Über das Marionettentheater« postulierter Durchgang des Bewußtseins »durch ein Unendliches« führt auf dem weiten Weg »um die ringförmige Welt« herum ins Paradies, aus dem wir stammen. Unser Fortschreiten im Erkenntnisprozeß, die »Maximierung« unseres Bewußtseins, muß uns dahin führen, von wo wir ausgegangen sind. Es versteht sich darum von selbst, daß auf neuer Bewußtseinsebene auch eine neue »Wiederbelebung« von Märchen und Mythen stattfinden wird.
Seit den achtziger Jahren hat sich der Begriff der Postmoderne durchgesetzt, und er meint in bezug auf die Künste eine Abkehr vom Fortschrittsdenken, vom materialen Fortschritt, wie ihn die Avantgarde der Neuzeit postulierte. In diesem Zusammenhang ist der Dichterphilosoph Georges Bataille (1897-1962) zu nennen, den Jürgen Habermas »zur Galionsfigur der Postmoderne« erklärt. Erst 1984 erschien in Deutschland der erste Band von Bernd Mattheus' fundamentaler Bataille-Biographie, seit 1988 liegt der zweite Band vor, und der dritte soll 1990 erscheinen. »Die unproduktive Verausgabung (dépense) ist der Schlüsselbegriff seiner Anti-Ökonomie... Für Bataille ist die Natur ein System unbeschränkter Konsumtion; in der Sonne erblickt er die Inkarnation der reinen (zwecklosen) Verschwendung von Energie. Heute, wo die Grenzen

des Wachstums deutlich geworden sind, erscheint Bataille als einer der wenigen Denker, die darum bemüht waren, Wege zu finden, die aus dem Verhängnis der Wachstumsideologie der Produktionsgesellschaften herausführen... Den Aufklärern gilt Georges Bataille als Inkarnation des antiaufklärerischen Geistes und das, obwohl Batailles Stil... von einer geradezu cartesianischen Luzidität und Distinktheit ist... Wo Nietzsche ›ich will‹ sagt, sagt Bataille ›ich spiele‹«.[7] In Batailles Programm kündigt sich keineswegs ein erkenntnisüberdrüssiger Rückfall in vor-aufklärerische Urzeiten und Urräume an, es beansprucht vielmehr eine neue, höhere Form von Geistigkeit, in der der Mensch, wie Kleist sagt, ein zweites Mal vom »Baum der Erkenntnis« essend, wieder »Grazie« erlangen könnte.[8]

Das Wissen um die für das Märchen typischen Stilmerkmale und Inhalte – aber auch die Kenntnis mythischer Themen – ist Bedingung für die Einsicht in eine Fülle von gehaltlichen wie formalen Entsprechungen, die sich zwischen Märchen und Mythen und der Dichtung der Gegenwart, der heutigen Kunst überhaupt, finden lassen. Schon Robert Petsch hatte im Märchen »die Urform der hohen, der symbolischen Erzählung« gesehen, »auf die die höher entwickelten Formen alle in irgendeinem Maße zurückweisen«.[9] Viele der heute schreibenden Autoren berufen sich auf mythische Texte, und sie beginnen damit zu erfüllen, was Novalis in kühnen Utopien postuliert hat: »alles Poetische muß märchenhaft sein.«[10] Ihre Mütter und Väter sind in unserem Jahrhundert vor allem Rober Musil, Hugo von Hofmannsthal, Franz Kafka, Gottfried Benn, Günter Eich, Ilse Aichinger, Nelly Sachs, Ingeborg Bachmann, Paul Celan.[11]

Für das Verständnis von Celans Lyrik erscheint das Wissen um Märchen und Mythen ganz unerläßlich: aus dem uralten Bestand mythischer Grundschichten erwachsen dem Dichter neue Symbole, und in der Paradoxie seiner Methaphern sind geheime Zusammenhänge ausgesprochen und zugleich verschwiegen.

Vor allem sein Gedicht »Kristall« zeigt formal wie inhaltlich seine Herkunft aus dem Märchen.[12] Eine höhere Logik, etwas Translogisches übergreift die scheinbare A-logik Celanscher Bilder. In seinem Gedicht »...rauscht der Brunnen« von 1963 wird früh erfahrene Ganzheit bitterscharf in Frage gestellt: verkrüppelte, zerstückelte Worte lesen wir darin, und am Ende heißt es:

»Wir werden das Kinderlied singen, das
hörst du, das

mit den Men, mit den Schen, mit den Menschen, ja das
mit dem Gestrüpp und mit
dem Augenpaar, das dort bereitlag als
Träne-und-
Träne.«[13]

Beschworen wird die Möglichkeit des Singens im »Wir«, das die Kindheit aufgreift und solche Vergangenheit in die Zukunft hinein entwirft: »Wir werden das Kinderlied singen.« Das Wort Men-schen wird vom Dichter in seine zwei Teile zerschnitten; aber die Silbe »Men« bedeutet im Englischen »Männer« und die Silbe »Schen« bedeutet im Chinesischen »junge Frau«. Zu dieser Gedichtstelle sagt Peter Horst Neumann: »Der Nonsens zweier substantivierter deutscher Silben und der Tiefsinn ihrer aus fremden Sprachen ihnen zuwachsenden, mit dem Wort ihrer Herkunft identischen Bedeutung durchdringen sich in diesem Vers.«[14] Und Hermann Burger meint: »In den scheinbar sinnlosen Trümmern wird das Preisgegebene doppelt zurückgewonnen. Dies ist die Paradoxie der Vernichtung und Erneuerung auf engstem Raum.«[15]

»Jede Sicherheit, jeder Besitz wankt auf seinem Grund. Die alten Reiche stürzen. Gott bricht zusammen. ›Nichts ist, nichts ist!‹, so geht ein Raunen durch die überladenen Gehirne dieses Jahrhunderts, und ruft dort größere Aufregung hervor als der Spazierstock in einem Ameisenhaufen. Wahrhaftig, nichts schützt uns noch. ›Ausgesetzt auf den Bergen des Herzens...‹ Und wenn wir nun sagen wollten: ›endlich‹? Wenn diese Gefahr, statt unsere Vernichtung zu besiegeln, unsere Auferstehung ermöglichte? Wenn die Zerstörung etwas anderes offenbarte als Zerstörung?«[16] Das sagt Philippe Jaccottet in »Éléments d'un songe«, 1961 fast zeitgleich entstanden mit Celans Gedicht.

Ernst Meister, 1979 verstorben und posthum mit dem Büchnerpreis ausgezeichent[17], reflektiert ähnlich wie Paul Celan das Märchen auf hoher Bewußtseinsebene, etwa in seinem Gedicht »Irdisch« aus der Sammlung »Flut und Stein« (1962):

»Am Rande des Tellers
sitzen die Könige
tot.
Sagt mir ein Märchen!
Sie schweigen.
Sagt mir Gewalt!
Sie schweigen.
Sagt mir

wer mich regiert!
Sie schweigen.
Der Teller dreht sich.«[18]

Hier wird der Ruf, sogar die Forderung nach dem Märchen verdeutlicht; eine Alptraum-Situation wird verlebendigt: um das Zentrum des Lebens, um den Nahrung bietenden Teller, ja um die Erde (lat. tellus) sitzen die Könige, tot! Das ist der Bestand des Irdischen: sie sind »tot«, jene Wesen, die das Märchen kennt als die höchste Möglichkeit menschlicher Existenzweise, wie Max Lüthi sagt. Die Nahrung, die sie geben sollen, die der Teller enthalten sollte, ist das Märchen; aber die toten Könige geben, sagen nichts; dreimal heißt es knapp: »Sie schweigen.« Sie können das Lebensnotwendige, das Märchen, nicht vermitteln: ist es als Nahrung im »Teller« nicht mehr enthalten? Weil es fehlt, wird es indessen als Kostbarkeit erst vollends bewußt. Der junge einundzwanzigjährige Ernst Meister hatte seinem ersten Gedichtband »Ausstellung« ein Zitat von Jean Paul vorangestellt, das für die »negative Symbolik« des Lyrikers richtungsweisend blieb: »In der Tat ist das Leere unerschöpflich, nicht das Volle; aus dem Luftmeer ist länger zu schöpfen als aus dem Wassermeer; und dies ist eben die rechte schriftstellerische Schöpfung aus dem Nichts.«[19] Meisters lyrisches Werk ist vom Tode her bestimmt: erst der Verlust macht die Kostbarkeit des Verlorenen bewußt, und damit macht er es lebendig; das Leben erblüht aus dem Tode. Im Gedicht »Irdisch« gibt es keine Antwort auf den märchengemäßen dreimaligen Anruf – oder doch nur, indem die Bewegung, das »panta rhei«, der Wechsel angesichts des Todes akzeptiert wird: »Der Teller dreht sich.« Komprimiert zeigt ein anderes Gedicht Ernst Meisters Denk- und Erlebensweise:

»Das Denken,
die Rose,
tödlich blühend
weilt es.
Und es ist
Traum
in den Stacheln,
und es
liebt dich.«[20]

In diesem Gedicht sind »Denken« und »Rose« als Apposition gleichsam in eins benannt: als solche fallen sie zusammen. – Christa Wolf erinnert in ihren Frankfurter Poetikvorlesungen »Voraussetzungen einer Erzählung: Kassandra« an das »Gespräch in Briefen« zwischen Thomas Mann und Karl Kerényi und sagt: »Der deutsche Dichter, ... an den Josephsromanen arbeitend, angewiesen... auf... mythologische Kenntnis und Intuition, und der ungarische Mythenforscher... – Beide verbindend: des brennende Interesse an der ›tieferen seelischen Realität‹ hinter dem Mythos (der ja bei den Griechen nichts anderes bedeutete als ›das wahre Wort‹...«[21] – Bei Ernst Meister sind Mythos und Logos eins: Denken ist Rose, Geist ist Natur; »tödlich blühend«, und als solches dauernd, »weilt es«. Der Zusammenfall von Mythos und Logos ist ebenso geleistet, wenn der Dichter sagt: »Und es ist / Traum / in den Stacheln«: Traum ist in den Stacheln der Rose, in den Stacheln des Denkens; aufgehoben ist der Mensch in der Totale von Geist und Natur: »Es« liebt dich. Hier werden Denken und Rose nicht als Gegensatz erfahren, sondern in der vom Dichter erlebten und im Gedicht geleisteten Einheit von Logos und Mythos ist das Märchen auf höchster Bewußtseinsebene neu anwesend und verlebendigt. »So wie sich der Durchschnitt zweier Linien auf der einen Seite eines Punkts, nach dem Durchgang durch das Unendliche, plötzlich wieder auf der anderen Seite einfindet oder das Bild des Hohlspiegels, nachdem es sich in das Unendliche entfernt hat, plötzlich wieder dicht vor uns tritt: so findet sich auch, wenn die Erkenntnis gleichsam durch ein Unendliches gegangen ist, die Grazie wieder ein.«[22] Auf diesem Weg, von dem Heinrich von Kleist in seinem Aufsatz »Über das Marionettentheater« spricht, ist Ernst Meister auch in seinem Gedicht »Fermate«. Darin heißt es:

»Früheste Zeit und die fernste
gleichen sich sehr.
Komm, was sich Tod heißt,
über den funkelnden Strand!
Komm, hagebuttenrot,
komm, dornenbraun,
zeige dich, komm!
Scherzend mit dir,
bin ich den ältesten
Engeln verwandt.«[23]

Ernst Meister verwandte Aussagen finden sich in den Gedichten von Heinz-Albert Heindrichs; der Komponist, Zeichner und Lyriker spricht eine leise Sprache, in der er Bilder und Gedanken zu geheimnisvoller Deckung bringt. In seinen Gedichten durchdringen sich Hör- und Augenerfahrungen, die sich zu synästhetischen Metaphern verdichten.

Ein Gedicht aus dem Band »Weil es dich gibt« von 1988 heißt »Blindzeichen«:

»Wehrlos werden wie Bäume

aber
mit Wurzeln
das Licht begreifen

kann sein das Flügelpaar
kehrt aus Fernen
wieder«[24]

Die strenge, siebenzeilige Form zeigt den bewußten Bauwillen des Autors: drei wachsende Zeilen entsprechen drei abnehmenden; die erste Zeile hat ebenso viele Buchstaben die die fünfte, so daß die Aussagen »wehrlos werden wie Bäume« und »kann sein das Flügelpaar« einander schon optisch bedingen. Bedingung für die Möglichkeit der Wiederkehr »aus Fernen« ist die Wehrlosigkeit, die dem Menschen in den Bäumen gleichnishaft vorgelebt wird: diese Bäume werden zum Bild für den Menschen, wenn sie, in nächtlicher Erdentiefe, »mit Wurzeln das Licht begreifen«. Pränatale, präexistente Bilder assoziieren wir, wenn der Autor »das Flügelpaar« zurückerwartet, aber auch Schmetterling, Vogel, Engel. In Bildern hingegen ist das Geheimnis nicht faßbar; sie stehen für eine Qualität außerhalb der Bilder, und das Wort »Blindzeichen« macht sie zum Symbol dafür. Dahinter steht ein anderes Menschenbild als das der Aufklärer, unaufdringlich zwar, aber mit hohem Anspruch: beschworen wird, in Bildern der Natur, das Sichtbare; dennoch wird Sichtbares zum Zeichen für unsichtbare, verschwiegene Kräfte. In der Sammlung »Wahr-Nehmungen« von 1986 findet sich das Gedicht »Sanctus«. Darin geht es, wie im liturgischen Hochgebet, um Verwandlungen, die in die Zukunft projiziert werden.

»Ich werde sein
eine Silbe
Staub

aber es ist kein Mund

ich werde sein
eine Salve
Licht
eine Wolke Klangstaub
Lichtstaub

Licht Klang Staub

aber is ist kein Auge
es ist kein Ohr

hosianna«[25]

In den dreizehn Zeilen des Gedichtes erkennen wir die dreimalige Anrufung aus der sakralen Sphäre ebenso wie die aus Märchen und Mythen bekannte Dreimaligkeit von Beschwörungsformeln. Sie wird vom Autor visualisiert in den auf ein Wort zulaufenden dreizeiligen Verseinheiten, wobei die Achsenzeile mit dem Wort »Licht« den Kulminationspunkt einer Immaterialisierung erlebbar macht. Dieses kühne, mit existentieller Gewißheit vorweggenommene Schauen ist aber auch ein Klangereignis, das aus der »Silbe Staub« zur »Wolke Klangstaub Lichtstaub« gesteigert wird. Die Bestürzung über das Zerfallen zu Staub ist aufgehoben in der Bejahung der unkörperlichen Existenzform – »kein Mund – kein Auge – kein Ohr« – die sich im »hosianna« am Ende konzentriert. Wieder begegnen wir synästhetischen Visionen, der Verwandlung des Sinnlichen ins Übersinnliche, der Transformation religiös-mythischer Urerfahrungen, die sich im Jetzt auf eine geglaubte und gewußte Zukunft ausrichten: »Ich werde sein.« Unwillkürlich stellt sich die Formel ein, mit der ein bretonisches Märchen beginnt: »Es war einmal, es wird eines Tages sein; das ist aller Märchen Anfang.« Hier wie dort die Aufhebung von Ort und Zeit, die sichere Geste der Aussage.

Um Wahrnehmung geht es auch Walter Helmut Fritz in einem Band mit Gedichten und Prosagedichten von 1987, den er »Immer einfacher immer schwieriger« genannt hat. Im Titel drückt sich ein gleichzeitiges Vor- und Zurückschauen aus, eine »zunehmende Ambivalenz« von »Empfindungen, Handlungen und Gedanken«, die sich erst mit den Jahren einstellt. Daß vieles in der ... Erinnerung ... an Intensität gewinnt, gehört in den Kreis solcher Erfahrungen: daß es den unhörbaren Ton gibt, dessen Echo der hörbare ist ...«[26] Eines der Schlüsselgedichte heißt sogar »Wahrnehmung«:

»Jetzt endlich nehme ich
diese Rinde wahr, sagst du,
ihre Kindheit, ihr Alter,
die Prüfungen, die sie durchlief.

Wie lange es dauert,
bis die Hand nachdenklich wird,
bis sie spürt, wie das Leben
beim Erwachen in das was ist

einfließt, wie die Dinge
ihre Formen voneinander übernehmen.
Jetzt wird diese Rinde
ein Bergabhang, nachher

eine Folge von Anspielungen,
ein Gespenst, eine Blutbahn,
die sich dem Körper bequemt,
ein Auge, eine Inschrift

die unsere Unruhe nennt,
Geschichte, Erniedrigung, Vernichtung,
fremde Geschäftigkeit von Wachen und Schlaf,
Jahre, Landschaften, entlaubt.«[27]

Daß alles mit allem zusammenhängt, ist sowohl eine alte mythische wie neue kybernetische Einsicht. Wenn wir heute vom »vernetzten Denken« sprechen, dann haben wir wieder verstanden, daß »die Dinge ihre Formen voneinander übernehmen.« Dabei erkennen wir die ambivalente Existenz beispielsweise einer Baumrinde, die »ein Bergabhang, ... ein Gespenst, eine Blutbahn« wird, aber solche Erfahrungen werden erst möglich, wenn wir eine geraume Lebenszeit lang den Baum betrachten konnten: »Jetzt endlich nehme ich diese Rinde wahr.« Sie wird Chiffre für die eigene Kindheit, das Alter, für alle Prüfungen, die der Mensch selber durchlaufen hat. Daß »die Hand nachdenklich wird«, spricht ihr Wahrnehmung zu, die wir gemeinhin mit den Augen machen; sie tastet, und wie im mythischen Denken wird die sinnliche Erfahrung des Begreifens zum Symbol für menschliches Leben. »Sie spürt, wie das Leben beim Erwachen in das was ist einfließt.« Die Rinde wird »eine Inschrift«, wird »Geschichte« – sie erzählt von »Erniedrigung, Vernichtung«; der Mensch erkennt in ihr Wahrheit, die sein eigenes Werden eingefangen hat. Die Korrespondenz zwischen Mensch und Natur, die bei Walter Helmut Fritz verdeutlicht wird, hat ihre Entsprechung in unseren Märchen, die gekennzeichnet sind durch die bruchlose Verbindung aller Wesen miteinander, durch ihren Zusammen-Hang. Das Gedicht »Wahrnehmung« ist zugleich aber auch ein Liebesgedicht, in dem der Dichter sich selber die vom Geliebten ihm zugesagte Erfahrung anverwandelt hat: »sagst du«. Die Rinde nennt ja auch »unsere Unruhe«, unsere »Geschichte«. Von solchem Verständnis her gewinnt der Verwandlungscharakter der Naturerscheinungen noch tiefere Symbolkraft.

Eines von den Prosagedichten, die im nämlichen Band zu finden sind, nennt der Dichter »Und Augen«:

> »Zellen, in denen etwas aufgezeichnet ist; die atmen, sich teilen, Nervenstränge werden, Knochen, Gefäße; Formen bilden, Gelenke, Füße, Zähne – und Augen, die wahrnehmen, etwa das ganz andere Wachstum der Kristalle, die Kondensation der Gase, fliegendes Feuer, nicht meßbare, durch Messungsversuche störbare Spiegelschriften des Daseins, Bilder der Tiefsee und der Galaxien, die Leben und Tod miteinander verbindende Fessel, und die verstehen, daß den Erscheinungen unsichtbare Figuren vorangehen müssen, der Muschel, der Blüte, dem Gesicht.«[28]

Der Text durchmißt die Evolution irdischen Lebens in einem einzigen Satz: er beginnt mit »Zellen«, die das Programm ihrer Zuordnung – ob sie »Gelenke, Füße, Zähne« werden – in sich tragen, und so entstehen auch »Augen, die wahrnehmen«, was ihnen entspricht, aber auch das, was von »anderem Wachstum« ist; sie können »nicht meßbare ... Spiegelschriften des Daseins« wahrnehmen, mit Hilfe moderner Instrumente sogar die »Bilder der Tiefsee und der Galaxien«, und sie vermögen gar zu »verstehen, daß den Erscheinungen unsichtbare Figuren vorangehen müssen« – eine Einsicht, die dem Stand heutiger wissenschaftlicher Forschungen entspricht. Die moderne Erkenntnis bestätigt in diesem Text indessen den alten, mythischen Glauben von der Entsprechung zwischen Sichtbarem und Unsichtbarem, den Gedanken vom Zusammenhang zwischen den »unsichtbaren Figuren« und den sichtbaren »Erscheinungen«: die Augen, die »wahrnehmen« können, sind imstande, das zu »verstehen«. Im Bogen eines Satzes bringt Walter Helmut Fritz die Frucht des Denkens mit der Schau der Bilder zusammen – und er erfüllt so Kleists Postulat von der Maximierung des Bewußtseins, die den

Menschen auf den Weg »um die ringförmige Welt« schickt, damit er zurückfinde ins Paradies, von wo er ausgegangen war, um dort »ein zweites Mal vom Baume der Erkenntnis« essend, wieder »Grazie« zu gewinnen.[29]

Deutlicher als in der Lyrik – weil für ein breiteres Publikum eher faßbar – wird die Wiederentdeckung von Mythen und Märchen in der Bilderwelt der Kunst- und Theaterszene vor Augen geführt. Schlüsselfigur zum Verständnis einer postmodernen bildenden Kunst ist der Maler und Bildhauer Joseph Beuys. Sein Anliegen war die »Durchdringung von Ratio und Intuition ... Sein Ziel war, das mythische und magische Element in das moderne selbstbewußte Denken des freien Individuums ›gewandelt‹ zu ›integrieren‹... Das mythische Element in das heutige Denken gewandelt aufzunehmen, bedeutet für Beuys, das Denken schöpferisch zu öffnen und für spirituelle Inhalte aufzuschließen.« In der Nachfolge Nietzsches versteht Beuys »das Denken als einen Naturprozeß.« Dafür gelten viele seiner Werke als Beispiel; für ihn kann »ein rational strukturiertes Denken nur dann Neues zutage« fördern, »wenn es fähig ist, wieder von ›Inspiration und Intuition getragen‹ zu werden.«[30]

Auch die Dramatiker und Regisseure reklamieren heute Nietzsche für sich. Genannt seien die Autoren Robert Wilson, Andrej Tarkowsky, Tankred Dorst, Botho Strauss, Peter Handke. Wenn Essens Schauspielchef Hans Günther Heyme »Die Orestie des Aischylos« und »Die Ilias« des Homer auf die Bühne bringt – wenn der Mühlheimer Indendant Roberto Ciulli »Die Bakchen« nach Euripides inszeniert und darin den »Mythos des Leidens« gestaltet – wenn Andrea Breth in Bochum Luigi Pirandellos »Die Riesen vom Berge« als mythische Vision realisiert – dann bestätigen solche Ereignisse eine deutliche Abkehr vom Realismus der Brecht-Nachfolge.

Unlängst – im Mai 89 – wurde der Mühlheimer Theaterpreis an Tankred Dorst verliehen, und zwar für sein Bühnenstück »Korbes«.[31] Es basiert auf dem Märchen »Herr Korbes« aus der Sammlung der Kinder- und Hausmärchen der Brüder Grimm von 1819 (KMH 41), und es versetzt diese Figur in unsere Gegenwart. »Dorst bietet uns eine Allegorie von Heillosem in einer heillosen Welt, unbegreiflich wie diese. Knapp sein Kommentar: ›Korbes, blind schon immer, taub schon immer wie der Stein, den er wirft und wie alle Gegenstände, an denen er sich stößt, ist der von Gott verlassene Stoff der Welt.‹«[32] Um dies zu verdeutlichen, koppelt Dorst die sinnlose Passion des Menschen Korbes mit der Leidensgeschichte Christi, wie sie in Händels Brockes-Passion dargestellt wird. Aber »zwischen der christlichen Welt, die ihre Heilserwartung aus dem Schmerz bezieht, und der heillosen Welt des im Schmerz erstarrten Korbes fehlt jene Verbindung, die ein deutsches Wort für ›Religion‹ wäre ... Indem Dorst von Korbes erzählt, zeigt er auf den deus absconditus, auf den abwesenden, den fernen Gott: Der gottverlassenen Mensch setzt die Existenz Gottes voraus.«[33] Während Nietzsches »Gott ist tot« figuriert, beschwört es im Sinne einer »creatio ex nihilo« (Jean Paul und Ernst Meister) das Ende eines gottlosen Zeitalters. Sein Stück »Merlin oder Das wüste Land« läßt Tankred Dorst mit einer Regieanweisung enden, welche die Situation, in der wir uns befinden, so verdeutlicht: »Die heidnischen Götter kehren zurück. Sie schleichen um das Schlachtfeld.«[34]

Wenn ich zuletzt noch ausführlich auf Peter Handke eingehe, so deshalb, weil sein Werk für die Verwandlung der Theaterszene exemplarisch erscheint. In seiner »Publikumsbeschimpfung« von 1966 stellte Handke »Regeln für Schauspieler« auf, die in krasser Weise seine damalige Anschauung von Anti-Theater widerspiegeln. Den Schauspielern wird darin unter anderem folgendes empfohlen: »Die Anfeuerungsrufe und die Schimpfchöre auf den Fußballplätzen anhören. Die Sprechchöre bei Aufläufen anhören. Das allmähliche Lautwerden einer Betonmischmaschine nach dem Anschalten des Motores anhören. ›Tell me‹ von den Rolling Stones anhören. Die zugleich geschehenen Anfahrten und Ausfahrten von Zügen anhören. Die Hitparade von Radio Luxemburg anhören.«[35] An anderer Stelle heißt es: »Dieses Stück ist eine Vorrede. Sie werden hier nichts hören, was Sie nicht schon gehört haben. Sie werden hier nichts sehen, was Sie nicht schon gesehen haben. Sie werden hier nichts von dem sehen, was Sie hier immer gesehen haben. Sie werden hier nichts von dem hören, was Sie hier immer gehört haben.«[36]

Richten sich diese Wortattacken gegen den Abbild- und Geschichtscharakter des Dramas, so zeigt Handkes »Über die Dörfer« von 1981 seine Wandlung: war das Sprechstück »Publikumsbeschimpfung« ein Stück ohne Bilder, so lebt »Über die Dörfer« – im Untertitel »Dramatisches Gedicht« genannt – aus einer Sprache der Bilder. Das Stück verkündet in hymnisch-ritueller Sprache »die Geburt eines neuen Menschen..., der sich, kraft Phantasie und seines Willens zur Schönheit, aus Beton und Materialismus zu befreien vermag... Handkes Botschaft vom neuen, begeisterten Menschen steht in der Nachfolge Nietzsches, der mit seinem Spätwerk die Überwindung des Nihilismus durch eine neue Spiritualität prophezeite... Nietzsche – das bedeutet bei Handke: Rausch und Verklärung der Sprache – Rückführung des Dramas auf die Sprachmusik von Monolog und Chor in der attischen Tragödie – die neue Qualität einer ›dionysischen Überwachheit‹, der Handkeschen ›Geistgegenwart‹... Bei Handke geschieht die Verheißung des neuen Menschen, des einfachen Menschen, der die dionysischen Abbgründe wohl kennt, durch eine Frau, eine Geist- oder Engelgestalt, ›Nova‹ genannt – als ihre Vorbotin wird im Progammheft Ingeborg Bachmann beschworen.«[37] Nova spricht zu den Menschen und weist ihnen den Weg über die Dörfer. Hier einige Textstellen:

> »Spiele das Spiel. Gefährde die Arbeit noch mehr... Sei weich und stark... Bleib geistesgegenwärtig bereit für die Zeichen. Sei erschütterbar. Zeig deine Augen, wink die andern ins Tiefe, sorge für den Raum und betrachte einen jeden in seinem Bild. Entscheide nur begeistert. Scheitere ruhig. Vor allem hab Zeit und nimm Umwege... Überhör keinen Baum und kein Wasser... Zerlach den Konflikt.«[38]

Am Ende ruft Nova den Menschen Sätze wie diese zu:

> »Die Freude ist die einzige rechtmäßige Macht. Sie baut den durchsichtigen Turm in die Landschaft – alltäglich, verläßlich: er will nur erobert sein... Seid ihr bei Trost nicht auch schon, wenn ihr im fließenden Wasser langsam das Blatt treiben seht?... Jedem noch so flüchtigen Kuß seinen Segen ... Bewegt euch in unauffälliger Langsamkeit... Langsam vorangehend, formt die Schleife der Unendlichkeit... Geht ewig entgegen. Geht über die Dörfer.«[39]

Am Schluß des Stückes stehen nicht Worte, sondern Bilder: Nova setzt dem Kind die Krone auf. »Man gruppiert sich um das Kind herum und legt sich die Laubmasken an. Die Karawanenmusik.«[40] Handke feiert eine »langsame Heimkehr« zu den Bildern, die die Menschen aus Mythen und Märchen sehr wohl kennen. Die Stationen seines schriftstellerischen Weges mögen daher paradigmatisch erscheinen für jene Bewußtseinsänderung, die immer mehr Menschen an sich selbst wahrnehmen und langsam zu verstehen lernen: das »Fortschreiten in verloren gegangener Richtung« führt – »um die ringförmige Welt« – dorthin, woher wir kommen.
»Es war einmal, es wird eines Tages sein; das ist aller Märchen Anfang«: das Erzählte hat überzeitliche Gültigkeit, es ist dauernde Gegenwart, permanent ist es aktuell, und wie selbstverständlich ist das Vergangene Zukunft in der Gegenwart. Was ist da Zeit, was ist da Alter? Wenn wir fragen: wie alt sind unsere Märchen – so mögen wir das vielleicht nicht exakt bestimmen können; aber wir können mit Staunen wahrnehmen und antworten: wie jung sind unsere Märchen!

ANMERKUNGEN

Allgemeine Siglen

AaTh (oder auch AT – was jedoch zur Verwechslung mit dem Alten Testament führen kann)
Antti Aarne und Stith Thompson: The Types of the Folktale. FFC 184. Helsinki ^{2}1964

EM Enzyklopädie des Märchens. Handwörterbuch zur historischen und vergleichenden Erzählforschung. Hrsg. von Kurt Ranke. Berlin/New York 1977ff.

FFC Folklore Fellows Communications (Schriftenreihe)

GdV Das Gesicht der Völker. Dokumentation des Märchens. Kassel (Erich Röth Verlag)

KHM Brüder Grimm: Kinder- und Hausmärchen

MdW Märchen der Weltliteratur. Düsseldorf/Köln (Eugen Diederichs Verlag)

Mot Stith Thompson: Motif-Index of Folk-Literature. Kopenhagen 1955/58

Charlotte Oberfeld

LITERATUR (Auswahl)

Amadou Hampâté Bâ: Das Wort überbrückt Jahrhunderte. Die treuen Hüter der mündlichen Überlieferung Afrikas. In: Märchen in der Dritten Welt. (Hgg.: Charlotte Oberfeld u.a.) Kassel 1987, S. 29-39.

Roland Barthes: Mythen des Alltags. Frankfurt a.M. 1964.

Peter Bogatyrev u. Roman Jakobson: Die Folklore als besondere Form des Schaffens. In: Heinz Blumensath (Hg.): Strukturalismus in der Literaturwissenschaft. Köln 1972, S. 13-24.

C. Maurice Bowra: Poesie der Frühzeit. München 1967.

Michael Belgrader: Das Märchen von dem Machandelboom (KHM 47). Der Märchentypus AT 720. Frankfurt a.M. 1980.

Joseph Campbell: Lebendiger Mythos. München 1985.

Ludwig Denecke (Hg.): Jacob Grimm / Wilhelm Grimm, Schriften und Reden. Stuttgart 1985. S. 191/92, s. auch: S. 196ff: Bedeutung als Überlieferung.

Eugen Drewermann: Tiefenpsychologie und Exegese, Bd. I: Die Wahrheit der Formen. Traum, Mythos, Märchen, Sage und Legende. Olten u. Freiburg i.Br. 1984.

Alan Dundes: The Flood Myth. Berkeley / Los Angeles – London 1988.
Mircea Eliade: Kosmos und Geschichte. Der Mythos der ewigen Wiederkehr. Frankfurt a.M. 1984.
John Miles Foley: The Theory of Oral Composition. History and Methodology. Bloomington and Indianapolis 1988, S. 109/10.
Gunhild Ginschel: Der junge Jacob Grimm. 1805-1819. Berlin 1967.
Ina-Maria Greverus: Thema, Typus und Motiv. In: Laographia 12, 1965, p. 130-139, sowie Thema und Motiv. In: Folk Narrative Research 1962, Antwerpen 1963, S. 78-85.
Ursula u. Heinz-Albert Heindrichs: Die Zeit im Märchen. Kassel 1989.
Karel Horálek: Le conte des deux frères (Anoubis et Bata), un coup d'oeil rétrospectif et la revue des variantes orientales. In: Man and Culture II, Prag 1968, pp. 80-98, u. in Folklorica Pragensia I 1969 (Les relations entre l'Europe et l'Orient, p.7-74 – hier um weiters Material, auch europäisches, ergänzt).
Ders.: Ein Beitrag zur volkskundlichen Balkanologie. In: Fabula 7, 1964, S. 1-32.
Ders.: Zur typologischen Charakteristik der tschechischen Volksmärchen. In: Zeitschrift für Slawistik XIV, 1969, S. 85-109; vgl. Horáleks Arbeiten zur slawischen und balkanischen Überlieferung von T. 302 (Leben im Ei), Jahrbuch 13, 1967, S. 260-287, von T. 331 (Geist im Glas) In: Festschrift für M. Woltner, 1967, S. 83-90, von Märchen aus 1001 Nacht. In: Fabula 10, 1969, S. 155-195.
Peter Kemper (Hg.): Macht des Mythos – Ohnmacht der Vernunft. Frankfurt a.M. 1989.
Karl Kerényi (Hg.): Die Eröffnung des Zugangs zum Mythos. Ein Lesebuch. Darmstadt 1982.
Gerhard Larcher (Hg.): Symbol – Mythos – Sprache. Ein Forschungsgespräch. Anweiler 1988.
Gertrud Lechner: Bilder der menschlichen Seele. Kunsttherapeutische Erfahrungen am Psychiatrischen Krankenhaus Marburg 1972-1988. Frankfurt a.M. 1989. »Mythos und Realität«, S. 91/92.
Isidor Levin: Märchen aus dem Kaukasus. Düsseldorf, Köln 1978. Nachwort S. 277-302.
Ders.: Armenische Märchen. Düsseldorf, Köln 1982. Nachwort S. 231-271.
Albert B. Lord: Der Sänger erzählt. Wie ein Epos entsteht. München 1965.
Günter W. Lorenz: Am Anfang war das Wort ... Anmerkungen zur ora-

len Literaturtradition Brasiliens. In: Märchen in der Dritten Welt. Kassel 1987, S. 105-125.
Max Lüthi: Volksmärchen und Volkssage. Zwei Grundformen erzählender Dichtung. Bern u. München, 2. durchgesehene Auflage 1966.
Ders.: Das Volksmärchen als Dichtung. Ästhetik und Anthropologie. München 1975, S. 184.
Ders.: Märchen. 8. Auflage, Stuttgart 1990. Bearbeitet von Heinz Rölleke.
Charlotte Oberfeld: »Der Wachollerbeem« – ein Mythenmärchen? In: Hess. Bl. f. Vkde. 51/52 (1960), S. 218-223.
Dies.: Die Bedeutung der »Volkspoesie« bei Jacob und Wilhelm Grimm. In: Brüder Grimm, Volkslieder. Marburg 1989, Bd. 2 (Kommentar). S. 16-23.
Leander Petzoldt: Märchen. Mythos. Sage. Beiträge zur Literatur und Volksdichtung. Marburg 1989.
Vladimir Propp: Morphologie des Märchens. Suhrkamp Taschenbuch Wissenschaft 131, 1975. Hg. Karl Eimermacher, Nachwort S. 277-286.
Ders.: Die historischen Wurzeln des Zaubermärchens. München-Wien 1987, S. 36.
Robert von Ranke-Graves u. Raphael Patai: Hebräische Mythologie. Über die Schöpfungsgeschichte und andere Mythen aus dem Alten Testament. Reinbek bei Hamburg 1986.
Walter Scherf: Lexikon der Zaubermärchen. Stuttgart 1982.
Hans Heinrich Schmid (Hg.): Mythos und Rationalität. Veröffentlichungen der Wissenschaftlichen Gesellschaft für Theologie. Gütersloh 1988.
Wolfdietrich Siegmund (Hg): Antiker Mythos in unseren Märchen. Kassel 1984.

Rainer Wehse: Uralt? Theorien zum Alter des Märchens

1 Ein besonders abstruses Beispiel dieser Art bietet jüngst Töppe, Frank: Das erstaunliche Alter der Märchen, oder Hänsel und Gretel und 4 Gedankenexperimente. In: Die Märchenzeitung 9 (Mai 1988) 22-27.

2 Rölleke, Heinz: Die älteste Märchensammlung der Brüder Grimm. Synopsis der handschriftlichen Urfassung von 1810 und der Erstdrucke 1812. Cologny/Genève 1975.

3 Lüthi, Max: Märchen. Stuttgart [4]1971, 3f., s.a. 2-16; Ders.: Das europäische Volksmärchen. München [7]1981, 77: »Das Märchen ist eine welthaltige Abenteuererzählung von raffender, sublimierender Stilgestaltung.« Zur Problematik der Gattungsdefinition s. besonders Karlinger, Felix: Die Geschichte des Märchens im deutschen Sprachraum. Darmstadt (1983) [2]1988, 1-7.

4 Vgl. Moser, Dietz-Rüdiger: Altersbestimmung des Märchens. In: Enzyklopädie des Märchens, hrsg. Kurt Ranke u.a. Berlin/New York 1977, Bd. 1, 407-419.

5 Vgl. Lüthi, Max: Ahistorische Stile. In: Fischer Lexikon Literatur, hrsg. Wolf-Hartmut Friedrich/Walther Killy. Frankfurt/Main 1965, Bd. 2,1, S. 8-17.

6 Bausinger, Hermann/Kurt Ranke: Archaische Züge im Märchen. In: Enzyklopädie des Märchens (wie Anm. 4) 733-743, hier 734.

7 Märchen und Wirklichkeit. Wiesbaden [3]1974, 3f.

8 Ebd., 4.

9 Abgedruckt bei von der Leyen, Friedrich: Das Märchen. Ein Versuch. Leipzig (1909) [2]1917, 24f.

10 Vgl. de Boor, Helmut: Märchenforschung (1928): In: Karlinger, Felix (Hrsg.): Wege der Märchenforschung. Darmstadt 1973, 129-154, hier 131.

11 Ebd., 123.

12 Siegmund, Wolfdietrich (Hrsg.): Antiker Mythos in unseren Märchen. Kassel 1984. (Veröffentlichung der Europäischen Märchengesellschaft 6).

13 Knappe Zusammenfassung bei Lüthi, Märchen (wie Anm. 3) 61f.

14 Vgl. Dorson, Richard: Anthropologische Theorie. In: Enzyklopädie des Märchens (wie Anm. 4) 586-591.

15 Lüthi, Märchen (wie Anm. 3) 63f.

16 Besonders seine Werke ›Researches into the Early History of Mankind‹. London 1865 und ›Primitive Culture‹. London 1871.

17 Myth, Ritual and Religion. Bd. 1-2. London 1887.

18 Interpretation of Fairy Tales. Helsinki 1987, 229f. (FF Communications 239).

19 The Childhood of Fiction: A Study of Folk Tales and Primitive Thought. London 1905, 7f. (Zitat übersetzt vom Verf.).

20 Ebd., 38.

21 The Golden Bough. London 1890. Bd. 1-2 (Deutsch: Der Goldene Zweig, 1928).

22 Saintyves, Pierre (Pseud. für Émile Dominique Nourry): Les contes de Perrault et le récits parallèlles. Paris 1923, xvii.

23 Nach Holbek (wie Anm. 18) 236f.

24 Versuch einer Theorie des Märchens. Reichenberg i.B. 1931, Nachdruck 1974, 68f. (Prager deutsche Studien 45).

25 Delarue, Paul: Les contes merveilleux de Perrault et la tradition populaire. In: Bulletin folklorique d'Ile-de-France 13 (1951) 283-291, hier 289f.

26 Betrachtungen zum Märchen, besonders in seinem Verhältnis zu Heldensage und Mythos. Helsinki 1954, 25ff. (FF Communication 150).
27 Ebd., 30.
28 (1928). In: Laiblin, Wilhelm (Hrsg.): Märchenforschung und Tiefenpsychologie. Darmstadt 1969, 56-70. (Wege der Forschung 102).
29 Initiation and Meaning in the Tale of Snow White and the Seven Dwarfs. In: Journal of American Folklore 90 (1977) 274-300.
30 Eliade, Mircea (1956): Wissenschaft und Märchen. In: Karlinger (wie Anm. 10) 311-319, hier 318f.
31 = Sommerset, Fitzroy Richard: The Hero. London 1936.
32 Darstellung von Raglans Theorie nach Holbek (wie Anm. 18) 238.
33 Deutsches Volkstum in Märchen, Sage, Schwank und Rätsel. Berlin 1938, 26.
34 Ebd., 25.
35 Ebd., 20-22.
36 Wie Anm. 26, 30ff.
37 Wie Anm. 7, 99f. u.ö.
38 Rank, Otto: Das Inzestmotiv in Dichtung und Sage. Leipzig/Wien 1926.
39 Röhrich, Lutz: Dankbarer Toter. In: Enzyklopädie des Märchens (wie Anm. 4) Bd. 3 (1981) 306-322.
40 Bausinger/Ranke (wie Anm. 6) 736.
41 Wie Anm. 7, 79-83.
42 Wie Anm. 6, 738f.
43 Die historischen Wurzeln des Zaubermärchens. In: Ders.: Morphologie des Märchens. Frankfurt/Main 1975, 215-229.
44 Die Ehe im Zaubermärchen. Ihre Funktion und ihr Platz in der Struktur des Märchens. In: Acta Ethnographica 19 (1970) 281-292.
45 Das Volksmärchen unter ethnischen Gesichtspunkten. In: Féil-Sgríbhinn Eóin Mic Néill. Dublin 1940, 567-580.
46 Märchen und Megalithreligion. In: Paideuma 5 (1950) 12-22; Ders.:Das Sonnen-, Mond- und Sternenkleid. In: Laiblin (wie Anm. 28) 151-160.
47 Eliade (wie Anm. 30) 314.
48 Kommentar zu dem Märchen von der Prinzessin auf dem Glasberge. In: Österreichische Zeitschrift für Volkskunde 81 (1978) 165-177.
49 Darstellung dieser und der folgenden Theorie von Nitschke nach Holbek (wie Anm. 18) 240f.
50 Soziale Ordnungen im Spiegel des Märchens. Stuttgart 1976/77, Bd. 1-2.
51 Holbek (wie Anm. 18) 242 (Übersetzung vom Verf.).
52 Bausinger/Ranke (wie Anm. 6) 742.
53 von Sydow, Carl Wilhelm: Folksagan såson indoeuropeisk tradition. In: Arkiv för nordisk filologie 42, N.F. 38 (1926) 1ff.
54 Betrachtungen zum Wesen und zur Funktion des Märchens. In: Studium Generale 11 (1958) 647-664; abgedruckt bei Karlinger (wie Anm. 10) 320-360, hier 355f.
55 Ebd., 355f.
56 Ebd., 385f.

Heino Gehrts: Das Zaubermärchen und die prähistorische Thematik Siuts – Saintyves – Propp

1 Hermann Gunkel: Das Märchen im Alten Testament. Neuausgabe von Hans-Jürgen Hermisson. Frankfurt am Main 1987. 98ff.
2 Theodor Benfey: Pantschatantra. Leipzig 1859. Bd. II, 48ff., 303ff. Paralleltexte in den Anmerkungen Bd. I, § 56, § 186.
3 Apuleius: Fabula de Amore et Psyche. Hrsg. von Curt Loehning. München 1980. – Dazu: Amor und Psyche. Wege der Forschung Bd. CXXVI. Hrsg. von Gerhard Binder und Reinhold Merkelbach. Darmstadt 1968.
4 Dazu der weitere Beitrag des Verfassers in diesem Bande.
5 Hans Siuts: Jenseitsmotive im deutschen Volksmärchen. Teutonia 19. Heft. Leipzig 1911.
6 Pierre Saintyves: Les contes de Perrault et les récits parallèles – Leurs origines (coutumes primitives et liturgies populaires). Paris 1923.
7 Vladimir Propp: Die historischen Wurzeln des Zaubermärchens. Aus dem Russischen von Martin Pfeiffer. München 1987.
8 Karl Müllenhoff: Sagen, Märchen und Lieder der Herzogtümer Schleswig, Holstein und Lauenburg. Neue Ausgabe. Schleswig 1921, Nr. 606. Wohltätige Hexen auch in einem Märchen »aus dem Egerer Kreise« bei Theodor Vernaleken: Kinder- und Hausmärchen in den Alpenländern. Nr. 46.
9 AT 334. Afanasjev 104. Ein verwandtes Märchen bei Felix Karlinger: Das Feigenkörbchen. Volksmärchen aus Sardinien. GdV 40. Kassel 1973, 98ff.
10 Adolf E. Jensen: Mythos und Kult bei Naturvölkern. 2. Aufl., Wiesbaden 1960, u.a. S. 105ff., 135ff.

Lutz Röhrich: Wie alt sind unsere Märchen?

1 vgl. Lutz Röhrich: Sage und Märchen. Erzählforschung heute, Freiburg 1976, S. 125-142 (Kapitel: ›Tabus in Bräuchen, Sagen und Märchen‹)
2 vgl. Carl Lindahl: Art. ›Dankbare (hilfreiche) Tiere‹, in: EM III, 287-299
3 vgl. Lutz Röhrich: Märchen und Wirklichkeit, 4. Aufl. Wiesbaden 1979, S. 67-71, 133-136
4 vgl. Hermann Bausinger / Kurt Ranke: Art. ›Archaische Züge im Märchen‹, in: EM I, 733-743; Dietz-Rüdiger Moser: Art. ›Altersbestimmung des Märchens‹ in: EM I, 407-419
5 vgl. Leopold Schmidt: Die Volkserzählung, Berlin 1963, S. 48-54, (Kapitel: ›Der singende Knochen‹)
6 vgl. Lutz Röhrich: Sage und Märchen (wie Anmkg. 1), S. 292-301 (Kap. ›Das Kontinuitätsproblem bei der Erforschung der Volksprosa‹)
7 MdW. Französische Volksmärchen, übers. v. Ernst Tegethoff, Jena 1923, Bd. 2, Nr. 55, S. 289-295 ›Der Jüngling und die grosse Bestie mit dem Menschenkopf‹ (Quelle: Bladé: Contes populaires de la Gascogne, Paris 1886, I, 3)
8 vgl. Heinz Demisch: Die Sphinx. Geschichte ihrer Darstellung von den Anfängen bis zur Gegenwart, Stuttgart 1977
9 vgl. Lutz Röhrich: Art. ›Drache, Drachenkampf, Drachentöter‹ in: EM III, 787-820

10 Lutz Röhrich: Erzählungen des späten Mittelalters und ihr Weiterleben in Literatur und Volksdichtung bis zur Gegenwart, Bd. II, Bern und München 1967, S. 156ff.
11 vgl. Sven Liljeblad: Die Tobiasgeschichte und andere Märchen mit toten Helfern, Lund 1927
12 Augustinus: De cura pro mortuis gerenda, dt.: Die Sorge für die Toten, Würzburg 1975, S.4
13 vgl.Lutz Röhrich: Art. ›Dankbarer Toter‹, in: EM III, 306-322
14 Lutz Röhrich: Erzählungen des späten Mittelalters und ihr Weiterleben in Literatur und Volksdichtung bis zur Gegenwart, Bd. I, Bern und München 1962, S. 62ff.
15 Lutz Röhrich: Erzählungen (wie Anmkg. 14), I, 68ff.
16 Heinz Rölleke: Art. ›Fischer und seine Frau‹, in: EM IV, 1232-1240
17 Heinz Rölleke (wie Anmkg. 16)
18 Heinz Rölleke (wie Anmkg. 16)
19 vgl. Lutz Röhrich: Art. ›Geographisch-historische Methode‹, in: EM V, 1012-1030
20 vgl. Lutz Röhrich / Erika Lindig (Hrsg.): Volksdichtung zwischen Mündlichkeit und Schriftlichkeit (= Script Oralia 9), Tübingen 1989
21 vgl. Dietz-Rüdiger Moser: Kritik der oralen Tradition, in: Folk Narrative Research (Studia Fennica 20), Helsinki 1976, S. 209-221
22 Rudolf Schenda: Tendenzen der aktuellen volkskundlichen Erzählforschung im deutschsprachigen Raum, in: I. Chiva / U. Jeggle (Hrsg.): Deutsche Volkskunde – Französische Ethnologie, Ffm. 1987, S. 271-291, hier: S. 280
23 vgl. Lutz Röhrich: Erzählforschung, in: Rolf W. Brednich (Hrsg.): Grundriss der Volkskunde, Berlin 1988, S. 353-379
24 Johannes Künzig / Waltraut Werner: Ungarndeutsche Märchenerzähler II. Die ›Blinden Madel‹ aus Gant im Schildgebirge. Kommentarheft von Dietz-Rüdiger Moser, S. 40ff., 80ff.
25 vgl. Lutz Röhrich: Vom ›Woher?‹ zum ›Warum?‹. Was kann die volkskundliche Erzählforschung von der Psychologie lernen?, in: Urbilder und Geschichte. C. G. Jungs Archetypenlehre und die Kulturwissenschaften, hrsg. von Chr. Burckhardt-Seebass, Basel und Ffm 1989, 11-33
26 vgl. Lutz Röhrich: Zur Deutung und Bedeutnug von Folklore-Texten, in: Fabula 26 (1985), S. 3-28

Heino Gehrts: Betrachtungen zum Batamärchen und zur Medeasage

1 Heino Gehrts: Das Märchen und das Opfer. Untersuchungen zum europäischen Brüdermärchen. Bonn 1967.
2 Pierre Saintyves: Les contes de Perrault et les récits parallèles. Leurs origines... Paris 1923. Vladimir Propp: Die historischen Wurzeln des Zaubermärchens. München 1987.
3 Eckenlied, Fassung L. Hrsg. von Martin Wierschin. Tübingen 1974, Str. 197f.
4 Altägyptische Märchen. Übertragen von Emma Brunner-Traut. Düsseldorf 1963, Nr. 5 u. S. 257ff. – Altägyptische Liebeslieder. Mit Märchen und Liebesgeschichten. Übertragen von Siegfried Schott. Zürich 1950, S. 193ff. – Karlheinz Schüssler: Märchen und Erzählungen der Alten Ägypter. Bergisch Gladbach 1980, S. 128ff. – Heino Gehrts: Rāmāyana. Brüder und Braut im Märchen-Epos. Bonn 1977. S. 163ff. und 233ff.

5 So nur in der Übertragung von Schott S. 198.

6 Manfred Lurker: Lexikon der Götter und Symbole der alten Ägypter. Darmstadt 1987, 185. – Helck-Otto: Kleines Wörterbuch der Ägyptologie. Wiesbaden 1956, 332. – Hans Bonnet: Reallexikon der ägyptischen Religionsgeschichte. Berlin 1952, 706.

7 In verwandter Weise ist die Motivkette: zwei Brüder, Tod des einen, *ein* Weib im indischen Rāmāyana ausgestaltet und freilich durch spätere Umgestaltung teilweise wieder verdeckt, – s. Gehrts, Rāmāyana, wie 4. Zur Datierung trägt das Epos, das 2000 Jahre alt sein mag, nichts Entscheidendes bei.

8 Das ägyptische Märchen wurde nach Schüssler, 128, aufgezeichnet *vor* 1210, als Sethos II. noch Kronprinz war. Helck-Otto, 334, setzen ihn um 1199-1193 an. Sir Alan H. Gardiner: Geschichte des alten Ägypten. Stuttgart 1965, 508: 1214-1208.

9 Der Tragfähigkeit des Vergleichs in dem Motiv: zwei Brüder, eine Braut, den ich in den Büchern wie Anm. 1 und 4 durchgeführt habe, hat Donald Ward in seiner Rezension des Rāmāyana-Buches zugestimmt: Canadian Review of Comparative Literature. Edmonton Canada, Jg. 1979, 253ff.

10 Antti Aarne: Verzeichnis der Märchentypen. FFC No 3. Helsinki 1910, 13. – Ders. und Stith Thompson: The Types of the Folktale. FFC No 184. Helsinki 1964, 104ff. – Die Monographie über die Typen 313 und 314: Die magische Flucht. Eine Märchenstudie von Antti Aarne. FFC No 92. Helsinki 1930.

11 Josef Haltrich: Sächsische Volksmärchen aus Siebenbürgen. Bukarest 1973, Nr. 27. – Spanische Märchen. Hrsg. von Harri Meier und Felix Karlinger. Düsseldorf 1961, S. 312, Anm. zu Nr. 11.

12 Andrew Lang: Custom and Myth. 2. Ed., Nachdruck Oosterhout 1970, 87-102. The *myth of Jason* S. 94ff.

13 Sven Liljeblad: Argonauterna och sagorna om flykten från trollet. Saga och sed. Uppsala 1935, 29-48. – Auch Karl Meuli spricht sich 1935 für die Parallele aus: Hermes 70, 166ff.

14 Karl Florenz: Die historischen Quellen der Shinto-Religion. Göttingen 1919, 49ff.

15 Mahābhārata I, 76-78.

16 Robert von Ranke-Graves: Griechische Mythologie. Quellen und Deutung. Reinbek bei Hamburg 1960. I, 307ff.

17 Wie 16, II, 211. The Mabinogion. Translated by Gwyn Jones and Thomas Jones. London 1977, 95-136.

18 Hávamál 104-110. Snorra Edda, Bragarœdhur 58 = Thule XX, 122ff. – Jan de Vries hat in seiner *Altgermanischen Religionsgeschichte* § 389 und ich habe *Welt im Märchen* 115f. den Mythos irrigerweise zu AT 551 gestellt. Für diese Zusammenstellung kann das Beischlafsmotiv nicht den Ausschlag geben. Denn in der Odinsmythe ist die Umarmung lediglich ein Ausdruck für das Liebesverhältnis mit der Helferin, so wie dies auch in AT 313 eine Rolle spielt. Dagegen ist in AT 551 der Beischlaf ein wichtiges Glied der Handlung; er führt dort zur Zeugung, und mit dem Kind zusammen macht sich die junge Frau auf, um dessen Vater heimzusuchen. Auch ist sie so wenig Helferin, daß sie sogar unter der Umarmung bewußtlos bleibt. Auch der Trank allein vermag die Verwandtschaft nicht zu beweisen. Er ist nicht ausdrücklich Lebenswasser, sondern schenkt dichterische Begeisterung, eine Gabe aus der Unterwelt, die ebensowohl zu AT 313 wie zu den Erwerbungen der anderen hier angeführten Überlieferungen stimmt. Schließlich muß es als ein ausschlaggebender Unterschied gegenüber AT 551 gelten, daß dort kein Vater vorkommt; die Jungfrau tritt selbst als Herrscherin auf, während in AT 313 und in der Odinsmythe wie in den anderen echten Parallelen der Vater des Mädchens eine entscheidende Rolle spielt, so gewichtig, daß man am Ende vor ihm fliehen muß.

19 Ranke-Graves, wie 16, II, 207-247.
20 Ranke-Graves II, 232. Liljeblad, wie 13, 45. Aarne, wie 10, magische Flucht 151f.
21 Apollonios Rhodios, Argonautika IV, 1130 ff. Ranke-Graves II, 236.
22 Brüder Grimm: Deutsche Sagen, Nr. 528, nach der um etwa 1300 anzusetzenden Versnovelle des Egenolf von Staufenberg, hersg. von Edward Schröder: Zwei altdeutsche Rittermären. 3.A., Berlin 1920, 52-92. Vgl. auch Vom Menschenbild im Märchen. Veröffentlichungen der EMG Bd. I, Kassel 1980, S. 85 und 152, Anm. 14.
23 Zur Datierung der Jasonsage s. Albrecht Dihle: Griechische Literaturgeschichte. Stuttgart 1967, 28.

Gerhard Ehlers: Indiens Pañcatantra und seine Bedeutung für die Weltliteratur

1 Dies ist die überarbeitete Fassung eines Vortrags, gehalten im Rahmen eines Symposions der Europäischen Märchengesellschaft vom 25.-28.5.1989 in Hanau-Wilhelmsbad.
2 1909, S. 8; 1914, S. 10.
3 1969, S. 19.
4 Über den Stand der Forschung informiert jetzt am besten Falk 1978, S. 2-6. Der Rekonstruktionsversuch von Edgerton 1924 beruht nach Geib 1969 auf einem Kreisschluß und ist daher abzulehnen.
5 Es ist zu beachten, daß im von Hertel 1909, S. 40 erstellten Stammbaum der Pañcatantra-Fassungen die mutmaßliche Abfassungszeit des Tantrākhyāyika nach seinen Ausführungen 1914, S. 8ff. und S. 426 zu korrigieren ist. Das Datum muß ca. 300 n., nicht 200 v. Chr. lauten.
6 S. Hertel 1914, S. 43f.
7 S. Hertel 1914, S. 71.
8 Die syrische Übersetzung wurde von G. Bickel: Kalilag und Damnag. Alte syrische Übersetzung des indischen Fürstenspiegels. Text und deutsche Übersetzung von Gustav Bickel mit einer Einleitung von Theodor Benfey. Leipzig 1876 und von F. Schultheß: Kalila und Dimna. Syrisch und Deutsch von Friedrich Schultheß. I. Syrischer Text. II. Übersetzung. Berlin 1911 ins Deutsche übertragen.
9 Kalilag und Damnag bzw. Kalīla und Dimna sind übrigens Verballhornungen von Karaṭaka und Damanaka, den Namen der beiden Schakale des 1. Buches des Pañcatantra. Einen Überblick über die Literatur zur alten arabischen Übersetzung bietet Victor Chauvin im 2. Band seiner Bibliographie des ouvrages arabes ou relatifs aux Arabes publiés dans l'Europe chrétienne de 1810 à 1885, Liège und Leipzig 1897. Der Text wurde herausgegeben von Sylvestre de Sacy: Calilah et Dimna ou Fables de Bidpai en Arabe, précédées d'un mémoire sur l'origine de ce livre, Paris 1816 und übersetzt von Pilipp Wolff: Calila und Dimna oder die Fabeln Bidpai's. Aus dem Arabischen von Philipp Wolff... Stuttgart 1837.
10 Die spanische Übersetzung ist herausgegeben von Clifford G. Allen: L'ancienne version espagnole de Kalila et Digna. Texte des manuscrits de l'Escorial précédé d'un avant-propos et suivi d'un glossaire... par Clifford G. Allen. Macon 1906.
11 Die hebräische Fassung Joëls wurde in französischer Übersetzung und mit dem Text der jüngeren hebräischen Bearbeitung von J. Derenbourg 1881 herausgegeben.

12 Herausgegeben von J. Derenbourg: Johannis de Capua Directorium Vitae humanae, alias Parabola antiquorum sapientum. Version latine du livre de Kalilah et Dimnah, publ. et ann. par Joseph Derenbourg. Paris 1889.

13 Die persische Bearbeitung mit dem Namen Anwāri Suhailī (»Lichter des Kanōpus«) ist durch die französische Übersetzung von David Sahid und Gaulmin unter dem Titel »Livre des lumières ou la Conduite des roys« bekannt geworden, die zuerst in Paris 1644 erschien und dann unter dem Titel »Les Fables de Pilpay« oder auch »Les conceils et les maximes de Pilpay« wiederholt nachgedruckt wurde.

14 1909, S. 19. Daß das Pañcatantra allein für junge Regenten verfaßt sei, um diese zu lehren, wie mit Logik und Tücke die Macht zu halten ist, wird allerdings von Falk 1978, S. 4, der auf Ruben 1959 und seine Untersuchung über die Morallehre des Pañcatantra verweist, bestritten.

15 Vgl. Geib 1969, S. 14ff. Nach Geib behandelt das traditionelle Arthaśāstra Politik und Wirtschaft im weitesten Sinne, während das Nītiśāstra Lebensklugheit, d.h. vor allem Kenntnis bestimmter Lebenssituationen und der ihnen zugrundeliegenden wahren Sachverhalte lehren will.

16 Geib 1969, S. 94 hält es sogar keineswegs für erwiesen, daß das uns erhaltene Arthaśāstra vor dem Urpañcatantra kompiliert wurde.

17 1859 Bd. I, S. 182.

18 Indische Märchen. Jena 1921, S. 52-56.

19 1978, S. 173-176.

20 Die verschiedenen Fassungen und Bearbeitungen finden sich bei Benfey 1859 Bd. I, S. 274-279 und Hertel 1909, S. 134.

21 1978, S. 9-78.

22 1859 Bd. I, S. 347. Weitere Parallelen zur Königswahl der Vögel bei Hertel 1909, S. 137.

23 1909, S. 138 f.

24 1859 Bd. I, S. 375.

25 Geib 1969, S. 100-105 meint, daß beide Geschichten zum ursprünglichen Bestand des Pañcatantra gehören.

26 Indischen Märchen. Jena 1921, S. 57-59.

27 Vgl. Geib 1969, S. 110-113 und Ulrich Schneider: Affe und Delphin. In: Indo-Iranian Journal Vol. 14, 1972, S. 193-197.

28 Vgl. Benfey 1859 Bd. I, S. 420-430 und Hertel 1909, S. 139.

29 Es ist nicht klar, ob in der zum Grundbestand des Pañcatantra gehörigen ursprünglichen Fassung der Delphin den Affen mit der Aussicht auf die Insel verlockt oder ihn nach Hause einlädt. Schneider, op.cit. S. 196f., hält es für wahrscheinlich, daß beides im zeitlichen Nacheinander zur Sprache gekommen ist.

30 Hertel 1909, S. 139f. hält sie für zweifellos unecht. Geib 1969, S. 113 hingegen meint, daß sie u.a. wegen ihrer farbigen Erzählweise nur vom Verfasser des Pañcatantra stammen kann.

31 S. Leo von Mankowski: Der Auszug aus dem Pañcatantra in Kṣemendras Bṛhatkathāmañjarī. Leipzig 1892, S. 28 und 58.

32 Indische Märchen. Jena 1921, S. 59.

33 Studien zur vergleichenden Literaturgeschichte 6 (1906), S. 356-365 und 9 (1909), S. 284-287 (= Kleine Schriften zur indischen Philologie, zur vergleichenden Literaturgeschichte, zur vergleichenden Volkskunde. Von Theodor Zachariae. Bonn und Leipzig, 1920, S. 170-182).

34 Zu den Parallelen s. Benfey 1859 Bd. I, S. 479ff. und Hertel 1909, S. 140.

35 S. Benfey 1859 Bd. I, S. 482.

36 Ins Französische übersetzt von Édouard Chavannes: Cinq Cents Contes et Apologues

extraits du Tripiṭaka Chinois... Tome II, Paris 1911, p. 300-302.

37 Hertel 1909, S. 151f., Geib 1969, S. 118f.

38 Benfey 1859 Bd. I, S. 479. Weitere Parallelen bei Hertel 1909, S. 140.

39 Geib 1969, S. 119.

40 Zum chinesischen Kanon ist das Standardwerk immer noch Édouard Chavannes: Cinq Cent Contes et Apologues extraits du Tripiṭaka chinois. 4 Bände, Paris 1910-1934. Zum tibetischen Kanon gibt es jetzt einen äußerst nützlichen Überblick von Jampa Losang Panglung: Die Erzählstoffe des Mūlasarvāstivāda-Vinaya analysiert auf Grund der tibetischen Übersetzung. Studia Philologica Buddhica, Monograph Series III. Tokyo, The Reiyukai Library, 1981. Ansonsten s.: Tibetan Tales derived from Indian Sources. Transl. from the Tibetan... by F. Anton von Schiefner and from the German into English by W.R.S. Ralston. Repr. London 1926.

Lutz Röhrich: Die mittelalterlichen Redaktionen des Polyphem-Märchens (AT 1137) und ihr Verhältnis zur außerhomerischen Tradition

Mit freundlicher Genehmigung des Verlages Walter de Gruyter u. Co. bringen wir diesen Beitrag, der erstmals in der Fabula 5, 1962 erschien.

1 Handschrift 1279 der Leipziger Univ. Bibliothek; *319 Papierblätter in Quart;* erstmals hg. von M. Haupt, in: *Altdeutsche Blätter,* Bd. 1, Leipzig 1836, S. 121-124.

2 Nach einem polnischen Märchen erlebten noch im dänischen Kriege von 1864 preußische Matrosen das Polyphem-Abenteuer (A. Szulczewski: *Polnische Märchen aus der Provinz Posen,* in: *Mitt. d. Schles. Ges. f. Vkde. 7,* 1905, S. 60-63, Nr. 1). Auch die von Henssens Gewährsmann Gerrits erzählte Variante (s.u.) erzählt das Polyphem-Abenteuer als Erlebnis einer dorfbekannten Persönlichkeit.

3 Hermann Hamann: *Die literarischen Vorlagen der KHM und ihre Bearbeitung durch die Brüder Grimm (= Palaestra* 47), Berlin 1906, S. 100.

4 Grimm: *Kinder- und Hausmärchen,* 5. Aufl. 1843, Nr. 191 = Bolte-Polívka III, 369-374. Bei der Zahl der Riesen hat sich in die Grimmsche Übertragung ganz offensichtlich ein Rechenfehler eingeschlichen, denn aus den ›zehn Riesen‹ dürfen natürlich keine elf weren, wenn die Rechnung von zehn Gesellen auf je einen Riesen aufgehen soll.

5 *Iohannis de Alta Silva Dolopathos sive de rege et septem sapientibus,* hg. von Hermann Oesterley, Straßburg und London 1873, S. 66-68 = *Historia septem sapientium II. Johannis de Alta Silva dolopathos sive de rege et septem sapientibus,* hg. von Alfons Hilka (= *Sammlung mittellateinischer Texte* 5), Heidelberg 1913, S. 73-75. Deutsche Übersetzung bei Albert Wesselski: *Märchen des Mittelalters,* Berlin 1925, Nr. 29, S. 82-87. Nach dem lat. Prosa-Roman ist wahrscheinlich in den Jahren 1207-1210 von einem Trouvère namens Herbert ein altfranzösischer Vers-Roman verfaßt worden (veröffentlicht in der Bibliothèce Elzévirienne, hg. von Charles Brunet und Anatole de Montaiglon: *Li Romans de Dolopathos,* Paris 1856, S. 284ff., Vers 8229-8563). Während das altfrz. Dolopathosgedicht schon seit dem 16. Jh. bekannt ist, wurde das zugrunde liegende lateinische Werk des Johannes de Alta Silva erst im Jahre 1864 in der Hs. 4739 der Wiener Hofbibliothek entdeckt.

6 Ausgabe Oesterley, a.a.O., S. 71, Z. 21.

7 Franz Settegast: *Das Polyphemmärchen in altfranzösischen Gedichten.* Eine folkloristisch-literargeschichtliche Untersuchung, Leipzig 1917, S. 34f.

8 vgl. Kurt Ranke: *Der Einfluß der Grimmschen Kinder- und Hausmärchen auf das volkstümliche deutsche Erzählgut,* in: *Papers of the international congress of European and western Ethnology 1951,* Stockholm 1955, S. 126-135.
9 Oskar Hackman: *Die Polyphemsage in der Volksüberlieferung,* Helsingfors 1904.
10 Für die Vervollständigung der folgenden Variantenliste sei Herrn Prof. Dr. Kurt Ranke/ Göttingen, Herrn Prof. Dr. Walter Anderson / Kiel und Herrn Dr. Fritz Harkort von der Arbeitsstelle-Enzyklopädie des Märchens in Göttingen herzlicher Dank gesagt.
11 Mehrere Nachweise verdanke ich Herrn Prof. Dr. Frank Brommer, Mainz.
12 Selbstverständlich besteht dabei vielfacher Anlaß, den Monographien Wilh. Grimms und O. Hackmans zu folgen.
13 vgl. RE Pauly-Wissowa XXI, 2, S. 1812.
14 vgl. Lutz Röhrich: Die Grausamkeit im Märchen, in: Rhein. Jb. f. Vkde. 6, 1955, S. 176-224.
15 vgl. Franz Müller: die antiken Odyssee-Illustrationen in ihrer kunstgeschichtlichen Entwicklung, Berlin 1913, S. 14f.
16 vgl. RE Pauly-Wissowa XXI, 2, S. 1816.
17 vgl. Georg Polívka: Nachträge zur Polyphemsage, in: Arch. f. Relig.wiss. 1, 1898, S. 328ff.
18 vgl. Franz Müller: Odyssee-Illustrationen, a.a.O., S. 29.
19 Franz Settegast, a.a.O., S. 32f.
20 vgl. Franz Müller: Odyssee-Illustrationen, a.a.O., S. 30f.
21 z.B. Friedrich Salomon Krauss: Sagen und Märchen der Südslaven, Bd. 1, Leipzig 1883, Nr. 33, S. 170-173 (›Der Waldmensch‹).
22 vgl. Franz Settegast, a.a.O., S. 18.
23 vgl. Reinhold Merkelbach: Untersuchungen zur Odyssee (=Zetemata. Monographien zur klassischen Altertumswissenschaft 2), München 1951, S. 213.
24 Johannes Mewaldt: Antike Polyphemgedichte, in: Anzeiger der Akademie der Wissenschaften in Wien, philos.-hist. Klasse, Bd. 83, 1946, S. 269f.

Reiner Hildebrandt: Märchenhafte Elemente in der mittelhochdeutschen Ependichtung

1 André Jolles, Einfache Formen. Tübingen 1930, 2. unveränderte Auflage Darmstadt 1958, S. 218-246.
2 Friedrich von der Leyen, Das Märchen. Heidelberg 1911, S. 75.
3 Kurt Ranke, Betrachtungen zum Wesen und zur Funktion des Märchens. In: Studium Generale XI (1958), S. 647-664 (Wiederabdruck auch in: Wege der Märchenforschung. Hrsg. von Felix Karlinger, Darmstadt 1973, S. 320-360, hier S. 321).
4 So das Thema des Vortrags von Lutz Röhrich, hier abgedruckt S. 51-70.
5 Gustav Ehrismann, Märchen im höfischen Epos. In: Beiträge zur Gesch. der dt. Sprache und Lit., Band 30, Halle 1905, S. 14-54.
6 Kurt Ruh, Höfische Epik des deutschen Mittelalters I. Berlin 1967 (= Grundlagen der Germanistik 7).
7 Max Wehrli, Literatur im deutschen Mittelalter. Eine poetologische Einführung. Stuttgart 1984 (= Reclam Universal-Bibliothek Nr. 8038 [4]).
8 Walter Haug, Artikel ›Epos‹ in: Enzyklopädie des Märchens, Bd. 4. Berlin/New York 1984, Spalte 87.

9 Kurt Ruh (wie Fußnote 6), S. 146.
10 Kurt Ranke, Artikel ›Deutschland‹ in: Enzyklopädie des Märchens, Bd. 3. Berlin/New York 1981, speziell Spalte 459-464.
11 Otto Brogsitter, Artikel ›Artustradition‹ in: Enzyklopädie des Märchens, Bd. 1. Berlin/New York 1977, speziell Spalte 831-843.
12 Otto Brogsitter, Artikel ›Chrétien de Troyes‹ in: Enzyklopädie des Märchens, Bd. 2. Berlin/New York 1979, Speziell Spalte 1375-1380.
13 Antti Aarne / Stith Thompson, The Types of the Folktale. A Classification and Bibliography. Second Revision, Helsinki 1961.

Mark Münzel: Mythisches Bewußtsein (am Beispiel einer Erzählung brasilianischer Indianer)

1 Publiziert in Münzel 1973 / 108. Zur besseren Lesbarkeit übersetze ich hier die indianischen Namen von Sonne in Mond ins Deutsche. Ferner ändere ich die (1973 von mir zu sehr germanisierte) Orthographie indianischer Namen leicht ab.
2 Bastian 1890: 24.
3 Hierzu bspw. Schuster 1988: 57-59, Rinne-Goedke 1988: 127.
4 Diese Geschichte erzählte mir 1989 Herr Takuman Kamayura.
5 In der mir von Herrn Tarakuái 1989 erzählten Variante seiner schon in Münzel 1973: 327 wiedergegebenen Geschichte.
6 S. z.B. Hultkrantz 1988: 66, im Anschluß an eine von Pettazzoni geführte Diskussion.
7 Verkürzt zusammengefaßt nach Eliade 1963: 30.
8 Hierzu z.B. Talmon 1988.
9 Ich beziehe mich hier auf die dogmatische Verherrlichung der Entmythologisierung, nicht aber generell auf die christliche – und erst recht nicht auf die jüdische – Bibelinterpretation.

Georgia A. Rakelmann: Orale Tradition im Wandel – mündliche Überlieferung bei Zigeunern

Literatur

Martin Block/ Walther Aichele (Hgg.): Zigeunermärchen. Düsseldorf/Köln 1973
Philomena Franz: Zigeunermärchen. Bonn 1982
Philomena Franz: Zwischen Liebe und Haß – Ein Zigeunerleben. Freiburg/Basel/Wien 1985
Reimer Gronemeyer/ Georgia A. Rakelmann; Die Zigeuner. Reisende in Europa. Köln 1988
Milena Hübschmannová/Heinz Mode: Zigeunermärchen aus aller Welt. Band 1-4. Leipzig 1983ff.
Matéo Maximoff: Die Ursitory. Zigeunerroman. Zürich 1954
Ilona Sándor Csenki: Tausendschön – Zigeunermärchen und-schwänke aus Ungarn. Kassel 1980
Carl Hermann Tillhagen (Hg.): Taikon erzählt Zigeunermärchen. München 1979
Wolfgang Eschker (Hg.): Der Zigeuner im Paradies. Balkanslawische Schwänke. Kassel 1986

Dieter Arendt: Das Märchen – seine formgeschichtliche »Wahrheit«

1 Kant's gesammelte Schriften. Hrsg. v. d. Königlich Preußischen Akademie der Wissenschaften. Bd. III: Kritik der reinen Vernunft. Berlin 1904. S. 79.

2 Tröst Einsamkeit. 1808. Nr. 19. 20. Kleinere Schriften I, S. 403f.

3 Ludwig Denecke und Charlotte Oberfeld: Die Bedeutung der »Volkspoesie« bei Jacob und Wilhelm Grimm. In: Brüder Grimm Volkslieder. Hrsg. v. Ch. Oberfeld, P. Assion, L. Denecke. L. Röhrich, H. Rölleke. Bd 2 Kommentar. Dort S. 18ff.: Theorie der »Sage«.

4 Ausg. Bartsch/de Boor S. 3. V. 1.

5 J. G. Herder: Adrastea 2. Bd. 1801. Sämtliche Werke. Hrsg. v. B. Suphan. Berlin 1885. XXIII, S. 289.

6 Schiller: Piccolomini III, 4. Sämtliche Werke. Nationalausgabe VIII, 124. (NA).

7 Weitere Belege: Deutsches Wörterbuch von Jacob und Wilhelm Grimm. Band XII. – Zur Märchen-Metapher bei Heinrich Heine s. Dieter Arendt: Heinrich Heines ›... ein Märchen aus alten Zeiten‹ Dichtung zwischen Märchen und Wirklichkeit. In: Heine-Jahrbuch 8. 1969. S. 3-20.

8 Brüder Grimm: Kinder- und Hausmärchen. Ausg. letzter Hand. Mit den Originalanmerkungen der Brüder Grimm. Mit einem Anhang sämtlicher, nicht in allen Auflagen veröffentlichter Märchen und Herkunftsnachweisen. Hrsg. v. Heinz Rölleke. Stuttgart: Reclam 1980. Jub. Ausg. 1984. III, S. 409.

9 Achim von Arnim und Jacob und Wilhelm Grimm. Bearbeitet von Reinhold Steig. Stuttgart/Berlin 1904. Ndr. Bern 1970. S. 118.

10 A.a.O. S. 140.

11 Zum Thema Mythos und Mythologie s. Kurt Rudolph: Mythos – Mythologie – Entmythologisierung. In: Hans Heinrich Schmid (Hrsg.) Mythos und Rationaltität. Gütersloh: Mohn 1985. S. 368-381. Ebd. passim.

12 Rölleke a.a.O. III, S. 599.

13 Rölleke a.a.O. III, S. 612.

14 Rölleke a.a.O. III, S. 405f.

15 Wilhelm Heinrich Wackenroder: Über die Kinderfiguren in den Raphaelschen Bildern. Werke und Briefe. Heidelberg 1967. S. 178.

16 Hölderlin ›Hyperion‹. Stuttgarter Ausgabe III, S. 10.

17 Schiller: Über naive und sentimentalische Dichtung. Säkular-Ausgabe XII, S. 163.

18 Brüder Gimm: Kinder- und Hausmärchen. Vorrede zur 2. Ausgabe 1819. Rölleke a.a.O. I, S. 16. 18.

19 Philipp Ariès: L' enfant et la vie femiliale sous l'ancien régime. Paris 1960. Dt.: v. C. Neubaur und K. Kersten: Geschichten der Kindheit. München: Hanser 1975. – Walter Jens: Erwachsene Kinder. Das Bild des Jugendlichen in der modernen Literatur. Pfullingen 1957/62. – Rainer Hagen; Kinder wie sie im Buche stehen. München 1967. – Dieter Richter (Hrsg.): Das politische Kinderbuch. Eine aktuelle historische Dokumentation. Darmstadt/Neuwied: Luchterhand 1973. S. 11-47: Vorwort und insbesonders Kap.: ›Die Ideologie der heilen Kinderwelt‹. – Kinder-Welten. Kinder und Kindheit in der neueren Literatur. Festschrift f. Klaus Doderer. Hrsg. v. Freundeskreis des Instituts f. Jungendbuchforschung. Frankfurt/M/Weinheim/Basel 1986. – Dieter Richter: Das fremde Kind. Zur Entstehung der Kindheitsbilder des bürgelichen Zeitalter. Frankfurt/M: Fischer-Vlg. 1987.

20 J. R. R. Tolkien: Über Märchen. In: Gute Drachen sind rar. Drei Aufsätze. Hrsg. v. Christopher Tolkien. Aus dem Englischen von Wolfgang Krege. Stuttgart 1984. S. 100. (= Cotta's Bibliothek der Moderne 30).

21 HA II, S. 145ff.

22 André Jolles: Einfache Formen. A.a.O. S. 243. »So entsteht das scheinbare Paradoxon, das die eigentliche Grundlage des Märchens bildet: *das Wunderbare ist in dieser Form nicht wunderbar, sondern sebstverständlich.*« – Max Lüthi: Es war einmal. Vom Wesen des Volksmärchens. Göttingen 1964. S. 29; »In Sage und Legende fasziniert, erschüttert, erschreckt oder beseligt das Wunder, im Märchen ist es selbstverständlich geworden.« – Lutz Röhrich: Märchen und Wirklichkeit. Wiesbaden 1956. 1964². S. 23f.: »Im Märchen wirkt das Wunderbare nicht als ein Wunder, sondern wie eine Selbstverständlichkeit, die weder bestaunt noch erklärt zu werden braucht.«

23 Walter Benjamin: Der Erzähler. Betrachtungen zum Werk N. Lesskows. In: Illuminationen. Ausgewählte Schriften. Hrsg. v. Siegried Unseld. Frankfurt/M: Suhrkamp 1961. S. 422. (= Sonderausg. in der Reihe Die Bücher der Neunzehn. Bd. 78).

24 Benjamin a.a.O. S. 429f.

25 Ernst Bloch: Das Prinzip Hoffnung. Frankfurt/M: Suhrkamp-Vlg 1959. 1967. S. 410-411. Geschr. zw. 1938-1947.

26 Georg Lukács: Essays über Realismus. Werkausgabe Band 4 1917. S. 111.

27 HA I, 359.

28 J. R. R. Tolkien a.a.O. S. 70f.

29 J. P. Vernant u.a.: Mythos ohne Illusion. Frankfurt/M 1984. S. 9 (ed. suhrkamp 1220) – Paul Veyne a.a.O. S. 146. 185 (Anm. 110). – Kurt Rudolph a.a.O. S. 381.

30 Tolkien a.a.O. S. 85.

31 Ludwig Denecke: ›Albanische Märchen‹. Johann Georg von Hahn und Wilhelm Grimm. In: Hessische Blätter für Volks- und Kulturforschung NF 18. 1985. S. 10-14.

32 Griechische und albanische Märchen. Gesammelt und erläutert von J. G. von Hahn. 2 Tle Leipzig: Verlag Wilhelm Engelmann 1864.

33 Antti Aarne: Leitfaden der vergleichenden Märchenforschung. Helsinki 1913. S. 3: »Die grimmschen Ansichten über den Ursprung der Märchen gewannen allgemeine Anerkennung. Einer ihrer Anhänger war der schon erwähnt Österreicher (sic!) J. G. v. Hahn, der nach grimmscher Auffassung das erste Märchentypensystem bildete.«

34 Antti Aarne/Stith Thompson: The Types of Folktale. A classification and bibliographie. Helsinki 1928. 1961².

35 Charles Marie Joseph Bédier: Les legendes épiques. 1913 und 1921.

36 Vladimir Propp: Morphologie des Märchens. Hrsg. v. Karl Eimermacher. München: Hanser-Vlg 1972 (= Literatur als Kunst. Hrsg. v. Walter Höllerer).

37 M. Eliade: Le chaminisme et les techniques archaiques de l'extase. Paris 1951. Dt. J. Klöck: Schamanismus und archaische Ekstasetechnik. Zürich 1957. Neudr. Frankfurt/M 1975 (= sv stw). – M. Eliade: Le Mythe de l'Eternel Retour. Achétypes et Répetition. Dt. G. Spaltmann: Kosmos und Geschichte. Der Mythos der ewigen Wiederkehr. Düsseldorf 1953. Neudr. Hamburg 1966 (= rde 260) – M. Eliade: Mythes Réves et Mystères. Paris. Dt. M. Benedikt und M. Vereno. Mythen, Träume und Mysterien. Salzburg 1961. (Reihe: Wort und Antwort. Bd 15. Hrsg v. M. Vereno). – M. Eliade: The Quest. Chicago 1969. Dt. H. Bronold. Die Sehnsucht nach dem Ursprung. Von den Quellen der Humanität. Wien 1973. – M. Eliade: Histoire des croyances et des idées religieuses. I.: De l'âge de la pierre aux mystères d'Eleusis. Paris 1976. II.: De Gautama Bouddha au triomphe du christianisme. Paris 1978. Dt. E. Forlap (I) A. Müller-Lissner und W. Müller (II) Geschichte der religiösen Ideen. 1. Bd.: Von der Steinzeit bis zu den Mysterien von Eleusis. Freiburg/Basel/Wien 1978. 2. Bd.: Von Gautama Buddha bis zu den Anfängen des Christentums. Freiburg/Basel/Wien 1979.

38 Zur Frage des Verhältnisses von Psychoanalyse und Geisteswissenschaft s. Dieter H. Frießem: Psychiatrie, Psychoanalyse und Literaturwissenschaft. In: Fundamenta Psychiatrica 2. 1988. S. 26-30. Dort umfangreiche Lit. s. bes. S. 28: – »Die Allmachtsphan-

tasie der Psychoanalyse in allen ihren Ausprägungen, Krankhaftes und Gesundes, Individuelles und Gesellschaftliches gleichermaßen erhellen zu können, hat wiederum unter literarhistorischen, methodologischen und pathographischen Gesichtspunkten eine Fülle von Beiträgen hervorgebracht, zu deren Würdigung es eines eigenen Literaturreferats bedürfte. Sie wurzeln in einer eigenständigen, hermeneutisch verfahrenden Theorie, welche ungeachtet der Tatsache, daß sie zugleich auch eine Neurosenlehre und psychotherapeutische Verfahren entwickelt hat, der spezifisch geiseswissenschaftlichen Methodik nähersteht als der eigentlichen Psychiatrie und Psychopathologie. Zu Recht hat man deshalb die psychoanalytische Theorie als eine neben der schulpsychiatrischen stehende und diese nicht etwa ergänzende Psychopathologie bezeichnet. Psychoanalyse legt aus und interpretiert. Es bedeutet für sie keinen prinzipiellen Unterschied, ob menschliches Seelenleben oder Literatur ihr Objekt ist. Freud selbst hat mit einer Vielzahl von Bemerkungen sowie in seinen Aufsätzen über den ›Dichter und das Phantasieren‹ oder zu Jensens ›Gradiva‹ einen Anfang damit gemacht. Die Zahl der Mythen-, Märchen- und Literaturinterpretationen aus der Schule C. G. Jungs ist beträchtlich.« – Zur Frage Märchen und Tiefenpsychologie s. Wilhelm Laiblin (Hrsg.): Märchenforschung und Tiefenpsychologie. Darmstadt. 1975. (= Wege der Forschung Band CII). Dort Lit.

39 Zumeist unter Berufung auf die historische Forschung von Leopold von Ranke: Weltgeschichte. 1881-1888.

40 Marin Dibelius: Zur Formgeschichte des Evangliums. 1919. 1933². – Rudolf Bultmann: Die Geschichte der synoptischen Tradition. 1921. 1957³. – Ders.: Die Erforschung der synoptischen Evangelien. 1925. 1930². – L. Köhler: Das formgeschichtliche Problem des Neuen Testaments. 1927. – Weitere Lit. s. RGG unter: Evangelien und Formen und Gattungen im Neuen Testament.

41 Eugen Drewermann: Tiefenpsychologie und Exegese. Bd I: Die Wahrheit der Formen. Traum, Mythos, Märchen, Sage und Legende. Olten/Freiburg: Olten-Vlg 1984. 1985³.

42 Kritik an Drewermann vor allem: Gerhard Lohfink/Rudolf Pesch: Tiefenpsychologie und keine Exegese. Eine Auseinandersetzung mit Eugen Drewermann. Stuttgart 1987.

43 Hans-Martin Barth: Gottes Wort ist dreifaltig. Ein Beitrag zur Auseinandersetzung mit der »archetypsichen Hermeneutik« Eugen Drewermanns. In: Theologische Literaturzeitung. 4. 1988.

44 Drewermann a.a.O. I. S. 94.

45 Drewermann a.a.O. I. S. 94-96

46 Tolkien a.a.O. S. 72

47 Drewermann a.a.O. I, S. 48.

48 Drewermann a.a.O. I S. 54 passim. Hans-Martin Barth a.a.O. Sp. 245 bezeichnet diesen Begriff als »nicht glücklich«, indessen hat die theologische Typologie eine andere Bedeutung als die Typus-Forschung in der Folklore-Wissenschaft, wo der Begriff in der Tat nur zur Klassifizierung genutzt, aber nicht interpretiertend ausgewertet wurde; dazu aber wäre nun der Anlaß gegeben durch Drewermann.

49 Drewermann a.a.O. I, S. 58. 67. Passim.

50 Drewermann a.a.O. I, S. 77.

51 Drewermann a.a.O. I, S. 223.

52 Drewermann a.a.O. I, S. 78. Hervorhebg. dort.

53 G. van der Leeuw: Phänomänologie der Religion. S. 474. Bei Drewermann a.a.O. I, S. 146. Fn. 110.

54 Drewermann a.a.O. I, S. 50.

55 Drewermann a.a.O. I, S. 152.

56 ›Meister Floh‹. Ausg. Wissenschaftliche Buchgesellschaft. S. 677.

57 Novales: Schriften. Hrsg. v. Richard Samuel. Darmstadt 1900ff. III. S. 205ff. Frgm. Nr. 940.
58 A.a.O. Frgm. Nr. 234. und 989.
59 ›Meister Floh‹ a.a.O. S. 677.
60 E. T. A. Hoffmann: Die Serapionsbrüder. Ausg. Wissenschaftliche Buchgesellschaft. Darmstadt 1963. S. 600.
61 Beispiele in Titeln: Wackenroder: ›Wunderbares morgenländisches Märchen vom nackten Heiligen‹. – ›Die Wunder der Tonkunst‹ – ›Von zwei wunderbaren Sprachen und deren geheimnisvoller Kraft‹ – Tieck: ›Wundersame Liebesgeschichte der schönen Magelone und des Grafen Peter aus der Provence‹. – ›Sehr wunderbare Historie von der Melusina‹. – Tieck: ›Merkwürdige Lebensgeschicte Sr. Majestät Abraham Tonelli‹. – Beispiele im Inhalt: Tieck: ›Der blonde Eckbert‹: Wortvariation etwa 20 mal. – Chamisso: ›Peter Schlemihl‹: Wortvariation 50 mal.
62 Manfred Frank: Das kalte Herz. Texte der Romantik. Frankfurt/M. Insel 1978. S. 342f. (= Insel-Tb. 330): F. weist hin auf die Parallelität zwischen poetischer und ökonomischer Symbolik und zugleich damit auf Saussure für den die Zeichen in Sprache und Ökonomie gleichfalls in Analogie standen: »Die Münze teilt ja mit dem Wortzeichen die Eigenschaft, Repräsentant eines andern, nicht aber diese andere Selbst zu sein. ... Die symbolische Repräsentanz des Bezeichneten wird dann von Mentalität bzw. von der sinnlichen Klangwirklichkeit des Ausdrucksmittel gleichsam aufgesogen. Das Symbol als solches schiebt sich über das Symbolisierte, greift, statt es zu bezeichnen, mit Haut und Haar auf dessen Stelle über.«
63 J. R. R. Tolkien a.a.O. S. 125f.

Ursula Heindrichs: Mythos und Märchen in der modernen Kunst

1 Kurt Hübner: Die Wahrheit des Mythos, München 1985
2 Günter Kunert, zitiert nach Fritz J. Raddatz: Die Aufklärung entläßt ihre Kinder, in: DIE ZEIT, 29.6.1984
3 Fritjof Capra: Wendezeit, Bausteine für ein neues Weltbild, München 1988
4 Gerd Zacher, in: Musikkonzepte 28, Edition Text und Kritik, München 82, S. 95
5 Kurt Hübner: a.a.O., S. 16f.
6 Claude Lévi-Strauss: Strukturale Anthropologie, Frankfurt (stw 226) 1981, S. 254
7 Heinz-Georg Kuttner: In Todesfreude gegen die Unsterblichkeit, in: Rheinischer Merkur, 27.1.1989 – Rezension zu: Bernd Mattheus: Georges Bataille, Eine Thanatographie, München 84 und 88
8 Heinrich von Kleist, in: Sämtliche Werke und Briefe, Hg. Helmut Sembder, München 1977, Bd. 2, S. 338-345, hier: S. 345
9 Robert Petsch: Wesen und Form der Erzählkunst, 1942, S. 45f.
10 Novalis, zitiert nach Hugo Friedrich: Die Struktur der modernen Lyrik, Hamburg 1956, S. 21
11 Hierzu verweise ich auf meinen Aufsatz in: Symbol Mythos Sprache, ein Forschungsgespräch, Annweiler 1988, S. 189-206
12 ebd. S. 199ff.
13 Paul Celan: Gesammelte Werke, Hg. Beda Allemann u.a. 4 Bde., Frankfurt 1983, Bd. 1, S. 237
14 Peter Horst Neumann: Zur Lyrik Paul Celans, Göttingen 1968, S. 21

15 Hermann Burger: Paul Celan, Auf der Suche nach der verlorenen Sprache, München 1974, S. 20
16 Philippe Jaccottet: Elemente eines Traumes, Stuttgart 1988, S. 140
17 Zu den folgenden Ausführungen über Ernst Meister siehe auch: Ursula Heindrichs, in: Märchen in Erziehung und Unterricht, Kassel 1986, S. 153ff.
18 Ernst Meister: Flut und Stein, Neuwied 1962, S. 65
19 Jean Paul: Kleine Nachschule zur Ästhetischen Vorschule, zitiert nach Beda Allemann: Ernst Meister, Ausgewählte Gedichte 1932-79, Neuwied 1979, S. 129
20 Ernst Meister: Es kam die Nachricht, Neuwied 1970, S. 25
21 Christa Wolf: Voraussetzungen einer Erzählung: Kassandra, Darmstadt-Neuwied, 7. Aufl. 1984, S. 99
22 Heinrich von Kleist, a.a.O. 345
23 Ernst Meister: Ausgewählte Gedichte 1932-79, Neuwied 1979, S. 24
24 Heinz-Albert Heindrichs: Weil es dich gibt, Liebesgedichte, Gelsenkirchen 1988, o.S.
25 Heinz-Albert Heindrichs, in: Wahrnehmungen, Hg. Marianne Junghans, Krefeld 1986, S. 222
26 Walter Helmut Fritz: Immer einfacher immer schwieriger, Gedichte und Prosagedichte 1983-1986, Hamburg 1987 (Klappentext)
27 ebd. S. 36
28 ebd. S. 20
29 Heinrich von Kleist, a.a.O. S. 345
30 Christa Lichtenstern: Universität und Atelier – Chancen produktiver Verständigung, in: alma mater philippina 1988-89 WS, S. 11f.
31 Tankred Dorst: Korbes, Frankfurt 1988
32 Werner Schulze-Reimpell: Heillos böse, in: stücke 89, Mühlheim 1989, S. 17f.
33 ebd.
34 Tankred Dorst: Merlin oder Das wüste Land, Frankfurt 1985, zitiert nach Werner Schulze-Reimpell, a.a.O., S. 17
35 Peter Handke: Publikumsbeschimpfung, Stücke 1, Frankfurt 1966, S. 13
36 ebd. S. 19
37 Heinz-Albert Heindrichs, in: Ruhrnachrichten, Dortmund 27.5.1983
38 Peter Handke: Über die Dörfer, Dramatische Gedichte, Frankfurt 1981, S. 19f.
39 ebd. S. 104 ff.
40 ebd. S. 106

ÜBERSICHT